Governing the World

The History of an Idea

谁将主宰世界

支配世界的思想和权力

[英] 马克·马佐尔（Mark Mazower）◎著
胡晓姣　秦雅云　唐萌◎译

中信出版集团 · CHINACITICPRESS · 北京

图书在版编目（CIP）数据

谁将主宰世界：支配世界的思想和权力 /（英）马佐尔著 . 胡晓姣，秦雅云，唐萌译 . —北京：中信出版社，2015.8（2023.9 重印）
书名原文：Governing the World: The History of an Idea
ISBN 978–7–5086–5204–7

I. ① 谁… II. ① 马… ② 胡… ③ 秦… ④唐… III. ① 国际政治 – 历史 – 研究 IV. ① D5

中国版本图书馆 CIP 数据核字（2015）第 103734 号

谁将主宰世界：支配世界的思想和权力

著　　者：[英] 马克 · 马佐尔
译　　者：胡晓姣　秦雅云　唐　萌
策划推广：中信出版社（China CITIC Press）
出版发行：中信出版集团股份有限公司
（**北京市朝阳区东三环北路 27 号嘉铭中心　邮编　100020**）
（CITIC Publishing Group）
承 印 者：北京通州皇家印刷厂

开　　本：787mm × 1092mm　1/16　　印　　张：22.5　　字　　数：396 千字
版　　次：2015 年 8 月第 1 版　　印　　次：2023 年 9 月第 10次印刷
京权图字：01–2013–4191
书　　号：ISBN 978–7–5086–5204–7/D · 310
定　　价：65.00 元

Governing the World
History of an Idea

目录

第四章 科学联盟

第五章 国际联盟

第六章 意识形态之战

第二部分 以美国的方式主宰世界

第七章 “国际联盟陨灭，联合国长存”

引言

1988年12月，苏联共产党中央委员会总书记米哈伊尔·戈尔巴乔夫在联合国大会上发表了一番具有划时代意义的讲话，冷战结束终于指日可待，千禧年也将由此摆脱冷战的阴霾，为世人带来更多对未来的期冀。在会上，戈尔巴乔夫宣布苏联将在边境地区进行单方面的大幅裁军，他呼吁“世界新秩序”的到来，提议消除意识形态上的差异。苏联的这一转变无疑令世人瞠目结舌。美国的有识之士为冷战时期的结束而欢呼雀跃，与此同时，美国总统乔治·H·W·布什也提出了他对于“意识形态一事”的看法。在伊拉克军队入侵科威特后不久，他向国会承诺尽快把军队调离伊拉克，并畅言未来：

> 世界政治终于雨过天晴……世界秩序也终于迎来了破茧成蝶后的新纪元：新时期的人类将从恐怖主义手中勇夺自由，世人必将更加坚定地追求正义与和平，世界也将会更加安稳康定。新时期的世界各国，无论东西南北，无论贫弱富强，都将实现繁荣发展，和谐共进。一代又一代的先辈不遗余力地探寻着通往和平的道路，而千余次的战争冲突却在不断摧残着人类的努力。今天，新世界终于在人类的抗争中到来了。

对戈尔巴乔夫和布什而言，超级大国间紧张局势的缓解开启了国际合作及联合国复兴的新时代。但对于其他国家来说，却意味着世界将会出现前所未有的专制专权。电视布道家帕特·罗伯逊（Pat Robertson）在其1991年出版的畅销书《世界新秩序》（*The New World Order*）中警告世人说，邪恶势力正在密谋着以人道之名接管世界。几年后，神父蒂姆·拉艾（Tim LaHaye）的《末世迷踪》（*Left Behind*）问世，这是一部预言世界末日的悬疑小说。小说风靡全球，书中的反基督角色被大胆地设定为英俊潇洒、能言善辩、魅力不凡的年轻联合国秘书长尼古拉·卡帕斯亚（Nicolae Carpathia），但现实中的尼古拉实际上是一个伪装成和平信徒的暴力狂，是个手段残忍暴虐的罗马人，他的目的是利用联合国建立全球集权的独裁统治。

一些不赞成发展壮大联合国的反对派人士被赫伯特·乔治·威尔斯（H·G·Wells）的预言一语点醒。威尔斯在其1993年的科幻小说《未来发展趋势》（*The Shape of Things to Come*）中勾画了世界政府最终胜利的美好画面——他称之为“解决人类发展问题唯一可行的方案”。这本书描绘了一场长达10年的欧洲战争，一场毁灭性的瘟疫和人类文明的几近坍塌——这样长时间的混乱仅仅在英语国家独裁统治期间有过短暂的停滞，彼时，他们摧毁了全球各地组织完善的宗教，为世界带来了短暂的稳定与和平。几年后，预言照进现实，战争在波兰爆发了，于是这位英国小说家开始呼吁他的读者为创立世界新秩序、创造人类美好的未来而奋斗。“无数人……将会仇视世界新秩序……并且会做誓死抗争。”在战争最初的几个月里，威尔斯写道，“我们将铭记受尽磨难的一代人，或者说受尽磨难的反抗斗士”。在新千年的第一次美国大选中，右翼候选人帕特·布坎南（Pat Buchanan）重申了这句话：“没错，威尔斯先生，我们就是你口中所说的受尽磨难的斗士。”布坎南奉行极端的民族主义，这一点从他低到0.4%的得票率便可窥见一斑。但即使在乔治·H·W·布什成功当选之前，每次美国国会在对联合国及其他国际组织的赞助金额进行讨论时，公众对联合国的支持率都会下滑，对国际组织的抨击也愈加激烈，无一例外。新总统公然背弃了他父亲的多边主义道路。“感谢上帝让联合国灭亡。”布什的顾问新保守主义人士理查德·珀尔（Richard Perle）

在 2003 年 3 月时这样写道，此时正值美国对巴格达大肆轰炸。

随着时间的流逝，从很多方面都能看得出来威尔斯在《未来发展趋势》中所描写的愿景和蒂姆·莱希、帕特·布坎南、乔治·H·W·布什的世界愿景已是天壤之别。大英帝国的现代主义一派坚信技术统治论，而美国则在 20 世纪末笃定地走上了自由主义道路，两方相去悬殊。如果一方对其政府及各种机构发现问题和解决问题的能力表现得自信满满，另一方则会认定“大政府”无论在国内还是国外都会对极权主义形成持久威胁。的确，威尔斯时代的多数人都会认为他的想法遥不可及——在大多数美国人看来，这就好比将黑鹰直升机坠落事件与世界政治精英密谋的世界秩序相提并论一样毫无意义。当然，自伊拉克方面惨败之后，美国的外交政策又恢复了多边主义，乔治·W·布什在第二届任期内极不情愿地回归了多边主义，在巴拉克·奥巴马执政时期，美国对多边主义政策显得更加笃定。不过国际政治的发展轨迹已经清晰可见。我们对国际机制理念已经产生了信任危机，对国际机构笃定的年代已经一去不返。

但美国失去的远不只这些。国际主义乌托邦由来已久，占据了过去 200 年中的大部分历史，涉及的意识形态之广、种类之多自不待言。威尔斯提出的在全球建立一个理性的超国家政府的理念只是其中的冰山一角。与威尔斯派不同，共产主义分子、自由市场资本主义分子和无政府主义者都在探索着彻底超越国家的统一道路，期待着实现各民族的“后政治融合”。在成立世界政府的支持者和反对者两个阵营之间的中间派国家中进行安然有序的合作（用专业术语来说，即他们主张政府间合作主义，而不是仅仅由各种超级国家机构进行收效甚微的改良），这一理念激发了联合国、欧盟以及其他多边组织对未来的期盼。这些组织纷纷怀揣着希望、幻想和恐惧竭力谋求发展，它们的共同点就是都期待着人类能有一个美好的未来，这个未来掌握在人类自己手中，全人类的解放我们企足而待。我写这本书的目的并不是要吹嘘我自己的版本在诸多人类梦想的未来中是多么正确，也不想宣传其中的某一版本如何优于其他版本。本书的目的在于探索人类追梦的历史进程，并对其中几个宏伟梦想在人类缔造的国际体制中成为现实的历史过程予以呈现，此外，本书还会探讨这些体制对当今世界产生过哪些影响。

这些理念和体制起源于欧洲，随后传播到大西洋沿岸和全球，在此期间，西方世界长达两个世纪的霸权统治正一步步走向衰亡。因此，本书由 19 世纪早期开篇，以西方为主体，在欧洲复兴的外交家中间徐徐展开。1815 年，他们创立了世界上第一个国际政府模型——拿破仑战败后，欧洲列强以会议的方式协商处理欧洲重大问题的“欧洲协调”。从 1815 年开始，欧洲协调的政客们定期举行会面，防止可能出现的单方称霸行为，镇压革命暴动，将战争扼杀在襁褓之中。不过很快，正反两面的逻辑辩证关系也开始显现。如果说欧洲协调是应对拿破仑的策略，那么 19 世纪人们所理解的“国际主义”便是应对欧洲协调的策略。国际主义一词被创造出来之后，受到了各方激进的指控。“民族主义”是当时最具影响力的政治信条，国际主义分子也十分拥护民族主义，他们认为国际主义和民族主义可以携手同行，协力建设一个更加美好、公平的世界。国际主义分子坚信他们掌握了通往未来的金钥匙，把自己定义为受他们轻视的保守派外交官的反对派，这两派理所当然地水火不容。卡尔 · 马克思等人会希望工人团结一心，而视马克思如死敌的朱塞佩 · 马志尼（Giuseppe Mazzini）则希望共和派爱国人士能结成“国际联盟”。新教福音派动员人类加速成立“兄弟会”；商人和记者则呼吁自由贸易和工业文明的传播；科学家期待着全世界实行新的通用语言，传递技术知识，建设团结人类的大工程项目；无政府主义者则认为国家政府是问题所在，成立短期的无政府国际组织就会使问题迎刃而解；在法学家看来，政治家是问题的根本，他们督促国家停止战争，利用仲裁或世界法庭解决各国间的分歧。到 19 世纪末，就连欧洲的秘密警察都在利用国际会议来打击恐怖主义：国际社会成了各方势力的主战场，其中充斥着多种政治派别和意识形态体系的巨大差异，他们有的在此规划着自己的梦想、有的在此处心积虑地策划着阴谋。

本书的第一部分开启了对这些发展历程的探索之旅，随后几章描写了国际主义是如何受到新世界秩序和理念构架的拥护，以及国际主义是怎样以前所未有的方式同强权政治紧密联系在一起的。像国际联盟和联合国这样的大型国际组织，它们的发展历程绝不是一帆风顺的。相反，尽管受到世界强国的声援资助，它们的成立过程仍然披荆斩棘。说到底，是战争催化了这些组织的诞生。两战间的评论家坚信政治体制需要有机地发展起来。他们认为，政治体制这种特别的人为事物及其新特性都是人类面临的挑战，在他们看来，如果国际联盟的理念能够赢得全球人类的一致认可，它就有时间赢得人们的信任，一步一步地发展壮大，这也正是帝国曾走的老路。因此，越来越狭隘的国家利益不可避免地造成了紧张的局势，而这一局势已经从一开始就同新的国际机构联系在一起，世界强国希望利用国际机构实现本国的发展和扩张，普世理想和溢美之词也发源于此。

当然，历史上的大部分强国并没有感受到国际联盟、共产国际以及联合国等组织存在的必要性。比如说，纳粹德国就对国际组织的理念不屑一顾，而处在世界权力顶端的英国和随后的美国为什么又要投入精力和政治资金建设国际机构呢？这就解释了国际组织的必要性。历史学家的著作表达了对国际主义的欢迎，认为它是国际社会在道德层面取得的阶段性胜利。在他们看来，这个问题没有任何意义，国际组织的设立毫无疑问是必要的。有些学者认为体制只是强国实现自身利益的保护伞，所以他们与历史学家的看法完全相反。政治学家已经对多边主义的优点提出了质疑，不过学者和决策人士的对话多数都是围绕着美国进行的：美国外交政策对美国的定位以及联合国对美国的国家利益能有哪些帮助。他们使用的措辞都是能获文学奖的“准科学语言”，其中许多话题是关于理性、责任分担、博弈论和风险逻辑的。不过，这些话题的主要目的还是在于为美国的当权者提供咨询意见，所以很少会提到自由国际主义多种典型形式下的意识形态目标。

实际上，英国和美国都能为自己提供充分的理由去接受国际主义政策中的折中理念。如果说英国人 1918 年支持国际联盟是为了保存其对欧洲领土的分配权及维护大英帝国的利益，那么美国人作为大举建设国际联盟的后继者就是要保护世界强国在“二战”期间达成的共识，这为美国的外交政策提供了模板框架，让美国的世界领导权更能为本国民众所接受，因为民众一直对美国深陷他国事务难以自拔的现象心存不满。美国政府加入国际机构并没有使美国受到很多的限制，而是成功演示了普世主义和例外主义前所未有的结合，它已然能够主导世界的规章法则使其基本符合美国的核心利益了。同时，当美国的立法者对某些规则不满时，他们总是能为本国争取到豁免权，使其免受规则的束缚。因为每个国际组织都希望美国能以某种形式加入进来，所以这些双重标准也就这样被视而不见了。

因此，国际组织的管理及其内部人员的选拔必然成为并一直都会是那些强国的重要利益所在，从“一战”结束后英国人当选国际联盟秘书长到如今日本人被任命为国际原子能发展机构负责人都体现了这一点。而国际原子能发展机构的这一任命是由美国外交官在2009年时精心安排设计的，因为这位日本秘书长“是美国法庭可靠的盟友，他会坚决拥护美国的关键性政策决议”。然而，若单说此事是美国图谋的一次暗箱操作并不准确，也不应仅凭此事就认定美国政府的决策领导人是假仁假义的伪君子，认为他们一味地鼓吹普世主义，而内心却是十足的民族主义狂热分子。真诚是整个国际机制必要的润滑剂，在这一体制下的各个国家休戚相关、盘根错节，如果各国间不能达成广泛共识，不能认同美国的自由主义价值观与整个世界的利益是一致的，那么国际机制也就无法发挥作用。

国际机制的发展硕果累累，1945年之后更是成绩卓著。历史证明，任何国家想凭借一己之力掌控那些多边国际机构并没有那么容易。实际上，多边国际组织不会屈从于任何国家，这一点一直都是单边主义者对其持强烈反对态度的原因，美国在20世纪70年代选择疏远联合国，随后转而支持比较容易控制的世界银行、《关税及贸易总协定》和国际货币基金组织，这一变化也正是其中的主要原因。但是这些复杂的情势、疏离的做法以及紧张的关系都不能改变一个事实，那就是如果没有国际机构的扶持，如果不是顶着那些机构的名义行事、借以它们提出的宏大抱负——稳定世界货币、控制流行传染病、传播民主和发展理念来开展工作，美国根本就不可能在1945年之后如此迅速地提升其全球影响力。

如今，全球的决策事务越来越多，决策形式也比过去更加多种多样，那些漫不经心的学者很快就会发现自己已经被那些官僚政治类的首字母缩略词搞得云里雾里了。这些缩略词指代的对象中包括NATO（北大西洋公约组织）和WEU（西欧联盟）这样的军事联盟；包括典型的政府间组织，从UN（联合国）到ILO（国际劳工组织）、ICAO（国际民航组织）、ICC（国际商会）、WHO（世界卫生组织）、GATT（《关税及贸易总协定》）等专业机构或协定；还包括欧洲委员会（the Council of Europe）、欧盟委员会（the European Commision）、美国和非洲国家的组织（the Organizations of American and African states）等地区性机构；还有后帝国际联盟邦，其中有英联邦、法语国家国际组织、准政体欧盟；还有定期召开的如 20 国集团峰会（G20）之类的首脑会议等。更有数不胜数的各种各样的非政府机构，其中许多机构也或多或少地对当今的全球政治产生着影响。

对当今这个复杂多变的政坛进行操控再也不是一件轻而易举的事了，随着时间的推移，掌控国际政坛更是难乎其难。如果说国际主义在一开始体现的是西方政治哲学和世界强国的需求，那么现在的国际主义已经明显超越了过去的含义，体现出明显的多中心化和多方向化。在过去至少 200 年的时间里，世界 GDP（国内生产总值）中西方国家所占的比例已经迅速下滑，跌到了 50% 以下，从这一数据来看，美国的世界影响力几乎不再可能会有新的突破。像巴西、印度、印度尼西亚和中国这样的新兴国家的国力在不断增强，影响力也在不断扩大，国际格局（这个令人欣慰的说法也总是让人摸不着头脑）将会出现剧烈的变化。因此，本书必定会以过去所说的第三世界的视角重现历史，将关注焦点放在欧洲和美国，因为是它们创立或者提出了那些意义深远的国际体制和理念。读者若是对国际体制的目标和历史心存困惑，本书的讨论过程可能会为你释疑解惑，加深理解。当下形形色色的思想流派以及难以言表的政治形式让我们难以认清人类政治文明的发展究竟走到了何种程度。什么是“主宰”？谁能为“公民社会”谋福利？存在真正的“非政府组织”吗？主宰世界的观点一直在进化，这段进化史可能并不能为上面的问题提供标准答案，但是它可以为解决问题的过程提供参考。

本书从很多方面来看都可以说是我与哥伦比亚大学共同努力的成果。可能没有哪个大学比哥伦比亚大学更有资格回顾国际体制和国家权力之间的关系了，我的同事和学生让我受益匪浅，他们对这个课题的熟知程度无人可与之匹敌。首先，我要感谢下面这些人，是他们一遍又一遍地研读本书的部分乃至整部手稿，衷心感谢他们慷慨无私的帮助：他们是米歇尔·阿里斯维奇（Michele Alacevich）、马修·康奈利（Matthew Connelly）、马尔瓦·埃尔沙克丽（Marwa ELshakry）、尼古拉斯·吉约（Nicholas Guilhot）、丹尼尔·伊梅瓦尔（Daniel Immerwahr）、马尔蒂·科斯肯涅米（Martti Koskenniemi）、托马斯·米尼（Thomas Meaney）、塞缪尔·莫因（Samuel Moyn）、安德斯·斯蒂芬森（Anders Stephanson）以及斯蒂芬·沃特海姆（Stephen Wertheim）等人。下面这些人也让我收获良多：艾伦·布林克利（Alan Brinkley）、黛博拉·科恩（Deborah Coen）、维姬·德·格拉齐亚（Vicky de Grazia）、尼克·德克斯（Nick Dirks）、卡萝尔·格鲁克（Carol Gluck）、琼–玛丽·盖恩（Jean-Marie Guehenno）、艾拉·卡茨内尔森（Ira Katznelson）、格雷格·曼（Greg Mann）、安迪·内森（Andy Nathan）、苏珊·佩德森（Susan Pedersen）、里安农·斯蒂芬斯（Rhiannon Stephens）以及弗里茨·斯特恩（Fritz Stern）等。我十分感谢我的学生多夫·弗里德曼（Dov Friedman）、艾梅·吉尼尔（Aimee Genell）、米拉·西格尔伯格（Mira Siegelberg）以及娜塔莎·惠特利（Natasha Wheatley），感谢他们在这方面付出的诸多精力和他们对我的激励。我要特别感谢斯蒂芬·沃特海姆，他对本书提出了非常有意义的批评，另外，从他来到院系看自己是否喜欢这本书的那天起，我们进行了多次对话，让我受益良多，我期待他自己的毕业论文能够尽快完成。本书可谓是一项冗杂的工程，我还要感谢下面这些人，十分感激他们为书中各个章节做出的努力：尼科斯·阿里维扎托斯（Nikos Alivizatos）、玛格丽特·安思蒂（Margaret Anstee）、伊莱亚·阿姆斯特朗（Elia Armstrong）、邓肯·贝尔（Duncan Bell）、伊亚尔·本维尼斯特（Eyal Benveniste）、马努·巴格百（Manu Bhagavan）、弗格斯·布雷姆纳（Fergus Bremner）、克里斯蒂娜·伯内特（Christina Burnett）、布鲁斯·伯恩赛德（Bruce Burnside）、本杰明·科茨（Benjamin Coates）、索尔·杜伯（Saul Dubow）、迈克尔·多伊尔（Michael Doyle）、简·埃克尔（Jan Eckel）、艾德姆·埃尔代姆（Edhem Eldem）、弗朗索瓦·弗斯滕伯格（Francois Furstenberg）、莫里斯·弗雷泽（Maurice Fraser）、保罗·古德曼（Paul Goodman）、迈克尔·戈尔丁（Michael Gordin）、格雷格·格兰丁（Greg Grandin）、塞西莉亚·格瓦拉（Cecilia Guevara）、威廉·哈根（William Hagen）、戴维·肯尼迪（David Kennedy）、托马斯·凯利（Thomas Kelley）、约翰·凯利（John Kelly）、丹尼尔·拉克（Daniel Laqua）、彼得·曼德勒（Peter Mandler）、彼得罗斯·玛沃芮迪斯（Petros Mavroidis）、珍妮·莫菲尔德（Jeanne Morefield）、约瑟·莫亚（José Moya）、蒂莫西·努南

(Timothy Nunan)、丹·普勃什（Dan Plesch)、西尔维奥·庞斯（Silvio Pons)、格温·鲁滨逊（Gwen Robinson)、卡恩·罗斯（Carne Ross)、史蒂夫·莎宾（Steve Shapin)、布伦丹·西姆斯（Brendan Simms)、布拉德利·辛普森（Bradley Simpson)、弗里茨·斯特恩、吉莉安·邰蒂（Gillian Tett)、尼古拉斯·希尔凯洛克斯（Nicholas Theocarakis)、约翰·汤普森（John Thompson)、雅尼斯·瓦鲁法克斯（Yanis Varoufakis)、约瑟夫·韦勒（Joseph Weiler)、卡尔·温纳林德（Carl Wennerlind）以及约翰·威特（John Witt)。这本书有幸能够面世，与更多的读者分享我的观念，我必须要感谢赫尔穆特·伯格霍夫（Helmut Berghoff)、哈利尔·贝尔克塔伊（Halil Berktay)、吉姆·钱德勒（Jim Chandler)、约翰·科茨沃思（John Coatsworth)、乔纳森·霍尔（Jonathan Hall)、斯蒂芬–路德维格·霍夫曼（Stephan-Ludwig Hoffmann)、克劳迪娅·孔茨（Claudia Koonz)、托马斯·拉克尔（Thomas Laqueur)、吉姆·莱宁（Jim Lehning)、约翰·麦高恩（John McGowan)、吉安·普拉喀什（Gyan Prakash)、布丽吉塔·范·莱茵贝格（Brigitta van Rheinberg)、戴维·普利斯特兰（David Priestland)、苏珊·萨顿（Susan Sutton）以及亚当·图兹（Adam Tooze）等人。

我要再次感谢我的编辑斯科特·莫耶斯（Scott Moyers）和西蒙·温德尔（Simon Winder)，他们为本书提出了中肯的批评意见，付出了极大的耐心，并在成书的过程中时刻鼓舞着我。我还要感谢安德鲁·怀利（Andrew Wylie）对本书的支持，他是最好的代理商。在起笔写这本书时，我父亲刚刚过世，这才让我开始思考他那个年代留给后世的丰功伟绩和对未来的展望；我必须感谢我父亲对我的诸多影响，感谢我母亲一直以来对我的鼓励。最后，感谢我最爱的马尔瓦·埃尔沙克丽（Marwa Elshakry）：我把倾注我心血的这本书献给你和我们的孩子塞尔玛和杰德。

Governing the World

History of an Idea

第一部分

国际主义时代

绪论　一无是处的欧洲协调？（1815~1914年）

世界历史上史无前例的现象。

——弗里德里希·冯·根茨（Friedrich von Gentz，1818年）

到1953年（也就是斯大林去世那年）为止，年轻的亨利·基辛格已经服完了兵役，并迅速拿到了哈佛大学的硕士学位，当时正在做博士毕业论文的收尾工作。他的研究课题看上去很古老，探讨将近一个半世纪前拿破仑战败后，欧洲各国是如何维持地区和平的。基辛格研究的对象主要是当时成功摧毁拿破仑帝国的“四国同盟”（奥地利、俄罗斯、英国、普鲁士）及其外交官。拿破仑被流放后的很长一段时间内，上述四国仍然定期举行会议，法国也在恢复君主政体后被吸纳进来。自此，一旦有威胁欧洲大陆安定的危机出现，几国便会召集会议，共商对策。基辛格从亚琛会议、莱巴赫会议以及特罗保会议（这些总会让我们想起尘封的历史）中发现了历史发展的必然规律，并利用这一规律为他的雇主美国献计献策。借古观今，以奥地利前首相梅特涅（Metternich）和英国前外务大臣卡斯尔雷（Castlereagh）为代表的已故欧洲贵族为美国上了生动的一课，即如何制约一个变革中的超级大国——就像法国当年研究苏联一样——并将这种经验运用到国际博弈中。

基辛格之所以对欧洲协调这一课题分外关注，除了因为上述几国缔约结盟的做法外，据悉还有另外一个原因。早在那个年代，政客们就已经意识到创新在国际事务中的必要性。基辛格对此了然于心。梅特涅的得力助手弗里德里希·冯·根茨曾经将欧洲协调描述为“世界历史上史无前例的现象”。在法国大革命之前，不同国家及不同王室间的联盟层出不穷且更迭频繁，目的在于维持或打破当时的权力平衡。反法战争之初，各国之间采取的是传统的联盟模式，但是正如根茨在1818年所写的那样，战争结束后新模式横空出世——“大联盟的准则是，在5个主要成员国的引领下，由联邦协定将各同盟国维系在一起”。

尽管拿破仑是这一准则出炉的催化剂，但他治理欧洲的理念却与此大相径庭。早些年前，在从莫斯科撤退的路上，身着皮衣蜷缩在马车里的拿破仑对他那直率的外交部部长科兰古侯爵（the Marquis de Caulaincourt）说，他一直在为“古老欧洲及其文明的利益而战”。科兰古不吝溢美之词地回答说，“那些国家害怕的正是国王陛下您，他们害怕出现一个超级帝国”。法国控制欧洲大陆的意图激起了强烈反抗，并引得各国“不惜举全国之力对抗拿破仑”。每遇法国有意统一之处，欧洲协调必会鼓励其成员各自为政。每逢拿破仑寻求在欧洲大部分地区建立新的统一的法律体系之时，其反对者必会坚持各国保留其各具特色的宪法、法律以及社会形态的观点。拿破仑罢黜先前的统治者并给自己的亲属同僚加官晋爵，他的对手则希望保护那些惨遭驱逐的统治者并在必要时助其复辟。当然最重要的一点是，法国希望自己的权力凌驾于其他各国之上，而其敌对国则不相信一个国家可以独揽大权。

然而，还有一个很重要的问题，这些与法国作对的国家并不认为所有国家都是平等的，它们认为欧洲的命运掌握在自己手中，并自视为维护欧洲稳定的主要力量。1814年3月，奥地利、俄国、英国、普鲁士四国达成协议，它们将结盟至少20年，并在“滑铁卢战役”后制订了举行周期性会谈的计划，商讨各盟国的“共同利益”。法国也在波旁国王路易十八复位之后加入了该联盟。自此，欧洲的小王室王权被断然地边缘化了，然而他们别无选择，为了和平，他们只能妥协接受。“尽管并没有相关的明文规定，但处于第二、第三、第四等级的那些国家只能屈从于由首脑大国做出的一致决定，除此之外别无选择”，根茨如是说。

这种等级制度存在的“正当理由”就是几个大国“代表了欧洲大陆各国的共同利益”，至少他们自己是这样认为的。根茨对此评论说：“由此，欧洲各国仿佛真的组成了一个大型的政治家族，并在其创建的高级法庭的统领下团结一致，欧洲协调各成员国互缔盟约，并向相关的各党派保证会和平共处，相互尊重各自享有的权利。”作为反拿破仑的胜利联盟，欧洲协调已然成了一个政治工具，这个组织与拿破仑的所作所为的唯一不同就是它是以欧洲之名来行使权力和制定法律的。然而，顶着欧洲的名头建立的组织并非少数，所以欧洲大陆上公然挑战欧洲协调的权威、要求自治的小国家从此不再是孤军奋战。

为此，欧洲协调有着非常强烈而保守的使命感。其成员国支持正统王权和阶级制度，更加重视秩序与稳定，而非平等与公正。“拿破仑战争”令根茨和他的几位上司感到惊恐和烦恼，这并非是因为法国对他们发动了侵略战争，而是因为这些战争意在将革命之火引向各国。根茨曾是哲学家康德的学生，后来他转而支持伯克的观点，认为法国大革命的胜利无疑意味着整个欧洲的灭亡。对于作为国会议员的英裔爱尔兰人伯克来说，雅各宾派的激进思想及推翻一切世袭制度的渴望使革命置身于文明之外，因此，反抗战争也不再像过去一样仅是一场不足为惧的闹剧，如今必须要彻底根除他们的反抗思想和势力才能维护正统王权。根茨十分同意伯克的观点，但与伯克不同的是，他认为旧秩序的复辟是完全不可能的，因为革命前后已经发生了翻天覆地的变化。为了拯救残留的旧制度，欧洲各国急需一系列全新的安排。“必须为固守陈规而做出变通”：没有人比根茨和梅特涅更理解兰佩杜萨（Lam Pedusa）关于 19 世纪政治风云变幻的名著《豹》（*The Leopard*）中所蕴藏的智慧。

由此看来，欧洲协调开始干涉其他国家内政、权倾整个欧洲大陆的情形便是意料之中的事了。欧洲协调成功地使国际关系迅速稳定下来，根茨为此欢欣不已。但同时他也看到了欧洲各地呼之欲出的革命暗流。他在 1818 年曾经写下这样一段话：“从罗马帝国末期开始，欧洲所有国家的国内武装暴动几成燎原之势，并蓄势待发，革命党羽、革命先驱前赴后继，为此文明世界无一例外地疲惫不堪，如此声势，他们还是首次见识到。这是一次斗争，更是一场战争，它决定了新旧模式和新旧社会秩序的生死存亡。”在欧洲各地，包括强盛的英国在内，维护新和平的统治者全都使尽浑身解数，想要消灭持续升温的“革命余烬”。在德国的疆土之上，限制思想自由的新规接连出台：带有革命情节和煽动性话语的言论被明令禁止，出版社和邮局遭到严密监控，大学要在监督之下办学，便衣警察潜伏在酒馆和咖啡馆窃听民众的谈话。对此，梅特涅评论道：“目前困扰欧洲的唯一恶疾就是革命无处不在。”1819 年，英国曼彻斯特圣彼得广场上发生了惨绝人寰的“彼得卢屠杀”。当时有很多民众聚集在广场上要求议会进行改革，而骑兵队竟对他们发起了攻击，其中 15 人惨遭杀害。英国统治阶层也借此表明不会再对革命态势妥协让步，他们即刻立法，明确告知民众：任何人不得打着“改革”的旗号进行集会，否则将会因“蓄意谋反罪”被捕。

在这样的形势下，欧洲协调开始谋求在欧洲大陆实现保守式复兴，这一复兴的实质包括对激进分子的暗中监视，若他们意图挑战统治阶级权威，必要时可将不安定分子们一网打尽。但是，作为这个胜利联盟中的主要人物，俄国沙皇亚历山大一世的胃口可要大得多了，他希望把欧洲协调打造为一个“基督教国家的神圣同盟”。有位波罗的海日耳曼人遗孀——男爵夫人冯·克吕德娜（von Krudener）对这位沙皇的影响颇深，沙皇曾一度深受其神学思想影响，坚信拿破仑代表的是反基督教的“洪水猛兽”，并认为欧洲的自我救赎只能依靠建立新的基督教派的团结理念来实现（而这一切如果能在沙皇的领导下实现是最好不过的了）。从俄国的军队迈着胜利的步伐穿梭在法国大街小巷的那一刻起，沙皇亚历山大和这位男爵夫人就开始勾画这一宗教联盟的蓝图了，“这个联盟以一个伟大的基督教国家之名将欧洲各国统治者联合在一起，共同维护他们的宗教、和平与正义”。

尽管这种毫不掩饰的虔诚态度和神秘主义做法并没给人们留下好感，但铲除颠覆分子和激进分子的和平理念却深入人心，梅特涅对此尤为情有独钟。只是稍加改变，“神圣同盟”便发展成了隶属于欧洲协调一派的保守势力。在奥地利西里西亚的会面中，俄国、奥地利和普鲁士三国的君主均反复强调，那些通过革命手段获得政权的国家将被视为法律秩序和社会稳定的“潜在威胁”，除非他们能够证明自己对欧洲协调的耿耿忠心。一旦其他国家感受到来自该国的威胁，上述三国的君主将有权“以和平方式处置他们，如有必要，也会使用武力手段，改造‘逆臣贼子’，使其重新融入伟大的同盟中来”。

而另一方面，英国认为，击败拿破仑的反法同盟从来就不该是“一个意欲统治世界或是越权干涉他国内政的联盟”。外交大臣卡斯尔雷（Castlereagh）的继任者——乔治·坎宁（George Canning）极力反对这种“欧洲警察式的教义”，他认为只有在他国发展严重影响本国利益的情况下，一个国家才可以“干涉”别国内政。因此，随着国际组织的风潮初露端倪，各国政府和政客开始就“全球政府”的权限问题争执不休：英国与欧洲的核心帝国之间主要就各国的武力干涉程度问题相持不下，两方争论的焦点是武装干涉他国政事的做法在什么限度内才算是合法的。当今时代，联合国以保护民众安全为使命，而美国则在全球范围内进行军事武装干预，不难发现，我们生活在这样一个阶级世界中：一些国家凌驾于他国之上，以共同维护“法律秩序”为名，强行赋予干涉他国内政的行为以合法化理由。

干涉主义及其限度问题正是这些年欧洲与美国外交不睦的根本原因，这是欧洲协调政策造成的直接后果。1823年法国入侵西班牙，迅速实现了一个保守大国的复兴。在奥地利和俄国的支持下，法国成功地将一个革命政府逐出了西班牙首都马德里。王权专治的复辟牵扯到“海上帝国”西班牙在美洲的领地权益，这对世界历史的发展产生了深刻而长远的影响。考虑到神圣同盟有可能会横跨大西洋向美洲大陆输出反革命力量，时任美国总统詹姆斯·门罗警告欧洲不要再来西半球干涉内政。美国的海军力量当时还完全没有形成规模，因此这样的警告几乎没有任何威慑作用。但是这一做法赢得了那位对神圣同盟毫无好感的英国外交大臣乔治·坎宁的支持，他曾经公开呼吁“新世界要维系旧世界的平衡”，他的声援让美国力量倍增。两位政治领袖联手开启了全新的美洲自由国际主义概念，这一概念符合发展的利益，摒弃了复古的观点。不仅如此，坎宁本人还特别对20世纪的主要发展趋势做出预判——英美霸权会迅速崛起，而这两国的崛起会否定欧洲协调的外交政策，很多全新的国际组织也会应运而生。

抵制神圣同盟的做法也拯救了共和主义思想。尽管在当时的欧洲，民主的民族主义正遭受强力打压，但是门罗和坎宁向欧洲保守君主政权郑重宣布了美洲的后帝国共和政体，并且一直坚守着民族主义原则。这一点对随后出现的国际思想意义重大：举例来说，英国哲学家兼经济学家杰里米·边沁（Jeremy Bentham）的思想在南美洲的影响力远比在墨西哥湾北部地区大。很多南美人，像智利的卡洛斯·卡尔沃（Carlos Calvo）和亚历杭德罗·阿尔瓦雷斯（Alejandro Alvarez），都是新国际法的重要先驱。应运而生的泛美主义也成为抗衡欧洲日渐僵化的王权及其敌对联盟的新势力。南美人为联盟和联合国做出了贡献，也为战后有关全球发展和新自由主义的论断开渠引流，这些贡献从19世纪东西半球间的敌对外交政策中就已经得到体现，在这一政策的引导下，南北美洲团结一致，戮力同心，共御欧洲协调的外交霸权。

从短期来看，欧洲协调之所以能够幸存下来，是因为当时太多事物的存在已危如累卵，只有这一联盟尚属安稳。用当时英国首相卡斯尔雷的话说就是，“这些大国意识到它们不仅有着共同的利益，还要承担共同的使命”。它们举行磋商会来商讨是否采取侵略性举措，甚至像俄国和英国这样的超级大国也会对自己的单方面举动再三考虑，不敢肆意干涉欧洲政务。实际上，直到19世纪50年代，这些大国才真正地联合起来，不再各行己道。由于始终对“法国大革命”心存余悸，所有大国都会探讨所签条约是否神圣而不可侵犯，并对议会代表和工人对自身权利的诉求等不断升级的煽动性言论深感担忧，而与此同时，他们对民族自由和关税改革等问题却只字不提。即便是最支持自由事业的英国也不想废除1815年对谷物贸易的管制决定。很多欧洲大陆的政治犯逃亡到英国东南部港口多佛尔避难，后来又到伦敦街头为波兰、匈牙利、意大利等国的自由事业发表煽动性言论，即便如此他们还是没能让英国政府的外交政策朝他们所希望的方向发展。1848年，时任英国首相拉舍尔明确拒绝了欧洲大陆上那些备受压迫的民族的请愿，他们皆因起义反抗欧洲大陆的专制统治而四处流亡，而拉舍尔以“尊重欧洲的政治独立与自由”为由为其做出的冷漠决定开脱。简言之，英国的利益需要通过维护维也纳会议确立的欧洲新秩序的力度来判定，而欧洲的利益则要视各位最高统治者的自由程度而定，而非一国的主体和权利。1831年的伦敦会议承认比利时为独立国家，与会的几位外交官这样诠释道："每个国家都有自己的权利，但是整个欧洲也有自己的权利，这是社会秩序赋予它的权利。"几位外交官此番所指的"社会"仍然是指各个国家的社会状况，而不是那些危险的国内阶级斗争新争端和经济文化新冲突。

然而，那些社会力量却意欲除掉"协调"下的欧洲。欧洲协调维护的政治秩序与今日的政治秩序截然不同。如果将民族政权定义为由占主导力量的民族统治的政权，那么除了法国以外没有一个国家属于民族政权，而且没有任何一个政权接近于现代社会所理解的典型的民主政权。按照这种说法，德国和意大利也将不复存在。取而代之的是部分专制帝国、少数君主立宪制国家以及一大批介于这两者之间的小国家，这些国家拥有自己的统治者、法律和货币。波兰在欧洲大国间的领土争夺战中被彻底瓜分，这件事情倒是生动地诠释了欧洲协调自身的逻辑，然而当民主理念传播开来时，这种瓜分他国的做法便显得越来越不道德。于是这样一个政治万花筒在"一战"时被完全铲除，"新欧洲"开始形成，国际联盟功不可没，该联盟作为反对旧世界的典范，真是既富有戏剧性又颇具抱负。直到此时，国际联盟仍在质疑一个世纪前维也纳会议做出的一系列安排。

当时，欧洲协调所制定的秩序已是风烛残年。人们早就应当看出 1848 年席卷整个欧洲的革命已是强弩之末——法国政治思想家亚力克西斯·德·托克维尔（Alexis de Tocqueville）在 1852 年曾经指出这场革命是"一场反民主反自由的复辟运动"——然而如今回头去看，这场革命其实只是"末日"的开端。连称雄一时的奥地利前首相梅特涅最终也难逃被放逐的命运，在新英格兰的海滨度假胜地霍夫度过了丧失权力后的第一个冬天。而第一位法国总统路易斯·拿破仑则逆潮而动，很快就称帝复辟，像他那位叔叔一样登上了皇帝宝座。1853~1856 年的克里米亚战争中，欧洲协调各成员国反目成仇，相继爆发了冲突，并愈演愈烈，这是欧洲协调走向灭亡的开端。1870~1871 年的普法战争是欧洲协调的转折点，这场揭幕战开启了各大国间异常激烈的新一轮竞争，民族主义思想及德意志的野心就是这场惨烈竞争的导火线，而迅速扩充的武装部队为此埋下了更多隐患。反对联盟的呼声此起彼伏，新科技带来的机械型战争更是加速了欧洲协调的灭亡。1912~1913 年的巴尔干战争彻底摧毁了旧秩序，欧洲协调的几大国成员于伦敦会面，表明了各国的诉求，却遭到了欧洲巴尔干半岛新兴势力的公然无视。然而，“一战”之后，欧洲协调的残留风气竟然存活了下来。新国际联盟想方设法地要结束这些陈规旧俗，而各大国却无视新规，仍在继续着从前的外交活动：1923 年以中介人身份调和意大利与希腊之间的纷争，1938 年又试图在慕尼黑拉拢希特勒。“现实的和平”以失败告终，它宣告了梅特涅秩序在走过巅峰时期后的土崩瓦解。在这 100 年里，欧洲协调尽管达成了协定，拟定了最基本的博弈规则，却仍不能在这场意识形态的战争中发挥功效。

但以历史的视角来看，或许这个组织也并非一无是处。20 世纪中叶，欧洲经历了前所未有的激烈动荡，这与梅特涅时代的稳定秩序形成了鲜明的反差。基辛格曾以史为鉴，试图减少这个世界的纷争；他也曾从 19 世纪的长期和平中发现了一个黄金时代，这个时代的治国之道颇具远见。然而，基辛格并非唯一一个有此独到眼光的政治家。纵观朝鲜战争时期，仿佛只有外交手段能够拯救世界，摆脱频繁的地区冲突，相比之下，欧洲协调秩序的蓝图好像只存在于幻影之中。美国著名历史学家保罗 · 施罗德（Paul Schroeder）一直致力于这一课题的研究，他曾评价道，“只有维也纳会议上达成的协议找对了解决问题的方向”。

然而奇怪的是，人们对欧洲协调的评价大相径庭。20 世纪的世界屠戮盛行，当时的那些所谓的成就却让 1914 年之前的观察家及评论家们大跌眼镜，深表怀疑。那么欧洲协调带来了百年和平吗？当然没有，自 1848 年以来，欧洲从未摆脱过战争。民族主义分子（尤其是德国和意大利两国的民族主义分子）严词批评欧洲协调无视各国对欧洲事务自由的渴望，更不懂得如何践行自由。民主主义论者则批判欧洲协调的暗箱操作、精英主义思想以及对人民天性的镇压。像雪莱和拜伦这样的激进分子则对最开始的规模式思潮厌恶至极，以至于完全分不清谁是神圣同盟的专制统治者，谁是诸如卡斯尔雷这样的英国政客。“卡斯尔雷长眠于此，”拜伦写道，“停下来吧，过路人，看看他，赏他些尿再走。”

对于这些人以及更多想法类似的人来说，欧洲协调并没有完全领会国际政府的新理念；相反，它恰恰暴露出各种弊端——专权擅势，好为战事，忽略自由的价值和社会变革的动力，而这些才是国际主义真正急需解决的问题。

第一章　以国际视角统驭全球

这一时代的主要问题就是，尽管许多先进的种族或民族并存于世，他们团结友爱，由相同的国际法、宗教和文明凝聚在一起，却仍旧以独立民族的形式存在。

——弗兰西斯 · 利伯（Francis Lieber），1867 年

和谐共处是世界历史永恒的主题。《圣经 · 旧约》中的《以赛亚书》告诫世人，“天欲善其新，必先毁其旧”，只有这样新世界才能成为“天国”，“豺狼与羔羊同饮同食”。罗马政权曾企图将整个文明世界占为已有，并只用单一的法律体系来统治，而基督教和伊斯兰教却渴望确立“上帝通法”来实现整个地球的统一治理。中世纪的罗马教皇和奥斯曼帝国都曾试图以同样的手段让自己的统治具有合法性，成为神话般的必然存在。莎士比亚的《特洛伊罗斯与克瑞西达》（*Troilus and Cressida*）中，尤利西斯一语中的：“无论身处天国、地球，甚或宇宙的中心，都会有高低贵贱，优劣得所。”

然而，全世界的统治者都梦想构建一个全球化的统一社会，这种观念始于近代，是出于对中世纪统一帝国理念的不满。“多数人都惧怕‘世界帝国’这一称谓”，中世纪尼德兰（今荷兰和比利时）著名的人文主义思想家和神学家伊拉斯谟曾写道：“如果能像上帝一样，被赋予至高无上的权力，一个统一的帝国的确是再

好不过了，但是人类终究是人类，手握中庸的权力，统一在基督教的团体下才能获得更多的安详。”文艺复兴时期意大利著名的政治思想家、政治活动家和历史学家马基雅维利则认为，正是欧洲独特的多样性激发了民众的思想意识。欧洲例外主义正是由此开始才为人所知的，在基督教国家的政治体系慢性死亡时，例外主义生根发芽，为现代国际主义奠定了基础。历经几个世纪的洗礼，人们的思想发生了巨大的转变，由国王和王子统治一个国际社会的做法不再受人拥护，人们所希望的是废黜国王的神权，构建一个统一的多民族世界，一个有多个社会共存的国际世界。

有一个问题一直困扰着早期现代政治理论家，那就是：如果无惧上帝，如何能使各国统治者解重任弃王权，实现真正的一统天下？国际政治最主要的特征就是无政府体制，从古至今都是如此，专制王权一去不返，国民再也不会是统治者意愿的牺牲品。对此，霍布斯悲观地认为，专制王权的缺失会导致冲突无休无止地延续，但是其他人则抱着乐观平静的心态看待这种缺失。那么，是不是像亚里士多德和奥古斯汀所说的那样，自然法则并不存在呢？早在十六七世纪时，就出现了从自然法则中演绎国家法制的想法；直到 18 世纪，基于对各条约和各成员平等相处这一权利的尊重，倡导和平的理论家进一步推进了联邦模式的发展。正如马基亚维利所想，欧洲的异质特点实是优点而并非缺点，像孟德斯鸠、吉本、休谟这样的启蒙思想家都曾将亚洲的王朝与多样性的欧洲大陆相比较，当前者还在封建社会统治下停滞不前的时候，后者却在多国间进行着丰富的货物贸易和思想交流。他们普遍认为，商业能带来和平，各王权与生俱来的竞争关系也在商业的带动下相互制衡。而早期的创作家曾认为统一才是四分五裂的基督教国家历史发展的必然趋势。启蒙哲学家们比较欢迎不同政见，也并不排斥一定矛盾的存在，只要其有利自身即可：一定程度的宇宙和谐可以解决一切问题。同时，竞争也是必不可少的，它可以推动社会创新，挑战现状中的不和谐因素，为社会带来发展进步。多数启蒙思想家认为，如果冲突是各国发展历程中必不可少的一环，那它并不是什么坏事。

批判家指责说，人们所追捧的政治力量均衡旨在稳固社会现状，而他们对社会、对变革的需求却只是轻描淡写。卢梭孤注一掷地强调只有严格的联邦体制才能确保社会井然有序，由于人们难以想象还有比瑞士共和国更大的国家的存在，所以欧洲必须走向分裂。托马斯·佩因（Thomas Paine）认为欧洲大陆上的王国数量层见叠出，以至于持久的和平难以为继。佩因由此发表了有关美洲差异的早期论断，认为美洲大陆就是“人类的救济院”，是躲避专制暴政和残酷镇压的避难所。法国大革命无疑加剧了欧洲大陆的残暴行径。革命理论家认为，旧制度的制衡体系已然没有任何回旋之地，拿破仑领导的法国才是“人类真正的益友”，它将引导欧洲走向新的道路。而对于反对革命的人士来说则不然，拿破仑只是一个世界帝国的新型复辟者，他意在建立一个世界王权，以便统驭整个欧洲。在这个百家争鸣的启蒙思想家时代，激烈宽泛的辩论一时间风起云涌：首当其冲的争论焦点就是欧洲政治，其次是整个世界的政治本质。其中有两个政体设想由此起源。第一个设想是将全世界划分为不同的政治区域，每一部分设立各自的法规、条例和机构；与前者对应的第二个设想是各区域的政治在某种意义上是需要统治领导的，这一统领无关上帝，更无关自然法则，是由人类自己进行统治。

康德在 1795 年发表了一篇经典的文章，探讨永久和平的问题。但是，在此之前他已经触怒了本国君王普鲁士国王腓特烈二世（Friedrich Wilhelm II），因为他的言论违背了国王的宗教主张，而事实上，康德的学术著作大多都无关政治。在当时，法国大革命爆发后不久，波兰这个曾盛极一时的欧洲最大王国竟被其邻国瓜分殆尽，顷刻间消失在欧洲的版图之上。这些冲突的发生说明了这样一个问题：18 世纪时，那些主张自然法则的理论家对欧洲文明的温和本性太过自信。在这样的历史背景下，康德发展起自己的思想，其通往和平之路的理论因此闻名于世，随后的几代思想家在对世界政府的研究过程中深受其影响，他的理论直至今日仍为人们所津津乐道。

20 世纪后期，美国的政治理论家借用康德的理论制定了激进的外交政策，即美国将以和平为使命向世界各地传播民主思想，帮助各国加强民主建设。对于后冷战时期，康德也与启蒙思想先驱有着截然不同的看法。他并不看好民主这回事，在他看来，政客们的政策远水难解近火，不能快速解决问题，当然也不能将世界简单地划分为自由国家和非自由国家。受到传统的阶级思想影响，康德认为共和国而非民主政治才是通往和平的正确道路，这是因为有效的权利分割才能真正起到作用。实际上，像许多启蒙理论家一样，康德将民主政治单纯地看作一种集权政体，如果不能实现有效的权利分割，民主政治极有可能演变成复辟的专制制度。康德解释说，共和国才是和平的拥护者，理由显而易见：在共和国体制下，人民才是奋争和平的主力军，而非雇佣兵。一个依赖职业军队的民主政权根本无法将老百姓带向太平盛世。

与现今的观念不同的是，康德对国际法法学家怀有极重的敌意。之所以如此，是因为他认为法学家只为大国利益效劳，因此他们的所作所为对和平事业毫无意义。实际上，在他看来，这些人只是暂时制止了暴力行径，这种做法非但不利于和平，反而成了和平进程的巨大阻碍：

> 人们自相残害，消灭暴政的同时也走向了自取灭亡，他们踩在自己的坟墓上寻找着永久的和平，万国公法存在的唯一意义就是让这些人得到应有的报应。在国与国的冲突中，除了发动战争这样的非法途径，再没有其他合理之法能够解决争端。除非他们愿意像单个的人一样，放弃法律不认可的自由，去适应公法的条条框框。唯有如此，才能建立一个长治久安的国度，最终统一世界上所有的大小国家，使之在同一国度和平共处。但是从国家的法制角度考虑，他们并不希望这种情况发生，但同时又拒绝将正确理论付诸实践。如果一切按计划进行，“世界共和”的积极思想就会被取代，随之而来的将是历史的倒退——复古的联盟组织，这样的联盟总是危如累卵，处在瓦解崩塌的边缘，即便他们会制止战争，也还是会忍受敌对势力的反动行径，听之任之，不断做出妥协让步。

因此，康德认为，仅仅以避免战争为目的的各国同盟根本无法最终建立一统天下的世界模式。在一些国家结盟并且不断吸引其他国家加入的过程中，他的一些观点也逐一得到了印证。他指明，没有任何理论体系能够指导这一过程；在这个年代，我们还不能轻而易举地将“组织”问题理论化。有些人认为这个问题可以用商业的手段解决，然而事实却并非如此。康德认为商业并不是文明的表现，他对欧洲的商人以及他们的全球影响力不抱任何幻想。他批判道："商人所到之处，无不落下昭著臭名，狼藉声誉（他们的行径同侵略相差无几）。"总体说来，康德的想法就是"世界共和"的发展必然会走向繁荣强盛，主要是因为各地的人们都是通情达理的，只要给他们足够的时间思考，他们就会发现共和才是人民的利益所在。因此，在康德的文笔中不难发现，他并不认可人民民主世界的言论（这一言论为布什总统所推崇），也不赞同全球一体化信仰者的自由贸易理论。不仅如此，他还强烈批判了18世纪末欧洲的政权体制。如果当时的欧洲能走上改革之路，很可能会成为一个繁荣富强、颇具影响力的世界领袖，那么人类的发展进程也将随之大踏步地前进，和平也会与自由和理性一道并驾齐驱。严格意义上说，只有理想主义者才会认为这一道路的发展进程需要依托理论思想，但身为唯理主义者的康德也同样坚信理性终究会为人性所有，为人性所用。

这些论断对大革命时代的其他思想家而言貌似已经有些过时了。谈到康德对普遍理性的信念，这些思想家们就会还之以颜色，列举出感性和情绪的重要性。说起康德的世界观，他们则更偏好欧洲一体化和精忠报国的理念。埃德蒙·伯克（Edmund Burke）发表了批判"法国大革命"的著名论断，他指责大革命就是"破坏欧洲社会的残暴手段"，其中，他所认定的"社会"这一概念，其设定基础并不是理性依据，而是感性依据，是出于对古王权机构的信奉者和宗教信徒的信仰的尊重，而大革命残忍地摧毁了人们对信仰的尊重。伯克认为，变革就是"世界整体的全面分裂"，礼节、习俗和情感这些社会生活的主要构成部分在变革中受到了激进粗暴的革命情绪的全方面威胁。因此，伯克对变革的批判无关旧启蒙运动愿景中利欲熏心的统治者之间的相互制衡，而是针对虚构而出的仅凭感觉和展望达成的统一联盟，这种联盟是对未来欧洲不切实际的缥缈幻想，只是被人为地赋予了传奇色彩罢了。年轻的德国神学主义者诺瓦利斯（Novalis）进一步深化了这一观点，他在1799年的一篇文章中写道，欧洲需要重拾遗失的民族精神，很久以前的欧洲曾是那样一个"爱好和平的社会"，那时，"在这个饱含民族精神的超级帝国上，即便是最边远的地区也会参与到共同利益的谋划中来"。诺瓦利斯认为，欧洲应该摒弃哲学思想和启蒙思想，回到中世纪，传承那个时代的诗歌、精神和“更加纯粹的宗教”。他的语句旁征博引，颇有深意，他认为世界和平注定只能通过理智的方式实现。“当前这些大国不可能自觉地进行权力制衡。一切和平都只是幻影，不过是暂时休战罢了。从各国内阁的角度来看，形成共同意见实为不易，因此一体化着实难以实现。”在诺瓦利斯看来，不管是革命派还是反革命人士，他们的诸多诉求都是颇有见地并且大有裨益的，在世界精神和人文精神的双重驱动下，双方必定会共同推动这些诉求的实现。因此，只有信念才能调和敌对双方的矛盾。“只有无条件的信任才能获得救赎，可是究竟怎样让人们像信任上帝的统治一样信任如今的政府呢？”

边沁创造了“国际”一词，在神学主义强调回顾并坚守曾经的信念、教义和上帝之时，边沁表示极不认同。尽管边沁在恐怖袭击的前夕获得了法国国民议会授予的“荣誉市民”称号，但他仍然对法国大革命提出过批评。他并不赞同伯克的保守主义观点，也不认可反革命分子的感情用事。他坚持认为，不能将整个世界的种种问题与欧洲统一问题混为一谈。边沁最初很支持法国大革命，但后来革命态势毫无节制，一发而不可收，于是他开始严厉批判革命，在态度转变的过程中，他提出了自己的哲学观点——行政合理化，这一观点将激进思想和反对革命的思想融为一体，在接下来的十几年中始终保持着不同凡响的影响力。边沁曾试图探究物质和意识的本原问题，也曾努力研究过哲学和形而上学对感觉和量化等问题的影响缘何在不断减弱这一问题。他尤其注重法律的地位，使之具有更新更强大的哲学基础，并成为政府的坚强后盾。

边沁之所以创造出“国际”一词，缘起于他极不认同自己在牛津大学的一位老师的观点。这位老师就是令人敬畏的英国法学家威廉·布莱克斯通（William Blackstone），其著作《英国法律评注》（*Commentaries on the Laws of England*）在当时红极一时，堪称全球律法的范本，其倡导的普通法因此广为人知，备受追捧，表面看来可谓一呼百应。而边沁却极少研读普通法，他认为普通法混乱无序，不值一读。1775 年左右，边沁在一份未公开出版的手稿中批评布莱克斯通对“国家普通法”的褒奖言过其实。所谓普通法不就是“我们熟知的自然法则”吗？边沁和康德一样，认为普遍法得到认同就等同于法律不存在。不然普通法就是条约和外交协议中的明文规定，通常这些也都不算作法律吧？边沁对学术上的不满让他把精力投入到著作《道德与立法原理导论》（*Introduction to the Principles of Morals and Legislation*）的创作中，在这部史诗级著作中，他首次向读者介绍了“国际”一词。

至此，一种新的统治理论将法律与哲学有机结合起来。边沁认为，要改善英国政府混乱无序、濒临崩溃的状态，首先要着手健全法律体系，而严谨精确的哲学理论就是制定法律的必要依据。所以，边沁的这部《道德与立法原理导论》以其著名的功利主义哲学理论开篇。他提出人类是按照痛苦和幸福指数来判定一项举措正确与否的。功利原则就是最大限度地增加幸福总量，把痛苦降到最低。对个体而言，两者皆可量化，当然对决策者更有价值的指数是群体指数，这也是可以量化的。随后，他开始着手解决一直困扰着决策者的问题——对法律体系的分门别类。边沁认为，统治只能分割成两个层次，行政和立法。对于哲学家而言，后者无疑更加重要，因为只有立法才能解决本质问题，而行政只能用来解决临时问题。

在法律分类这一问题上，边沁从哲学层面介绍了“国内法”与“国际法”两个法律概念的不同之处。在意识到部分读者可能对新词条困惑不解后，边沁立刻加了脚注做了补充说明：

> 尽管人们希望“国际”这个概念简单易懂，但必须要承认，这毕竟是一个新词，对它的理解和接受需要一个过程。更重要的是，这个概念已经用来指代法律的一个分支了，名为“国际法”。这种说法并不具有典型性，若非存在惯例的效力，它倒更像是指代内部判例。

在原书中，边沁似乎只是想阐明这两个术语的不同之处，他认为对“国际法”一词的原有界定含糊不清：人们需要弄清两件事，一是国内法律和国与国之间法律的明显区别；二是民事纠纷（也就是合同纠纷）与国家间的主权纠纷的差异。但是还有一个问题边沁没有明确说明，就是“各君主国之间达成的协议”是否具有法律效力，换言之，即是否属于国际法范畴？有一种说法是，国际法就是各国意愿和话语权的体现，是一种“伪法律”。最认同这一观点的著名代表人物或许就是边沁的弟子约翰·奥斯汀（John Austin）。边沁自己并不同意这一说法，他用功利主义理论解释了这一结论：“如果一个国家忽视国际法的立法而只重视国内法律的建设，那么直接后果就是被其他国家占尽先机。”由此看来，由懂法之人策划的国际法律新体系可以为世界所用。他写道：“如果眼下必须让某人来编纂一部通用的国际法典，他会以什么为标准来完成呢？自然是要考虑世界各国的平等权利和共同利益，这也是他作为立法人该有的想法和职责。”当然，首先需要一个国际化思维的社会科学家对全世界的需求指数做出积分运算，文化、地理、气象和其他影响条件的变化指数都需要考虑在内。

这样的法律体系再不是康德所不齿的那样仅是权势的口舌，它必然成为实现世界和平的必要基础。制定国际法典的想法让边沁触类旁通地提出了设立国际法庭的构想，国际法庭会对国家间的纠纷做出裁决。在其所著的《普遍永久的和平计划》（*Plan for an Universal and Perpetual Peace*）一书中，边沁具体描述了这一构想。边沁通常会将晦涩的理论与实际情形结合在一起，他从中发现国际法的“编纂”（边沁创造的又一新词）就是通往世界和平道路上的垫脚石。自此，法律体系得到完善，边沁的法律思想理念广为流传，成为18世纪国际法学家的主流思想之一。

边沁的这部经典作品从首次发行到推出新版本，前后相距近40年，书中所创之词在昔日尚属新词，而今已然成了人们耳熟能详的常用词汇。对此，他成就感十足。1823年这部作品再版时边沁曾写道：“书中提及的‘国际’一词已经完全融入今天的语言体系中，看看那些评论文章和报纸就知道了。”而边沁的追随者们则乐此不疲地继承着他的思想，他们还积极参与到刚刚独立的希腊和埃及的现代化建设的规划中。在一些南美洲国家，边沁理论一直处于风口浪尖，其支持者和反对者之间争论不休。而南美各国的大部分宪法及教育问题也乱作一团，两个派别各执一词，互不相容。到19世纪中叶，“国际”一词已经发展为一种激进的思想派别，和职业技工与资产阶级、制造业与商业的崛起息息相关。他们以一种全新的形式表达自己的意识形态，这种新形式就是后拿破仑复辟时期兴起的社会哲学。

于是，不断扩大的政治影响及其副作用催生了“国际主义”这一概念，公众舆论的影响也越来越大。1815 年的维也纳会议上，有位不同寻常的政客一鸣惊人，此人名为阿贝·德·普拉特（Abbé de Pradt），为人机敏善变，他尤其反对本国国王的恶劣行径，用他的话说就是，国王的军事理念使欧洲“满目疮痍，死伤无数”：他号召胜利方摒弃“尚武精神”，返璞归真，让欧洲重新回到“公民国家”的时代。随后，他又说，人们应该意识到公民意见作为一种新权威正在崛起，这是人类文明的进步。正是因为出现了这种文明（这种文明又被普拉特称为“神性”），专制独裁才彻底丧失了法律根据。这种文明赋予了人性思想以新的内涵，让战争变得臭名昭著。但文明与新型政治是不可分割的整体：“民族主义、真理、公众性并称为三大旗帜，引领世界走向未来……人民终于意识到自己享有的权利和尊严。”民意的巨大力量夺取了独裁者的王权，而这正是人类美好未来的旭日之辉。

多米尼克－乔治－弗雷德里克－迪富尔·德·普拉特（Dominique-Georges-Frédéric Dufour de Pradt）履历丰富，他曾是革命三级会议上忠诚的君主主义者、普瓦捷教堂的主教、拿破仑时代与梵蒂冈调停的谈判官，还做过法国驻波兰的大使，可是在这之前他一直没找到机会来鼓吹和宣扬自己的理论。所以若不对欧洲民众投其所好，他将一无所成。（他的政治生涯顶峰就是在法国复辟后当选了自由党的副主席。）他对拿破仑专制王权的批判以及对曾挫败他的欧洲协调及其保守主义的鞭笞为他赢得了坚实的群众基础。“‘新思想’的迅猛发展让各国统治阶层应接不暇，因此，各大国曾试图利用国会肃清前路。”1823 年的《文学报》（*Literary Gazette*）如是评论道。但民意的强大力量宣告了他们的必然失败。“人民联盟”的原则受到了政治理论家的广泛赞誉，因为这一原则推动了现代社会的发展。欧洲君主为处理欧洲事务所设立的会议联盟和议会制度也为反君主制的民众所用，并将其改进成了开放的民主政治论坛。很快，许多互不相干的团体开始举办见面会、组建联盟组织。直至 1848 年，“民众的力量”已经威胁到君主的统治，因此他们彻底放弃了对这种政策制定模式的管制。萨克森国王奥古斯都二世（Frederick

Augusus II）在给普鲁士国王的信中写道："诸王侯贵族代表大会与人民间的巨大分歧由来已久，民众对这样一种阴谋式的聚首总是多有责难。"梅特涅的多种阴谋论反被民众所用：现如今世道变了，国王惧怕人民的谴责，有一股不能掌控的力量左右着现今的政治形势。国际主义的现代含义是国家间和民族间的相互合作，而那时这一概念则意味着抛弃边缘思想，向主流思想靠拢，王权不得不适应这个选民和议会力量强盛的时代。

边沁去世两年后（也就是第一艘汽艇横穿大西洋后），有一部小说巨著在巴黎出版。这部小说描写的就是国际主义（或者说是边沁）对欧洲未来世界的构想。费利克斯·博丹（Felix Bodin）于1834年出版的著作《未来小说》（*Le roman de l'avenir*）再一次掀起了国际主义的思潮，国际主义就从法属阿尔及利亚和中美洲的中心城市相继兴盛起来，万国大会每年都会在这座城市举办。不断变换地点的世界会议（有时在飞机上，有时还会在船上）将各个国家和民族团结在一起，使"当代最著名最伟大的知识分子、企业家以及政治家"齐聚一堂。

博丹的作品洋溢着未来主义色彩：飞行机器的描写具有鲜明的特色；他大胆预言女性将在政治上大展宏图；沙皇俄国和土耳其帝国终将衰败；巴比伦帝国会以新的面貌重现历史舞台；犹太王国即将创立于世。但是他所有的这些新奇想法都基于一个先决条件，就是他幻想出了一个全球模范政府作为统领者，引导世界走向未来。从这层意义上看，博丹才是边沁的真正追随者，他穷思极想地描绘出一个幻想的未来蓝图，以便给世界的发展提供一个可供参考的雏形，而不仅仅是一些"精辟理论的再演绎"。

1771年，法国剧作家路易–塞巴斯蒂安·梅西耶（Louis-Sebastien Mercier）的经典空想主义著作《2440年》（*L'an 2440*）问世，将这部作品与《未来小说》相对比之后，我们会发现自有史记载的思想启蒙运动开始以来，人类的思想智慧取得了难以想象的巨大进步。在梅西耶的空想世界中，只有解散军队、废除奴隶制、解散神职人员、取消税赋才能实现和平，但书中的背景却设置为法国开明王室领导下的理想化城邦。在梅西耶的假想中，不存在国际主义衍生的政治问题和对国际主义的憧憬，这与博丹的描述截然不同。换言之，在18世纪70年代到19世纪

30 年代间，即使是在法国大革命和欧洲协调的灰暗背景下，人们还是萌生了对国际政治的憧憬，国际政治为人们带来了文明的社会氛围，不同的种族、信仰甚至不同的统治手段都能和谐共处，这是前所未有的交融景象。不只如此，这段历史还能映射更多事情，博丹的书中说道，哪怕在日新月异的社会里，人们对未来世界仍会怀有更多的贪恋，因此他建议正确地看待国际主义。

1839 年，法国科学家弗朗索瓦·阿拉戈（Francois Arago）激励人们："让我们尽情地展望未来吧！"在随后短短的 10 年间，他成了革命政府中举足轻重的人物。那时，研究欧洲越洋移民史的历史学家已经展开了激烈的讨论，在殖民地边界地区，曾经昙花一现的或亢奋或萎靡的精神力量需要人们予以更多的关注，这种精神力量是押给未来的一种赌注。在这个风起云涌、瞬息万变的时代，时间和空间越发紧缩，促使这一力量在 19 世纪瞬时爆发。这种"未来思维"带动了资本主义和殖民主义的发展。在各类投机活动和土地掠夺过程中，人们利用未来思维思考问题，并因此在难以避免的残败和失望中浴火重生。在快速发展的城市中，未来思维让人们坚定信念。横贯大陆的新型通信基础设施不再是幻想，接连不断的技术创新屡创奇迹。梦想中的未来驱使几十万的欧洲人远走他乡，并期待着在得克萨斯、加利福尼亚或是南非、澳大利亚、查科的高地农田有所作为。

在这个时代，移民趋势的强劲发展逐渐促成了一种文化，人们越来越看重世界一体化的思想观念。同时，这种观念也引起了一群志同道合之人对横跨大陆旅行的浓厚兴趣。就是在这时，地理学科腾空出世。地理研究注定会得到政府的大力赞助，一方面，地理作为一门实地考察性科学，是进行军事侵略和获取军事情报不可缺少的一部分；另一方面，地理研究为全宇宙的和谐统一提供了指南。这是世界地理发展的强盛时代，多家地理周刊畅销全球，例如法国的《环游世界》、协会组织创办的《国家地理社会》等。专门设立的国际测量协会绘制出更精确的世界地图，其科学使命就像无数的考察团和探险家一样，就是为了将世界各民族的思想观念传播至地球的每个角落。这一时期的学术地理界名人辈出。从 20 世纪的地缘政治学创始人哈尔福德·麦金德（Halford Mackinder），到语言优美的三卷本《人类历史》（*History of Mankind*）的作者德国人弗里德里希·雷茨尔（Friedrich

Ratzel)，再到伟大的无政府主义普遍论者埃利泽·勒克吕（Elisée Reclus）和彼得·克鲁波特金（Piotr Kropotkin）。左派激进分子认为民族主义的存在原因就是错误地理解了“地理”一词，地理正是人类部族多样性的体现。这个时代里，学校的墙上贴满了世界地图，中等家庭家中摆放着地球仪，报纸对去往非洲腹地的大使和官员进行频繁的报道，这一切都为19世纪末对未来政治的全球化意识做出了贡献。在各国瓜分非洲的大背景下，新闻工作者描绘了英国扩张的蓝图，拟订了成立统一联邦的计划。在他们的构想中，七零八落的各个帝国将被合并成一个单独的政体，政治一体化指日可待。

科学是政治文明发展进步的有力助推器。1889年，时任英国首相索尔兹伯里勋爵（Lord Salisbury）大力表彰了新成立的英国电气工程学会的伟大发明——电话。用他的话说，电话连通了整个星球，连通了全人类。有了电话，人类将无所不知无所不晓，各地的即时新闻、人们的言谈举止尽在掌中，更重要的是电话还可以对此时此刻颁布的政策进行即时分析判断。在汽船、火车、电话、飞行工具、生活理念等多种因素的影响下，全世界的感知交织交融，密不可分，难以预料的科技进步开创了人类历史的新纪元。科幻冒险游记小说的大家——儒勒·凡尔纳（Jules Verne）的作品中描写的机动旅行、乘坐潜艇和搭乘热气球，拉近了世界的距离，为科学潜力的发展指出了方向，为世界文明的变革树立了目标。正如凡尔纳所说的那样，科幻故事中的科学技术为人类统一的国际视野提供了无限想象，并“创造”了大量广泛流传的运载工具。

因此，未来主义小说绝不仅仅是一抹盖住社会经济汹涌暗流的文化泡沫，也不只是文过饰非的华丽辞藻。相反，如英国著名小说家赫伯特·乔治·威尔斯所说，许多评论家对他的作品多有所指摘，认为这些作品都是“伪科幻小说”。然而，就建立“新的思想体系”这一社会功能看，这些作品即使无法超越其他文学流派的作品，其作用也是可以与之比肩的。这一新思想体系中最重要的一点，就是人类要架空现有的一切，做到对未来绝对的心无旁骛的想象，这样才能彻底摆脱惯性思维和旧有习惯带来的思想禁锢。“让我们在这人类统一和宗教共存的美好时代安然地离去吧！”1890年，法国哲学家欧内斯特·勒南（Ernest Renan）如是说。几年后，法国社会学家加布里埃尔·塔尔德（Gabriel Tarde）提出了与过去的思想完全相左的决定论：决定事物发展方向的是未来，而非过去。1896 年，他在《未来历史片段》（*Fragment d' histoire future*）一书中描述了自己构想的世界联邦。

直至 19 世纪末，蓬勃发展的大量未来主义文学作品中充斥着对国际主义形形色色、五花八门的大胆预测，其中多数作品都是对欧洲紧张的战争局势以及随之而来的世界大战的描写。欧洲协调分裂成一些极具竞争力的联盟体系，各国政府为军队建设及增强更具杀伤性的科学技术提高了税赋。小说创作与时俱进，而未来的国际政治形势也变得前所未有的清晰明了。

其中最具代表性的人物就是英国记者乔治·格里菲思（George Griffith）。格里菲思对年轻的赫伯特·乔治·威尔斯影响深远，他是一名具有社会主义思想倾向的新闻工作者。他的儿子艾伦阐明了小说和科技的密切联系，立志想要做一名劳斯莱斯轴流式喷气发动机的工程师及开发人员。格里菲思本人不仅打破了环球旅行的世界纪录，还撰写了《革命天使》（*Angel of the Revolution*）一书，书中罗列了 1892 年发生在世界无政府主义最恐慌时期的奇闻逸事。在故事中，"自由兄弟会"是一个由年老的俄裔犹太人和他的女儿娜塔莎（Natasha）领导的恐怖组织。在两大主要政治联盟发动的一次战争中，欧洲各国被瓦解，这一恐怖组织成了新一任掌权人。他们拥有最先进的科学技术（该技术的年轻发明家爱上了娜塔莎），并逐渐壮大起来，恰逢此时在美国发生了影响广泛的捍卫华盛顿政府权力的起义。最终他们利用承载大规模杀伤性武器的飞艇征服了世界，并说服英国人一同前来建设美洲。飞艇、无政府主义、美洲人以及获益的英国人：与伦敦破败的郊区相比，这些才是典型的国际主义理想的构成因素。

从全球视野来看，欧洲协调留给世界的是科幻小说巅峰时期所体现的世界观，同时留下的还有无政府主义者特雷梅因（Tremayne）在伦敦外交会议上那番激动人心的发言，他富有远见地探讨了世界大战的危害。作为革命领袖，特雷梅因为欧洲战败受辱的君主列举了兄弟会的主张——普遍性裁军、土地重新分配及设立国际警察机关，对此，德国皇帝提出了异议：

“据我们所知，盎格鲁-撒克逊联邦认为自己已经征服了世界，所以，他们一直在以一个统治者的姿态向世界人民宣传他们的专制手段。我的说法没错吧？”

特雷梅因沉默着深鞠一躬，继续说道——

“但这一说法无疑否定了除盎格鲁-撒克逊之外的所有民族的自由。我难以想象，出身自由的人们经过多么艰苦的奋斗才赢得了属于自己的自由，他们会屈服于这种专制主义的做法吗？如果他们拒绝如此会怎样呢？”

特雷梅因快速起身，转向德国皇帝，皱紧眉头，目露凶光，对着他说——

“如果德皇陛下您非得称之为专制主义，那么请您记住这是和平的专制而非战争的专制。只有那些破坏和平的人和将刀尖指向同胞的野蛮家伙才会深受其害……

“您想谴责的只是您失去了暴力侵略的权利。那么现在，最后给您一次权利！就在这，就是现在，您敢不敢发誓您并不知晓联邦理事会的霸权阴谋，并承受您所说之话带来的后果！……”

这一番意味深长而又直指要害的发言让德国皇帝翻然醒悟。他想起自己的军队被消灭，最坚固的壁垒被拆毁，国库财政大幅亏空，大批男性子民在战争中被残忍杀害。想到这里，他嘴唇发白，跌坐在椅子里，双手捂住脸颊，发出了轻声的啜泣。这是军国主义思想对新型和平专制主义的最后一次，也是唯一一次抗议。

格里菲思的理想世界是通过革命武装实现和平的世界，而这个理想世界对其他人来说就是噩梦。毕竟，每每想起欧洲协调和神圣同盟建立的欧洲秩序走向最终灭亡的情形，就让人不禁扼腕叹息。在这场斗争中，国王被废黜，无政府主义者、恐怖主义分子和犹太人成了胜利者。保守党认为，格里菲思的“和平专制主义”说法并不是乌托邦的再现，而是一种全新的国际独裁手段，其影响之大、范围之广是前所未有的。

在格里菲思所述的逸事中，俄国恰如其分地扮演着反派头目，书中讲述的故事是从沙皇秘密警察最保密的休息处得来的。一般来说，人们对反革命警察的奇闻轶事并不陌生，因为这正是《锡安长老会议纪要》（*Protocols of the Elders of Zion*）中所讲述的故事。格里菲思写《毁灭天使》（*Angel of Destruction*）的那几年，恰逢奥克瑞那警备队（俄国沙皇时代的秘密警察组织）陷入了与席卷欧洲的无政府恐怖主义的无尽斗争之中。书中的锡安长老设想着有一天非犹太人“被彻底征服，并将其与生俱来的国际权利交给我们，利用自然的地位，让我们能在不使用任何暴力手段的情况下一步步地吞并世界上的所有政权，成立一个超级政府。我们还将成立一个名为“超级政府管理协会”的威慑性机构替代现如今的统治者。该机构的职权如螯钳般伸向每个领域，其组织机构庞大异常，征服世界各国无往不利”。《锡安长老会议纪要》中描述的超级政府统治方式为：告知人们他们将受政府的保护和照顾，从而让人民欣然接受超级政府的统治；防范恐怖主义未雨绸缪（这一方面，小说映射了现实：奥克瑞那警备队会秘密引爆炸弹以使人民产生反恐意识），进而使统治者有机会展现自己具有保护人民的能力。经济学家会向公众解释接受超级政府统治的必要性。因此，超级政府唯一的威胁是来自皇室王权的遗风和国民暴徒的盲目情绪，但是真正的危险则是这两者将走向中和。

《锡安长老会议纪要》也是一份不同寻常的文书，文中，19 世纪的自由主义者把取得的每一次发展——从立宪主义、新闻界的发展及扩大的参政权一直到国际仲裁机制的发展——都看成是人类进步的标志，并为之欢呼雀跃。这些情节的描写引人入胜。故事的结局是政变推翻了专制独裁的世界政府，却拥立了“一个凌驾于整个地球之上的国王，他将统一全世界，从根本上消除世界分歧——国界、民族、宗教、国债”，这是国际主义的胜利，它的政治体制虽经过处心积虑的谋划，但它呈现出来的并不是一个乌托邦，而是无尽的暴政。知识分子是愚忠行为的最后践行者：到 19 世纪末，即便是激进的国际主义反对者也不由自主地开始以国际主义视角思考问题了。

第二章　兄弟般的情谊

我看到旧时贵族领地的边界被打破，

我看到欧洲国王的标志性建筑被夷平，

我看到普通民众开始打造自己的家园（其他一切都要为之让路）。

所有国家都保持着密切联系吗？世界各国都会同心协力吗？人类在组建一个不分彼此的大家庭吗？看！暴君在颤抖，皇室在陨灭。地球迎来了一个新的时代，气势汹汹无法阻挡。

——沃尔特·惠特曼（Walt Whitman），“现代岁月”

和平运动：维护世界和平

19 世纪上半叶，最热切的国际主义者大都是福音派基督教徒。一位和平运动积极分子曾写道：“无论是哪一派基督徒，只要他们认为《新约》优于寓言，就有可能认为只要帝王还存在，世界就不会和平。”拿破仑溃败之日也是福音派的期望重燃之时。与此同时，大西洋两岸的基督教徒们认为周遭的重大社会发展和技术变革是千禧年到来的前兆。借着海外欧洲势力增强之势，基督教徒们忙于传播他们眼中的文明，为此开设学校，四处分发《圣经》，并发起反饮酒、反奴隶制的运动。1815 年《巴黎条约》(The Treaty of Paris) 规定贩卖奴隶为违法行为，反奴隶制运动初获成功。

但是，维护世界和平才是他们的长远目标。过去 20 年间，洲际战争频发，国内一片萧条，英国的反对者及一些福音派教徒对此极为不满，于是在 1816 年建立了“促进全球长期和平协会”，并称该协会“致力于反战活动，不会弄虚作假”。美国和平协会也是这个时期成立的。除了这些国家级的反战组织之外，还涌现出大大小小的地方和平组织，这些组织遍布英美两国。不论意在批判特权还是希望拥有特权，这些和平主义者都给当时的政体注入了与众不同的新生力量。当时的人们将这些特定人群定义为“组织狂热者”，他们是最早的“组织狂热者”之一，托克维尔发现美国人具有这种热衷于组织的精神，并称在民主国家出现这种现象十分平常。民意作为新生力量倍受重视，他们这些积极分子认为，“从长远来看，民意才是治国之本”。他们每年都会印制大量小册子，在“伦敦和平协会”成立的第一年，大量小册子被分发出去。他们热情激昂，想着“虽然我们看不到上帝，但他会化身为人，带领他的子民征战，到最后，王位和荣耀、胜利和欢乐都将属于教会”。和平成为这些积极分子的信念，他们看不惯那些“不付出任何努力，只等着上帝帮助的人”，并认为自己的努力已见成效，“民众的思想已有所改变，战争精神已烟消云散”。

虽然这些积极分子组织一次国际会议颇费周折，但是他们组织的所有会议都具有开创性，用不了多久人们就会纷纷仿效其做法。1840 年在伦敦，和平主义者首次召开“反奴隶制大会”，随后的 10 年中他们发起了十多个国际会议。三年后，应“武装共济会”要求，“全面和平大会”在伦敦召开，相当多的美国人出席会议，这表明自此之后英美两国的和平主义者联系日益紧密。会议发起人称“英美联合”是代表上帝“向全人类播撒文明的种子，传播基督精神。这是一项充满爱的伟大事业”。和平主义者的脾气秉性、行事作风以及工作地点与欧洲协调的政客没什么不同，而且在对世俗权威的态度上，他们内部成员之间也普遍存在着矛盾。在《致全球文明社会政府》(*Address to the Civilized Governments of the World*) 一文中，他们敦促欧洲政客按照规定停止战争。他们试图影响精英政客们，却又不相信他们，于是提议“为维护全球和平成立中央警戒委员会”，用民意对抗那些试图用战争维护和平的官员。

“博学铁匠”伊莱休·伯里特（Elihu Burritt）原是一名铁匠，后经自学成了马萨诸塞州的一名记者，他精通 15 种语言，是和平运动的领导者之一。外交原是贵族精英的职责，但他倡导“民间外交”。1846 年 8 月，伯里特在“世界禁酒大会”上提出了“全球兄弟联盟会”这一概念，并在自己的报纸《基督徒公民》（*Christian Citizen*）中宣扬和平主义的宏伟事业。梅特涅此前对欧洲内部动乱的暴力镇压为伯里特宣传和平主义奠定了基础，他很快便同贵格会以及渴望自由市场的商人结成了同盟。仅仅用了一年的时间，他就签署了 3 万份文件，期盼着这一运动能够扩散到欧洲和美国。伯里特认为工人阶级必须站在同一战线上，因为如果他们不再彼此对抗，挑起战争的阶级集团就会遭到极大的阻碍。马克思当然愿意认同伯里特的看法，而且会在批判资本家和工业化的时候采用这一观点。

和平运动得到了中产阶级的支持，也获得了更多人的认可。随着梅特涅主义在欧洲大陆的渗透及 1848 年在布鲁塞尔召开的和平会议（因当时巴黎正在闹革命，因此会议改在布鲁塞尔举行），和平主义看到了希望，并得到了有力宣传，终于在 19 世纪 40 年代末达到全盛状态。1849 年年初，新任法国总统路易斯·拿破仑的一系列举措更加鼓舞了这些积极分子的士气，他主张各大国解除武装，表示如果英国愿意这样做，法国就会无限降低海军军事装备水平。拿破仑认为这是拉近英法关系的时机。尽管拿破仑的提议可能与和平运动没什么关系，但这至少说明了和平运动者的想法并非不切实际。英国拒绝解除武装的做法没有削弱他们的和平信念，法国随后还是坚持单方面宣布减少武装支出。一位历史学家在评价这一现象时说：“迄今为止，正统外交家及民间和平推进者一直是两个毫不相干的事物，而此刻他们第一次有了交集。”

1848 年欧洲革命带来的改变初步显现，法国渴望在拿破仑的领导下成为引领变革的主要势力。1849 年 8 月，一次重要的国际和平会议在巴黎召开。时任法国外交部部长的亚历西斯·德·托克维尔负责在奥赛码头迎接各国代表，著名小说家维克多·雨果和英国自由贸易领袖理查德·科布登（Richard Cobden）这样声名远扬的人物也出席了会议，以示对拿破仑的支持。与会者中也有一些出身低微的人士，比如“美国和平协会”代表威廉·韦尔斯·布朗（William Wells Brown），他生于肯塔基州一个奴隶家庭，他们的到来印证了和平运动缘起于平民这一说法。1815 年，以梅特涅、卡斯尔雷、塔列朗（Talleyrand）以及俄国沙皇亚历山大一世为首的欧洲列强在此建立了强权统治。而如今，同样在这个城市，生于奴隶家庭的人都可以作为代表参加国际会议了，这意味着国际政治出现了新模式。

布朗是一位废奴主义者，也是一位杰出的作家，被誉为第一个著书立说的非裔美国人。他的日记中记录了巴黎和平会议开始时圣塞西莉亚礼堂里空前盛大的场面：好奇的法国观众一拥而入，礼堂里有给尊贵代表准备的带沙发的包厢，台上挤满了来自欧洲 6 个国家的代表，大批议会官员进入会场，维克多·雨果发表了“最令人难忘、最意味深长的讲话诉求和平”。雨果期望有一天欧洲各国可以放下武器，成为兄弟，那时“开放的贸易市场和开化的思想交流”将是“唯一的战场”，他称 19 世纪为“令人惊奇、为人敬仰的新纪元”，这段时期内国际争端会平息，政治经济、科技、工业、哲学、立法将举步向前，最终形成繁荣和谐的景象。布朗在日记中提到：雨果的演讲激情澎湃，“坐在我旁边的一位英国绅士对他的朋友说，‘他说的我一句也听不懂，但他讲得很好，不是吗？’”

不过，还是有人不愿意看到布朗参加和平大会。“那个黑鬼还是回他主人的农场干活去吧。”他的一个同胞嘟囔着。有人回应道：“‘美国和平协会’怎么想的？怎么派个黑鬼来巴黎参会？”相反，欧洲自由主义者对布朗还是很友好的，托克维尔夫人也十分和蔼。布朗比任何人都清楚这次会议的政治模糊性，也就此完美地阐述了自己的观点。

他重点批判了这次会议禁止讨论实事这一规定。组织者极有可能会将取得的进步归功于“上帝的福祉”，滔滔不绝地为他们“神圣的事业及和平准则的宣传”辩护。但他们一方面由于担心组织内部不够团结，不敢得罪那些法国主办官员；另一方面又一心想扩大自己的影响力，得到更多尊重。几个月前，法国出兵意大利，以期重建教皇制度并扫除罗马那些由加里波第（Garibaldi）和马志尼

（Mazzini）领导的共和党人。对于这一言行矛盾的做法，该会议的主办方却要求与会代表集体噤声。布朗说："他们给自己的嘴上了锁，还把钥匙交给了政府。"实用主义的精神让各国的决议更加多元化。原先全面谴责战争的景象不复存在，取而代之的是各国可以根据当前局势选择是否要批判战争、减少军事支出，"多国代表大会旨在推翻现行国际法并成立一个可以处理国际争端的高等法庭"。会议领导人似乎当时就预见到 70 年后凡尔赛也将召开会议，届时将会建立一个符合他们诉求的组织。

因此，对和平运动组织者来说，那时的各种起义既是挑战也是机会。如果他们反对战争，那么和平伟业很可能以失败告终，就像 1846 年的波兰那样，他们能容忍这一幕两年后在欧洲重现吗？ 1849 年年底，匈牙利政治家拉约什 · 科苏特（Lajos Kossuth）抵达伦敦时，前来迎接他的人很多，他用一口莎士比亚腔的英语煽动起民众的反俄情绪，这触怒了维多利亚女王，甚至险些导致英国政府的分裂。于是和平主义者开始探讨是否要帮助匈牙利和波兰这些受压迫的国家。但其实布朗早已指出，当意大利人加里波第和马志尼这两位为伦敦争取自由的勇士遭遇袭击时，这些和平主义者却卑鄙地选择了沉默。拿破仑在法国发起武装政变，这不仅令英国感到担忧，还招来新一轮反拿破仑运动，战争的号角越来越近。拿破仑的反对者们称：现在看来，拿破仑之前支持和平运动的做法只是在装模作样，这一点与他的修正主义现实政治理念如出一辙。

和平运动大势已去。而和平主义者的法兰克福聚首吸引了美洲原住民首领卡波卫教士（Reverend Copway）前往，这也是那次会议的最大亮点。他以"伟大精神"的名义向与会代表传递了和平的信号。1851 年，情况有所好转，那年英国在伦敦水晶宫举办世博会，4 000 多人来到伦敦爱塞特厅参观、沾博览会的光，和平会议第一次如此吸引国际关注。尽管如此，在布朗这些局内人看来，和平运动仍然气数已尽，这次会议本身还不如此次展览有纪念意义。确切地说，这次展览其实是一次伊莱休 · 伯里特"兄弟联盟集会"，一次废奴主义者的集会。"美国流亡奴隶"聚集于此，这是"伦敦最大规模的禁酒主义者集会"，大概有 15 万 ~20 万参观者排着队整齐地进入展厅。

来伦敦参加1851年和平大会的美国人中有当代最伟大的新闻工作者霍勒斯·格里利（Horace Greeley）。而那些“伯爵、公爵、将军、诸侯”都转而支持别的运动了，所以并没有出席会议，因此这次会议将民主展现得淋漓尽致，这令格里利感到震惊。同样令他印象深刻的还有和平运动者比任何一个宣传基督教的宗教组织成员都更详细地解释了基督教徒的组织力量。同布朗一样，格里利也察觉到了基督教和平主义者对暴行的默许，他们默许欧洲现状，容忍“专制君主”的存在，无视他们对“被压迫国”的欺凌。会议称干涉国际事务“最易带来痛苦和战争”，因此除了谴责殖民主义、要求解除武装外，他们还提出要坚决保持中立，不卷入任何国际纷争。他们以为公众会支持他们，但大家对这套说辞并不买账。此外，1853年爆发的克里米亚战争唤起了英国对沙皇俄国的仇恨，加速了和平运动的灭亡。1857年，和平大会委员会解散，而在美国内战期间，这些和平主义激进分子大都支持北部。

克里米亚战争的爆发说明事实并非福音派和平主义者所想的那样，战争精神尚未根除。相反，俄国与英法两国在战争中成为敌对势力，“欧洲协调”自此分裂。克里米亚战争掀起的战争热潮使波罗的海至高加索地区陷入了长达三年的流血冲突，人们都害怕波兰人与北高加索的切尔克斯人会陷入一场更惨烈的战争。在巴黎召开的和平会议缓和了当时动荡的局势，战争暂时停息。但是几年后，俄国入侵高加索，成千上万的山地人逃亡至土耳其，为之后巴尔干半岛与安纳托利亚高原之间的战争埋下了伏笔。1870年，普法战争爆发，西欧再次陷入暴力冲突。维多利亚中期的英国，基督强硬之风初现，教堂中回响着“前进，基督教战士们，向战场进军”的旋律。大环境改变了，国际主义者的态度也不像原先那样激进了，他们实行“曲线救国”，另寻和平之路。他们尝试建立新的体制，减少对公共舆论和上帝的依赖。学会了更多地依靠政治手段后，他们几乎找到了一条通往成功的道路，这非常符合他们的理念，即取消关税，实行自由贸易。

自由贸易：另一条通往和平的道路

英国议会中的激进人士理查德·科布登是著名的自由贸易推崇者，1847 年夏，他应邀前往维也纳，同年长的梅特涅首相共同进餐。身披荣耀的他身负重任出访欧洲。在他的领导下，英国议会刚刚废除《谷物法》，该法于拿破仑战争结束后制定，通过限制谷物进口来保护英国农民的利益。《谷物法》废除后，商人、制造商、工人以及记者备受鼓舞，联合起来为自由贸易造势，新创立的《经济学人》杂志就是他们的传声筒。科布登被誉为推进政坛重大变革的第一人，他向世界展示了工业革命时期的英国新兴阶级是如何快速掌权的。他成功地将空想国际主义最成功的变体推向维多利亚时期的主流政治。

在现代人眼中，自由贸易就是各国寻求自身利益的借口，是任意一个具有国际竞争力的国家开启国外市场大门的攻城木。尽管自由贸易还伴有关税、技术出口等各种支出，但其实它还有很多伟大之处未被其支持者发现。从科布登到一个世纪后的“田纳西州的科布登”科德尔·赫尔（Cordell Hull）（此人还是罗斯福政府的国务卿），再到当今全球化时代的思想家们，他们都将自由贸易视为加强人际沟通、促进世界和平的手段。其拥护者称关税将导致孤立和战争，开放经济则会带来繁荣与和谐，他们将贸易往来视为本国利益与全球利益的调节剂。皮尔（Robert Peel）爵士说过：“贸易往来是推进文明进程、消除国家间嫉妒情绪、维护全球和平的有效手段。”

科布登 1847 年的欧洲之行彰显了他的雄心壮志，国际合作与国内改革的内在关联也在此次欧洲之行中显现出来。科布登认为英国已经走在改革的路上，而他的职责是带领其他国家共同发展。他曾访问北美，听闻美国为响应他废除《谷物法》的决策而降低了本国关税，他很受鼓舞。美国这样做意义重大，因为在鼓吹“保护主义”精神的国家中，没有哪个国家的宣传力度在处于快速工业化时代的美国之上。然而，推行自由贸易最重要的战场是欧洲，而维也纳又是欧洲的心脏，因此，科布登与梅特涅的会面象征着关于国际秩序新旧理念的碰撞。

74 岁的梅特涅时任奥地利外交大臣和首相，遇到“革命余烬”时，他仍旧精力旺盛，准备随时消灭他们。英国废除《谷物法》那年，奥地利出兵波兰的克拉科夫城镇压城中起义，随后便吞并了该城，波兰最后一个独立城市自此沦陷。就在科布登同梅特涅一起进餐时，哈布斯堡皇室的军队正在攻打意大利城市费拉拉。梅特涅不会想到，在不到一年的时间里，人们的革命热情便极大地爆发了，欧洲暴乱频发，几乎推翻了奥地利皇室的地位，梅特涅自己也因此出逃国外。但是，科布登对此并没有感到意外。尽管只是与梅特涅这位维也纳系统的主要创始人举行了简短会面，但他有足够理由相信这位年迈的欧洲协调的政治家已经跟不上欧洲大陆经济社会的快速变化了。他在与梅特涅会面后写道：

> 执政者治理国家就像医生治病，但他们只看到表面症状，只会做最肤浅的补救，而不会透过现象看本质，不会深挖伤及社会体系的病根。梅特涅很可能是最后一个这样治国的人，此类政客将随梅特涅一同被时代抛弃，因为“实验室政府”这种新型政府正逐渐成形，并得到了更多关注，梅特涅不能再强制推行那种老式政府的过时做法了。

“实验室政府”——从这个叫法不难看出这个政府不再是原先那个正统的、拥有无上权力的政府了，而是一个由通晓法律、了解人类需求的专家组成的“科学的”政府。撒切尔夫人对经济自由主义的理解曾体现在她的一句名言中：“世界上根本不存在社会这种东西。”科布登的观点与她截然相反：任何政府要想成功处理国际事务，都离不开社会力量的支持。这也是他抨击欧洲协调的深层原因，他称欧洲协调反对改革，把人民和土地看作执政者的私有财产，这种做法是不利于他们应对席卷欧洲大陆的巨大变革的。欧洲协调否定社会的变化，对推进社会发展的动力视而不见。也许暴力镇压起义可以暂时缓解民族主义者的发展势头，但民族主义者并非第一次推行改革，他们不止一次地带来过社会进步。蒸汽和铁路不断推动通讯和运输系统的现代化进程，这是自罗马时代以来最具革命性的变化。制造业正处于转型时期，整个地区也在逐渐变成生产商，人们的工作性质和时长也发生了改变，识字率也在快速增长（这给梅特涅的监视和审查系统带来了麻烦），与此相应，阅读人群和创意市场也在扩大。

那些反对改革的国家领导人认为他们肩负着相同的使命，所以遇到困难时会互相寻求帮助，欧洲协调就是这样运作的。像科布登这样的激进人士和大多数的国内改革者一样，他们都认为各国利益息息相关，并以此为原则制定国际合作策略。他们称国内宪法改革就是要给欧洲统治阶级和他们的思想以重击。他们以民主的方式探讨基督徒团契，而不是摆出一副家长说教的姿态，他们看中的是和平而不是稳定，认为只有当人们摒弃了秘密宫廷外交的坏习惯，不再担心要承担高额的战争税，自觉地放下武器用平和的方法解决争端时，和平的局面才会到来。正如人们常说的那样，人类生来向往和平，之所以会有战争只因为先前的领导人无比自私、利欲熏心。因此这个世界只需要简单而彻底的改变——变成一个民主的世界。科布登期待有一天全国人民可以因“种族、宗教、语言”团结在一起，“而不是被象征权力的一纸契约”硬绑在一起。

自由贸易的起因可以追溯到法国大革命之前。有人认为自由贸易可以推进贸易文明发展，但康德可能不太认同这个观点，但纵观 18 世纪，专制主义评论家们都在称赞自由贸易的优势。因为与那些早年凭借海上实力在欧亚各地建立以土地为基础的中央集权独裁的行径（例如英国治下的殖民地）相比，自由贸易明显更胜一筹。拿破仑的态度发生了转变，他认为英国正在凭借自身强大的经济实力剥削欧洲列国，直至任期结束，拿破仑都将英国视为最大的敌人，并宣称自己的贸易封锁体系有利于欧洲大陆的集体利益。这是拿破仑对欧洲的早期预言，在随后的两个世纪里，欧洲以外的各个强国也会提出这一观点，欧洲一体化衍生的充满竞争性的愿景——欧洲自由贸易区与共同市场将深陷冷战泥淖。拿破仑失败后，亲英派全面拥护商业社会。自此，贸易活动变得文明、高效、自由，并且比贸易限制时期更为繁荣，更崇尚和平发展。曾做过拿破仑派驻华沙大使的普拉特对军事打击和贸易精神做过对比，他期望后者能占上风。在 1814 年发表的《欧洲文明的精神征服和篡夺买卖》（*De l’esprit de conquête et de l’usurpation*）一文中，本杰明 · 康斯坦（Benjamin Constant）称拿破仑的存在使欧洲成为一个“大牢笼”，而英国则是“自由思想和人类尊严的庇护所”。他借该文呼吁法国放弃军国主义思想，“加入现代欧洲商业化国家的行列中，发展工业，推动文明发展”。

毫无疑问，在19世纪上半叶，科布登引领的自由贸易运动在同时代的激进国际主义者中是最重要的，也是最成功的。但是，自由贸易运动无论成功与否都是喜忧参半。因为为推动世界和平而发起的激进运动即使失败也注定会被世人铭记，正如和平运动虽然以失败告终但仍为后人所称赞一样。如果自由贸易运动获得成功，那也是因为他们为政治人物所利用，而他们最初构想的愿景也永远不会实现。白厅官员推行自由贸易时也遇到过类似情况，自由贸易起初只是意在维护世界和平，但很快便成了推行帝国政策的手段，英国外交官们随后用大炮和舰艇强行推开了西非、土耳其和中国的经济大门。

十分讽刺的是，科布登本人是坚决反对帝国主义的，他曾完美阐述了推广商业资本主义的益处。正如他1843年在反《谷物法》联盟上的讲话所说的那样：

> 什么是自由贸易？为什么要消除各国之间的贸易限制？因为贸易限制背后蕴藏的是骄傲之情、复仇之心、厌恶和嫉妒之感，这些情绪终会爆发，最后导致大规模流血事件。

自由主义政治经济已经考虑到上述情况。很多理论家支持自由主义政治经济，即使是对此最不感兴趣的著名理论家大卫·李嘉图也不能否认自由贸易很好地平衡了国内利益和国际利益这一事实。

> 国内利益与国际利益息息相关。通过刺激工业发展及鼓励创新有效地利用大自然赋予我们的权利，自由贸易可以高效合理地分配劳动力，随着产量增加，大家广泛受益，世界各国被共同的利益维系在一起。

那是一个充满激情和崇尚经济发展的时代，这点从1847年在布鲁塞尔举办的全球经济学家会议上便能看出来。比利时自由贸易协会主席在大会上讲道："我们迎来了两个第一次：第一次检验各国人民友情，第一次将上帝所说的'互助互爱'变成现实的机会。"《经济学人》那时刚成为自由市场资本主义的传声筒，它旋即刊文启蒙大众，宣传"国际主义"以推广自由贸易主义。

1815年伦敦世博会（科布登是重要的发起人之一）的会场体现了自由贸易

的理念。这座以钢铁为骨架、巨型玻璃为主要建筑材料的建筑象征着开放、民主及全球化，是现代技术的杰作。“我们生活在最美好的时代，用不了多久，我们就会迎来‘世界人民大团结’这一历史时刻。”人类大团结的拥趸阿尔伯特亲王(Prince Albert) 曾这样说道，他还肯定了自由贸易人士和维多利亚时期进步人士的革命热情。

国际主义思潮的出现并非偶然。双边通商协定建立了处理国家间事务的新模式，相较欧洲协调的大国协商模式，新模式更加实际、民主，也不那么保守。英法两国同土耳其以及中国签订了通商协定，体现了这一新模式的又一特征：更加全球化。尽管土耳其人不太情愿接受这些做法，欧洲人却认为他们自己在传播文明。在欧洲，英法两国于1860年签署的通商协定是一个分水岭，随着另外60条类似协定的签署，西欧市场联系愈加紧密，在20世纪结束前，几乎成了一个独立的大市场。当时的人们都在讨论“欧洲共同利益”，他们认为贸易往来推动了国际主义发展，并且正在威胁着欧洲协调衰败的体制。19世纪60年代中期，人们习惯将国际主义看作“发现政治经济体制规则”的主要力量，将“商人”比作“国际沟通合作”的追随者。

科布登被誉为最卓越的“国际人”。1867年去世的时候，他的讣告撰写人说：“尽管那个称呼听上去很奇怪，但那是事实。在他之前，没人有资格被称为‘国际人’。”教化人类的职责落到了科布登身上，他要让人们知道新的政治制度可以消除国家间的疑虑，自由贸易可以证明战争只是“混乱的状态”，并不是不可避免的，它的发生与否取决于人的决定；人民一旦正确理解了民族主义的内涵，就会发现民族主义是通往国际主义的一条道路，而不是这条路上的障碍物。民主观念的传播、代议政府形式的扩散以及世界和平进程的推进都源于关税改革承诺：“由于目前还不是发展国际主义的最佳时机，仅有部分政治同盟认同国际主义思想，因此科布登认为他当前的工作是为推广国际主义铺路，使国际主义思想为人们熟知，扫除其发展的障碍，拥护一切有利于国际主义发展的法律和政策并促使其生效。最重要的是先实现贸易自由。”

正如上面说的那样，自由贸易人士相信唤醒“公众思想”是成功的关键。与福音派一样，他们的共同假设是：人类有共同的追求，因此他们会感受到民主的力量。换句话说就是：如果没有政府从中作梗，人民就不会自己发起战争。历代自由主义者都坚信这一点，国际联盟创始人也赞同这一观点。政客们使人民卷入战争，他们对利益的追逐将人类自私的本性无限放大，酿成灾祸。因此，人民要结成自由联盟，将不同的思想汇聚一处，为和平而战。自由贸易是国际主义的指导思想，它不依托机制以外的任何国际组织调低关税的做法和世界贸易组织有些相似，但不同于当今政坛涌现出来的各种组织。自由贸易颠覆了传统观念，无须政治手段就能把世界人民团结在一起，反对仍旧掌权的贵族。自由贸易最终会像美国前总统伍德罗·威尔逊（Woodrow Wilson）在“一战”后号召的那样，建立一种新的世界秩序，人民会成为自由贸易有力的支持者。但那时，威尔逊本人的观念倒像是退回到了一个世纪前。然而 1919 年的欧洲自由主义者仍然选择强烈地推崇他，因为他们不相信这位世界上最伟大的人会重拾落后思想。其实，前面几代人都遇到过这个问题，科布登晚年就遭遇过相同的困境。

科布登不赞同旧的外交方式，因为那种方式只代表了军国主义贵族这个特定群体的利益。科布登称，政客们贪图个人利益，介入正常的贸易活动，制定了像《谷物法》那样的条规。为了让高额税收和不必要的军备支出看似合理，他们不断重申权利平衡的重要性，并挑起地区间冲突。这样看来，减少征税额度就是一项和平政策了，而权利平衡这个概念“已经荒谬到不能用‘谬论’、‘错误’或是‘欺骗’等词来形容了，甚至可以说它‘什么都不是’”。因此科布登主张英国远离一切国际纠纷，是否支持土耳其或攻打俄国都与英国没关系。他认为英国人最好安坐家中，收拾收拾房子，做些喜欢的事挣点钱，而不要“为了谋求邻国的发展，为了世界和平和人类幸福而整天打打杀杀，因为这样做没有任何意义，终是徒劳”。

克里米亚战争爆发后，科布登和他的支持者不得不面对正推着政客们走向战争的所谓战争精神。他们向来在意媒体和民众的声音，但现在这些声音变得极具攻击性，他们对此感到十分震惊。科布登曾怀疑道：“我们还是理性的、进步的物种吗？”他建议和平主义者对此保持沉默，因为战争的不合理性会不言自明。科布登始终坚信，分析经济现状是对大众最好的教育。但是越来越多的政治分析人士对此提出质疑，认为民众的行为不受理性分析的影响。维多利亚时期的自由主义呈保守趋势，英国著名经济学家兼哲学家约翰·斯图尔特·米尔（John Stuart Mill）为此调整了功利主义的教义，因为普通民众远不如受过良好教育的人那般理性。19 世纪 50 年代，本杰明·迪斯雷利（Benjamin Disraeli）发表了他的第一部小说《恩底弥翁》（*Endymion*），书中强烈批判了科布登的极端理性主义。“他们给这些混杂的观点起了个新名字，”一位代表如是说，“他们管这叫‘民意’。”时任英国女王、时尚教母以及保守党领袖泽诺比娅（Zenobia）说：“多么荒谬！这只是一个称谓罢了，别指望他们能像女王或上下议院那样有什么好想法。”媒体人不再理性，他们拟定了耸人听闻的标题，在报纸头版刊登竞选新闻。克里米亚战争时期的英国首相阿伯丁伯爵（Lord Aberdeen）也抱怨道：“尽管身为首相，但我还是要取悦媒体……他们总是嚷嚷着要加强政府干预。媒体很霸道，现在他们让政府也变得霸道了。”如此看来，出版物的论调以及高涨的民意可以按照他们的意愿将国家推向战争。

自由贸易并没有因科布登的去世而被遗忘。未能成功举办的 1875 年欧洲关税大会反而成为科布登主义的绝唱。自那以后，这第一位“国际人”逐渐被遗忘，这一点在欧洲大陆体现得尤为明显。与此同时，“国民经济学”逐步登上了舞台。1871 年德国重返国际舞台之后，强大的敌对联盟崛起，致使 1882 年后亚非地区遭受了疯狂的土地掠夺战争，自由贸易的国际影响力被大大削减。各国更加崇尚军国主义和民族主义。贸易保护主义席卷世界，科布登俱乐部遭受围攻，各国纷纷“放弃自由贸易”。然而讽刺的是，当全世界都在反对自由贸易的时候，曾被科布登批判的大英帝国却视自己为自由贸易的保护者。但在别人看来，英国实行关税改革不过是为了谋取暂时的经济利益。总之，自由贸易运动与和平运动密切相关，同和平运动一样，自由贸易在国际主义盛行的 19 世纪四五十年代也曾辉煌过。一个世纪后，自由贸易再次辉煌。大萧条及“二战”后，美国成为新兴大国，并重提自由贸易。正是因为美国，自由贸易在 20 世纪 80 年代恢复了它的统治地位。

属人主义：民主与和平

维多利亚时期中期，国际主义出现了第三种新兴元素，在当时被称为“属人主义”。在当今这个时代，人们多认为民族自豪感不利于国际和睦以及世界和平。但是这种观点是最近才形成的，自民族主义作为一股政治力量在欧洲大陆初现后，人们对它的态度就发生了巨大的转变。1919 年，在去巴黎开展国际联盟成立的筹备工作之前，美国总统伍德罗·威尔逊先去了趟意大利。在热那亚，威尔逊冒着瓢泼大雨，在该市最杰出的一位伟人的纪念碑前发表了演讲。他说：“他毕生都在为实现自己的理想而奋斗，能与他成为同道中人我感到非常荣幸。”威尔逊的讲话中提到的这个人，也就是纪念碑的主人，正是朱塞佩·马志尼。他是统一意大利的功臣，是推翻梅特涅体系的改革者，是一位“虔诚的传教士”，为了国家鞠躬尽瘁，任劳任怨。

历史上很少有人真正具有开创性思想，而马志尼就是这样一个人。他认为只有出现一个由民主国家组成的国际组织后，世界和平才能实现。在他死后很久，人们才认识到这种观点的深远影响。正如伍德罗·威尔逊称赞的那样，与仅需成立一个世界政府的观点相比，马志尼这种建立民主国家联盟的想法更具优越性。然而国际联盟以及后来的联合国都还只是一个世界政府。总之，马志尼是第一个从民族主义角度出发考虑国际合作的人，也是历史上持类似观点的人物中最重要的一个。

最开始，马志尼的对手是哈布斯堡家族及其背后的神圣同盟。正是因为他们的暴政，加入秘密革命组织“烧炭党”的马志尼才被投入大狱，最后又遭到放逐的厄运。这段经历坚定了他反君主政体的信念。1832 年，为争取民族独立并统一意大利，马志尼建立了意大利青年党。不久之后，他写道：“我们不会以任何形式同那些国王联盟。我们不会欺骗自己，因为我们知道依靠国际条约和外交诡计是无法获得自由的。我们不会向会议条款或者君主内阁低头以换取自己的幸福。所以，意大利人民请听好：我们绝不和国王打交道。”

马志尼反对君主，他对早期流亡国外的意大利人提出的世界主义也不全然认同。这些人都认为有些事情比一味顺从国王和君主更重要。但是马志尼认为世界主义者夸大了理性的重要性，过分强调个人权利，而没有认识到大家联合在一起为“国家”而战才是实现人类和睦最有效的途径。马志尼认为“国家”就是义务和责任的象征，它因无私而高尚。而过时的世界主义崇尚以自我为中心，因而显得自大妄为。马志尼之所以厌恶边沁和功利主义者，一方面是由于上述原因，另一方面是因为他们推崇唯物主义。马志尼认为民族主义达到了一个无法超越的精神高度，它的实现需要大家互帮互助，这是一种超越了个人利益的集体行为。这就好比在一个家庭中，家庭的整体利益凌驾于每位家庭成员的利益之上一样。国家与其人民之间就是如此，或者往大了说，整个欧洲及其人民的关系也无外乎于此。因此，马志尼改变了观念，转而鼓励欧洲大陆各民族国家以民主形式联盟，即推崇“民族神圣同盟”。青年意大利党成立后三年，马志尼同几个逃亡者在瑞士首都伯尔尼建立了青年欧洲党以配合国内革命，这次革命有可能推翻“神圣同盟”。

现在的人们不太能够接受如此高尚无私的观点，也难以消受关于“意大利灵魂”的那些没完没了的讲话。这些讲话曾煽动起一轮又一轮的起义，但是收效甚微，还白白搭上了许多生命。不管怎样，马志尼的能动性、大量的书信作品（仅意大利语版的作品就有 94 卷之多）以及他的威望都是他的资本，这些资本让他比同时代的和平主义者更有条件解决政治动员时遇到的实际困难。“人民神圣同盟”需要的是属于自己的沙皇亚历山大（Tsar Alexander），而马志尼更想做欧洲革命者跨国组织的指挥官。按道理讲，与零星的、互不相关的各种单边行动相比，联合国内部的各种起义推翻“神圣同盟”独裁的胜算更大。马志尼曾写道：“现在我们需要做的是将所有为同一目标奋斗着的欧洲人联合在一起……在世界各地同时起义，这样我们就会获胜。到了那时，哪位别国的暴君还顾得上管别人的死活呢？”

他痛批科布登的孤立主义，说那项政策“糟透了，是怯懦无能的表现……将无神论带入国际生活，过度追崇个人利益”。马志尼流亡时大都待在伦敦这个反抗君主制的政治中心。他致力于让英国放弃和平主义和不干涉原则，转而开展我们现在所说的人道主义干涉和民主建设。虽然他最终没能像他希望的那样成功联合各种起义对抗君主独裁，但他的影响却依旧广泛。马志尼与卡莱尔（Carlyle）、米尔等杰出的作家素有交情，自己也多有文章发表，这些都使他在英国享有盛誉，其声望及影响也因此从英国迅速扩大至欧洲大陆乃至大西洋地区。

干涉论的提出给维多利亚时代中期的英国自由派造成了困扰，马志尼是主要的麻烦制造者之一。为了让欧洲最有实力的国家帮助意大利和其他受压迫的国家（比如匈牙利和波兰），他明确提出了实施国际团结的人道主义的理由，这个缘由直至今日还能引发共鸣：

> 人们开始意识到……国际责任作为纽带将各国人民维系在一起。因此，如果世界的某个地方，甚或一个独立的国家一旦犯下明显的错误，就会被定罪。其他国家也不会因为与出事地点相隔较远就幸免于难。想象一下，如果在当今年代，土耳其境内也发生了基督教大屠杀，情况会怎样呢？

然而遗憾的是，英国最终没能击败意大利半岛上的奥地利独裁者来帮助希腊人民重获自由（英国曾在1827年纳瓦里诺海战中帮助希腊获胜）。威廉·格拉德斯通（William Gladstone）和英国主流自由主义舆论原本坚守着科布登反对介入一切国际事务的原则，但现在他们的态度却发生了转变。就连科布登本人也有所动摇。当然，这并不意味着被压迫的民族无须为争取自由而战。马志尼就曾发表文章号召人民反抗，并亲自参与了1848年起义。他认为一旦国家重获自由，就应该发展文明，建立殖民地。在马志尼眼中，意大利注定要承担“时代赋予它的传播文明的责任”。他还建议意大利“一旦时机成熟，便可入侵非洲大陆最北端的突尼斯，并在那里建立殖民地”。这样一来，自由民主主义同时具有了国际主义（面向欧洲各国时）和帝国主义（处理非欧洲事务时）两种特性。马志尼重视欧洲，20世纪的国际机构依旧深受这种态度影响。

马志尼的“国家纲领”强调自救、互助以及学习。他资助了伦敦中心的一所学校，这所学校专门接收贫困的意大利工人的孩子。马志尼的教义中并不涉及阶级斗争，也没有发表任何言论试图削弱人们对民族统一的渴望。所以，意大利人直言不讳地说那里的社会主义和共产主义是危险的。1842年，马志尼撰文称拯救“被共产主义迷惑”的工人十分重要。8年后，他同意在伦敦成立“欧洲中央民主党委员会”，为由民主主义者组成的青年欧洲党提供指导。当时他曾谈到有必要帮助“民主国家”摆脱“鼓吹无政府的共产主义”。

尽管社会主义和共产主义这类新兴术语的含义尚未定性，且常被误读，但这并不妨碍这两个名称在19世纪40年代初期的广泛传播。1846年，半自由的波兰城市克拉科夫（Cracow）爆发了起义，但随后很快遭到奥地利镇压。波兰威胁说要彻底消灭激进运动，这一表态再一次成为头条新闻。在伦敦，宪章运动领导人和诸多记者围堵在一个名为民主党联谊会的激进组织门口为波兰募捐，并号召其他国家的革命移民出钱出力。马志尼担心“民主党联谊会”有社会主义情怀，因此极力回避他们。为了让外交部变得更加民主，他选择支持人民国际联盟，该组织由一个极具竞争力且相当有威望的游说组织创立。在随后的两年中，英国激进媒体同对立方的支持者展开了一次激烈的对话。两位德国激进人士卡尔·马克思和弗里德里希·恩格斯作为德国民主党在布鲁塞尔的代表参与了此次对话。

如果说马克思同马志尼的隔空争论对帮助我们了解冷战时期的国际事务十分重要，那么早在维多利亚时期，这种争论在激进政治思想的较量中就已拉开了序幕。从他们二者的观点可以看出两种不同的国际主义观念：一个是基于资本主义体系下的民族化解放运动，另一个是共产主义下的国际主义。在20世纪，这两种观念背后是两个超级大国的对抗。尽管两国迅速对立起来，但实际上，它们有很多共同点。比如在国际秩序这一问题上，他们都认为国家是国际秩序的重要组成部分。

1846年，马克思和恩格斯写了一篇文章，讨论了宪章运动的影响，引发了两派之间的争论。他们写道：“英国的工人阶级非常清楚，资本家同劳动人民、资产阶级同无产阶级间的斗争该有个定论了。”马志尼十分厌恶这种论调，因为他的“人民国际联盟”是“为维护民族利益、促进各国人民间相互了解、增进感情”而设立的，而维护工人权利不是他们的职责。随后，在4月，马志尼在一家英国报纸上痛批共产主义。在《民主思想》（*Thoughts upon Democracy*）一文中，他称共产主义是对自由、进步和人类道德发展的否定，专断残暴至极，甚至会毁掉全人类。

当时马志尼对马克思及恩格斯尚未特别留意。他的首要攻击目标是边沁掀起的唯物主义思潮，而不是激进的左派。尽管如此，还是有很多社会主义者被激怒了，并迁怒于他。1847 年年末，马克思前往英国并给“民主党联谊会”做了演讲。很明显，他的讲话是在反驳马志尼及其国际主义观念。“各国际联盟合在一起，如兄弟般和睦相处，这些都只是资本家们常挂在嘴边的空话，”马克思如是说，“倘若工人阶级可以在与资产阶级的对抗中获胜，那就意味着人类摆平了国家间及产业间的各种冲突。而这些冲突正是人与人之间充满敌意的原因。同样，工人阶级的胜利也意味着被压迫民族重获自由。”德国的激进工人成立了一个小组织，最近他们将组织的名字由“正义联盟”改为“共产主义联盟”。从英国回到布鲁塞尔后不久，马克思与恩格斯就为该组织撰写了《共产党宣言》。该书的开篇十分有名：“整个欧洲陷入恐慌之中，人们对共产主义充满畏惧。”“古老欧洲的各大政治力量联合起来，试图驱散这种恐慌感。罗马教皇、俄国沙皇、梅特涅、基佐（Guizot）以及法国激进人士、德国警探都参与其中。”很快，事实便证明资产阶级同无产阶级间的矛盾就是那个时代最核心的问题，这足以表明马克思反对马志尼计划的重要性。

接下来的几年中，马志尼与社会主义者持续对抗。1848 年革命失败后，马克思定居伦敦，在随后的几年中，他潜心做研究。与马志尼相比，马克思更讨厌那些总是缠着他的德国逃亡者。讽刺性文章《逃亡中的伟人》（*The Great Men of the Exile*）就是马克思对他们的讨伐，该文直至 20 世纪才得以发表。文中还尖锐地批评了马志尼，称他的国际主张是骗人的把戏。原文如下：

> 1849~1852 年的民主派逃亡者上演的大剧早在 18 年前就拉开了序幕，那时的参演者是 1830~1831 年煽动政治的流亡者。尽管随着时间的流逝，第一批政治流亡者大都退出了历史舞台，但仍有少数人还在坚持着。他们继续煽动群众，制订各种全球计划，还成立了临时政府，在世界各地发表激昂的言论。这些老手的经验以及骗人的技巧明显强于他们的后辈。18 年来，他们习惯了搞些阴谋诡计，四处宣讲，欺骗大众，炫耀自己，把自己推到风口浪尖，

他们就这样练就了敏锐的判断力。马志尼也因此肆无忌惮，认为自己有能力担起“欧洲民主派中央委员会”的重担。

共产主义：资本主义为工人阶级铺路

20 世纪的大部分时间内，“国际主义”这个术语几乎等同于“有组织的社会主义”这一概念，苏联成为世界强国之后这种情况更明显了。1864 年，“第一国际”成立，马克思在这一过程中起到了重要作用。“国际主义”的思潮在“第三国际”时达到全盛，人们熟知的“1919 共产国际”就是第三国际，该组织由列宁创立，目的是促进世界范围内共产党人之间的相互合作。而随后，由托洛茨基（Trotsky）领导的“第四国际”就没有那么成功了。

19 世纪中期涌现出大量关于国际秩序的构想。马克思的国际主义其实就源于这些构想，要正确看待马克思的国际主义就不能脱离维多利亚时期这个时代背景。和往常一样，当时最根本的任务还是要防止 1815 年成立的保守组织欧洲协调重掌大权。欧洲协调反对马克思的国际秩序观，并扬言要削弱马克思的势力。但事实却是，到 19 世纪 40 年代，就算马克思不向那些威胁和挑战自己思想的国际秩序愿景开火，欧洲协调的国际威望也会日渐衰落的。

当时处于全盛期的自由贸易便是这些愿景之一。在比利时首都布鲁塞尔以及他随后驻留过的其他城市，马克思都曾试图让国际主义者自觉改变对传统政治经济的看法：实际上，全球盛行的资本主义是在为工人阶级的凯旋铺路。马克思在布鲁塞尔自由贸易代表大会的演讲中提到：“我们支持自由贸易，因为只有通过自由贸易，那些自身存在最尖锐矛盾的经济法才能将缺陷暴露在公众视线中，暴露在全世界人民的眼皮底下。一旦所有的矛盾汇聚到一起，两大阵营就会对立起来，冲突便不可避免。而冲突的结果就是无产阶级的解放。”在他主办的新闻杂志中，马克思十分关注自由贸易运动，尤其关注科布登其人。马克思还很关注自由贸易的政治力量和各种艰苦的努力。1857 科布登在曼彻斯特选区竞选失败之后，马克思便深刻地领悟到，沙文主义和国外冒险主义的实力比科布登预料的强很多，而科布登一直信赖的民意，更是存在很大的不确定性。关于民意，马克思曾讽刺地写道："平心而论，民众之所以支持帕莫斯顿（Palmerston），一半要归功于他自己，另一半则要感谢科布登的愚蠢。"

在马克思眼中，自由贸易还是顺应历史进程的，而让他更担心的是马志尼正在偏离正确的轨道一意孤行。自1864年起，当时被称为"第一国际"的"国际工人联合会"成为马克思工作的重心，最终使马克思的名字家喻户晓。联合会最初成立时并未明确其主张是什么，对于一个由英国公会组织者创办的协会而言，要形成意识形态立场的确需要时间。协会成立典礼开幕前两天，马克思的一位裁缝朋友约翰内斯·埃卡留斯（Johannes Eccarius）问到这个组织究竟是干什么的，他得到的答案很模糊，为此他很困惑。他向马克思抱怨道："我根本就不知道这个组织是干什么的，他们说的话我也听不懂，这种情况让我怎么在典礼上发表关于该组织的讲话啊？"到了典礼举行当晚，情况有所好转，会议的主发言人是英国劳工公会的领导乔治·奥哲尔（George Odger）。他概括了波兰当时所处的困境，还谈到英法两国工人阶级联手的重要性，并重点阐述了为了"全人类的利益"和"工人阶级的事业"，需成立有效的"人民互助会"对抗"国王及君主的会议和宴会"。

乔治·奥哲尔这些豪言壮语颇有些马志尼的色彩。马志尼在当时伦敦的欧洲政治逃亡者中很有名，深受奥哲尔爱戴。因此，这个新成立的组织在制定纲领的时候自然会在很大程度上受到马志尼思想的左右。那时"意大利工人联合会"正在那不勒斯召开会议，会上宣读组织规章的人也是马志尼的支持者。他的提议得到了一致认可，被国际工人联合会伦敦委员会采纳。

马克思为这个新建的组织投入了大量心血，他不能接受这样的现状。眼前的状况令他十分震惊。他告诉恩格斯："这样的序文冗长无味，根本就是未经慎重思考胡乱写出来在这里滥竽充数的，文中随处可见马志尼的踪迹，根本不算是合格的原则声明。"为销毁该序文，马克思迅速行动，亲自起草了另一版本——《国际工人联合会成立宣言》（Inaugural Address to the Working Classes）。"该序文全部由我本人编写，剔除了原则声明部分，原先的 41 条规章浓缩为 10 条。文章中涉及国际政治的内容中，所有的‘民族’字眼都被改为‘国家’……我不得不在序言的条款中加入了两个有关‘职责’和‘正义’的词。”这也是马克思对马志尼思想的妥协，这个两个词也是对马志尼所倡导的“‘真相、道德以及公正’等思想的相似表达，只是这样讲会更温和一些。”

“国际工人联合会”的历史学家们倒没有受马志尼多大影响，非但没有多受影响，他们还认为该组织的成立会带来共产主义的胜利，该组织会使列宁领导的第三国际以破竹之势在莫斯科发动革命。这些历史学家自然认为第一国际是先驱性组织，该组织让马克思这个名字家喻户晓。成立联合会的主意是马克思提出来的，不过联合会的两个重要创始人乔治·奥哲尔和威廉·克里默（William Cremer）早在伦敦工人运动时就积累了宝贵的组织经验。而在国外，意大利的统一及美国内战激起了改革的热潮。1863 年 3 月，为了表示对美国北方的支持，国际工人联合会举行了一次盛大的群众大会，很多人在会上发表了讲话，克里默便是其中之一。马克思参加了此次会议，并告诉恩格斯：“工人们的发言太精彩了，他们没用到任何一个资本主义字眼，却将反对资本家的立场表达得淋漓尽致。”同年爆发了反对沙俄在波兰统治的起义，工人联合会的代表要求首相保证不会取消对俄战争。法国是促使劳工国际主义出炉的最后一剂催化剂。1862 年，拿破仑三世鲁莽地帮助一些工人参加了伦敦世博会。就是那次，英法两国的工人用一盏茶的工夫便达成共识，计划在伦敦成立一个委员会，以方便两国工人相互交流。不出所料，联合会第一次召开会议时马克思就已经察觉到了，他在与恩格斯的通信中写道：“‘真正的力量’参与进来了。”

在工业革命的中心地带，工人们在行动。但是，没人知道国际工人联合会要把他们带向何方。是同以前一样追随马志尼和他的民族主义共和制，还是选择马克思那更加激进的社会主义？马志尼的思想作为初期指导思想得到了联合会首份官方报纸《蜂巢》（*Beehive*）的认可。该报称，“不过度妨碍资本家对其合法权利的追求，工人的权益就有保障了”。马克思本来不会在意这些，但是作为联合会领袖，他每走一步都十分谨慎，这种做法大大出乎那些熟悉他早期文章的人的预料。

马克思曾跟恩格斯说过："让刚刚恢复的运动接受原先那种大胆的言辞需要一些时间。"他起草的成立宣言重点分析了《资本论》中的细节内容，较少使用《共产党宣言》中那种激动人心的措辞。和马志尼一样，马克思也明白需要在国内和国际上同时展开活动。但是，马克思从工人的激进行为中看到了实现上述理想的曙光——"工人合作已遍及全国"，这为实现"不同国家的工人如兄弟般联合在一起"这一目标打下了坚实基础。

尽管相同的规划说明两人有很多共同点，但马志尼不断向英国人鼓吹自己的思想，这一做法令马克思大为恼火。国际基本文件的源文件被送往意大利而不是给他，这也让马克思非常生气。他坚持认为马志尼的公有制构想否认阶级斗争的存在，这样做的唯一结果就是"另一种形式的资产阶级专制"，马克思对记者如是说。他始终坚信意大利在历史进程中注定失败。1867 年 9 月，马克思在给恩格斯的信中满心欢喜地写道，许多欧洲工人组织响应共产国际的号召："新一轮革命的到来也许比预期的要早，等到这场革命真的到来时，我们（你和我）就会拥有超强的能量。同马志尼等人 30 年来的种种行动及其结果相比，我们不需要提供任何资金赞助……这一点实在令人欣慰！"

1871 年 5 月，"巴黎公社"遭遇血腥镇压之后，马志尼与马克思两人终于深入交换了一次意见。这次流血冲突发生在法国首都巴黎，交战双方是"公社"的支持者和"第三共和国"的军队。战争期间，马克思没有发表什么评论，但他随后发表了一本小册子赞扬公社的成就，这本小册子被广泛传阅。"流血周"内政府军杀死了 20 多万疑似公社社员。马克思主要通过媒体关注双方战况。"流血周"仅过去两周，马克思就发表了《法兰西内战：国际工人联合会总理事会发言》（*The Civil War in France: An Address of the General Council of the International Working-Men's Association*）。他的结论是：公社的失败证明了不成熟的革命是十分危险的。但是马克思的分析丝毫没有谈及新任法国外交部部长儒勒·法夫尔（Jules Favre）。正是这个人，立刻为马克思和共产国际做了有力的宣传：他号召欧洲所有同仁一起努力，消灭这个"孕育战争和仇恨的社会"。尽管马克思与"巴黎公社"没有任何关联，也不想效仿公社的做法，但他的"威望"确实因此提高了不少，革命的无产阶级国际主义也因此暴露在聚光灯下，尽管并没有多少公社随之曝光，这些报道也并不是为了让世人效仿。但大量的采访和关于马克思的介绍还是随之而来，他几乎成了国际史上最重要的人物。“我很荣幸在这个时刻成为伦敦受到诽谤和恐吓最多的人。20 年来我的生活平淡无味，我的思想也没有受到重视，这样看来，受到诽谤和污蔑也是件好事。”

与马克思不同，马志尼可不认为“巴黎公社”有什么可称赞的。他认为公社的行为是反国家的，其成员各自为战，坚持无政府主义，这种做法会引致一场道德灾难。“不计后果地追求地方利益会让他们忘记‘祖国’这个词蕴含的神圣意义。”马志尼如是说。法国内战令他备感担忧。晚年亲见罗马被皮埃蒙特军队侵占以及共和制在法国失败，他的世界仿佛因此崩塌。马志尼与法夫尔看法相同，两人都认为马克思和他的共产国际需要为此承担部分责任。“马克思这个德国人就是第二个（法国）小资产阶级思想家蒲鲁东（Proudhon），他难以对付，并对当今世界不满，只顾着搞阶级斗争。”这位意大利人认为工人阶级被“唯物主义和无政府主义”迷惑住了，他将愤怒和担忧化作一篇公开谴责的文章，刊登在 1872 年的《当代评论》（*Contemporary Review*）中。“共产国际的倡导者是一位叫卡尔·马克思的德国人。这个人专横跋扈，忌妒他人的影响力，没有任何哲学或宗教信仰。恐怕他性格中的愤怒远远多于爱。另外，他的处世态度与蒲鲁东相似。”马志尼进一步提到：“对于欧洲工人组织来说，有一个合理的指导思想应该告知它的追随者：国家利益神圣不可侵犯。”他自己拒绝加入共产国际也是因为该组织违反了这一原则。不出所料，当一位来访的美国记者暗示马志尼是一位相当有影响的人时，马克思不以为然，笑着说道：“他只是老式中产阶级共和制的代表，其他什么也不是。”1875 年马志尼死后，马克思评价他为“第一国际最不可调和的死敌”。

马志尼与马克思两种不同思想的博弈意义重大。他们一个提倡民族主义，另一个倡导共产主义。自 1917 年起，因坚持上述两种不同理念，伍德罗·威尔逊和列宁形成对抗。但是，历史的进程并非直线型。实际上，这两种思想在 20 世纪中叶达到鼎盛后，都迎来了衰落。我们已经看到巴黎公社是如何削弱马志尼的：其实早在 1861 年，他就曾写道，“‘民族主义’（Nationality）本是神圣的，但现在我们把它变成了带有偏见的‘民族主义’(nationalism)”。在意大利，马志尼的威望也随着他的离世降低了。尤为讽刺的是，伍德罗·威尔逊在热那亚参拜马志尼雕像的时候，那个国家的人对马志尼的重视程度远远不及威尔逊这个美国人表现得明显。

之所以出现这种情况，其中一个原因是马志尼与社会主义者决裂，人气急速下降；另一个原因是，“一战”前的几十年中，温和的、主张安抚的民族主义的处境分外艰难。在德国，民族主义衍生出一股危险的新型政治力量，即俾斯麦当政时期的“德意志帝国”，当时他们已深陷普法战争的泥沼而难以脱身。军备竞赛日益激烈，全球各个大国财政预算因此变得紧张。至于自己的思想为何会被东欧不同种族的地区采纳，马志尼自己也是一头雾水。他偶尔会漫不经心地谈到“土耳其帝国残骸上的斯拉夫－罗马尼亚－希腊联盟”，好像实现民族独立的国家只有匈牙利和波兰两国一样。在东南欧地区，他期待塞尔维亚和匈牙利崛起，从而带动“其他 12 国起义”抵抗奥地利和土耳其的专制。然而有一点非常明确，那就是最晚到 19 世纪 80 年代，随着独立国家的出现，在这片被称为巴尔干半岛的土地上，新兴国家很可能会相互攻击，战乱不断。

紧接着就会出现经济问题：在意大利和德国，民族主义者的规划促成了统一及合并，国家和市场随之由小变大；而在东欧，情况则恰恰相反：大型市场被分成几个小市场，不同市场划分明显，相互间的交流沟通遭遇了新的障碍。1862 年，英国历史学家阿克顿（Acton）公爵在一篇文章中最先抨击了民族主义，到了 19 世纪末，反对民族主义的呼声四起。阿克顿为“帝国”辩护，称其反抗多数的专制，是民权社会的守护者；“帝国包容不同的民族，从不压迫任何民族”。他坚持认为“民族主义是历史的倒退”。越来越多的自由党人也都赞同这一说法，他们质疑对中欧和东欧较大国家和较小国家一视同仁的做法，认为对波兰、匈牙利这样“历史悠久的”国家和斯洛伐克、塞尔维亚、鲁塞尼亚这样历史不够悠久的国家就应当区别对待。

马克思主义的发展也不尽如人意。19 世纪八九十年代，因为无政府主义者的种种行为，马克思推崇的中央集权的革命社会主义路线开始走下坡路，在俄国人米哈伊尔·巴枯宁（Mikhail Bakunin）的倡导下，工人力量被分散到不同的地方。马克思去世前曾迅速地把共产国际阵地转移到了纽约，以免被巴枯宁的支持者推翻。在南欧及美国，无政府主义备受工人阶级欢迎。俄国情况大抵相类，19世纪80年代，无政府主义的风头盖过了马克思理论，随后，依靠潜伏在皇家部队的“地下工作者”的协助，无政府主义席卷了整个欧洲。无政府主义其实就是国际主义，我们找不到什么好的理由让它永久地存活下来。1907年，国际无政府主义大会在荷兰首都阿姆斯特丹召开。会议花费数小时探讨无政府主义立场是否正确，新建国际组织的存活时间会不会不及现在的马克思共产国际。潜伏在组织内的卧底和秘密警察制造了一系列暗杀和爆炸事件，无政府主义因此声誉受损，G·K·切斯特顿（G. K. Chesterton）1908年的经典作品《星期四人》（*The Man Who Was Thursday*）就是以此为主题创作出来的。到1900年，无政府主义表现为革命社会主义，并一直处于防御状态。与此同时，在恺撒掌权的德国以及奥匈帝国，社会民主党处在议会制度适应期，英国劳工党也经历着类似的事。那个时代最著名的左翼评论员、记者约翰·雷（John Rae）1901年发表评论说：“革命社会主义后期，多了一些机会主义者，少了开始时的热情，演变成诡诈的王朝社会主义，因微薄小利与议会斗争，尽管这会带来危害，但尚未突破现存社会的界限，不像那种殊死一搏的旧式战争那样，无论在形式或内容上都违背了社会现实。”

马克思的想法最终发展成了马克思主义。该思想体系内容丰富，可塑性强。德国和奥地利这样的社会民主党发展势头强劲的国家对马克思主义有自己的诠释，他们更多时候是用马克思主义分析当时的资本主义，却很少用它指导革命。许多社会主义政党一旦在议会有了一席之地，其革命前景就会变得十分惨淡。在外交方面，国际主义表明了其坚持和平的立场。马克思在曾经的和平运动中扮演过重要角色，他曾辩解道：“‘国际工人联合会’本身就是一个和平组织，因为它联合了来自不同国家的工人，在这种情况下，国际战争是不可能发生的。”但战争还是在1914年爆发了，这就证明社会主义国际化并不足以阻止战争的发生。

实际上，在19世纪中期，激进国际主义的三个主要流派的发展路线是相似的：最初对革命前景信心满满，虽收获了几场胜利，但仍有矛盾未得到解决，随后革命陷入僵局，停滞不前。是什么让这三股力量不放弃革命、继续前行呢？答案就是：他们都希望阻止欧洲协调的复辟计划，并坚信会有一种更好的方式来处理欧洲事务，这种方法关注政治意识扩张，重视由贸易和现代交通工具带来的国家间的相互联系。但是这三股改革力量又有着相同的缺点，他们都试图回避已经存在的政治障碍，对自己过度自信，认为改革正按照他们的计划进行。他们都低估了现代国家发起的政治挑战、外交考验以及民族主义斗争。社会舆论的好战情绪、19 世纪末保护主义的回归，这些都令自由贸易者以及和平运动参与者感到震惊。马志尼以为，在人类共同目标这点上，民族主义者和他有相同的信念，但是俾斯麦和加富尔却不这样想。马克思和他的拥护者认为选票箱就是个摆设，认为阶级稳定比民族或国家忠诚更为重要，但是欧洲的工人可不这样想，他们希望由自己选出领导人，想要为自己而战。

第三章 法律帝国

质疑社会科学的发明者们，你们凭什么假情假意地认为自己是在造福全人类？难道在你们眼中那6亿“野蛮人”不属于人类么？而事实上，他们才是生活在水深火热中的受难者。既然你们手握造福全人类的科学技术，为什么又如此趋炎附势，只将幸福的火种在文明世界传播。难道在你看来，上帝亦是如此曲意逢迎，趋时奉势吗？对于上帝来说，全人类是天下一宗，……要么患难与共，要么共享荣华。

——查尔斯·傅立叶（Charles Fourier），

《四次运动理论及凡人天命理论》

（*Théorie des quatres mouvements et des destinées générales*，1808 年）

从 1856 年《巴黎宣言》发表为起点，一直到 1909 年的伦敦会议为止，在这半个世纪里，国际化进程取得了巨大进步，国际法的修订与完善工作也取得了空前的成绩，这 50 年间所取得的成就卓绝千古，是此前 50 年所有的成就总和都无与为比的。

——阿莫斯·赫尔希（Amos Hershey），1912 年

随着时间的推移，民族主义在欧洲越发根壮叶茂，各国也都在休养生息，养精蓄锐。在此期间，国际主义思想及其行动模式实现了向实际化的新型转变，逐渐摆脱了旧有的单一的革命模式。此时，国际主义已经认识到国家间冲突的持久性特点，于是开始专注于缓解这种冲突的探索研究，旨在发展更为和平的矛盾解决方案；同时，新国际主义思想提供了一套更为系统的哲学原理用以规范统治，它强调建立持久且精简的国际机构的重要性。简而言之，早期的国际主义理念诚然对未来的意识形态产生了巨大的影响，而 19 世纪末，国际政府新运动的兴起才是国际主义真正的蜕变，这表明国际主义已不再一味地想要脱离统治和权势，而是愿意接受统治，并为之让步。那么现在，历史的转盘指向了 19 世纪的法律和法学家。

1851 年“世界和平大会”在伦敦发出号召，“爱好和平的朋友们，贡献出你们的宝贵建议吧，谈一谈你们对权利法典——《国际法》的看法吧”。与反战主义的反响不同，对法律的号召引起了世人的强烈共鸣。在接下来的十几年里，出现了一批跨国精锐人士，他们同全世界分享着自己的反战思想，他们认为世界能否得到救赎并继续向前发展在于维也纳会议上制定的保守秩序是否能被打破，并且还要看是否能成功削弱外交官的无上权力。然而，这群精锐人士的真正目的却是要编纂国际法典，使国际法的实践更加专业化，他们没有运用全民动员的方法，而是建立了一个新学科，并发展出其特有的体系、世界观和历史观。他们创立的这个学科至今仍然以国际法的形式存在着，他们曾经希望该学科能大放异彩，而今这种存在却不过是海市蜃楼。这些精锐人士希望这个学科能够成为处理国家关系的一种选择。一位优秀的英国法官曾经说过，大多数人认为，真正利害攸关的是“国际法法学家领导的法学派能否胜过外交官一派”。

他们认为，负责掌控欧洲列强外交政策的那些外交官已经意识到，在某些情况下，国际法可以使他们的工作更轻松，此外还能迎合民意，获取更多人的支持。作为“各国的温和教化者”，国际法提供了一种途径来规范那些对抗不断升级、关系持续紧张的国家之间的关系，在这个殖民扩张的年代，国际法为各国称霸全球的野心提供了理性的指导。因此，在 19 世纪末的重要外交会议上，即使是最不认可国际法的强国也聘请了法律顾问充实他们的谈判队伍。到20世纪初，国际法成了杰出的典范，曾经的空想国际主义者自我统治的理想终于得以实现。

战争法的重大突破

美国内战期间，总统亚伯拉罕·林肯请来了哥伦比亚大学的政治学教授——德裔美国人弗兰西斯·利伯，请他专门指导联邦士兵如何处置战争中的平民和俘虏。利伯既不是法学家，也不是反战主义者，他对德国民族主义和希腊独立的史实怀有满腔激情，这解释了他为何对美国反战主义者及其宏大规划心存不满。另一方面，作为一个自由主义者，他强烈认同法律本身带有的教化力量。尽管应当首先肯定利伯工作起到了一定的作用，然而不得不说的是，他的指导内容毫无理论体系可言，根本就是各种规定、建议和禁令的大杂烩。但是，这些指导内容受到了国外政客的追捧，19世纪60年代末，利伯与欧洲法学家取得了联系，开始认真考虑编纂国际法一事，希望能以这样一部法律作为改善各国关系的手段。因此，他越来越看重国际主义的影响。离世前不久，他还写道："国际主义是白种人宗教的一部分，它就是国际关系的福音书，总能化干戈为玉帛。"

《利伯法典》（*the Lierber Code*）颁布的那一年（1863年）见证了人性化战争的又一大进步，也是各国战争法走向国际化的第一步：红十字会在日内瓦宣告成立。1859年法国与奥地利联军在意大利北部卡斯蒂廖镇的索尔费里诺与意大利军队爆发了惨烈的战争，在战场上，重伤和垂死的士兵数以万计，横尸遍野。年轻的瑞士商人亨利·杜南（Henri Dunant）途经此地，决定发起一个中立组织无偿照顾伤病士兵。此时正值弗洛伦斯·南丁格尔（Florence Nightingale）号召对军队医疗系统和职业护理进行改革之后不久，杜南的提议可谓一呼百应。其中一位日内瓦的律师古斯塔夫·莫瓦尼埃（Gustave Moynier）开始着手成立救护组织的相关事宜。1863年，由他和杜南共同召集的委员会被视为国际红十字会委员会的雏形。次年，瑞士议会就此发起会议，会上12个国家签订了一项国际条例，一致决定对战场上的伤员进行救治。

第一次《日内瓦公约》（Geneva Convention）之所以具有非同凡响的意义，有两个原因：首先，公约是完全脱离了欧洲协调的秩序设立的——它号召了多个欧洲小国，开始便将大国悉数拒之门外，后来才允许这些国家加入。其次，公约摒弃了镇压战争的旧方式，转变为人道主义引导下的法律权威建设。随后发生的1870~1871年普法战争撼动了整个欧洲，其死亡人数之多、报复规模之大、在巴黎废墟的终战场面之血腥举世震惊。在战争的余波之下，各地皆处于哀痛之中，争斗者无暇顾及新的《日内瓦公约》，就在此时，怀着满腔改革热情的青年法学家们聚集在了一起。红十字会的莫瓦尼埃对“文明国家如此恶劣的行径”感到不可思议，他认为这些惨剧就是由战争法相关法律的不完备导致的。其他人一致推举著名的日内瓦律师古斯塔夫·罗兰-雅克明（Gustave Rolin-Jaequemyns）主持这项工作，早在几年前，他就推出了全球第一份国际法期刊。1873年，他召集了更多志同道合的同事，并在比利时的根特创办了一个新的国际法研究所。研究所的宗旨并不是为了组织大型政治运动或类似于过去那种无所事事的休息厅似的和平议事厅，他们想要举办一个国际性论坛，甄选各个领域的专家学者在此相聚，形成论坛固有的学者风气。历史学家称这些人为“1873年度人物”，他们一致认为自己是公正的法学家，一生致力于法律的科学研究，他们是情操高尚的捍卫者，只为“保护文明世界的法制意识”。他们中有杰出的瑞士法学家约翰·卡斯帕·布伦奇利（Johann Kaspar Bluntschli）、美国法律的重要编纂者戴维·达德利·菲尔德（David Dudley Field）（他的弟弟塞勒是著名的商业大亨，在大西洋底铺设了美国到英国的海底电缆）、古斯塔夫·莫瓦尼埃以及来自低地国家的不计其数的大小人物。研究所接手了罗兰-雅克明的刊物《国际法立法比较》（*Revue de droit internationale et de législation comparée*），杂志很快赢得了广泛共识，并且成为宣传该研究所理念的舆论工具。

国际法研究所强调了撤除外交活动支配地位的必要性。实际上每个人都是一个政客，古斯塔夫曾经在《国际法立法比较》的创刊号中宣称：国际事务事关重大，完全交由外交人员去处理是靠不住的。关键在于法律不是由国王制定的，更不是由议会制定的，而是由深层潜在的社会趋势决定的：法学家的职责就是对法律做出解释和说明。古斯塔夫对法学家“职责”的这一定义十分前卫，颠覆了世人对法学家的旧有观念。然而，古斯塔夫的所作所为多是在竭尽所能地提升协会及法学家群体的社会声望，这一定义的价值因此大打折扣，不免被冠以追名逐利的嫌疑。由此，古斯塔夫还督促民众要摈弃两种想法：一是淳朴的乌托邦幻想——幻想能立刻停止一切战争，二是“怯懦心理”——认为国际事务不会发生任何改变。他认为断言欧洲政治事务毫无意义，人们应该更多关注《国际私法》的编纂工作，更多关注这部法律如何保障国家安全的问题。

很快，国际法研究所及其成员便应多位政客要求开始提供法律服务，充分体现了其存在的价值。在沙皇亚历山大二世的提议下，1874 年在比利时首都布鲁塞尔召开了 15 国会议，各国均派代表参加，首次尝试多国共同编纂战争法。由于没有哪个国家愿意被国际条约束缚，因此，此次会议并未达成任何协定，但还是彰显了法学家们取得的重大突破。而实际上，这个新设立的国际法研究所在整个 19 世纪 70 年代的 10 年间，一直在不遗余力地开展法律编纂工作，在实践中进一步检验了布鲁塞尔提议的可行性，随后在 1880 年的牛津大学会议上，终于出版了由自己编纂的战争法指南。

而与会的杰出法学家们的意见也表明其他群体对国际法也越来越关注，觉得该法可以惠及其他群体。俄国学者费多尔 · 马腾斯（Fedor Martens）是圣彼得堡大学的法学教授，他在布鲁塞尔会议上的主题发言也很受重视。作为一名法学家，他与沙皇关系十分密切。他坚定地认为，国际法的发展会令欧洲列强获益匪浅。英国拥有很强的全球影响力，因此对缔结法律相互约束的做法并不怎么感兴趣，德国的将领也拒绝法律限制，他们认为这是对德国权限的战略性削减，而俄国人则举双手赞成通过法律手段转化战争模式的想法。马腾斯声称，“曾在 1874 年倡导召开布鲁塞尔会议的国家是所有国家中第一个理解现代文明真谛的国家，也是尊重文明爱好者合法意愿的第一个国家”。对于俄国来说，向外界表明其自身对现代文明的深刻理解十分重要，因为经常有人说他们秉持原始主义。到了 19 世纪末，再没有哪个欧洲国家能对原始主义这一指责无动于衷了。

文明的标准

尽管国际法学家这一新群体总是趾高气扬、自视甚高，他们将自己看作正义的化身，用科学的手段研究法律和社会问题，但不得不说的是，维多利亚时期后期的国际法法学家已然将他们的学科植入到当代的主流思想意识形态中了，这其中影响最深刻的就是对欧洲文明优势的信仰。布伦奇利曾经写道："我坚信国际法与人类文明的进步休戚相关，两者之间是相互影响的。人类取得的每一次重大进步也都意味着国际法的长足发展。"拿破仑战争时期，傅立叶曾经多次公开抨击文明这一概念，他认为文明就是一种追逐私利的错误概念，他呼吁哲学家对全人类一视同仁。然而，战争一结束，这种批判浪漫主义也随之淡出了历史舞台；实际上，文明这一概念承载着更通俗的新含义。本杰明 · 贡斯坦曾经对拿破仑王国的军国主义和大兴商业的不列颠王国的文明影响进行过对比，此后文明的含义便更加通俗易懂了。这个词很快便催生出一个全球文化版图的概念，该版图以欧洲为中心向外扩展。在法国历史政治学家弗朗索瓦 · 基佐（François Guizot）这样的人眼中，文明只属于欧洲列国，也是欧洲与世界其他地区划清界限的依据。约翰 · 斯图亚特 · 米尔在1836年发表的一篇文章中写道，欧洲的文明进程代表着现代社会已步入了更高级的阶段，城市社会依法而治，在各个国际联盟的荫庇下，欧洲各民族自由向上，国泰民安。相反，诸如奥斯曼帝国一样的各国就是文明发展的反面教材，这些国家"用极为野蛮的方式统治人民，这种方式曾经在国家机构管理方面的确发挥过一定作用，但在当时这只是国家无能的表现，政府根本无法解决政治文明建设中存在的问题"。通过文明的这些含义，以一套假想的通用法规为基础，欧洲确立了自己的世界领导权。意大利的马志尼派法学家帕斯夸莱 · 菲奥雷（Pasquale Fiore）曾用夸张的文字评价说："人类的团结统一有助于人们对依法治国理念的理解和认识，法制几乎适用于所有形式的人类活动。这是人类发展的必然趋势。"

诚然，全球文化和社会的存在形式大不相同，那些法学家的工作就是向人们展现文明的标准如何能提供一种规范——一套能够用于国际评级及判断外交事务处理是否得体的准则。站在文明发展进程金字塔尖的是欧洲诸国，抑或欧洲曾经的驻领殖民地。紧随其后的是像奥斯曼帝国这样的“残暴”政权，它们有过一段制度史，具备一定的国家实力。处于金字塔底端的是非洲及太平洋地区的一些“野蛮未开化”的民族。这三种层次经久不变，最终自然而然地成了法律教科书中的一部分。1840 年时，欧洲列强曾邀请埃及总督穆罕默德·阿里（Mehmet Ali）加入“欧洲公共体系”。1856 年克里米亚战争末期，奥斯曼帝国的苏丹也受到了同样的邀请。到了 1876 年近东危机时，欧洲列强便不再发出此类邀请，因为奥斯曼帝国和埃及王国的现代化政治发展迅速，然而欧洲看到两国的迅猛发展后果断制止了它们发展的步伐。

国际法研究所的另一位开山鼻祖——来自爱丁堡的法学教授詹姆斯·洛里默（James Lorimer）在讲授文明社会的三个层次时曾解释道，三个层次的文明社会分别对应着三种接受政治的程度——他分别称之为全体政治、局部政治以及自然政治（或者说人类原始政治）。所有人一致认同原始政治确实没有国际认知，但有些法学家认为奥斯曼帝国和古代中国的封建王朝这样的国家是否具有国际认知一事有待商榷。约翰·韦斯特莱克（John Westlake）认为，尽管新国际法“是欧洲现代文明的特有产物”，但是“对于国际社会的其他国家而言，应该享有国际法赋予它们的部分权力，但赋予它们全部权利又是完全没有必要的”。其他人则反驳说：在是否为法治国家的问题上只存在是与不是的概念，并不存在半是半不是的说法。除了大多数欧洲人之外，并不存在真正的法治国家。不管怎样，其他国家的确比欧洲要落后很多——至少在欧洲强国战败于它们之前都是这样的。日本在 1905 年日俄战争中的表现便是一例，日本赢得了与俄国的著名战役，这无异于引发了世界史上的剧烈地震。人们一直认为文明程度的标准决定了国家等级，而日本这个“弹丸小国”无疑挑战了这一观点的权威性。一位日本外交官讽刺地说：“至少在现代的野蛮屠杀方面，我们证明了与你们的平等，随后便立马成了坐在谈判桌前的你们所谓的文明人。”

这些法律构想的潜在恶果很快在 1884~1885 年的柏林殖民会议上暴露了出来。从本质上来说，此次会议的本意是缓和欧洲各国在非洲的殖民竞争，但是充斥其中的却是对文明使命的探讨，借此让与会各国在非洲的殖民统治看起来合理合法。会议最终变成了题为“带领本地居民走向先进文明世界的使命的必要性”的讨论大会，法学家们商讨出一套新的章程，譬如在受保护国内“试行文明体制，慎重解决历来的野蛮问题”。比利时国王利奥波德（Leopold）聘请了一位名气很大的英国法学家，同时也是国际法研究所成员之一的特拉弗斯·特威斯（Travers Twiss）爵士作为他的法律公关，因为屡次立下汗马功劳，国王送给他刚果自由邦作为封赏。特威斯不但应邀参与重要会议，起草新宪法（毫无疑问，新宪法最大限度地赋予利奥波德更多权利），同时还被委以重任参与起草用于殖民地统治的法律。因此，法学家们自创了一种程式化语言，以便欧洲各国能用它评估各自对殖民地领土的主权。从某个角度来说，这种程式化语言肩负着拯救封建王朝的使命，使其逐渐清明廉洁起来，诸如责任、关怀、职责等说法一直保留至今，其含义竟然没有任何改变。后殖民时期“国际共同体”留下的词汇表现今仍在联合国机构的相关部门使用。

在柏林时，研究所成员很是赞同局外人的观点。按照荷兰国际法法学家领军人物托比亚斯·阿赛尔（Tobias Asser）的说法，刚果自由邦的建立“并不像我们熟悉的欧洲政治手腕那样仅抱有目光短浅的政治意图。总体来说，它的成立是为了巩固文明和财富的成果”。国际法研究所的创始人古斯塔夫·罗兰－雅克明对这一高度赞扬的措辞表示赞同，并认为在柏林会议上国际法的众位法学家的确是各尽其能地为各国明确了在非洲的行为准则。罗兰－雅克明倡导“国际主义精神”，但在比利时对刚果自由邦的专制统治一事大白天下时，他却只字不语。他的比利时同僚，第一位专业的国际法历史学家埃内斯特·尼斯（Ernest Nys）认为，1885年的《柏林法案》（Berlin Act）表明了欧洲列强希望扶持非洲并带领他们走上文明之路的决心。他一笔勾销了外界对比利时国王利奥波德的攻击，并极力为他开脱，说他只是受到了英国商业竞争的驱使才会那样做。

因此，在这样一个殖民主义加速推进的时代，法学家的作用不容小觑。在宣扬“为了世界文明的利益，应当让法律、秩序和真正的自由的光辉恩泽全球”这一理念时，这些人的作用显而易见。只有洛里默（Lorimer）教授例外，他对这个人们普遍接受的崇高信念并不认同，在讲课过程中，他总是一针见血地向学生阐明任何法律规定都是彰显某种权力的方式：

> 文明国家理所当然地认为强国应自觉地为一个落后的种族指明发展方向，实现人类的文明生活，身负这样的使命后，强国就必然要行使其强权。他们为其权力的行使冠以保卫之名，却全然不顾及“被保护”民族的意愿。强国所谓的文明仅仅是出于对权势的贪婪，他们却认为这种文明是理性的、真实的，是在为低等国家的长远利益考虑。至少，相较于低等种族荒谬的、表象的近期意愿而言，他们才是真正在为低等种族的长远利益做打算。也就是说，低等种族所期望的一切只有在他们成为文明国家后才能实现，而文明的高等种族此刻已经拥有了这一切。

用通俗点儿的话说，洛里默想要表达的意思简言之就是这些强国们清楚地知道：我们已经接近于这样一个国际社会——各个国家都有义务照管国际社会中的弱势国家，无论它们是否情愿接受这种关照。正是在这样的国际社会中，才会产生 20 世纪的联盟委托权和联合国委任权以及 21 世纪的“准保护”权。

但是 19 世纪的国际法具有两面性：法学家在证明海外殖民统治合法性的同时，还要维护欧洲主权国家在新兴社会的统治权（当时他们想到的主要是美洲）。1868 年，弗兰西斯·利伯发表了一篇关于民族主义和国际主义的文章，文中利伯强调了两者的兼容性：“文明国家旨在成立一个共同体，并使其日益发展壮大成为一个联邦共和国，它们同受国际法的约束，也共享国际法赋予的权利。”从这个角度来看，法律有助于确立马志尼视角下的欧洲联盟的设想。

老一代法学理论家在考虑到与欧洲之外的“低等级”种族的外交关系时，在立法中设置了许多禁令以防止双方关系恶化，而在各文明国家之间发展人性化外交关系时，这些阻碍人类文明交流的禁令都遭到了废止。这一新举措的种种影响充分体现在法学家最得意的成就上——海牙国际法会议对战争法的编纂。1898 年，沙皇尼古拉二世提议补办一次大型的国际和平会议，这时的欧洲各国正暗中进行着军备竞赛，各国政客都为筹集重整军备的费用愁眉不展。然而各与会国齐聚海牙国际法会议之后，尖锐的分歧使会议几近终止。会议上日耳曼各民族间以及比利时与荷兰两国间关于军事占领统治的争论尤为激烈。日耳曼人对他们 1870~1871 年间在法国的侵略行径记忆犹新，他们妄图实现其占领区人民对他们的无条件服从；这场战争在法国民众来说也同样历历在目，他们希望占领国能够清除平民百姓的债务，同时也提议设置严格的条令对占领国进行约束。所幸，费多尔 · 马滕斯（Fedor Martens）为两方圆了场，草拟了《海牙公约》在战争法规及惯例的最终序文。序文只模糊地记载道："平民和交战国仍然受到国际法条款的保护和约束，因为这些条款出自各文明国家共同设立的国际法惯例，出自人类文明的公法，出自对公共意识的需求。"

有关军事占领的法律规定本身就是对一国临时政务的管制，虽然另一个国家此时在该国的领土上作威作福，但这条法令却保护了该国的长远主权不受侵害。军事占领的特有概念也是在拿破仑战败后才出现的。过去，一国想获得他国的领土只能通过战争手段达成目的。但欧洲协调体系的出现打破了这种局面，因为协调体系的设置本身就默认了成员国君主的军事占领行为。如果欧洲各大王权想要和谐共处，同时欧洲协调又能够有所作为，那么单边战争侵占他国领土的行为就会消失，取而代之的是在考量对其他强国的影响的基础上，通过协商双方达成共识，最终签订条约。因此，直到 1844 年，军事占领作为一国的临时状态才首次得到了正式商讨。

但采用这一途径的初衷是为了欧洲列强的关系顺利发展，所以它并不适用于"蛮夷之族"，因为他们缺少对王权的认知。"蛮夷"之地——比如说北非或者中东地区——符合"被占领"的条件，但实际上，这种"占领"多半是永久性的，正如 1875~1878 年近东危机期间俄国侵占奥斯曼保加利亚、哈布斯堡强占波斯尼亚一样。保加利亚先是成为自治行政区，随后脱离俄国统治，成为独立国家，而波斯尼亚却最终永远成为奥匈帝国的属国。被占领后，奥斯曼帝国的所有政府机构都被取缔，俄国对奥斯曼举国上下进行了改革；1878 年后，哈布斯堡也在波斯尼亚实行了自己的文明体制。俄国在保加利亚、英国在埃及也皆是如此。2003 年美国占领伊拉克之后，一位法学理论家曾对这种"变相的占领"做过评价：这种占领完全颠覆了各个文明国家在海牙的诸多协定。

1899 年各国间战争法的相关谈判确实取得了一些显著成果。他们在法律中明文禁止使用空中轰炸、化学武器、中空弹等军事手段，同时，他们还就军事占领的概念达成一致意见，确认这种军事占领只是两个主权国家之间一种短期的临时政务状态。但是参与协商讨论的和平主义者对这一界定着实失望。裁军的相关事宜从未得到过认真商讨，很明显，许多强国之所以派代表来参加会议主要是惧怕舆论的压力，而他们当日里派代表参加海牙会议也不过是为了安抚国内的舆论罢了。比如，德国外交大臣就曾告诫他的使团说："我们必须向德国民众表现出我们为会议的人道主义事业尽心尽力了，同时还要避忌会议中那些不切实际而又十分危险的商讨。"在密切关注军事事宜的地方，军官远比律师更有话语权。军官将领们并不为自己从事战争职业而负疚——后拿破仑时期的反战情绪早已销声匿迹：正如冯·毛奇元帅（Field Marshal von Moltke）1880 年 12 月对海德堡大学的法学教授布伦奇里（Bluntschli）所说的那样："永久和平只是一场不能实现的梦，甚至连美好的梦想都算不上。战争才是维护世界秩序必不可少的元素。"

然而，从文明国家的划分标准上来看，《海牙公约》也只意在管制"文明国家"间的冲突。这样一来，从外交领域来说，国际法理论的传播并不包括对世界上其他所有国家的庇护。比如说，如果作为"非文明民族"的非洲人或亚洲人企图奋起反抗欧洲文明世界的入侵，国际法就并不适用于他们，也并不会对他们起到保护作用。因为从法律角度来说，国际法已经对殖民军队的行为做出了规范，如有反抗，一定就是"非文明民族"的以身试法。1914 年的英国军事法手册明确指出："国际法法规只适用于各文明国家之间的战争冲突，冲突双方必须遵守法律的相关规定，并服从法律做出的判决。国际法法规不适用于非文明国家及部族，这些地方的一切事务由军事指挥官自行裁决，可以借鉴相同情况的特殊案例，从而制定正义和人性化的法规。"

利益互惠是制定"帝国之法"条款的根本条件。有人提出，如果一个敌对国拒绝利益互惠的条件，既固执己见又难以协商，面对这种棘手的情况，相关国家可以采取任何手段使之屈服。这种方式在利益互惠原则出现之前就已存世多年，在空军成为殖民统治公认的有力武器后更是大行其道。在美国对伊拉克采取“震慑行动”很久以前，也就是中央情报局的官员威廉·科尔比（William Colby）发起那个极具争议的项目“感性与理智”（用以平定拉拢越共的支持者）半个世纪之前，科尔比的父亲，美国反暴动专家埃尔德里奇·科尔比（Eldridge Colby）发表了一篇名为《如何对抗野蛮部族》（*How to Fight Savage Tribes*）的论文，提出了以暴制暴的想法。文章中分析的对抗野蛮部族的方法清晰明确，一目了然。根据科尔比的说法，与这些原始民族实现理性和谈是不可能的，因此需要采取不同的方式解决问题：

> 维护国际法的庄严秩序固然很好，但是事实并非如此，这些野蛮民族并不知晓国际法，更不会遵守国际法，反而会利用国际法来制衡遵守国际法的一方，所以必须采取其他措施。这种措施的手段不能比国际法法规的限制来得舒缓……而是……另一种形式的战争。对法国人而言，兰斯大教堂遭受炮击就是敌人的违法行为，足以激起全民的公愤……而如果一个炮弹从天而降，炸毁了他们信奉的万能之神的神庙，对执迷不悟的野蛮人来说，就是他们的万能之神取消了对他们的恩惠。如果一个世界公认的难以进行文明和谈的部落据点遭到炸弹袭击，那就意味着实力超群、技术领先、武装精良的文明国家已经对其宣战。这种袭击方式不仅可以威慑敌方，而且会令他们毫无抵抗地举手投降。如果不幸有平民伤亡，那也是在告诫敌方如果拒不投降、想要拖延了事，那么伤亡人数只会更多。就这样，黑白颠倒，一种非人道的暴力行为就成了文明国家的人道手段。

就这样，法学理论反而成了大屠杀、空袭炸弹、惯常的拘留的现实依据，欧洲的帝国主义本质暴露无遗，逾越法律的残酷暴行昭然若揭。在比利时对刚果的统治成为野蛮暴政的代名词前，年轻的温斯顿·丘吉尔在其所著的批判性书籍中就揭露了英埃联军的野蛮行为：为了恩图曼战役中牺牲的 48 名己方战士，总司令赫伯特·基切纳（Sir Herbert Kitchener）带领配备现代步枪和火炮的英埃联军横扫了苏丹的马赫迪军，残忍杀害了 10 000 名对方士兵。《海牙公约》对暴行的约束作用微乎其微，如果非要说有什么作用的话，那便是这份公约其实在为如此残忍的暴行保驾护航。1899年，《海牙公约》明确禁止空投炸弹，但只对公约签署国适用。从1911年意大利对利比亚首次空投炸弹，到英国空军对阿富汗和伊拉克的炸弹袭击，空袭炸弹已然成了殖民列强镇压属国国内反抗势力的廉价武器。难道在这一系列的冲突中，真有什么魔力让文明国家的士兵成了上帝的代言人？他们为自己的暴行贴上万能之神和崇高品德的双重标签，以上天之意随意地残害生命，这样的肆意妄为也能借用文明进步和国际法的名义吗？

英国记者威廉·托马斯·斯特德（W. T. Stead）在第一次海牙和平会议后不久写道，他对20世纪初始两种极端的国际主义间存在的强烈反差震惊不已。在欧洲内部，文明意味着和平，而在欧洲以外，文明却意味着暴力。在巴黎，万国博览会的游客躺在埃菲尔铁塔荫蔽下的躺椅上，享受着巨大的蓝色地球（Globe Céleste）上展现的美好世界，人们聚精会神地看着各种奇迹在眼前发生，诸如第一部有声电影、自动扶梯等。然而，就在此时此刻，斯特德所说的“新国际主义”正远征亚洲，蚕食着中国。他们就像一支国际警务队，其中“汇集了各大洲不同宗教、不同种族的人”。他继续说道，这种“新国际主义”使事态变得更加紧急，《海牙公约》需要充分利用一切可能性指派一个国际调查委员会查清事实。他指出，问题的关键是世界急需的真正的国际主义能否挽救国际警务征途的十字军精神，能否制止强取豪夺、贪得无厌、侵占主权的殖民势力的发展。

不论爆发起义的原因是什么，各国际联盟军开拓文明的行为已经演变成对中国民族主义反抗运动的镇压，其中以义和团运动最为著名，而这只是更加有力地证实了海牙谈判制定的政策已经岌岌可危。俄国派遣到中国的士兵则严守规定，丝毫不逾越他们所理解的国际法相关条款。俄军士兵严于律己，尽可能避免“不必要的流血事件”，对于没收上来的东西他们也对平民做出了补偿。德国军队却采取冷酷残忍的立场，当时的中国人非但没有受到法律保护，反而成了德国人疯狂复仇的“合法对象”。德国威廉姆大帝更是臭名昭著，他曾派手下四处散布恐怖谣言，说这些人使用的“匈奴咒术”令各国外交使臣惶恐不已，于是他们为此又发行了一份刊物，并在刊物中撒了一个弥天大谎，他们声称这样做是为了“一劳永逸地走向文明之路”。

因此，所谓“文明国家”与“野蛮国家”间尖锐的分歧产生了一系列令人不安的影响；海牙会议制定的众多规则本身也并不能解决全部问题，主要因为这些规则给各个党派留下了太多解释权。1914 年在比利时，英美通过案例测试证明了德国就是匈奴人的后裔，德国军队实际上只是按照自己对战争法许可的新规定的理解我行我素。在侵占埃及后，英国单方面修改了占领期间的法律法规，这一做法与德军极其相似，他们认为权力由比利时国王转移到侵入势力手中是剥夺了国王对国家的主权控制。德国不但取得了制定及颁布法律的权利，还可以随意任免地方官员，操纵经济为战事做准备。在塞尔维亚的哈布斯堡军队也采取了同样的专制统治，反抗势力一旦出现，就立即被处以极刑，以杀鸡儆猴。哈布斯堡军队一心想要巩固自己的地位，并试图塑造一个严厉而公平的裁决者身份维护其所谓的公平。事实诚然如此，在前一王权向新的侵略势力移交政权这一问题上，海牙会议的各项规定本身就是含混不清的，因为一旦对此实施明确管制，合约签署国就会无利可图，也就没有国家愿意缔结公约了，因此模棱两可的规定就成了缔结合约的附加条件。

因此，到世纪之交时，在激进批判主义者看来，那些国际法法学家既是问题的解决者，也是问题的制造者，正如他们早期对康德的看法一样。1873 年时，成为保守主义和民族主义的人越来越多，更甚的是，他们也受到越来越多人的拥护，一时间声名鹊起——到 19 世纪末，他们公然指责社会主义和无政府主义，并开始起草政治犯的引渡条约，变得愈加地反民主。法律本身成了掠夺合理化的依据：法律一边为掠夺式的侵略保驾护航，一边还要声称掠夺者才是正义的所在。一些批判人士质疑国际法的内在权威性，他们也确实开始好奇这些对非欧洲人的无节制的暴力恐吓信条是否真的没有危及欧洲的自由信念。法国法学家弗兰兹 · 德巴赫捏（Frantz Despargnet）就此写道：“传递文明的隐藏权利就是掠夺野蛮民族的国家主权。”查尔斯 · 萨洛蒙（Charles Salomon）更进一步指出：“当心了！文明的隐藏权利能赋予残忍的侵略袭击以合法的理由，甚至在欧洲也是如此……难道就没有德国文明、斯拉夫文明、拉丁文明的存在吗？我们就只能接受一国凌驾于另一国之上的无上权力吗？”“二战”期间，欧洲各城市惨遭大规模空投导弹袭击，这正是他们曾经对所谓的野蛮人使用的招数，现在全用在了欧洲自己人的身上。这场大战标志着欧洲文明内部霸权统治的终结，有效制止了维多利亚殖民侵略思想的发展。同时，国际法还爆发了信任危机和地位危机，甚至直到现在，国际法再也没有恢复以往的风采和地位。

克里默的仲裁事业

继1899年第一次海牙会议后，1907年召开了第二次海牙和平会议。与第一次相比，第二次和平会议的与会国数量明显增多，非欧洲国家的参会热情大增，尤以美洲最为突出。美国法学家约翰·福斯特（John Foster）还代表中国清政府参加了会议。与其同行的是其孙子普林斯顿大学的大二学生约翰·福斯特·杜勒斯（John Foster Dulles），这是杜勒斯首次参加外交会议。作为一名资深的美国外交家，约翰·福斯特认为1907年的和平会议“从某些方面来说，堪称人类历史上最重要的历史事件，因为这是全球所有国家政治代表的首次会面”。

海牙第二次和平会议后不久修建了和平宫。这座建筑是改变国际关系发展方向的新生力量的有力见证，虽然它仍然根植于欧洲文明模式之中，却展示了更加包容的姿态。这座新落成的豪华巨型宫殿展现了权威的力量，传递了人们渴望文艺复兴的愿望，其钟塔发出的钟声响彻荷兰大地。宫殿内的审议庭中摆放着雍容的大型通电烛台，屋顶悬挂着华贵的黄铜吊灯，墙上镶嵌着中世纪的新型彩色花窗，整个房间浑然一体，金碧辉煌。走廊里陈设着1907年与会各国带来的各式礼品——意大利的花白大理石、日本的丝质墙帷、瑞士的钟表、波斯的地毯、阿根廷的耶稣雕像，以及俄国赠送的3.2吨重的罕见的碧绿镶金花瓶。而和平宫这座建筑本身的积极意义也不容小觑：海牙会议上，两位世界顶尖的教授级外交官费多·马腾斯和美国的安德鲁·狄更斯·怀特（Andrew Dickens White）之间的对话为和平宫的建造创造了契机，最终美籍苏格兰裔“钢铁大王”、世界首富安德鲁·卡内基（Andrew Carnegie）出资建造了这座宫殿。这位极具影响力的美国富豪虽然因身为工会组织破坏者而声名狼藉，但是他也为“一战”前十几年里的和平主义事业给予过最为慷慨的资助。

作为第一座私人慈善捐建的宫殿，和平宫有着非凡的历史意义，这座建筑成了新国际主义时期处理国际事务的应急中心。这座宫殿以最为具体的方式见证了自梅特涅时期以来世界外交的风云变幻。美国逐渐在各种最高级别的国际外交活动中崭露头角，而正是和平宫见证了美国外交历程的新起点。钢铁大王卡内基的职业生涯从一个窘迫的电报员开始，时至今日，他已是世界人民心目中个人奋斗的楷模。他为国际和平事业做出了巨大的贡献，在仲裁法庭的设立方面贡献尤其重大。当狄更斯·怀特向他提起建设和平宫的设想时，他表现出浓厚的兴趣和极大的诚意。

然而，说起真正的政治功绩，和平宫不过是代表了人们对未来的信仰，别无其他。第二次海牙和平会议由于日俄战争而延后一年举行。最终召开会议后，和平主义者迎来的却是再一次的大失所望。各个强国间的军备竞赛仍然如火如荼地进行着，和平会议对此束手无策。和平主义者曾倡导创建国际维和警务队伍，以便使国际法庭对两国争执的仲裁决议能得到更好的执行，但这个想法在会议中却没有得到声援。与第一次和平会议相比，国际法方面也没有取得有建树的成就，众多法学家只能翘首企盼，希望第三次会议能有所突破。

不过令人欣慰的是，洲际仲裁法规的修订取得了一定进步。1913 年，78 岁高龄的卡内基亲临和平宫的落成典礼，并亲自为与他齐名的当代伟人——英国和平主义社会活动家兰德尔·克里默（Randal Cremer）爵士的半身像揭幕，彼时，克里默爵士已因病逝世 5 年之久。尽管现今很少有人还记得这位国际工人联合会的前书记，但对于卡内基（或许可称他为 20 世纪最伟大的资本家）和卡尔·马克思（最伟大的资本主义批判家）来说，克里默这个名字让他们终生难忘并由衷敬重。克里默长眠于汉普斯特德公墓，虽然与马克思的巨型半身像仅相距约 1.6 公里远，他的墓碑却并不显眼，鲜少有人问津。而 1864 年，马克思组建国际工人联合会时，他只对克里默发出了入会邀请。在接下来的十几年里，国际工人联合会取得了长足进步，这一点与克里默的努力密不可分。克里默的父亲是一个马车夫，在他出生后不久，他的父亲就抛弃了这个家庭。家庭出身让克里默与旧时的外交政治毫不沾边，但就是在这样的背景下，他却从事了多年的工人维权工作，为选举制度的改革鞠躬尽瘁，正因如此，出身穷苦的克里默成功当选国会议员，并成为第一位获得诺贝尔和平奖的英国人，这正是对他职业生涯的高度表彰。克里默因成立各国议会联盟闻名于世，但他对国际事务的热情却体现在推动仲裁运动这一举措上，这也为他的诺贝尔奖之路奠定了基础。克里默去世后，他的墓碑上刻着短剑对着橄榄枝的浮雕，背景是一本打开的书，书上镌刻着“仲裁协议”4 个字。纵观其一生，克里默为国际仲裁运动的崛起做出了巨大贡献。可以说，直到 1914 年世界大战爆发之前，仲裁运动一直是最具影响力的国际主义运动。这一运动却在战前的几年一直被边缘化，直到战后十几年才得到人们的广泛认可。

“爱好和平的朋友们，尽情欢呼吧，一个受人敬仰的和平社会就要到来了。”克里默 1887 年在《仲裁者》（*the Arbitrator*）期刊中如是说。的确，仲裁运动从本质上说就需要结合当代的外交体制，让步于现存的外交体制。这就意味着该运动只是对不同国家的政治运作进行调整和修正，而并不是要进行大范围的彻底革新。早在 19 世纪 30 年代，美国的和平主义者就提出以仲裁协议替代欧洲原有的外交政策，但当时正值克里米亚战争时期，人们普遍认为，欧洲协调外交体制的瓦解刺激人们不断寻求新方法来改善国际关系。1856 年，《巴黎条约》的签订为世界带来了短暂的和平，实际上，该条约只是在对发生争端的所有签约国进行调停。但如何将条约内容付诸实践呢？一些人认为如果各国不进行自我监督的话，那么该条约的所有条款都是毫无意义的。激进的不干涉主义经济学家古斯塔夫 · 德 · 莫利纳里（Gustave de Molinari）则认为，从 1815 年五大强国实际接管欧洲开始，他们便采取了一种理性做法，就是使这种“普遍协调”变成一种合法体制，使之适用于全世界。同时，他们还组建了一支小型国际警察队伍用以确保解决各成员国之间纠纷的法案能顺利执行。约翰 · 斯图尔特 · 米尔建议制定相关细则以保证各项条约的长久效力，一旦这些条约失去效力，就要及时制定新的规则。他希望“文明世界的各个国家能一致同意制定并遵守这样一部法典”。

理查德·科布登是仲裁机制的忠实支持者，他曾在英国下议院极力辩护并推销仲裁机制，他指出该机制十分实用，而且“并非是为迎合各国的国会体制而存在，也并不意味着这就是新千年的信念，更不需要人们对不抵抗政策绝对效忠”。老牌激进主义分子、英国国会议员亨利·理查德（Henry Richard）来自和平运动的腹地，他同科布登一道推进了仲裁运动。1849年，理查德随同科布登参加了在巴黎举行的和平会议；在连任伦敦和平协会秘书长达37年后，理查德于1885年正式卸任。这位“和平使徒”曾经辩称“不切实际的空想主义传教士和布道者对我们进行的无端指责”显然是在无理取闹。和平运动推进了国际仲裁机制的发展，同时也彰显了其本身的现实主义特点。和平是一个亘古不变的主题，时间只会让和平沉淀出更为重要、更为真实的特质，一位美国的伟人曾这样赞许1907年海牙会议上投身仲裁运动的与会人员：“他们既不是空想家也不是理论家，而是政治、外交和战争等多领域的杰出实践家。”

1885年，理查德与世长辞。同年，兰德尔·克里默参加了东伦敦选区的议员选举。竞选中，他不但表达了对劳工阶级的关切，更再次提到了19世纪中叶那些和平运动积极分子所倡导的国际法建设目标。作为科布登主义的支持者，克里默坚信仲裁协议是保证各国之间和平相处的行之有效的办法。早在1868年，克里默就曾初试议员竞选，虽然当时他不幸落选，但他已经明确表明了自己的立场，他十分赞成成立“国际仲裁委员会以解决各国间的争端”，从而为世界开辟“和平新时代”。1874年，克里默再一次参加竞选，在竞选宣言中，他提出重新修订国际法的想法，同时，他认为十分有必要“成立一个国际法庭以求和平解决不同国家之间的争执”。他创办的工人和平协会提倡用仲裁机制“替代战争”，随后，工人和平协会逐渐演变成国际仲裁联盟，并组建了自己的发行部门，出版各种宣传手册，抨击当时英国对埃及的主权侵略以及帝国主义的斑斑劣迹。

克里默和倡导仲裁机制的同道中人是19世纪国际主义运动中的先驱力量，而此时的马志尼正倡导通过解放斗争和反抗革命等做法来加速实现各国之间的“神圣和谐”，克里默的理念与此大相径庭。马克思的科学主张强调要将未来建设成为无产阶级的天堂，这也同克里默一派的观点毫无关联。与两者相比，克里默一派描绘的和平之路循序渐进，清晰明了，是深思熟虑后的智慧结晶。在各方一致认同的法律体系指导下，国会议员和国际陪审员做出了公正裁决，仲裁程序本身也就彰显了理性和权威性。但是，克里默一派最终也没能得到政府的认可，可能是因为这一派别并不像马志尼和马克思两位领导的派别那样广为人知，因此在整个20世纪的大部分时间里，克里默一派一直没有得到世界主要强国的青睐。

与两代和平主义者一样，克里默从美国的外交事务中发现了改变旧世界、采取外交新模式的最佳途径。他利用国会议员的身份加强了与美国政府的相关交流。对于仲裁机制支持者来说，英美两国之间的交流至关重要，因为两方的关系还很脆弱，虽不至反目成仇、引发战争，但一旦出现重大分歧就可能分道扬镳。正是这几年的英美交流为随后的“英美特殊关系”打下了坚实的基础。1872年发生了著名的“亚拉巴马号仲裁案”。美国南北战争期间，英国为南军制造的巡洋舰“亚拉巴马”号重创北军部队，英国对美方损失的赔偿问题通过仲裁得到了和平解决，同时遏制了美国对加拿大部分领土主权的侵犯，这一事件大力推动了仲裁运动的发展。1895年，在处理英美两国间一次更为严重的危机时，仲裁机制再次发挥了重大作用。当时委内瑞拉和英属圭亚那的领土争端不断升级，美国从中调停。后经过仲裁调解，这一重大国际矛盾得到了妥善解决。当时，伦敦诸多的公众人物一致号召同以英语为母语的英美两大强国建立一个永久实用的仲裁机制，这些人中以威廉·格莱斯顿名气最大，克里默也位列其中。英国记者威廉·托马斯·斯特德当时在采访手册中倡议：“开战之前一定要先做个仲裁。”

仲裁运动不仅体现了理想主义，更是一种政治手段和处理问题的策略。英国自由党人清楚地认识到，委内瑞拉危机之所以愈演愈烈是因为美国意图利用门罗主义做掩护来转变外交态度，旨在控制中南美洲。但是英方并不在意，因为他们认为美国在西半球乃至全世界的崛起是符合英方利益的，所以他们配合仲裁，因为这样英美的联盟关系才会更为牢固。克里默多年来一直致力于建立和完善英美之间的仲裁协议，这是他审时度势之后的决定，这位决策者的仲裁机制最终为人们所接受，成为取代原有外交理念的实用策略。

克里默之所以能够成功，是因为他选对了同盟。随着美国在全球地位的不断攀升，自信的美国统治者在世纪之交时决定采用仲裁机制作为行政手段，同俄国一样，他们通过参与国际法事业树立并巩固本国在世界的威望，根除各方威胁。1890年，美国国际大会在华盛顿召开，会议提议在整个西半球应用“美国的国际法仲裁法规”。这一时期，仲裁运动取得了一定成效，为世界带来了短暂的和平，其中尤以美国为世界和平做出的贡献最为杰出。当时的美国总统西奥多·罗斯福以发展小种族外交政策闻名于世，他同样支持仲裁机制，因为这一机制为大国关系提供了和平的保障。1902年，他发起了一次活动，旨在使三年前设立的常设仲裁法院能够发挥实际作用。欧洲的和平运动积极分子曾向他抱怨说，新法庭已经变成了一种摆设，没有任何国际争端需要进行仲裁，这样下去，法庭终将变成无关紧要的虚设。为此，罗斯福故意找出与墨西哥的陈年往事，挑起事端，最终两方协定将纠纷交给海牙常设仲裁法院处理，以显示该机构存在的重要意义。除此之外，罗斯福还大力推动了第二次海牙和平会议的召开，以便能够继续处理1899年第一次会议的未竟之事。当时正值日俄战争一触即发之际，紧张的局势延误了会议的前期准备工作，这时，罗斯福在双方的和平会谈中扮演了调解人的身份，敦促双方和平解决问题，正因为如此，1906年诺贝尔奖委员会授予罗斯福和平奖以表彰他为世界和平做出的贡献。挪威的诺贝尔奖委员会发言人为罗斯福宣读了如下颁奖词：

> 12~15年前，和平事业的推进并不像今天这样顺利。当时的和平事业被视为一种遥不可及的乌托邦构想。诚然，人们认为和平的理念是美好的，实际上它却只是理想主义者的天方夜谭。和平是如此的不切实际，与现实生活脱节，在实际政治生活中根本没有生存空间。近些年来，各国主要领导人乃至最高元首都开始积极支持和平事业的发展，自此，和平事业的发展境遇发生了彻底改变，和平理念也由此逐渐深入人心。

克里默若能看到这种局面必定深感欣慰。罗斯福之所以发起复兴海牙和平会议的倡议，实际上也是在响应克里默参与创建的“各国议会联盟”的号召。1889年，克里默与其他人一起联合成立了“各国议会联盟”。在该组织内，他身兼副主席和英方联盟议会主席两职。1904 年，该组织在美国圣路易斯市召开了“各国议会联盟”代表大会。在 19 世纪的前十几年里，“各国议会联盟”发展迅猛（该组织至今仍活跃在世界政坛，影响依然很大），克里默通过这一平台大力宣传了成立国际仲裁法庭的重要性。在外界看来，发起两次海牙和平会议的人是俄国沙皇和美国总统，然而实际上，若没有克里默，就不会有这两次和平会议的召开。1903 年诺贝尔奖委员会授予克里默和平奖，而同样获此殊荣的罗斯福总统要比他晚三年，这也是全世界对克里默所做贡献的一种认可。这个来自朴次茅斯的马车夫之子成了举世瞩目的一代伟人，这便意味着革命性的变革在某种程度上掌控了国际事务的发展走向。

1905 年 1 月，已逾古稀之年的克里默在迟到的获奖感言中回顾了自己走过的漫漫人生路。从青年时代充满热情和理想的和平主义者到后来的政治实践家，他回想起像他一样的“和平的朝圣者”在很长一段时间里一直被视为不务实的梦想家。到 1903 年，仲裁机制的作用已得到了充分体现。克里默还提到当时刚刚发生在北海的英俄两国险些擦枪走火的事件来佐证自己的仲裁理念：

> 34 年前，我还担任国际工人联合会书记一职，我组织提出了一个构想，计划成立一个“国际高级法庭”，当时我们受到了很多人的耻笑，被讽刺为空谈家、空想家。这些人斩钉截铁地说任何国家都不会赞同这个想法，成立高级法庭简直就是异想天开。
>
> 如今，我们终于扬眉吐气，海牙国际法庭的成立说明了一切，尽管在法庭成立初期未能阻止英国和布尔人之间的布尔战争的爆发，且部分国家对国际法庭仍抱有抵触心理，但是目前国际法庭的存在意义已经得到了世界各国的一致认同，并处于稳步前进的发展趋势。说到这里，还要感谢卡内基先生的慷慨赞助，和平宫为国际高级法庭提供了永久的居所。如果还要说明国际法庭的重要意义和作用，最近（1904 年 10 月）的英俄“多格浅滩事件”便足以证明。如果没有国际法庭的存在，俄国和英国可能要花数月的时间考虑这种所谓的暴行是否适合诉诸仲裁，而这几个月的迟疑就会被激进的媒体利用，

被大肆地渲染，煽动民众，激起全民的反抗情绪，最终使争端无法得到妥善的和平解决。幸好，海牙国际法庭已经成立，可以在需要之时给出解决问题的建议，为世界各国所用。尽管英国的几家媒体仍在疯狂地煽动民众，期待英国发起战争解决问题，但两方政府几天内就一致同意提交争端至海牙国际法庭，用和平代替武力解决矛盾。

克里默接着又说，在将国际仲裁法庭的构想付诸政治实践时，美国政府的大力支持显得至关重要。签订仲裁协议的做法很快就流行起来，协议带来的实际价值也证明了仲裁才是各国解决争端的首选方案，而不是裁军。除了对那些曾经给予自己支持的位高权重之人表示感谢之外，克里默还发自内心地对出席诺贝尔和平奖颁奖典礼的观众说，这一成就首先是“全人类的胜利”。虽然仲裁机制的确立也是“各国议会联盟”的成果之一，但这一机制却由来已久。19 世纪 50 年代，克里默就已经将国际仲裁机制运用到当时激进的劳工运动积极分子的工作中，并发起了仲裁运动。如今再回头去看几十年前的情景，克里默感慨万千：“当时英法两国的工人阶级召集了一系列会议和集会，携手共进，在两国进行了多次巡回演讲，让两国的国民进一步谅解对方，化解矛盾。”

然而，没有人比克里默本人更了解仲裁运动了，这场运动之所以能够蓬勃发展只是因为仲裁机制设法得到了政府中一些大人物的帮助。举例来说，克里默在“各国议会联盟”中最重要的工作伙伴、法国的和平主义社会活动家弗雷德里克 · 帕西（(Frédéric Passy）就曾担任过法国的财政部部长。克里默的另一位拥护者威廉 · 詹宁斯 · 布赖恩（William Jennings Bryan）曾是美国民主党的领袖，也是前总统伍德罗 · 威尔逊任命的国务卿，克里默曾高度赞赏他，称他才是那个为“各国议会联盟”赢得了仲裁事业的人。共和党方面的杰出代表则是西奥多 · 罗斯福任期内的国务卿伊莱休 · 鲁特（Elihu Root），他坚信仲裁是美国发展为世界强国的重要途径。为了调解西半球各国的争端，他带头创办了仲裁法庭，同各国协商签订了大量的仲裁协议。

1902 年，仲裁机制和国际法的拥护者终于可以为半个世纪以来取得的进步感到欣慰了，“世界各国的觉醒”让人们重新理解了世界协调的概念，世人对“处理国际关系的规章制度”的认识也发生了转变。当然，他们也要面临接连不断的异议，因为总会有人认为仲裁机制并不能确保世界和平。左翼分子认为资本主义一日不灭，战争就一日无法避免。右翼分子则想保护本国的特权，因此他们也大力谴责和平运动。当有极受人尊敬的领袖为和平现身说法时，他们甚至抨击和平运动是在利用伟人的形象和思想误导民众。

不过，仲裁运动的参与者主要是实用主义者，与过去那些成立世界政府的宏图伟略相比，他们更赞同相对中肯朴素的仲裁流程和目标。海牙常设仲裁法庭的英国成员约翰·韦斯特莱克评价说，在这个时代，各国逐渐增强了国家的主权意识，仲裁就成了十分实用的手段，用来规范各国的行为，维护世界和平。他曾经写道，20 世纪末正处于达尔文时代，人们需要着重考虑人类的进化问题，而仲裁机制正是人类进化的表现。当民族主义不再盛行于世的时候，仲裁机制将会发挥更大的效力。换言之，要极力抑制“国际仲裁向国际司法的转变”。韦斯特莱克建议，各国应该达成一致意见，签订相关限制条款，防止国际仲裁的权利膨胀。这些限制条款基本形成后，各国就不会再有上升到法律层面的矛盾，只会存有政治层面的争端。诚然，仲裁机制不能解决一切争端，但这一体制也绝不是一无是处的。

1912 年，当美国的伊莱休·鲁特荣获诺贝尔和平奖时，他同样向仲裁运动的先驱们表达了敬意，他们仅仅用了几年时间就使国际事务的处理水平上了一个大台阶。他谈道，人们很难一下子就接受达尔文颠覆性的人类进化理论，同理，战争也不能一夜之间就消失。他还呼应韦斯特莱克的观点说，有人妄想成立“一个权力型议会，由专人掌权，利用法律和国际警务力量操控各国政务”，这样的想法根本不可能实现，因为人们的民族自豪感太强烈了。“实用理想主义”则设立了一种“新型的国际行为准则”——比如自 1906 年以来的 113 份条约。国际法在全球的地位也因此变得更为稳固，更具备科学的理论基础。如果适当提升该学科的教育水平，国际法的发展定会更进一筹。全世界所有公民都应该学会用“国际化思维模式”思考，因为这样有利于遏制民众的好战思想——“民众的集体意志”才是国际事务中最具说服力的力量。“文明的人类”不再那么粗野，他们更加清楚地意识到战争的残酷和“国内自我约束”的重要性。这样，人类的未来才更为光明，更为美好。

然而，鲁特和其他国际法学界的领军人物一样，认为仅凭仲裁机制处理国际事务是远远不够的。在欧洲，有些法学家呼吁建立国际法庭，而在美国，这些法学家则在努力探索超越仲裁机制转向“国际司法”的道路，而这正是韦斯特莱克警告世人莫要涉入的雷池。海牙的常设法庭还很弱小，仍然属于边缘化机构，而且尚处在基本起步阶段，这些法学家认为仲裁机制问题很多，当事方总是为了利益妥协让步，无法保持对法律的忠诚。一位著名的希腊国际法法学家曾经写道，新海牙国际法庭并非“真正的国际审判法庭”，而是“大法官法庭的附属物”，鲁特完全赞同这一说法。他本人也认为在处理国际争端时，法官会更为公正公平地解决问题，而外交官则必然有所偏倚。真正需要注意的是，一系列的仲裁协议和规章仅凭自身效力和权限是不足以形成完整统一的国际法体系的。

因此，在20世纪初，很多法学专家开始强调他们所倡导的国际法与国际仲裁机制的不同之处。美国的法律体系自本国的仲裁运动发展而来，又逐渐脱离了这一运动。1905年，美国国际法法学家联合起来成立了全新的美国国际法协会，该协会“致力于国际法研究，纯粹以国际法法理角度论事，与国际仲裁机制泾渭分明”。在安德鲁·卡内基的再次慷慨帮助下，他们开始为自己心中的神圣之法寻觅国际后援，希望成立一个国际法庭，形成一个判例法体系。1907年的海牙第二次和平会议上，鲁特本人提出了这一观点，开启了美国对国际法庭理念数十年贡献的新纪元。

一个世纪之后，在美国入侵伊拉克的阴霾里，美国国际法协会迎来了它的百年华诞，协会成员共同缅怀伊莱休·鲁特，忆起这位伟人对美国司法事业的贡献，呼吁世人学习鲁特对法律的坚定信念、对民主至上的忠诚信仰。但是将鲁特视为21世纪美国全球领导地位的灵感之源未免有些言过其实，这样讲无疑是过度美化了其世界观及时代局限性。鲁特确实对民主事业做出过贡献，但这份贡献也只是一份绵薄之力。由于他信奉精英主义，所以虽然时常提及公众舆论，但他认为民意是可以影响和改变的，而真正的权力应该由少数具备科学理念的法学专家掌控。鲁特的这一看法是狭隘而保守的，他妄想通过法律规范调和利益和公平性之间的矛盾来解决政治、社会以及经济等各领域的冲突。这当然是一种所谓的“万能适用”观念，也是典型的美国观念。对最高法院运行机制的高度模拟吸引了当代众多法学家和决策者参与其中，在美国称雄世界的时代，正是这些人在左右美国的外交政策。

鲁特曾是美国国际法协会的主要成员，但他并不是一个人在战斗，难以置信的是，1897~1920 年的几位美国国务卿除一人外都曾是这个协会的成员。不过，美国国际法协会的影响其实极其有限，在其他世界强国国内并不存在与之相媲美的国际法组织。在美国之外，也很少有哪个国家乐于让一群法学家名不正言不顺地掌控世界的命运。在法国、俄国、英国等国家也不乏守法主义的支持者，但这一思潮的大本营还是美国。然而，即便是在美国，也有诸多质疑指向守法主义，尤以参议院为首。他们极力反对法律对美国统治权的限制和约束。只要国际法计划还需要全美人民的充分参与，守法主义者在发展国际法的路上就会一再遭遇障碍。事实上，大战爆发前，美国参议院就曾悉数否决或严格限制鲁特、布莱恩以及其他人的诸多外交建议，之后不久他们又毅然决然地否决了国际联盟的决议。1945 年以后，美国的世界霸权地位确立，自此，其普世主义和例外主义方能协调共存。但那时，国际法的内容与之前相比并没有什么改变，因此几乎没有人相信在这样一个战争频发、核武器盛行的时代，国际仲裁机制还能为世界解决什么问题。

第四章　科学联盟

不同国家相互合作，共同制定国际宪法，共同应对人类居住的这个星球以及恩泽这个宇宙中的其他天体上发生的一切，共同关注我们的共同利益，揭露人为划定的政治疆域。许多敬业的知识分子积极召开会议，共同商讨，试图消除人类行为方式及外在表现的差异，如果一直容忍这些差异，它们就会被放大，最终成为根深蒂固的国家特色，酿成大错……我不想夸大科学探究的文明价值，但关乎重大问题的科学发明把人类联合在一起，当外交手腕无法发挥作用或是在出现危机几近失败时，科学研究就体现出自身的价值，彼时，科学家将会执掌外交，并学着保卫世界和平。

——阿瑟·舒斯特（Arthur Schuster），

《国际科学》（*International Science*，1906 年）

欧洲协调没有属于自己的官僚机构，没有设立总部，也没有秘书处。有些激进的论调批评欧洲协调，称他们根本没打算建立一个永久机构，因为他们认为人类或上帝的意愿自然会把我们带上通往和平的道路。此外，资本主义和民意本身也有走向和平的趋势。上述两点可以搭建一个美好的乌托邦构架，但不能以此为基础组建机构以实现乌托邦的美好愿景。如果国际合作只限于欧洲协调与其初始对手之间的往来，那恐怕就没有什么国际“组织”值得一提了。

要了解后来出现的国际组织是如何崭露头角并成为现代政坛的耀眼新星，我们需要补充点别的知识——19 世纪中期，科学和技术享有极高的地位，人们对国际化的世界有了科学的认识，这就是当时的社会背景。人们掌握了统计学、工程学、地理学、目录学以及公共卫生学等大量新的专业知识，于是开始放弃废除国家的想法，相反，他们希望成为国家的主人，用专业精英管理代替贵族统治，换掉那些出身名门的业余国家管理者，让受过良好教育、明事理的骨干队伍掌管国家。这些人认为世界基本统一是科学事实，要改善人类的生活环境，就要通过教育培养基督教的怜悯之情、对真理的追求以及对专业生活有条不紊的安排。从这个角度来看，国际法学家是这种大环境下的一个特例。

社会本身是以自然规律为基础组建的有机体，这种观点是法学家们看待政府功能的基本原则。维多利亚时期一位重要的统计学家在 1860 年国际统计学大会上提醒与会者说：“所有政府都急于证明自己存在的必要性。而你们要尽量清楚全面地了解社会力量的构成，因为以往都是政府负责掌控这些社会力量，但是现在大多数人赞成让社会力量控制政府。”要达成此目标，社会学作为一种新的指导手段变得必不可少。该领域的专家普遍认为理智和科学能够让人们看清他们的共同利益并消除偏见，因此人们寄希望于社会学，希望它能促进国际合作。国际主义最显著的成果就是让政治自由区的划定成为可能，在政治自由区内不存在国家的党派之争，各领域专家可以相聚于此，搁置不同国家的党派之争，这里没有民族和种族之分，大家是一个整体。

法国贵族圣西蒙（Saint-Simon）伯爵是欧洲研究社会科学组织的先驱理论家，他一生都在为国际主义事业打拼。他同美军将领乔治 · 华盛顿一道对抗英国，年仅 20 岁时就提议修建巴拿马运河，还将法国革命的热情同人们对即将到来的工业时代的热望结合在一起。他对自己充满自信，在追求斯塔尔夫人（Madame de Staël）时他称自己是“欧洲最杰出的人才”。圣西蒙是一位具有宏观思维的思想家，他是第一个将“组织”这个概念引入国际政府并使之成为国际政府重要原则之一的人。

1814年，欧洲协调形成。同年，圣西蒙提议彻底改革外交工作方式：在整个欧洲大陆建立联邦，不同国家共同拥有同一个国王和议会，欧洲所有人都在这个政治组织中生活。他认为，欧联邦不会立即成形，也绝不会在传统的外交程序下产生。因此，成立一个恰当的组织才是关键所在。

> 一次次召集会议，各种条约、协定和安排部署层出不穷，但是不管你做了什么、接下来还要做什么，战争总是无法避免……要想将各个民族重新凝聚在一起，你必须要有一个共同的体系，一个组织。

20世纪的许多政治理论家认为圣西蒙预见了国际联盟以及后来的联合国的诞生。尽管这种说法有点儿言过其实，但他确实让大众认识到建立一个超国家组织的必要性。圣西蒙之所以可以做到这一点是因为与现在相比，19世纪早期的组织所蕴含的精神更能激起人们的斗志。人类必须赶在《组织人》（*The Organization Man*）等经典著作将组织这个词变为20世纪50年代的代名词之前对冷战进行自我反思。对于那些浪漫主义早期的社会理论家而言，组织一词具有积极的含义，这一词汇是从生命有机体的研究中提取而来的，与生物学的关系更为密切。他们认为，社会和植物一样，都是有机体，依靠新陈代谢成长，随着时间的累积，它们的生存系统变得越来越复杂，范围也越来越大。各种机械也是构成这个生机勃勃的系统的一部分，它们展现出了相同的生命力。在机器人被赋予情感认知能力之前的很长一段时间里，人们甚至认为那是自然世界的基本组成部分。圣西蒙的注意力被和平以及兄弟般相亲相爱这两个愿景牢牢吸引着，而工业发展和机械化则是达成这两个目标的手段。

圣西蒙去世后，他的追随者将他的理念传播到全世界。1828年，他的一篇文章进入大众视线，根据其中的阐述可见圣西蒙奋斗的最终目标是彻底实现国际主义：“全球大联盟指的是所有生活在地球上的人类无论处于何种领域、有何关联，只管联合在一起……只有所有人都朝着和平的方向努力，全球大联盟才能为世人所接受。”圣西蒙十分看重“联盟”，认为这是消除固有敌意的最佳途径。按照他们所绘的蓝图，这个意愿不仅会在街道、村庄、城镇中实现，还会以一个地方为中心向四周蔓延，好比一个同心圆，最终遍布全球、涵盖全人类。人们看到的结果就是“全世界范围内信念和行为的大统一”：

> 当这个伟大的概念成为人类精神追求的直接目标时，之前社会取得的进步一定会被视为在为此做准备，组织付出的所有努力都是在为统一和全球秩序时代的到来以及实现人类大家庭领土主权的统一治理做铺垫。

梦想全世界和谐共处，赞扬体力劳动者的美德，高度重视资本主义新技术，这三件事放在一起是个异想天开的组合，而有一位怪人却一直致力于促成这个组合，他就是佩尔昂方坦（Père L'Enfantin）——19世纪30年代圣西蒙门徒的领导者。他自称是一个新的宗教组织的“大祭司”，鼓吹自由恋爱以及东西方统一。昂方坦因主张性别平等而激起公愤，被关入法国监狱一阵后，为了促成东西方联姻，他和部分圣西蒙主义者前往埃及。法国征服阿尔及利亚那个时期，他们极力主张联合地中海人民，从更广范围上讲，他们是世界和谐共处这一主张的忠实信徒。他们梦想着把法国变成“新的麦加”，并绘制了欧洲地图，上面附有铁路路线，还标明了从黎凡特到南美的信徒网。在法国，圣西蒙的信徒包括有影响力的银行家、工程师、学者以及劝说主张革命的拿破仑的功臣，正是这些功臣在19世纪50~60年代间开辟了政府和资本主义改革的新纪元。昂方坦的狱友米歇尔·舍瓦利耶（Michel Chevalier）作为法国参议员闻名历史，他晚年同理查德·科布登签订了自由贸易协定，这份1860年签署的协定也许是19世纪关于自由贸易的唯一重要协定了。苏伊士运河体现了工程学和世界和谐这一主张的融合，是典型的圣西蒙工程。前北非领导人、工程师费迪南·德·雷赛布就因修建苏伊士运河而名声大震。

按照圣西蒙主义的说法，一切当时看来奇怪的事情到19世纪末都会变得再平常不过。19世纪末，工程师会成为人类的劳工，各种技术会促进人类和谐，这些在当时看来都是难以理解的。此外，人们也不会认为国际组织原则的“准进化论”有多奇怪了，该理论把生命的起源视为生物学层面上的微生物，随着在伟大的生物链中一路进化，最终在复杂的国际社会结构下达到成熟。国际组织原则的准进化论是技术专家治国这一理念的早期模型，它崇尚国际社会工程化，其推崇者因自己的唯物主义信念感到自豪的同时又对人类完美主义有着近乎迷信的崇拜。许多杰出的国际主义者认为自然界本身正不可避免地朝着世界和谐的方向前进，在达尔文之后，这种想法为更多人所接受。在建立英联邦和国际联盟中扮演过重要角色的南非评论家扬·史末资（Jan Smuts）是一位严肃的植物学家，同时也是一位哲学家，他的个人学说“整体论”从进化的角度解释了国际组织的意义，这一点与圣西蒙的观点十分相似。伍德罗·威尔逊曾为国际联盟正名，指出它的存在代表着组织的博爱之心达到了顶点。史末资和威尔逊这类人是政治家也是管理者，但不能称之为革命者。他们相信改革，并通过新的领导班子利用科学和技术方面的专业知识改造社会。尽管要有所作为就必须成立组织机构，但也要确保这些组织由正确的人来领导才行。

此说法下暗含的精英主义被达尔文的表弟弗朗西斯·高尔顿（Francis Galton）一针见血地戳破了。在埃及期间，弗朗西斯·高尔顿结识了许多圣西蒙主义者，他们的激情给他留下了很深的印象。当时他对英国国教心灰意冷，梦想着成为“柏拉图口中国家的公民”。高尔顿认为科学的思想不能彻底解决社会问题，他甚至还在一篇著名的文章中用统计学知识计算过“祷告的功效有多大”。他发现自己掌握了一门社会科学——优生学，并希望借此“在整个王国设置科学祭司职位”用来监督人们的健康状况和社会进步情况。后来，英国生物学家朱利安·赫胥黎（Julian Huxley）等人试图通过联合国在全世界宣传高尔顿的构想。

奥古斯特·孔德（Auguste Comte）是圣西蒙的前任秘书和门徒，他才是真正的柏拉图主义者，他希望由精英人士制定公正的社会法规。在1822年的《社会再组之必要的科学作业方案》（*Plan of Scientific Studies Necessary for the Reorganization of Society*）一文中，他提到系统地采用科学方法解决公共行政面临的问题，和平以及繁荣就会实现。孔德把人类精神发展进程分为三个阶段，他宣称，继“神学”和“形而上学”两个阶段后，世界进入了“实证研究”阶段，他新创的社会科学被大众广泛接受的名称是“社会学”，这一学科是合理的社会管理体制的理论基础。对孔德而言，这首先是个国家性的学科，但如果他没有意识到其中的国际主义内涵，就很难做到真正忠于圣西蒙主义。在“非洲争夺战”之前，孔德曾经以为殖民主义时代结束了，而战争从此后也无从挑起了。军国主义日渐衰落，因此一切尝试建立联盟的政治举措都没有必要了。相反，世界各国应向“同质大家庭的方向发展”。这是超越国家的“精神力量”，而不是“无结果的世界大同主义”。当然，这种精神力量就是科学，更确切地说是对指引人们前行的整体规律的研究。

按此推论，掌握统计学知识是构建优秀政府的关键，这与边沁当年所持的观点一致，因为只有通过可计量的数据和统计研究，我们才能发现社会和自然界发展的规律。正如一位受欢迎的科学家所说，“人，只有作为个体时才是难以破解的谜；若以群体为单位研究，那就只是个数学问题”。如果数字不会撒谎，那么没有数字的话，政策该如何发挥效力呢？如此看来，统计学家的工作就不仅仅是呈现实际数据那么简单了。他们得知道如何对数据进行分类，这样才能告诉政府其政策法规何时会生效，才能为其指出影响政策效果的外因有哪些。按照现代社会科学统计学之父朗贝尔·阿道夫·雅克·凯特莱（Lambert-Adolphe-Jacques Quetelet）的观点来看，社会是受统计学规律控制的，在这种情况下，那些政客的角色便自动降级：除了调整政策以保证各项法律操作顺利、避免各种干扰之外，他们没有别的事情可做。为此，政客们必然需要统计学家的指导。1858年，凯特莱在给从前的学生（维多利亚女王的配偶阿尔伯特亲王）的信中将统计学描述为“政府专用科学”。

阿尔伯特亲王竭尽全力宣传统计学家的人道主义使命。1860年国际统计学大会致辞是他生前的最后一次演讲，当时他向与会的代表表示祝贺，赞扬他们为了全宇宙人类的幸福奔波劳碌。那时，统计学作为一门学科仍然备受“偏见、责备和攻击”，比如狄更斯就很喜欢嘲讽地模仿统计学家在“英国科学促进协会”上自夸的口气讲话。但是很快统计学家就摆脱了之前的激进组织，向外界，尤其是承保人、医生和工程师展示了自己的实用价值。他们认为人们是有能力将不同国家、不同社会的人类事务数据整合在一起的，如此一来就能像边沁主义畅想的那样，将世界看作一个整体，制定出深谋远虑的法律。

想要达到预期效果，仅搜集数据和统计资料是不够的。还必须确保搜集的所有信息都分门别类，格式正规，否则就无法对其进行对比和整合。在进入全球变暖、复杂的国际贸易金融工具公式化之前的很长一段时间内，对跨国及跨行业的数据进行对比需要事先协定，协定内容包括数据以何种形式呈现，事件及其他事情如何分类等等。简言之，在整理和校准资料的过程中需要各国通力合作、共同努力。“编纂”是边沁创造的又一词汇，这个词成了专家们的战斗口号，因此从19世纪中期开始，人们做出巨大的努力来统计、核对各种事件、事物和机构的信息，最终整理出分类数据。

如果这种努力可以创建一个全球性的科学组织，催生新的专业论坛及团体，那就离达成建立普遍一致的统计及评估标准这个目标不远了。在这个时代，人们可以轻松谈论标准。金本位制是货币国际主义的理想标准，而如我们所见，“文明标准”会根据国际法对世界各民族的适用程度提供一个绘图模板。但其实大多数标准并不准确，也不能令人信服，多数时候不过是技术活罢了。阿尔伯特亲王鼎力支持的1851年万国工业博览会展示了精密工程的发展。英国艺术促进会、商业及制造业借此机会呼吁“统一全世界的‘评估’体系”。与此同时，统计学家们正尝试在全世界统一医学术语，以便于统计不同国家的死亡率数据。

标准化工作给社会带来的革命性影响在电报通信领域体现得最为明显。世界上第一个公共国际联盟国际电报联盟早在1865年就已成立，在此之前，信息交流双方需先将电报信息打印出来，再借助人力将信息送往目的地，这样往往会造成延误，建立联盟就是为了克服这个问题。国际电报联盟为其成员国提供所有国际信息，将各成员国的电报系统整合成一个单独的网络，制定了发送电报的收费标准，而国际电报联盟就扮演着“票据清算所”的角色。通信量飙升且收费降低，国际电报联盟因此被视为国际合作的典范。该联盟不强求任何国家加入其中，而其成员国，甚至连那些表现得好像是成员的国家（比如英国和美国）都得到了极大的利益。借着同样的契机，万国邮政联盟也于1874年成立了。10年中，评论家们把这些组织看作为未来的世界政府播下的种子。

与此同时，要求统一度量衡的呼声也出现了。1875年，国际会议在巴黎召开，源自法国的公制单位迅速被多国采用。英国工程师对螺钉和螺栓尺寸的担忧为今天的国际标准组织的成立奠定了基础。国际标准组织的影响悄然渗透到生活的各个方面，从家用电器的形状到我们周围的颜色气味，其影响范围极广，可能是当代最具影响力的民间组织了。民间还存在要求统一时间单位的诉求，尤其是在有了无线电报之后，但是国际上的气象学家对此百般阻挠，过了大概 40 年，国际时间局才在巴黎成立，成为一个永久性机构。人们相信专家们能够促成不同国家的统一，这种统一不会仅局限在技术问题上，还扩展到社会和经济政策方面。边沁的重要关注点——刑罚政策领域是标准化呼声较高的一个领域，它是社会改革的一部分，而公众健康是另一部分。

这种呼吁的结果是大大小小的会议频频召开，国际工作网随之产生。圣西蒙对协会的实际影响力的预言似乎成真了，“一战”前的观察员认识到这种发展势头“为世界组织注入了巨大动力”。1913 年，第一份关于国际主义的论文出炉了，文章主要从“国际外交会议、非官方会议、协会、各类局以及其他组织”等方面探讨了过去半个世纪的“现代社会现象”。粗略估算一下，在维也纳会议之后的那个世纪中，国际系统内国家的数量翻了一番，国际政府组织的数量从原先的 10 个以内激增到 50 个左右，其中大部分成立于 1875 年之后。这其中至少有 17 个组织设有长期总部并配备了官方工作人员。他们帮忙规划铁路网及河道网，规范财产权和度量单位，统一公共健康政策。据一位专家统计，非官方的国际组织数量更庞大，从 19 世纪 70 年代的区区 25 个迅速发展到 20 世纪早期的 600 多个，其中半数组织才成立几年。

因此，19 世纪末的国际生活中出现了一种面貌全新的机构，就连欧洲皇室都对这些机构另眼相看，因为他们也想拥有高瞻远瞩的视野。阿尔伯特亲王和拿破仑大帝是其中的先驱人物，也是这些人中最重要的两位，其他人不过是效仿他们的做法罢了。国际农业研究所是联合国粮农组织的前身，如果当年意大利国王不资助该研究所，也就不会有今天的联合国粮农组织了。意大利金融专家路易吉·鲁萨蒂（Luigi Luzzatti）称该研究所旨在“迅速解决那些只能靠拥有执法权的科学组织解决的问题”。鲁萨蒂后来成了意大利的首相，他认为此类研究所带来的益处无可限量：它可以改善全世界大多数农耕人口的生存状况，从而抵御社会主义扩张；还可以保护数百万被迫流亡于世界各地的人；最重要的是，受其影响，更多的国际组织会涌现出来。“20 世纪将拥有一个多么美好的研究机构联络网络啊！”他兴奋地感叹道。

奥特莱的“曼达纽姆”

利奥波德国王领导下的比利时是欧洲革命热情最为高涨的国家，也是 19 世纪末国际主义者的主要活动中心。利奥波德首次涉足国际主义就把刚果自由邦当作新封建主义的实验品。他的管理方式恶劣至极，对待刚果人民极为凶残，约有数百万人死在他手里，因此比利时政府迫不得已在 1908 年接管了这片土地。而那时，利奥波德早已转投其他盈利较少但更有价值的国际主义项目了。因急需积极的宣传，他努力把首都布鲁塞尔打造成“国际化”精神的标杆。到 1910 年，比利时首都成了举办国际活动最多的城市，比伦敦多出一倍，连巴黎都要屈居其后，而柏林（普鲁士人的国际主义者严重缺乏热情）举办国际活动的频率只及布鲁塞尔的 1/10。

1907 年，一小部分比利时的国际主义者希望通过利奥波德的支持成立一个国际协会中央办事处，他们打算把这个办事处打造成所有组织的“中心组织”。当时，正规化和系统化的政府间合作的全球体系迅速形成，而这个新成立的中央办事处的宗旨在于引领这一潮流。这一组织希望能兼顾核对数据和促进世界和平两项职责，这一理念是保罗·奥特莱（Paul Otlet）的思想结晶。奥特莱是 19 世纪末国际主义最卓越的人物之一，是现代信息科学的创始人，杰出的目录学家，也是开创当代数据搜集精英的聚集地——硅谷的先驱。

1868 年，奥特莱出生在比利时一个富裕家庭，当时他父亲的有轨电车生意已经遍布全球，赚得盆满钵满，在 19 世纪中期就已跻身新兴工业资产阶级之列。因此奥特莱生来就具有全球化视野，同时兼具欧洲人的外交特质。比利时这样一个小小的王国究竟凭借什么成为孕育崇尚科学的国际主义的温床呢？除了凭借利奥波德国王本人想要建立良好公众关系的意愿之外，还有一个原因成就了这个结果。

比利时的法语区和弗拉芒语区之间的矛盾使这个国家从古至今一直处于分裂状态，然而作为一个独立的主权国家，它却一直存在着，这种存在象征着乐观主义对欧洲民族主义的胜利。1830 年比利时由欧洲协调创立，当时该国国民并不认为语言差异是什么大问题，也不认为国家内部就一定要统一，在这样的环境下，国际主义者的积极性自然会提高了。

在这样的大背景下，20 多个组织在比利时首都布鲁塞尔设了长期办事处，为了协调这些组织之间的事务，互享信息，奥特莱提议成立国际协会中央办事处。1907 年年初，第二届和平会议在海牙举行，和很多人一样，奥特莱对这次会议的结果也深感失望，他原本以为这次会议会为世界带来和平，但会议却一直在讨论如何使世界承受得起战争这个更具局限性也更令人难以接受的问题。奥特莱认为这代表着国际合作精神的挫败，而挫败的原因是真正的国际主义者——和平主义者、法学家、国会议员、社会主义者和知识分子之间并没有通力合作。但那时的奥特莱还是很乐观的，他认为，面对传统外交家和军国主义势力的阻力，国际主义只会愈挫愈勇。总之，他认为比利时这个国家要在争取人类权益和世界和平的斗争中做出表率，在对抗维也纳会议精神、反对欧洲协调及其退化的产物欧洲联盟体系的理念时一直走在世界各国前面。

在全力筹备“国际组织中央办事处”的过程中，奥特莱最重要的武器就是数据，因此办事处成立后做的第一件事就是编写一本关于“国际生活”的年刊，这也没什么奇怪的了。因为年刊的旧版略显陈旧落伍且雄心不足，1909 年他们对其进行了改进，当年的年刊总页数超过了 1 500 页，编辑和读者无不对刊物中反映出“国际生活丰富、多产”的数据交口称赞。但是，在国际协调方面，奥特莱的看法可谓高屋建瓴。转年，布鲁塞尔不仅举办了 1910 年世界博览会，还成为国际协会世界大会的主办方，大会讨论了法律效力问题，商议统一科学术语、重量和度量单位。国际协会联盟的成立就是此次会议的成果之一，该联盟的总部设于奥特莱在布鲁塞尔的中央办事处。

1885 年，一位维多利亚时期的地理学家称赞“国际会议是现代文明的产物”。接下来的 30 年也许是科学技术国际主义发展的巅峰时期。19 世纪 50 年代，全球平均每年只举办一到两次国际会议，但是到了19世纪70年代，每年举办的国际会议多达12次，而19世纪的最后10年里，这个数字则达到了30次之多。许多国际组织在各自的专业领域实现了相互合作。旅店老板、建筑师、工程师、银行家、精算师以及速记员也争相在19世纪末组织国际会议。不同领域的专业组织越来越多，这是科技知识无国界的理想状态。不同国家科学地分配“精英”劳动力，这不仅是通向真理的捷径，还向政客们证明了国际合作的良好效果。当然，也有一些参与者不与他人合作，只把自己的事业限定在国内。但是更多的人认为科研工作和人类社会的需求是密切相关的，个人联系和职业联系相互交错织成的密网把科学家、积极分子和公众人物紧紧联系在一起。

然而，奥特莱担心的是，这种专业化的现状不仅不能将不同的人和不同的知识凝聚在一起，反而会使他们各成一派。随着科学调查的推进，这种情况出现的频率以惊人的速度成倍提高，但是人们尚未找到行之有效的方法来解决这个问题。专业化进程的利与弊也成了新的争论焦点，毕竟“专家”这个说法是19世纪60年代才出现的。但是，奥特莱认为要想顺利推进专业知识，避免其消失或失去意义，协调合作必是不可少的。他的终极目标是编写一本“万能书”，这本书会保持更新，一切有用的知识都能在这里找到。为了实现这个目标，奥特莱提出“证明文件”这个概念，把事实从众多信息中系统提炼出来。在互联网出现前的很长一段时间内，奥特莱相信让人们获得他们需要的知识就意味着把老式图书馆变成信息中心。与阿根廷前国家图书馆馆长博尔赫斯式的男主角一样，奥特莱先把所有书目数据库的信息整合到一起作为信息源，然后将它们转录为单个词条。1895年，万能书仓库大概收录了40万个词条，在一番艰苦卓绝的工作之后，1903年，词条数达到了300万个，到“一战”爆发时，其中的词条数达到了1 100万个。这是一项非常艰难的工程，却并非完全不切实际。奥特莱用自己的方式整理着这些信息，发明了“通用十进制图书分类法”，现在还有很多国家采用这个分类方法，他还建立了“国际书目研究所”，这个研究所后来几经翻新，直到今天仍在发挥作用。

奥特莱的想法远不只编排书目那么简单。他希望把布鲁塞尔打造成世界数据信息中心，有了比利时政府的支持，“国际协会联盟”将成为新型国际组织的协调者，因为物质与精神生活越来越互相依赖，联盟将会发展成为“人类幸福”奋斗的机构。奥特莱梦想打造一个“世界宫殿”——“曼达纽姆”（Mundaneum），并利用国际协会联盟打造国际图书馆、博物馆和大学。这些机构被视为“世界城”的各个“器官”，而“曼达纽姆”则是大脑。“一战”以后，奥特莱委托勒·科尔比西耶（Le Corbusier）提交了建立世界城的提议，为了使布鲁塞尔的地位合理化并得到巩固，奥特莱提出了一连串建议，世界城的提议也是其中一部分，他希望布鲁塞尔与荷兰的海牙以及瑞士的日内瓦一道，共同扛起维护世界和平的大旗。

和许多国际主义者一样，奥特莱并不认为“一战”的爆发推翻了他的理论，相反，他觉得这次战争反而证明了其理论的必要性。1914 年 10 月，奥特莱的一个儿子战死沙场，据他自己说，他还到战场上寻找过儿子的尸体，比利时混乱的形势给他的个人生活带来了悲剧。为此，他主张彻底整顿战后的国际秩序。当时的新机构不断涌现，奥特莱计划打造一个“国际组织”，并为此拟订了很多计划，这个组织与即将签订的《凡尔赛和约》的产物截然不同。奥特莱描绘了一幅高度集权化的蓝图，这个蓝图中的各个国家都由一个超国家的权力机构统一管理，有自己的议会、司法部门和执行委员会——国际外交委员会负责管理和分配国际利益，国际武装部队是他们的后盾。不同国家组成的代表大会将会制定《国际宪章》，为了与宪章保持一致，这个新组织会“在全球开展活动”，而这正是技术统治论者的梦想。

奥特莱把这个组织的存在视为人类政治演变的最终阶段，从城、郡、公爵领地到民族国家，该组织在一步步地扩大自己的管理范围。奥特莱不明白为什么要把国家视为最终阶段。“相反，全球精英现在正在探索创造一种兼顾各民族及全人类更高利益的组织的可能性。”圣西蒙时代过去 100 年后，从不同国家发展为一个世界政府的自然演变思想已经成为国际主义的主题。世界和平事业十分重要，不能完全由那些政治家擅自处理，奥特莱总结道：“外交精神不应一家独大。政客、法学家、学者和商人都应各抒己见。”

1914 年之前，这种想法十分普遍。但是“一战”后情况就大为不同了，国际社会在日内瓦成立了国际联盟，与早期的理想组织相比，这个组织才是实实在在的国际组织。即便是在凡尔赛，在世界各个大国（确切地说是在他们的帮助下建立的那些东欧独立国家）中，对奥特莱所持的国家主权边缘化和希望专家主宰世界的想法也鲜有支持者。最终，比利时政府撤销了对奥特莱的资助，"曼达纽姆"及其管理下的各个组织也于 1934 年关门大吉。该组织的财物不得已一挪再挪，最终只能临时寄放在大学办公室里。奥特莱呼吁通过"理性、和平的革命"转变人们的世界意识，但现在他的提议越来越无力，他想打造"世界警察力量"、制定《世界宪法》、建立"世界政府"，最后还要制订"世界计划"以"阻止各国由于为自身谋利益而无法齐心协力通力合作，最终筋疲力尽的情况出现"，但是这个想法最后也不了了之。1931 年，奥特莱代表"小比利时"发问："世界啊，我们究竟该做些什么？"然而，好像没人在听他在讲什么，因为他发出的是一个逝去时代的声音。"二战"爆发后，奥特莱全身心投入到传记写作中，以此记录自己的工作（奥特莱 1944 年冬与世长辞，此时"二战"即将结束），他置身于一片破败之中：一摞摞散发着腐臭之气的文件、图书，还有堆满工作室和楼梯间的档案。另有一些材料储藏在原先的研究室里，那里的房顶漏雨，鸽子都能飞进来。今天，奥特莱的半身像上还戴着已褪去颜色的花环。

专业知识如何全球共享

为什么奥特莱的宏伟计划却最终幻灭了？毕竟，他提出的科学理性主义在"一战"前后都得到了广泛认可，同样对国际史实有着强烈兴趣的赫伯特·乔治·威尔斯在 20 世纪 30 年代也曾提到"世界大脑"的必要性，这与奥特莱成立知识储备库使所有人皆能受惠的想法如出一辙。两次战争期间，科普读物拥有着巨大的市场，也表明这个想法在读者中有着广泛的吸引力。然而，奥特莱的做法以及他对科学国际主义的追求中存在的一些问题已经开始浮出水面。

首先，科学合作通常会受制于更重要的政治因素。法国是标准化事业的拥趸，但拿破仑试图为整个欧洲编纂法典的灰色记忆久久挥之不去，人们总会怀疑法国人的动机不纯，这些因素都足以限制法国人推动标准化事业的积极性。到19世纪80年代，公制运动席卷欧洲大部分地区，这一运动的进程一度趋于平稳，成为许多国际主义者一直提倡的通用体系，但英美两国随后强烈反对这一体系。《公制谬论》（*The Metric Fallacy*）的作者弗雷德里克·哈尔西（Frederick Halsey）曾经写道："星象显示，未来会出现'英美世界'，所以我们需要制定一套英美制的度量标准。"如果到1950年这两个国家的公制事业还不及一个世纪前，那么政治因素便难辞其咎。

同样，公共卫生改革也因为政治因素的干扰难以取得长足发展，尽管投入明显在不断增加，却没能有效促成国际合作。拿破仑战争后，外来传染病侵袭欧洲，为了保护本国人民，大部分国家都封锁了隔离疫区。1851年，法国外交部召开了首届国际卫生会议，会上达成协议，希望各签约国确保制定统一的准入规制。但是，除非各签约国照章办事，否则签订这种协议的意义并不大，因为很多国际组织当时并不知道利害关系，自尝苦果已经是一个世纪之后的事了。尽管整个19世纪霍乱都在威胁着人们的生命，但各国政府却没有采取什么举措控制疫情。曾有一次霍乱爆发导致6万多人死亡。两年后，也就是1874年，法国提议成立国际流行病机构，但是，黎凡特地区和北非的强势帝国强烈反对这一提议，因此，这项提议同样以失败告终。1883年，霍乱导致10万多人丧命，死亡人数比1892年只多不少，尽管这样，各国还是没能达成共识。[很多科学家在争论霍乱的病理，其中就有《欧洲霍乱防御》（*La défense de l'Europe contre le cholera*）一书的作者、法国专家阿德里安·普鲁斯特（Adrien Proust），这位先生因他的作家儿子马歇尔更为后人熟知，马歇尔将父亲对疾病和保持卫生的关注写进小说，成为不朽的传世之作。]没完没了的会议最终促成了公共卫生国际办事处的成立，这是个既官僚又畏首畏尾的组织，在巴黎设有一个面积不大的永久秘书处，员工是来自各成员国的专家。该组织主要负责通报信息，而不是教育大众，也并未打算积极改善公共卫生状况，同时又对源于黎凡特的时疫耿耿于怀。那时和现在一样，全球变暖已经成为全球共同关注的问题，但是这个问题仍没能得到有效的官方回应。

直到现在，历史学家也没有充分的证据证明政治观念的不同会使科学家内部产生隔阂，即使他们把自己看作国际主义者也难以免俗。19 世纪的科学进程并不符合“科学无国界”这个说法，尤其是 1918 年以后，许多国际论坛还给德国科学家下了“逐客令”。奥特莱等老一辈科学国际主义者的特点此时显露无遗，他们完全无视发生的一切。奥特莱很清楚自己做的事意义何在，对政治上的问题丝毫不感兴趣。从某种程度上讲，他的想法带有鲜明的比利时特色，因为他们都会与处于困境的国家对话，奥特莱从来不会说出自己的想法，也许是因为他觉得那样做有损他博爱论者的形象。

科学家们越来越受金钱摆布，事事听命于国家。很多科学研究的经费都非常高昂，独立科学家的时代很快就过去了。奥特莱有自己的钱，在这些钱花光前，他可以搞他自己的研究而不受任何人摆布——至少在“一战”前是这样的。但是就算是一个成功的比利时实业家积累的私人资产（比如他父亲的雄厚资产）也不足以支持他的宏伟计划。与国家和政客保持距离并没有错，但是这样做会导致资金支持的持续短缺，很多专业组织都因此而受限制，能做的很少，最终成了情报采集中心，并没有发挥实质作用成为活跃的科研机构。一旦国家资助科研（20 世纪中期这样的例子越来越多），科学家就有了资金保障，但是他们往往面临尴尬的选择：是为了国家利益束缚自己，还是忠实于各国科学家大联合这个最初的理念？科学军事化让问题变得更糟：在化学和核武器时代，各国强制保密基本科学实验，科学家们因此离奥特莱所说的国际主义越来越远。

通用语言

科学家们的内部冲突频发，这是他们没能在国际生活中成功转变的最根本原因。科学统一是鼓舞人心的口号，但现实是，科学研究其实是项复杂的工作。查明事实的真相不像圣西蒙和孔德说的那样简单，在实验室中，科学分歧与科学一致同等重要，有时，分歧甚至比一致更重要。因此，科学家也许会主张普遍主义，但是一旦涉及科学杂志的专业文章，我们就会发现，关于如何实现一个目标不仅会存在争论，还经常会产生不同的看法。

有一个专家们无法达成一致意见的领域正浮出水面，这就是对通用语的探索。寻找通用语说明19世纪末人们对国际主义的潜力信心十足。哲学家和语言学家试图用数学或者符号学体系揭示所有语言或是有实意的句子共有的基层结构，其他人则呼吁创造一种世界通用的新语言。1870年，法国植物学家阿方斯·德·康多勒（Alphonse de Candolle，现行植物名称国际码的创作者）发布了一篇关于“主导语言益于科学”的说明文，并希望在即将到来的新世纪里，英语可以扮演这个角色，其他人则认为发明一种“人造语言”会更好。“一战”前，全球发明的语言超过12种，但是直至今日最有名的还是要数世界语了。

俄裔犹太语言学家路德维希·柴门霍夫（Ludwig Zamenhof）通晓多国语言，是典型的住过犹太人居住区的孩子，世界语就是他发明的。世界语被视为19世纪晚期东欧帝国边界现实的写照，就像奥特莱的事业反映了比利时的形势一样。1887年，年轻的柴门霍夫用笔名“希望博士”发表了世界语指南，他从高中开始就已经着手做这件事了。10年前，他在庆祝自己19岁生日时就曾用自己发明的新语言为国际主义献唱圣歌：

Malamikete de las nacjes,
Cadó, cadó, jam temp’ está;
La tot’ homoze in familje
Konunigare so debá.

（各国间的敌意
消失、消失，现在时机已成熟
人类在一个大家庭中
内部必须统一）

由此可见，在柴门霍夫眼中，语言远不只是沟通工具，它可以促进和平，也可以在民族主义盛行的年代滋生敌对情绪，在东欧的犹太人中尤其如此。1905年，首届国际通用语大会在法国度假胜地滨海布罗尼召开，与会代表们穿着印有运动标志五角星的服装，先唱了鼓舞士气的马赛曲，又唱了他们的圣歌（“中立语为基础 / 人们互相了解 / 就会同意组建一个大家庭”）。柴门霍夫为世界和平以及新的未来做了祈祷。不幸的是，尽管拥有一批杰出的拥护者，但是一些认真的世界语拥护者还是脱离了组织并发明了伊多语，他们认为这个替代品比世界语更好，在与他们的争执中，柴门霍夫的运动很快陷入困境。伊多语搞出的分裂活动令世界语的拥护者十分恼怒。1908 年，一位柴门霍夫的支持者写了《全球世界语大会语言委员会报道》（*Raporto de la Prezidanto de la Lingva Komitato al la Universala Kongreso de Esperanto*）一文，文章传达出这种空想式的冒险行为引发的愤怒情绪，并表明了即使是对通用语的探索，在其最真诚的拥护者间也引发了激烈的争吵。

20 世纪末，在地震学这个更加专业的研究领域，关于什么是最根本因素的问题也出现了不同看法。数据是对所研究事物的真实自然的体现，还是根据分类固有的那些法则所创造出来的，成了问题的关键所在。简言之，数据分类是由世界结构决定的吗，还是说它只是个务实的选择，它受控于它所服务的目的和科学家自建的统计模式？地震学需要共享数据，因而比较倾向国际主义。但是，在以何种方式搜集和公布数据才能让人们最准确地分辨出不同地点、不同时间的地震活动模式的问题上，欧洲知名专家还没能就此达成共识。在国际上，对比不同地方发生的地震与对比同一地方不同时间的地震情况所需信息也不相同。因为地震学的需求，建立标准的呼声普遍存在，但是，由谁建立、建立什么样的标准的问题却一直没能明确。一门专业科学的用途究竟是什么？人们对此争论不休，互不让步，标准化进程本是悄无声息的，但当谈及究竟采用哪条标准时，往往会引来激烈的争辩。

在上述理由和一些其他原因的限制下，“世界城市”终究不会存在，全球标准化运动也暴露出不足。尽管在当今世界“英寸”也与“米”共存，游客出行也会带上万能充电器——“同一个世界，同一个插头”，以适应全球不同的供电系统。但是，科学国际主义没能统一所有的事物并不代表它是失败的，只能说明它虔诚的拥护者们过于期望科学国际主义的成果。它实际上是一个影响巨大的组织，它壮大自身力量，由奥特莱及其他人创办的许多特定的国际专业机构一直存在至今。为协调食品政策和食品产量做出的努力促成了联合国粮农组织的成立；在这些专业机构的推动下，国际气象组织 1946 年设计出格林威治标准时间作为全球标准；同年，相当数量的成立于两战间的小型组织被世界卫生组织这样的大型组织取代。因为民间国际标准化组织相对而言没那么引人注意，且基本不存在争执问题，所以它是所有组织中最强大的一个。这些组织仍采用 19 世纪的旧观念，沿袭了过去的所有组织的内部设置和盲点，因此还是让那些只关注人性不考虑国籍的技术专家制定政策最为妥当。

第五章　国际联盟

试想倘若美国放弃了它们一直信奉的孤立主义，那将是件多么鼓舞人心的事。当然前提是它们这样做不是为了设下外交圈套，而是出于世界政治国际化的考虑。

——沃尔特·李普曼（Walter Lippmann），

《新共和国周刊》（*New Republic*，1916 年第 6 期）

一个旨在为全人类谋求永久和平的高效联盟将为我们带来人类历史上最伟大的变革。

——乔治·伯顿·亚当斯（George Burton Adams），

《大英帝国及和平联盟》（*The British Empire and a League of Peace*，1919 年）

国际主义交际策略取代了传统外交手段，外交活动一改从前保密性高、排斥性强的特点，变得更加透明，国际参与度也越来越高。国际主义者推崇各国为推动科技和贸易发展通力合作的做法，认为军国主义和联盟外交是逆历史潮流而动的。由于受到所处时代的文化和种族的种种限制，许多国际主义者同时也成了全球干预政策的支持者。老牌大国之间常常召开秘密会议，不允许其他国家参与。

而与之形成鲜明对比的是，许多新成立的专业组织对欧洲以外的小国同样敞开大门，专业人员交流及专业知识共享等方面都很活跃：以埃及为例，在参与万国邮政联盟的创建工作时，该国都还没有拥有完整的主权。尽管当时各个专业组织的资源极为匮乏，但是这些组织仍坚持运作，且运作时间之久令人感叹。

然而，19 世纪的国际主义的雄心壮志有多大，它们面临的种种限制就有多大。国际主义对比利时和瑞士这样的小国尤为适用，其运作资金也多来自这些国家。两次海牙国际会议取得的那些微不足道的成果显示，全球主要大国对国际主义的采纳程度仍旧十分有限。他们没能组建类似联合国那样统领全球的国际组织，战前美国呼吁成立国际法庭的提议也遭到冷遇，无疾而终。对历史学家而言，关键问题是要弄清为什么会发生这些改变——换言之，就是要弄清楚在“一战”期间，世界上最强大的国家为何能够通力合作，共同建立一个和平时期世界安全常设组织以及国际联盟。

如果给这个问题一个消极的解释，那也许会是：1815 年支持欧洲协调的主要力量到 1918 年已不复存在，或是影响力已远不及当初。从某种意义上来说，曾经为欧洲协调注入强大动力的哈布斯堡王朝已经不复存在；德国遭受重创，无力反击；俄国也因内战宣告解体。无论如何，这些国家在 1914 年还是再次聚首，公开支持国际仲裁机制以及国际法的传播。“一战”期间，德国和奥地利的领导人也宣称，他们赞同时任美国总统威尔逊关于建立“国际联盟”的提议。尽管已将这些主要大国的转变考虑在内，但我们依旧困惑不解：究竟是什么让英国力排众议，笃定地相信国际主义并未失败，而是被赋予了新的国际地位以及政治意义？更让人吃惊的是，“一战”期间的新兴国家美国也持相同观点。这两个国家究竟为什么对成立一个永久的世界“组织”这种想法情有独钟？许多英国的政治决策者依旧坚持要恢复欧洲协调，事实上这一组织并没有彻底消亡。在英美两国，很多颇具影响力的人物坚定地支持新国际主义，他们断言 1919 年在凡尔赛举行的和平会议可以成功建立一个永久性的国际联盟。这些精英中有一位人物至关重要，如果没有他，世界格局就会是另外一番模样，这个人就是时任美国总统伍德罗·威尔逊。

进退两难的伍德罗·威尔逊

研究国际组织的历史学家笔下的人物和故事更像是圣徒文学，几近完美。美国前总统富兰克林·D·罗斯福的夫人埃莉诺·罗斯福（Eleanor Roosevelt）以及联合国第二任秘书长达格·哈马舍尔德（Dag Hammarskjöld）就经常被刻画成人类的救世主形象。拉斐尔·莱姆金（Raphael Lemkin），《反种族屠杀公约》之父，被世人冠以先知的头衔。联合国前秘书长科菲·安南（Kofi Annan）以及为人权事业做出巨大贡献的法国人勒内·卡森（René Cassin）都拥有大量的拥护者。上述这些历史人物无论生前还是死后都备受世人赞誉，但是他们之中没有一个人能与伍德罗·威尔逊相提并论。1918 年年末，威尔逊造访巴黎，200 万巴黎市民夹道欢迎这位"和平之神"；在意大利的米兰，他同样大获好评，人们称他为"人类的救星"、来自"大西洋彼岸的摩西"。在威尔逊的支持者看来，他所代表的美国心系世界，不向国内势力低头。他英年早逝，在参议院否决其建立联盟的构想之后抱憾而终，他是为了推进现代化事业而牺牲的。威尔逊于 1924 年去世。数十年后，他的思想升华为一种主义。乔治·H·W·布什、迪克·切尼（Dick Cheney）以及唐纳德·拉姆斯菲尔德也深受威尔逊思想的影响：2003 年美国入侵伊拉克之后，许多民众对此表示不满，担心美国会放弃秉承了多年的多边原则。老布什总统等人希望效仿威尔逊的做法解决当下的问题。

威尔逊绝对称得上是建立国际联盟的功臣。没有他的支持，英国内阁就不会支持国内的国际主义者，国际联盟也就只能是个构想。伍德罗·威尔逊的一生就像传奇故事，而这个故事的最精彩之处不在于他克服了当时政治社会的种种缺陷，而是他的一系列政治决策，正是这些决策决定了新兴国际组织的基调及其影响力。当时美国在处理国际事务时遵照的是固有模式，而威尔逊却丝毫不受这种模式的束缚。与伊莱休·鲁特和美国前任总统威廉·霍华德·塔夫脱不同，威尔逊希望国家政权由政客掌握，不想权力落入法学家手中。他坚信国际联盟应该是准议会式的审议庭，而不是可以给出最终裁决的私法裁决庭。之所以有这样的想法，是因为在他眼中，各种条例都是集体意愿的根本体现，应顺应集体意愿，随时改进。

集体意愿也随时间而变化，时间更迭，集体意愿也会得到印证。这位世界上第一个集体安全组织的创始人竟然对集体安全、国际法律以及组织本身并不感兴趣，这种态度的确出人意料。他把国际联盟的具体事宜交由英国处理。国际联盟半民主商议半官僚决定的体制与英国政府的体制极其相似。换言之，威尔逊的支持者融合了美国的传教热情和英国的帝国作风两种特质，兼具权力和远见。因此，国际联盟为19世纪的帝国与20世纪的民族国家搭建了一座桥梁。

如果说19世纪的美国对欧洲国际主义者的积极工作漠不关心，我们并不觉得意外。美国的联邦制度、受到高度保护的巨大的国际市场、盎格鲁－撒克逊法律体系，还有最重要的一点——国会同总统之间的紧张关系，这些都为美国深度参与国际事务设下了障碍。除此之外，在国际合作的许多领域中（比如国际标准化运动），美国竟然意外地被边缘化。但是，所有这些都算不上决定性因素。如我们所知，从19世纪中叶开始，美国政府越来越多地参与到国际主义事业中。1881年，在华盛顿特区召开了一次重要的外交会议，这是此类会议首次将会场设在欧洲以外的国家，会议的召开表现了美国寻求全球新定位的意图。此后，越来越多的会议采取了这种做法。

美国为国际仲裁及调停机制新形式的发展做出了很大贡献，伍德罗·威尔逊就是在此基础上制定的外交政策，但是这一政策与美国守法主义者的指导原则大相径庭。1914年之前，美国的外交政策侧重以仲裁机制解决问题，这种做法为当时的国务卿、共和党人伊莱休·鲁特以及总统西奥多·罗斯福两人赢得了诺贝尔和平奖。在威尔逊之前，律师出身的总统威廉·霍华德·塔夫脱更推崇仲裁这种解决纠纷的方式。作为一名革新论者，塔夫脱认为应该保持"法律及公平原则亘古不变"，同时他还认为成立常设的国际法庭十分必要，在这两种想法的影响下，塔夫脱联合加拿大和英国共同制定了完整的国际仲裁条约。然而，塔夫脱随后发现，参议院是不可能批准这些条款的。当时的历史学家也毫不留情，称这些条约是"马虎起草、多管闲事的典型范例"。这一切都预示着塔夫脱的继任者威尔逊将面临严峻挑战。参议院被称为民族主义的根据地，在这里，亨利·卡伯特·洛奇（Henry Cabot Lodge）坚决反对塔夫脱的行为，伊莱休·鲁特则认为塔夫脱过于草率和激进，他的这种做法只会使守法主义者的事业名誉扫地。塔夫脱的前任西奥多·罗斯福当时仍是他政治生涯中强有力的竞争对手。在罗斯福眼中，塔夫脱的做法是不切实际的：仲裁条约只可能在美国和英国这样的国家显示出效力，因为这两个国家之间存在许多共同利益。但是，如果换成两个彼此敌对、关系紧张的国家，这些条约就毫无用武之地了。

在1912年的美国大选中，同属共和党的塔夫脱和罗斯福之间的竞争分散了共和党的选票，最终民主党候选人威尔逊成功当选总统。在他上任之后很长一段时间里，那些法学家一直争论不休，他们制定了一些条款，大部分美国人都认为这些条款说明“一战”之后很有可能出现一个国际政府。1910年，罗斯福在发表诺贝尔和平奖获奖感言时就曾竭力主张联合“国际政治力量”，在他看来，如果乏味的道德声明不足以维持和平的话，那么，政治制裁就是实现和平的必要手段。“一战”开始后不久，他更是呼吁成立“公正和平的世界联盟”，以便通过“国际警务力量”强制实现法治。但是，要这样一个联盟发挥作用，最重要的就是要认清哪些问题是其有能力处理的，切忌让其介入一切国际事务。联盟可以借助军事力量解决问题，但是军事介入仅限于敦促各签约国履行自身义务。如果该联盟获得成功，并且能够控制自身的欲望不自我膨胀的话，就会有更多国家参与进来，慢慢地，国际法以及国际仲裁机制就会成为调解国际争端的方式，最终会在全世界营造和谐共处的氛围。相较之下，由塔夫脱领导的游说组织强制和平同盟会取得的成绩更高，该组织在战争时期大受欢迎，它希望各盟国将一切“可由法院受理的”争端都提交至国际法庭，由法庭给出最终判决（所有其他争端需由仲裁委员会处理）。此外，所有成员国需要签署协定，协定要求任何未经国际法庭（或仲裁委员会）批准就发起战争的国家将受到其他成员国的制裁。换言之，塔夫脱体系不允许任何成员国违背国际判决的裁定。

但是，上述二人的提议都存在明显缺陷。罗斯福的世界联盟只对少数国家有约束力，还在法律层面抹杀了“至关重要的利益”和“民族荣誉”的重要意义。而在塔夫脱和“强制和平同盟会”的体系下，执行裁决则过于机械化，一旦有国家拒绝借助法律手段解决争端，其他各国就必须对其发动战争，以示惩罚。此外，仲裁过程也很不严格，没有任何惩治措施保证法庭判决得以落实。这样看来，我们就能够理解为什么伍德罗·威尔逊对实现国际和平的守法主义者范式那么没耐心了。法学专家及其支持者认为自己可以解决国际问题，他们一方面盲目迷恋用法律手段解决纠纷，另一方面却又不知该如何有效落实法律条款。

身为总统，他们都走错了路子。真正重要的不是那些组织机构和法律法规，而是人们的态度和价值观。伍德罗·威尔逊的父亲是长老会牧师，受此影响，威尔逊希望立下的协约可以像《圣经》盟约那般神圣，而不只是单纯的法律契约。同时，他还渴望成立一个组织，这个组织不会刻意迎合少数权贵的利益（无论如何那些人都可以过得舒适安逸），只求随着时间的推移，可以满足全人类的共同愿望。威尔逊认为只要法学家们把所有的细节都处理得准确无误，世界和平就可以实现了，这种想法让他看起来荒唐可笑。在他眼中，言语的作用是鼓舞人心，而不是划定界限。与马志尼一样，威尔逊也认为民主政治属于“道德行为的范畴”（这一说法出自他1815年发表的“现代民主国家”一文）。威尔逊本身既是一位精英人士，又是对人类社会渐进性演化持积极态度的乐观主义者，因此他愿意相信世界人民的政治直觉，认为诸位代表如实地传达了人民的意愿。在他眼中，就算各位代表不可信，世界上最优秀的法律也不会违背人民的初衷。因此，尽管威尔逊有时会发出一些支持“强制和平同盟会”的政治声音，但他的论点和思想受其父的基督教圣约神学以及社会福音运动的影响，完全不同于联盟的主张。1916年5月，威尔逊告诉强制和平同盟会，他渴望看到全球各个国家联合在一起，这样就可避免一切违背圣约条款的战争，也可保障各国的领土完整和政治独立。“公正和平的世界联盟”的思想并未触及这一领域，只是致力于让几个立场相同的国家组成一个规模有限的小团队。

守法主义对威尔逊影响深刻，但是对他影响更深刻的还是美国主义。从19世纪70年代开始，一系列“美洲国家之间的会议”相继在西半球召开，最终促成了泛美联盟。泛美联盟最初只是美国寻求贸易扩张的一种对策，随后逐渐发展为促进西半球各国合作的手段，其总部设在华盛顿。一位观察员曾经写道，在该组织中“21个国家排除语言障碍，共同建立一个组织以商讨国际事务”，仅凭这一点，就没有哪个国际组织能与之相提并论。泛美联盟作为“威尔逊联盟”的前身得到了阿根廷政治家路易斯·德拉戈（Luis Drago）的赞誉：“作为一支独立的政治力量，它为全人类的进步搭建了一个全新的巨大舞台，并且可以与东半球的伟大文明对抗，以此平衡世界的政治力量。”

19世纪，如美国国务卿詹姆斯·布莱恩（James Blaine）一样主张东西半球合作的政治家总是强调泛美主义是古老欧洲外交模式的替代品。

> 以由衷的信任为基础进行由衷的合作，可以帮助美洲各国摆脱长久以来深深困扰这些古老国家的负担和弊端……美洲国家秉承公正原则，追求共同利益，公平分配利益，做到这些，权力平衡就不再只是假象。在国外，权力不均已引发战争，整个欧洲遍地血流成河。

受到邻国墨西哥革命事业的鼓舞，美国国务院在战争时期一直满怀期待地发展多边关系以谋求和平。实际上，很多有威望的美国人都认为墨西哥面临的危机恰巧可以验证欧洲之法是否适用于美洲国家。哈佛大学前校长查尔斯·艾略特（Charles Eliot）强烈要求组建美洲联盟以恢复南美秩序，他还说这个组织“将是成功的先例，指导欧洲联盟维护欧洲和平”。威尔逊最信任的顾问得克萨斯州的豪斯“上校”也持相同想法。1914年12月，豪斯沉着响应：“一旦实现和平，美洲国家间的协定将成为各国效仿的模板。”但是在这些尝试相继失败后，巴西于1917年提议重拾泛美主义条约。据威尔逊推测，该条约“在某种程度上会教会欧洲人民如何维护战后和平”。如果在由独立民主国家组成的大陆上，共和党与民主党是主要的政治力量，各国都全力支持通过贸易往来带动国内发展的做法，并承诺保护财产权，那么这片大陆上的统治手段同样也适用于欧洲以及美洲。若有哪个体系可以保证领土完整，而且不把侵略及土地交换看作自然秩序的一部分，那么欧洲人对这一体系自会无师自通。1918年夏，英国收到了来自威尔逊顾问豪斯上校的首封来函，信件透露了美国总统的想法，美国对领土完整的关注始于早期的《泛美公约》（Pan-American Pazt）草案，英国政府对此十分重视。

法律编纂和仲裁机制是泛美主义政治文化的一部分，但是在威尔逊看来，这些并不是泛美主义的首要特征，1917年1月，他在众议院的讲话“没有胜利的和平”中曾经提到这一点。他的发言列举了数条原因，表明美国需尽心尽力保卫“国际和平协调”组织，称该组织可以给战后的欧洲带来稳定局面。与此同时，他还表明了在西半球实行门罗主义的愿望。

> 我提议，所有国家都应一如既往地奉行门罗主义，使之成为全球通行的政策：任何国家都不得干涉他国主权，每个国家都有权掌握自己的政权，决定自己的发展道路——不受阻碍，不受胁迫，毫不畏惧地走出一条与大国强国不同的道路。
>
> 我提议，从今往后所有国家都能远离那些带来纷争的联盟，那些联盟只会让各国陷入对权利的争夺之中，陷入阴谋及自私竞争的泥淖，就连处理本国事务时也要受到外国势力的干扰。在强国协调中不存在类似混乱的结盟场面。当我们所有国家都用同一种理念指导行动、都朝着同一个目标努力时，我们就会为了维护共同利益奋斗，就能在共同的佑护下和谐共处。

1917年4月初，威尔逊在对国会的演讲中声明同德国断交，并敦促美国参与“一战”。这次讲话表明新兴的强国协调与原有的欧洲协调之间隐含的差异变得越来越明显了。威尔逊还指出，当务之急是要“证明公正与和平原则是在国际生活中对抗自私和独裁的有效手段，在真正实现了自治的自由民族中着意创建这样一个有行动力的协调组织，以此确保这些原则今后能落到实处”。独裁统治者（比如普鲁士王族）最大的问题就是，他们根本不理会人民的意愿。威尔逊明确表示，其实美国同“德国人民”并无不和，在此次战役中，美德两国都是受害者，因为“这场战争爆发的原因与从前那些置黎民百姓于水深火热之中的战争并无不同，都是各国统治者遇到问题求助无门，于是便煽动民众挑起战争，以维护各个王朝或者一小部分野心家的利益，他们总是把百姓当作棋子和工具随意摆布”。威尔逊继续他的讲话：“各民主国家只有通力合作，才能维持一个和平联盟的长期稳定发展。所有的独裁政府都不可信，它们不受联盟约束，也不愿执行盟约。因此，我们一定要建立一个诚实守信的联盟，一种共同协商的合作关系……只有自由的民族才会信守承诺，一起努力打造共同的未来。此外，它们不会为了本国的小利益做出有损于全人类大幸福的事。”为了说明1917年与拿破仑时代完全不同的境况，威尔逊总统在讲话中生动再现了早期共和及民主两党对梅特涅和维也纳体系的批评论调。

与1848年欧洲革命中的那些人一样，威尔逊深受充满宗教热情的言论吸引，狂热追捧新教的末世论及马志尼的民族主义思想。美国杰出的新教神学家乔治·戴维斯·赫伦（George Davis Herron）与威尔逊政见一致，把“一战”看作“一黑一白两种执政理念的对抗，而这两种理念的最终目的都是统治世界”。赫伦因第二次婚姻声名狼藉，后来离开美国逃往意大利的热那亚，随后为了追随偶像马志尼和加尔文（Calvin），他又前往日内瓦。在一众不遵循常规的总统密友中，赫伦可能是最有趣的一个了。他将欧洲战争比作基督教对爱的追求与邪恶的利己主义以及好斗精神之间的较量。赫伦笔下尽显对威尔逊的崇拜之情，他曾写道：“威尔逊视博爱之法为唯一实用的社会基础，国家安全的唯一保障，世界和平的唯一前提……他巧妙设想、完美规划，期待最终能唤起美利坚的民族尊严，使之成为一个基督教国家，最终带领全世界人民走进上帝的王国。”这正是威尔逊本人夙愿的生动写照。美国参与和平运动的人数众多，他们渴望把世界和平的福音传播到陷落的欧洲，而威尔逊就是这些人中最杰出的代表。

但是，总统自己的神学理念还带有浓重的政治实用主义色彩。这可以归因于对国内战略的考虑，但同时也具有哲学倾向性：在威尔逊看来，理想的政治秩序应该像所有现行政治规章的基石一样，成为其对民主和民意做出承诺的坚实后盾，这是典型的精英承诺。从美国参战之日起，威尔逊就有意避开一切有关战争目标的争论。但是，1917年年底布尔什维克党执掌俄国大权之后，开始大规模宣传反战言论，呼吁“民主和平”。至此，威尔逊再想避而不谈战争目标就越来越困难了。与伍德罗·威尔逊一样，布尔什维克也谴责秘密外交，批判发动“一战”的那些主要人士。但是，与威尔逊相比，他们又向前迈进了一步：打破外交礼节，否定此前的条约，公开秘密文件，每逢负责外交事务的托洛茨基与德国谈判，他们都会向媒体公布谈话内容。苏维埃政府呼吁全面和平，他们相信所有的政府都承受着巨大的停战压力，他们称自己首先是“所有交战国”的代言人，其次才是苏俄政府的发言人。

美英两国紧随布尔什维克的步伐。当时有消息称苏俄的新领导人正同德国进行谈判，列宁及托洛茨基和同盟国的和平谈判从1917年的冬天一直持续到1918年冬天。这样看来，俄国无论如何都会继续参战。威尔逊警告参战各国：“人类坚决反对以任何报复手段结束战争的呼声算是被德国那群阴谋大师运用得登峰造极了，他们正把俄国带入歧途。”英国首相劳埃德·乔治（Lloyd George）迅速响应他的说法，公开表示反对并吞行为，并特别阐明了自己对民族自决权的支持。

这种说法本应同威尔逊息息相关，但事实上将其进行发扬光大的却是列宁。列宁认为这一言论符合马克思主义关于民族争论的传统，这一争论要追溯到20世纪早期及此前的哈布斯堡辩论。1917年10月，列宁颁布了《和平法令》（*Decree on Peace*）。这位布尔什维克领导人深入研究了那些小国的困境：迫于大国的淫威，小国的国民只能委曲求全，违心做事。列宁认为那些小国有权决定自己的命运。《和平法令》为哈布斯堡王朝的民族主义者提供了明确的参考，也为动摇以德国为核心的同盟国做出了努力。与之形成对比的是，无论是威尔逊还是劳埃德·乔治此时都不打算摧毁奥匈帝国（请看仔细，就连列宁都没有提到小国“必须”独立这一说法，这种提法成为后来共产主义政策的重要附带条件），他们当时都在为欧洲民意同布尔什维克竞争。

然而，威尔逊本人对欧洲政治人种论的细节知之甚少，因此，他仰仗一个秘密的专家团队——也就是所谓的调查团队——来搜集欧洲各民族的基本数据，这些人帮助威尔逊起草了他本人的和平方案。多亏了“调查团队”的专家们，他的方案——通常称为“十四点原则”——涵盖了欧洲所有国家和民族的具体信息。对于一些民族问题，他们含糊其辞——比如谈及哈布斯堡王朝的命运时，他们会顾左右而言他，避免正面作答。但是，对待另外一些问题时，他们又会做出特别具体而明确的处理——对未来波兰的畅想就是这样。“调查团队”的秘书长沃尔特·李普曼（Walter Lippmann）少年老成，曾公开表明要奉行实用主义。因此，“十四点原则”并未对民族自决做出承诺，也未明确勾勒出战后国家的雏形。

取而代之的是，威尔逊谈到了国际联盟的重要性，称该联盟会保障成员国领土完整、政治独立：这意味着该联盟是一个同泛美联盟一样影响有限的协作组织，或者确切地说，是战时盟国合作的延续。除此之外，“十四点原则”对国际法律只是一笔带过，只在说到恢复比利时独立时谈及此事，并标明无须再组建新的国际“组织”。

英国首相戴维·劳埃德·乔治是威尔逊的搭档。他在“十四点原则”颁布前几天的一次公开讲话中表现得大智若愚。但实际上，他本人要机智聪明得多。他和威尔逊一样，强调了“《维也纳条约》已是过去时”这个事实，并坚持认为只把关注点放在领土问题上是远远不够的。随后，他又用公认的含糊语言强调了“民族自决原则”，并执意要求“国际组织全力以赴，打造一个可以取代战争来解决国际争端的组织”。英国这样明确表态并非偶然，因为劳埃德·乔治的讲话在某种程度上就是为了在这一问题上将威尔逊排挤出局。（因此，威尔逊对在自己的演讲中提到那位英国首相“令人钦佩的率直”的话语总是颇有微词。）在美国，威尔逊一直回避这个话题。但是英国及其帝国兄弟们却是认真地勾画了这个国际组织的轮廓，而且这一画就用了近三年的时间，它们现在迫切地想知道华盛顿是否支持这一想法。

大英帝国就是国际联盟

1918 年 9 月国际联盟成立前夕，时任英国首相劳埃德·乔治打算这样宣布自己的看法：“我支持成立一个国际联盟，实际上，这个国际联盟早就存在了。大英帝国就是国际联盟。”按照今天的观点来看，当时的英国与真正的国际联盟完全不是一回事。但是，将联盟的崛起和帝国的各种思想联系在一起，能帮我们解释这个重要问题：英国人向来十分关注本土之外的国家和地区永久和平时期承诺的问题，那么其国内政策的制定情况如何呢？他们会认同国际联盟的主张吗？

在大多数想要维护帝国统治的英国政客眼中，保存英美联盟直至和平到来至关重要。威尔逊也认同这一观点，他随后在伦敦的公开讲话中提到，“我们需要一个实力超群的国家联盟，它将成为世界和平的受托人”。这位美国总统赞同维护英美联盟稳固的基本想法，但美国民众却明显希望由一个更大范围的国际联盟维护这种稳定状态，他们不想要“引起各国混乱的自私联盟”，也不欢迎大洋彼岸那些盎格鲁－撒克逊人身上狭隘的民族自豪感。在英国，民众同样迫切希望建立国际联盟。在“实现民主党控制联盟”这样的政治团体中，科布登的继承者们要求停止秘密外交，并呼吁更加民主的外交政策。其他组织，比如国际社会联盟，则基于战前的国际主义观点建立，呼吁有组织的和平活动。劳工党也持相同观点。英国政府中负责决策制定的精英人士观点有很大的分歧，一些人认为有关国际组织的言论是荒谬可笑的，其他人则认为那些言论不容忽视且极有可能惠及不列颠岛及整个大英帝国的发展。甚至还有一些人，比如外交次长罗伯特·塞西尔（Robert Cecil）——伟大的无神论者索尔兹伯里（Salisbury）侯爵的儿子对国际组织的作用深信不疑。在推动国际联盟最终成立的过程中，塞西尔和威尔逊的功劳不分伯仲。

说到战后组织的组织形式，英国不像美国那样重视法治——作为全球第一强国，英国从来不愿寄希望于法律及其潜在的约束力，相反，这个国家更看重政府职责及组织形式这些实际的东西。英国社会政治评论家莱纳德·伍尔夫（Leonard Woolf）曾在殖民地政府机关工作过。他针对社会主义组织“费边社”写过一份报告，探讨战争时期国际组织应如何作为。这份报告关于行政事务的论述引起了巨大反响，英国国际社会联盟将伍尔夫的这份报告奉为可以向外交部输送组织想法及建议的神奇著作。伍尔夫和他的妻子弗吉尼亚·伍尔夫共同编著了上述报告的部分内容，他们与罗伯特·塞西尔关系亲密，塞西尔是英国政府中倡导国际联盟理念的先驱，在他的帮助下，伍尔夫的著作《国际政府》（*International Government*）于1916年出版。这本书在政府内部广泛流传，外交部官员也深受触动。据说，政府早期有关“国际联盟下的世界政府”的构想就是由伍尔夫这本著作中的理念拼凑而成的。

尽管一直到1917年事态还不明朗，但有关战后组织的探讨仍是最热门的话题。1917年年初，帝国战争内阁强势的秘书长莫里斯·汉基（Maurice Hankey）为各国公使归纳总结了战后的几种主要选择：第一种是，“战后应成立一个类似强制和平同盟会的国际组织”；第二种是，“建立一个同1815年的欧洲协调相仿的强国际联盟”；第三种是，“支持战后组织重走权利平衡之路”。很少有人公开支持第三种论调，政治家们也经常在公开演讲中全面否定这一做法。美国强制和平同盟会、伍尔夫和像布勒斯（Bryce）勋爵这样的自由党人士的思想成为第一种选择的基础，但是这一选择意味着一种远远超出了大多数仲裁机制支持者所提倡的集体安全主义的存在。英国相关人士也反对这种观点，寇松（Curzon）勋爵这样的保守派人士担心类似强制和平同盟会的国际组织会限制英国制定本国外交政策的自由。汉基出于相同考虑，也不赞成建立这样的国际组织。但在内阁中，还是可以听到支持者的声音，最为明显的就是罗伯特·塞西尔的支持声。他将继续带领英国代表团在巴黎就组建联盟的相关事宜进行洽谈。塞西尔关于“把战争的可能性降到最低”的提议广泛流传。他从前的上司爱德华·格雷（Edward Gray）自战争打响之日起就在为这一目标奔波，现在塞西尔的这一提议可谓是格雷思想的延续。

这些具有历史视野的外交官对此前计划的优势与不足进行了分析，迈出了明显的第一步，他们对1815年欧洲协调的外交政策产生了极大的兴趣。外交部成立了一个委员会，专门研究欧洲协调的外交政策，最终写就了一份详尽的报告。该报告以委员会主席菲利莫尔（Phillimore）勋爵的名字命名，支持成立国际理事会执行仲裁。此外，报告还包括一份新的国际联盟条例草案，附有和平解决争端的原则及程序，最终被《联盟协约》（*League Covenant*）采用。尽管同样关注争端解决，但是这一草案完全不同于美国法律专家的解决办法，因为它组建了一个政治组织——国际理事会，并且没有把主要裁决权交给国际法庭。1918年春，菲利莫尔的报告刚刚问世，这个新的权力机构的具体结构尚不清晰，英国就迫切希望美国政府对此予以回应。但是，威尔逊总统命令他的私人大使豪斯上校不要就此发表任何公开言论，也不允许他与英方接触。英国多次试图在美国公布菲利莫尔报告的内容，但都被威尔逊冷酷回绝了。使者们向英方传达了他的思想，但内容极其不明确。一年后，英国国际组织联盟惋惜道：“至今，我们仍不清楚威尔逊总统提议的本质是什么，也不知道他的最终意图是什么。”

在等待美国回应的同时，英国按计划继续前行。在为巴黎和平会谈准备期间，罗伯特·塞西尔已经可以交给美国一份关于联盟未来的详细计划了。他们勾画出秘书处、国际万国理事会以及国际法庭的轮廓。这其中很大一部分功劳要归于英方的另外一员干将，他压倒了英国政府的反对声音，颠覆了现行的外交程序，在制定联盟蓝图的工作中功勋卓著。值得注意的是，这位立下汗马功劳的人根本不是英国人，非但如此，在近 20 年前的布尔战争中，他还是英国交战国军队中的一员。

扬·史末资纵横国际舞台 40 载，一直以健康、正直的形象示人。他拥有剑桥大学法学学位，又对植物学有浓厚的兴趣。布尔战争中，他出色地领导游击队作战，面对战败的事实，他也能坦然接受。南非联邦成立后，他投身其中，参与到政治活动中，成为帝国法规研究领域的领军人物。他敦促在南非成立一个新的白人国家，并对其寄予厚望，希望这个国家可以调解布尔人和英国人之间的争端，并期待两个国家并肩作战，把文明带到撒哈拉以南的非洲地区。因此，他广泛宣传英联邦的思想——对新成立的国际联盟而言，英联邦同泛美主义同属影响深远的范式。

南非尤为推崇英属（白人）国家有机融合这一想法。布尔战争结束之后，年轻的英国智囊团和政治制定者极力促成布尔代表和英方代表的双边会谈，史末资也有此打算。英国政府官员一面为印度局势担忧，一面展望未来，认为今后的世界将是白人国家的联盟——澳大利亚、加拿大、新西兰三国际联盟结合在一起——以他们的发源地英国的文化成为主流文化，同时尊重各国文化的发展，此外还为联盟各国的安全提供统一保障。亚洲和非洲那些不安分的民族给英国官员造成的威胁比德国还要大，他们人数众多，让英国开始怀疑自己是否有能力为全世界带去文明。英联邦的理论家出于相同考虑，普遍支持进一步拉近英美两国关系的做法。就这样，英联邦成了消除种族忧患和提升国家威望的产物，议会借此机会限制过度扩张的王权，亦即白色人种引以为豪的国际主义。

史末资认为，英联邦的建立可以使南非实现高度自治，这个当时的第一大国的庇护会让南非在国家安全和经济上占尽先机。但是，史末资并不满足于此。他是政治上的进化论者（堪与威尔逊相匹），战争期间，他将英联邦视为一个更大的未来政治共同体模型、一个可以凝聚所有文明民族的国际联盟，认为这个联邦可以帮助欧洲恢复昔日的生机，也可以帮助非洲摆脱现在的苦难。这个伟大的目标——史末资时刻铭记帮助非洲的使命，对这个目标念念不忘——还具有明显的战略意图：在这样一个联盟中，大英帝国的命运同美国的命运紧紧相连。“一战”已经显示，没有了美国的支持，英国在欧洲的地位将岌岌可危。联盟的存在可以将两国牢牢绑在一起，直至和平到来。

史末资是最现实的理想主义者，他全力支持联盟的理念。1917 年全年，他多次公开强调，“军事帝国主义”就像“一座巨大的冰山，由过去漂移到现在”，若想消灭“军事帝国主义”，迎来全球各国和谐共处的和平时代，在军事胜利后一定要取得“精神上的胜利”。史末资称，各国之间已经由武力对抗向和平协作转变，大英帝国就是个实例。“大英帝国，其实我更愿意将其称为……英联邦。”史末资如是说。他进一步阐明了两者之间的关联：

> 未来的世界政府将不再以罗马法律中体现的至高无上的帝国思想为基础，这一点我们从英联邦的运转中已经可以窥见一斑了……罗马思想已主导欧洲文明近 2 000 年，因此，英国宪法和殖民体系中蕴涵的较新的理念只有在完全成熟后，才能在未来几个世纪中真正引领人类文明的发展。

史末资认为，随着美国加入“一战”，英法两国向德国及奥匈帝国的独裁统治宣战，一个由民主国家组成的联盟实际上在 1917 年就已经出现了。“一战”同盟国的行为被视为“为保留欧洲旧的封建制度、阻止人类进步所做的最后挣扎”。史末资十分谨慎地在英美两国之间斡旋着，将道德规范与现实政治巧妙地融合在一起。他一方面声称科学和正义都站在“一战”协约国一方，因为这一新联盟代表着人类政治进程的新阶段，它只会不断适应各个独立主权国家的现行制度，却不会取代这些国家；另一方面，当时在东欧仍有人支持德国的恺撒皇帝和奥地利国王，史末资认为，要消除这些支持的声音，推进民主进程是一个有效手段。

史末资的想法是哲学理想和明智策略的结合，并引起了威尔逊总统的强烈共鸣。1918 年 12 月，停战后仅一个月，史末资就四处发放一本名为“一个实用的建议”（*A Practical Suggestion*）的小册子。在这本小册子中，他竭力鼓吹联盟思想的变体。在解除武装这个问题上，他的想法十分激进。他主张的委员会、议会、秘书处三权分立这一提议最终被采纳。他还要求由新成立的组织接管德国的殖民地。史末资认为小册子本身已经拟定了国际法的基本原则——战前守法主义者工作成果的再现。这比塞西尔和菲利莫尔任何提议的内容都要全面，实际上，时至今日，塞西尔还一直想着要与欧洲协调保持一致，他盼望的是设立大国常规会议和永久的秘书处，就像是 1815 年欧洲协调的升级版。豪斯上校对威尔逊总统要求勾勒的战后国际组织蓝图呼声的回应也不如史末资的呼应来得激进。豪斯上校的草案将重点放在建立仲裁机制和上诉法庭以及常设国际法院上面，这一理念更接近美国战前极度崇尚法律权威的思想。威尔逊欣赏史末资的革新精神，欣赏他能够摆脱原先制度的束缚，或许总统还欣赏他那本反殖民统治的著作吧。总统在乘坐“乔治·华盛顿”号轮船去巴黎时读了史末资的文章，深受其影响，当时只有少数总统私人顾问随行。

在英国，《一个实用的建议》这本小册子并没有得到人们的广泛认可。1918 年的平安夜，帝国战争内阁召开会议，谈判桌上，所有与会成员都认为，要想和平解决争端，就必须制定战后安保条约。然而，在座的没有一个人提起“超级国家政府”或“世界政府”。他们提倡的国际联盟究竟是一个常设组织，还是只是欧洲协调的翻版？该组织要如何保证大国与小国之间的权力平衡？它会拥有多大的行政权力？它要在多大程度上保卫战后各国的领土完整？所有这些问题都没得到解答。史末资和菲利莫尔的下属委员会都支持塔夫脱提出的建立“强制和平同盟会”的想法，认为一旦有国家违背协约，就会自动受到制裁。但是，很多保守主义者并不支持这个观点，他们中的一些人还反对“集体安保”这个想法。他们担心英国军队介入各国事务，充当国际争端的调停者，还怀疑联盟的军事安排会加强英国的防御工事。劳埃德·乔治一如既往地希望能有个一举两得的办法：一方面，他强调国际联盟应有效行使自身权利、高效完成任务，而不（用他的话讲）只是一个傀儡组织；另一方面，他又剥夺了国际联盟享有的独立行政权。他更希望权力握在各国政府手中。尽管劳埃德·乔治在公开场合宣称自己支持史末资，但是在英国政府内阁内部，人们对任何超越建立一个永久的会议体系（1815 年欧洲协调的加强版）的想法都表现得十分冷漠。在罗伯特·塞西尔和史末资准备启程去巴黎参加和平会议之时，这一情形至少使塞西尔更加明确了内阁的态度。

然而在巴黎，个人外交登上了历史舞台。"塞西尔 – 史末资"团队基本无视英国内阁给他们的所有指令。他们利用美国总统伍德罗·威尔逊的支持成功对抗英国首相提出的所有异议。威尔逊本人也写了两篇新文章，一篇是关于保障劳工权利的，另一篇探讨了少数民族及其合法权益，这两篇文章中的观点与他的很多观点一样，总是显得突发奇想，就连总统的私人顾问团队也会有种措手不及的感觉。但是，这次威尔逊关注的两个问题加上豪斯上校关于成立常设法院的提议（威尔逊并不支持这个想法）补充了那份夹杂着大量英国想法的草案——在过去两年中，英国政府官员以相当系统的方式拟订了这一草案。在短短 11 天的时间里，一个由威尔逊担任主席、由其顾问豪斯上校和罗伯特·塞西尔主导的委员会起草了一份协约，供各位参会代表商讨。这些代表在不到两个月的时间里就一致通过了成立国际联盟这一新组织的决议。

从组织结构上看，国际联盟几乎完全摒弃了尚法主义的典型架构，变得更加倾向于史末资和威尔逊倡导的三权分立的议会民主模式，这一点令很多美国国际主义者感到沮丧。该联盟有一个相当于由上院组成的立法机构的委员会，委员会中有世界大国作为常任理事国，还有从较小国家中选出的 4 个非常任理事国，实行一人一票制。秘书长办公室被定位为联盟决议卑微的执行者，它是一个行政机构，而不是外交机构。尚法主义模式留下的只有一项条款，而且是威尔逊被迫加上去的——成立常设国际法院，为国际联盟提供一个有约束力的司法机关，帮助联盟解决各国间的纠纷。

这种结构的缺点十分明显：全体大会很像一个立法机构，却没有立法权。另外，每位理事会成员都拥有否决权。这样看来，这个理事会并不能成什么大气候。秘书处受联盟成员国的管制，没有专属自己的权利，在联盟中充当协调者的卑微角色。国际法庭最终于 1922 年成立，但这一机构实行的完全不是塔夫脱和鲁特所期待的那种中央集权的司法机制。最令人担忧的是，国际联盟只是要求各盟国遵守和平解决领土争端的规定，但是该组织缺乏执行决议的强制力，法国曾主张加强国际联盟的强制力，但该提议被否决了。国际联盟要求各国承诺将争端提交至仲裁委员会，但除此之外，并没有采取任何举措维护和平。如果哪个成员国无视自己在国际联盟做出的承诺，再度依靠战争解决争端，那么它们最多不过会遭到国际联盟的抵制，以及来自其他国家的制裁。理事会可以就如何制裁违约国出谋划策，但是它没有权力执行制裁。在我们眼中，这些不足是显而易见的，但是从其他角度审视国际联盟就会发现，该组织是外交领域的伟大革新，它实现了许多19世纪国际主义者的梦想，对其他人来说，这一组织的成立又代表着实现真理的时代的到来。它罢黜了国际律师的首领地位，限制了仲裁的范围，人们再也不会看到"戴着假发、身穿大袍的律师们嚷嚷那些空洞无实话语"，阿尔弗雷德·齐默恩（Alfred Zimmern）呼吁坚决摒弃尚法主义时曾这样讲过。另外，站在民主的角度观察国际联盟就会发现，该组织关注公共协商，注重民意，主张社会大众参政议政，重拾了激进思想。上次出现这种现象是一个世纪前的事了，当时人们反抗的是欧洲协调。

美国的撤退

1920年1月16日，晌午的阳光从塞纳河照向坐落于奥赛码头的法国外交部钟房。国际联盟在这一天召开了首次会议，此时距和平会议批准成立国际联盟已过去了将近一年的时间。来自世界各国的政治家们围坐在绿色台面的谈判桌周围，听着理事会首位主席、法国社会主义政治家莱昂·布尔茹瓦（Léon Bourgeois）的发言。他宣称，"今天是新世界诞生的第一天"。国际联盟总部依旧设在巴黎，已有40多个国家宣布加入该组织，其中包括利比里亚、印度、波斯以及暹罗。那些小国先前加入过一些科技组织，也出席过一些国际会议，现在又跻身国际联盟，这种进步对他们而言顺理成章。然而，这也体现了国际平等的原则：暹罗王子德瓦旺（Devawongse）认为国际联盟可以“帮助小国抵抗强国”，因此强烈支持这一国际组织。但是，我们必须认清这样一个事实：国际联盟的举措仍十分有限，与此同时，该组织显现出全球主义的姿态，这是冲破以欧洲为世界中心的传统界限的关键一步。

但是，有一个超级大国——美国并未出席此次会议：威尔逊总统的缺席使得主会议桌边那把空椅子尤为显眼。尽管他数月前就已返回华盛顿，但在那边，国际联盟事业的进展依旧不尽如人意。在巴黎期间，他几乎不掩饰自己对美国参议院的不屑之感。但是，他低估了说服由共和党控制的议会的困难程度。因此，威尔逊试图越过政客、直接寻求民意支持的策略在美国并不奏效，这与先前在欧洲遇到的情况大不相同。此外，他也没有真正向民主党人士抛出过橄榄枝，共和党依旧占据着国会的大量席位。1919 年夏，在向参议院提交协约的时候，威尔逊傲慢的态度惹恼了不少参议员。

威尔逊在巴黎宣传的那一套几乎与美国民众期望的完全不同。他似乎把国际法深深地埋藏于地下了。《凡尔赛和约》第十条要求联盟成员国保卫凡尔赛边境的安全，这一要求遭到了广泛的批评。参议院的共和党领导人亨利 · 卡博特 · 洛奇当时曾经指出：

> 一提起“和平联盟”，很多人都认为这个组织开创了国际法，其重要特征就是建立了强大的国际法庭来解释和规定国际法，所有会员国都是这部法律的强大后援。但是《凡尔赛和约》却与此不同，该和约签订时，国际法庭基本已经消失。我认为就更谈不上还有什么国际法了，巴黎和会已经成了单纯的政治联盟。

总之，国际联盟并不像有些人期待的那样，它根本就不是所谓第三次海牙和平会议的产物，该联盟的提议与强制和平同盟会的提议也没有什么相似之处。美国那些崇尚法律的国际主义者与洛奇的观点一致。他们也认为威尔逊是以政治因素为基础建立了国际联盟，而不是以法律为基础。在这些人眼中，威尔逊不单单忽略了美国外交政策主张仲裁的传统，他甚至将那些现存的成就也置于危险的境地，总统要求他们加入的那个组织只是一个与试探准议会制度是否可行相关的联盟，并没有立法权，也不像国际法庭那样被明确地定位为冲突的调停者，他们寄希望于法律而不是制裁。从国际联盟协约就可看出，国际联盟更依赖制裁，而不是法律。而一个让情况更复杂的问题是：由谁来行使制裁的权利？在这个问题上，国际舆论首当其冲。

洛奇同意美国加入国际联盟的前提是要保障本国的行动自由权，阻碍威尔逊前进步伐的最大障碍是美国国内反对美国屈从于任何限制性条款的声音。当威尔逊身患疾病但仍到各地演讲，为加入国际联盟造势的时候，爱达荷州的参议员威廉·E·博拉（William E. Borah）也在为阻止美国加入国际联盟奔波于各地。他批评总统牺牲了美国的和平局势也没能为欧洲的和平事业做出贡献。他据理力争，称“美国的体制和欧洲的体制并不相同”。1919 年年末，他在国会发表了一篇马拉松式的讲话。在此期间，他提出了大量强有力的反对意见。如果国际联盟决定对违反协约的国家发动战争，国会并没有否决权。就算国际联盟理事会内部一致同意发起战争，也不能说明这种战争一定会带来好的结果。美国人民没有必要按照国际联盟的指示行事。威尔逊曾经希望在恢复旧世界的同时建立新世界。而实际上，他只是重新伪装了旧世界，让它看上去和新的一样，因为国际联盟本身会从美国事务中获益。最重要的是，洛奇重申了国际联盟构想创始人的忠告：“任何会让我们卷入纠纷的联盟”都是不受欢迎的，他还夸大了这种做法的危害：

> 我们已经卷入了欧洲事务，因此也让自己陷入了纠纷……我们虽身处于此，却要干涉他们的事务，为他们操心费神。换言之，我们已经失去了自主权，任由欧洲国家摆布。我要再一次，也是最后一次提起“无纷争联盟”这个伟大的政策。这一政策已有 150 年的历史，是美国发展壮大的基础。

美利坚合众国这个曾经高尚的国家如今却要向“武力控制世界这种恶劣行径妥协……也许我们会成为国际联盟四大常任理事国之一，却要以牺牲本国精神为代价”。美国人民会被帝国的种种劣迹玷污。“自由的准则就得给铁血规则让路。”

参议院不批准美国加入国际联盟，博拉的反对并不是主因，但他确实影响了参议院的决策。国际主义者被分化了，总统自己也已筋疲力尽，还遭受着病痛折磨。他要为错误操控谈判以及妨碍了本应通过的和解协议承担主要责任。但是，国会也强烈反对美国永久服从于一个一般性的国际组织。美国人曾经认为欧洲已经一蹶不振，美利坚民族从欧洲手里接过了道义的大旗，要求美国远离国际纷争的旧话再次提起，这些旧话就像那些在海外传教的传教士说辞一样深入人心。巴黎会谈表明，即使是威尔逊这样拥有至高权力并且极具魅力的领导人，也要在世界权利版图问世、协定生效之日做出让步。威尔逊称，国际联盟的成立代表着美国改造国际事务的特有方式在海外得到广泛接受，但是美国人认为这一方式带有浓重的欧洲色彩，所以并不买账。

1920 年，美国参议院驳回了威尔逊总统申请加入国际联盟的请求。一年后，威尔逊结束了自己的任期。此后，国际主义者的内部争斗持续了很长一段时间。20 世纪 20 年代早期，支持者们为国际联盟造势，主张美国加入其中，随后美国民众以各种方式加入支持本国加入国际联盟的队伍中，人数之众令人咋舌。有证据显示，民众呼吁加入国际联盟的呼声比参议院预想的还要高。卡内基集团和洛克菲勒基金会这样的私人财团为国际联盟运动提供了资金支持。日内瓦会议理念的支持者成立了智囊团。他们还出版期刊，设立各种机构，并且召开会议，为美国走上国际舞台铺路。“一战”之后，全美各地的图书馆都为具有国际思维的人士设立了专区，大量高中校园内涌现出国际关系社团。但是，征服人心、转变思维并非一蹴而就的事，更何况威尔逊总统的支持者多年来对其失败的经历一直记忆犹新。1920 年，民主党副总统候选人罗斯福对加入国际联盟持保留意见。后来，罗斯福当选为美国总统，尽管在其任职期间民众要求加入国际法院的呼声十分强烈，但秉持孤立主义的媒体及国会的压力也不容忽视，因此，他被迫放弃了让美国加入国际法庭的想法。从罗斯福的这些经历中，我们能够读懂为何“二战”为他提供了再次将美国带入国际组织的机会时，他却表现得那样小心翼翼。

在威尔逊总统的继任者沃伦 · 哈丁（Warren Harding）任职期间，美国的外交政策变得十分不友好。作为共和党总统候选人，哈丁在提名演讲中称协约是“世界超级政府思想的产物”，但是，在竞选运动中，为了获取党内国际主义人士的支持，他下了很大功夫，声称自己支持巴黎联盟的替代组织。在总统大选期间，强制和平同盟会一直保持缄默。在哈丁获胜之后，该组织逐渐销声匿迹。哈丁最终以压倒性优势赢得了大选。参议员博拉称这个结果意味着“在所有政治联盟或者一切有国外势力加入的联盟组织中，绝对不会出现美国的身影”。哈丁和他的继任者柯立芝（Coolidge）都不打算挑战国内的反对声音。1924 年 2 月，威尔逊去世了。日内瓦政府将大理石制成的桌子安置在国家酒店的花园中，以纪念这位“国际联盟的创始人”。国际联盟各成员国的总理以及国家元首都参加了威尔逊的悼念仪式，却唯独不见美国人的身影，甚至连美国驻日内瓦领事也没有现身。

政客和专家

1946 年，在日内瓦举行的国际联盟最后一次会议在紧张混乱的气氛中结束了。此后很多年中，这个组织淡出了公众的视野。人们忘记了，战前为了庆祝该组织的成立，曾在新建的万国宫埋下了记录这一伟大时刻的秘密容器，也忽略了在那些酝酿着联合国雏形的建筑中的国际联盟曾取得的成就。曾经在国际联盟任职的官员偶尔会写篇报告，或是准备一份工作简述，用来指导由国际联盟到联合国期间的过渡工作。但是，在人们的记忆中，国际联盟却是一个失败的组织。

对国际联盟有这样的印象也是完全可以理解的。威尔逊为了“在全世界给民主提供一个安全的环境”，将美国带入了“一战”。但是，国际联盟却允许欧洲在组织内发号施令。联盟没能实现协约做出的在世界范围内削减军备的承诺。时间证明，该组织不但没有改变欧洲协调的外交政策，反而深陷其中，完全按照欧洲协调的理念行事。没有欧洲主要大国的支持，联盟基本沦为其发起国英国和法国执掌世界的工具。但是，这两个国家现在也对该组织失去了信心，致使其在国际安全方面的影响微乎其微。20 世纪 30 年代，在法国人约瑟夫 · 阿弗诺尔（Joseph Avenol）出任国际联盟秘书长期间，联盟的处境十分尴尬，甚至变得卑微。1935 年，有人提议牺牲埃塞俄比亚以留住意大利，阿弗诺尔同意了。同样，他还辞退了一些犹太人官员，并多次尝试挽回纳粹德国。在他的领导下，国际联盟并未对第三帝国侵占奥地利的行为加以制止。1939年意大利入侵阿尔巴尼亚时，后者曾请求召开紧急会议制止这一行为，而国际联盟却对阿尔巴尼亚的请求视而不见。因此，同年秋天，英法两国在未参照联盟协约的情况下就对德宣战也没什么值得惊讶的了。

但是，国际联盟自准议会模式确立之日起，就面临着许多影响其发展的关键问题。联盟十分注重民意——这也能解释得通，因为其发起人认为世界人民的意见是最可靠的保障。受此影响，政客们前往日内瓦更像是去上演一出闹剧，而不是严肃地制定政策。当民众的期望如同1932年世界裁军大会时那样高涨，与会国就把注意力放在如何逃避失败的责任上，根本就没有心思达成什么协议了。自从1899年海牙会议起，公开外交的这一特点就已经非常明显。人们总是满怀希望而来，却又失望而归，长此以往，这种不断希望却又不断失望的情绪便摧毁了国际联盟。对理事会做出的统一裁决又使得联盟根本毫无执行力。此外，由于缺乏威慑力——官方不支持该组织关于组建国际联盟警察部队的提议——规章和法律的权威随之逐渐减弱。早在1919年，美国的法律学家就已经担心会出现这种情况了。

因此，那些强权政治条款给国际联盟布置了一项不可能完成的任务。联盟的组织结构使其根本不可能放开手脚行动，但是权力平衡原则又不允许国际联盟没有作为。除此之外，在金钱至上的时代，国际联盟那微不足道的资金让情况越来越糟糕。那时，国际联盟平均每年的资金预算只有500万美元多一点，还不及半个世纪后联合国资金的1/13。在应对重大危机方面——1929年后，世界遭遇了金融危机、军备裁减、德国法西斯入侵希腊的科孚岛和埃塞俄比亚、第三帝国势力扩张，对此，国际联盟也没能给出有效的应对措施。

然而具有讽刺意味的是，国际联盟的结构属于不重视法律的开放式结构，这种结构逐渐削弱了联盟在其他领域建立的政治权威，这种情形通常是诸位联盟创建者完全没有料到的。除万众瞩目的外交领域之外，国际联盟的成就通常影响十分持久，其组织安排影响巨大，且时间长久。尤其是在技术领域，联盟为国际慈善机构合作搭建了平台。科学发展也得到了重大促进，这是“一战”之前任何人都不敢想象的。美国国际主义者深度参与其中，为他们在1945年之后重塑美国外交形象积累了经验。在外交上，国际联盟是失败者。但是，作为技术知识和国际行动的起源，国际联盟是威尔逊、史末资以及齐默恩（Zimmern）提倡的国际合作及自然发展的代言人，或者说是受益人。全体大会形式的国际议会用行动证明了它对世界大国的价值就是无能为力。但是，国际官僚机构、技术国际主义、精英人士以及科学专业人士却以其成就证明了自身的价值。

事实上，1919年8月，一个名为雷蒙德·福斯迪克（Raymond Fosdick）的美国青年精确地预测了后来发生的一切事情。他帮助国际联盟组建了秘书处，对国际联盟的发展前景做出了影响深远且极具说服力的评价：

> 国际联盟的非政治活动会越来越重要，它还会为新技术的发展提供一个特别棒的专用场所……到目前为止，全球的国际活动实在太少了……我们可以建立新的规程，开创很多先例，我们可以在追求共同目标的途中感受国际合作。我们迈出的每一步不管有多犹豫不决，我们做出的每一个决定不管经过多么坦白直率的商讨，都是向世界和平跨近了一大步。当下一个萨拉热窝事件出现时，世界会迎来一个在许多不同领域以及国际会议中都算得上先进、成熟的体系。

福斯迪克十分清楚，联盟的发展并非只是依赖此前提到的战前协会主义，这一组织首先是“一战”的产物——从19世纪盛行的议会模式向20世纪中期让人又爱又恨的官僚机构转变的过程中，“一战”也许是一个决定性的时刻。全面战争提高了公职人员的威望。他们为战争筹集物资，调度沟通，准备燃料。若是没有他们的努力，战争就无法进行下去。新的战时合作模式也应运而生。协约国海上运输理事会就是其中之一。这个负责调度船只的默默无闻的组织证明了国际事务的执行者并不是外交官，而是各领域的专家。同国内形势一样，在国际范围内政府也是由战时崛起的新兴官僚阶级重塑的；事实上，新兴官僚对国际形势的影响也许更大，因为他们几乎不需要同什么已有组织的反对力量做斗争。“一战”结束后，有不少于 4 个曾经就职于协约国的航运专家出现在国际联盟秘书处，其中就有后来欧洲一体化的设计者让·莫内（Jean Monnet），这难道是巧合吗？功能主义——认为很多组织机构通过展示自己的实用价值体现出存在的必要性，这也是当时的大环境催生的结果——本身就由这些经验发展而来的。

秘书处的构成和功能本身并未给威尔逊带来多大烦恼，他不止一次明确地提出放弃执掌新兴国际组织的想法。英美两国经多次会晤最终达成一致，让英国官员掌管国际联盟。内阁秘书长莫里斯·汉基（Maurice Hankey）拒绝了这一职务，他们便指派性格拘谨但却有自己行事办法的外交部中级官员埃里克·德拉蒙德（Eric Drummond）出任该职。德拉蒙德是珀斯（Perth）伯爵的弟弟，他自 1900 年起就在英国外交部工作，还做过总理赫伯特·阿斯奎思（Herbert Asquith）的私人秘书。工作努力且不张扬的性格为德拉蒙德赢得了外交部大臣和总理赫伯特·阿斯奎斯的赏识。身为苏格兰天主教徒，德拉蒙德有独具魅力的性格和谦逊的态度，这些优势让他可以在没有任何经验的情况下创立一个国际官僚机构。由于鲜有人关注官僚机构的历史，所以有关德拉蒙德的故事很容易被忽略。但是，无论是在国际联盟还是联合国中，德拉蒙德 14 年的任期比任何一位继任者的都长。毋庸置疑，他就是现代国际组织的奠基人。

国际联盟成立之初前景并不乐观。1919 年夏，国际联盟秘书处在伦敦成立，其成员只有 4 个人，德拉蒙德、他的助理、一位秘书，还有一个女管家，4 个人挤在一间屋子里工作。几个星期后，他们才租下可胜街的一幢公寓楼。这幢楼曾属于马尔堡公爵，那里的天花板上画着许多丘比特和水中仙女。在这里，德拉蒙德带出了一支年轻而卓越的队伍，队员包括莫内、福斯迪克、英国经济学家亚瑟·索尔特（Arthur Salter）以及美国媒体人亚瑟·斯威策（Arthur Sweetser）。尽管资金有限，德拉蒙德还是成功地把原先专业的国际行政部门转变成了能发挥作用的秘书处。这也体现了思想的转变，人们不再像战时那样崇尚永久存在的组织以及自我管理的做法。之所以这样，是因为几个真正关心此事的美国和英国官员认为国际联盟只是一个由各国代表组成的盟国间战时组织。秘书处的规模很小，在鼎盛时期也只有不到 650 名员工。但是，有了德拉蒙德的领导，加上干劲十足的年轻同事的奋力打拼，国际联盟在影响力和多样性方面比泛美联盟以及先前任何一个国际组织都突出。(司法部门最初由荷兰人掌权，随后由乌拉圭人接手。其成员只包括来自比利时、古巴、印度、意大利和西班牙等国的人。) 说得更确切些，国际联盟很快就发展壮大了，这一点出乎创始人的预料。遵循议会模式意味着国际联盟每年只需召开一次全体大会，这种体制的好处在于，联盟官员可以在其他时间内积极展开其他工作。

很快，国际问题就找上门了。在饱受战争摧残的欧洲，东部边界地区的战争仍在继续，暴乱和起义困扰着工业中心；经济萧条、失业率上升、越来越多的人吃不饱饭。中东地区疾病蔓延，人道主义灾害频发。刚刚建成的国际联盟准备成立新的常设国际法庭，组建国际劳工组织以及国际卫生局，还打算将构建国际主义机构的计划重新提上日程。但是，尽管雄心勃勃，国际联盟也要按照与德国签署的和平条约管理萨尔兰州和但泽自由市，还要应对全球金融危机，解除土耳其基督教的困境，控制亚美尼亚局势。在国际联盟之前，所有这些问题都由常设机构专门处理。1920 年 11 月，国际联盟将总部搬回中立国瑞士的中心城市日内瓦，用当时一位记者的话说，日内瓦“在国际上是一座微不足道的三线欧洲城市”。在这里，人群迎接前来参加国际联盟首届全体大会的代表们，在卢梭的雕像前聆听讲话。秘书处搬进了湖畔的国家酒店，德拉蒙德把自己的办公室设在奥匈帝国国王弗朗茨·约瑟夫的嫂子的卧室内。

乔治·斯洛科姆（George Slocombe）是两次世界大战之间的著名作家，他定居在日内瓦。胜利的民主国家那些新外交场馆与其声名狼藉的先驱者的奢华场馆形成鲜明对比，对此斯洛科姆非常震惊。他曾写道，瑞士这个国家似乎正刻意滑入资产阶级迟钝的泥淖：

> 国王、君主和世袭贵族居住的那些宫殿见证了神圣同盟的兴衰，目睹了沙皇亚历山大一世和梅特涅为争夺一个女人的欢心而发生的争执，亲见了法国改革家塔列朗蓄谋已久设下的圈套。现代的“国际协调”无法找到这些宫殿的替代品，能找到的只有一系列酒店。这些酒店周围的风景看上去毫无二

致，都是一片如明信片上掩映在湖后的勃朗峰的画面，都摆放着漆成红色和绿色的豪华家具，都是口味一样的法式大餐，都是一样的抛光松木地板、白色房门以及蕾丝窗帘。这些酒店的经理都是德裔瑞士人，每座酒店的楼梯都吱吱作响，窗户也都是双层的……这些酒店丝毫没有历史气息，也没有自己的特色，有的只是千篇一律的绿色或灰绿色外观，还有老式公交车每天往返科纳温站三次的单调乏味旅程。

然而这个大环境掩盖了政治家们巨大的野心和地缘政治的风险。布尔什维克主义在欧洲和中东地区广泛传播，在这些地区产生巨大影响，全球公共卫生紧急事件频发，其严重程度堪称空前绝后。在这个状况百出的年代，国际联盟变得十分重要。

战后的两大危机推动国际联盟秘书处从一个羽翼未丰的组织逐步壮大，成为众人瞩目的焦点。危机之一是欧洲和中东地区涌现大批难民。因为遭遇人道主义灾害和流感以及斑疹伤寒这类流行疾病的双重打击，人们无家可归，饱受饥寒。传统的志愿者组织不堪重负，政府就委派其他组织接管其工作。另一大危机是“一战”后席卷西方国家和欧洲中心的经济危机。这场危机迫使政府官员不得不听从专家的意见——1920 年在布鲁塞尔举办的会议上，著名经济学家和银行家称现行货币体制十分不稳固——专家们还要求成立常设机构研究和处理经济及财政问题。德拉蒙德起初很抵触这种超出计划的、扩大国际联盟职责的提议。但是，他的副手让·莫内认为这是一个良机。莫内的朋友雷蒙德·福斯迪克也这样认为。就在美国确定不加入国际联盟的前几个月内，福斯迪克宣布出任国际联盟秘书长，但他当时协助推动了凡尔赛的“人性化”外交理念的形成。该理念旨在“通过系统的方法解决国际问题，没有人可以从中谋取私利，也不会有人因此有所损失”。他写道：“这种方法就意味着没完没了的国际会议……不仅可以集中管理各个国际机构，协调其运作，还可以促进它们有秩序地、系统地发展。”

在那些默默努力帮助国际联盟扭转 1920 年颓势的幕后英雄中，福斯迪克是非常重要的一位。1940 年以后，他们还扶持了美国外交政策中的国际主义潮流。在威尔逊因国际联盟遭受羞辱的时候，福斯迪克及时赶回美国，组织支持国际联盟的运动。随后，身为洛克菲勒基金会领导的他在资助国际联盟技术运营时成就显著。新兴国际行政机构的其他官员任职时间较长，但对工作同样热情不减。艾伯特·托马斯（Albert Thomas）几乎是在一夜之间就把国际劳工组织打造成了资本主义框架下保护工人权益的权威组织。“一战”期间，和莫内一同效力于“协约国海上运输理事会”的阿瑟·索尔特掌权新成立的经济和财政部门，他还负责监管奥地利和匈牙利的货币稳定情况以及希腊和保加利亚的难民安置情况。索尔特的年轻同事中有来自瑞士的经济学家皮尔·雅各布松（Per Jacobsson）。他作为国际货币基金组织的领导，结束自己职业生涯的时间会比其他人迟一些。卢德维克·赖赫曼（Ludwik Rajchman）是波兰公共健康领域的专家。他最初在欧洲东部治理斑疹伤寒，现在则在洛克菲勒基金会的资助下着力组建国际联盟公共卫生部门。“一战”后，国际联盟在上述人物的推动下发展成欧洲重建的中央机构，并巩固了国际主义者和技术专家之间的联系。当代评论家赞扬“专家委员会在国际上的表现比在国内优秀”。

眼前的危机解决了，此后很长一段时间内，国际联盟技术部都维持着令人难忘的高产状态。协约第 23 条和 24 条赋予国际联盟贩卖鸦片、白人奴隶买卖以及物资运输的权利，还规定“国际联盟可以为国际办公组织提供帮助，只要这些组织的承办党派符合国际联盟协议基本条款的规定即可”。就这样，国际联盟迅速发展为一个伞状组织，还促进了“一战”前成立的国际联盟组织的发展。搜集资料、处理大量数据信息等职能并不是国际联盟工作最具魅力的地方。但是正如奥特莱在“一战”前称赞的那样，该联盟为今后应对国际问题打下了基础。各国政府已经习惯了国际联盟官员的常规询问，只要他们不质询、不逼问就好。国际联盟在执行有关销售鸦片和控制卖淫的国际协定中担当了重要角色。福迪克斯已经认识到，在这些不怎么光鲜的领域中，合作范围可以更广阔：德国和苏联政府在正式加入国际联盟前就与国际联盟技术部门展开合作，美国政府也在战争期间与国际联盟保持着合作关系。国际联盟将关注点主要放在欧洲，在技术领域还介入了中国、新加坡和南非。雷蒙德掌权下的卫生组织除了积极应对 20 世纪 20 年代的公共健康危机之外，还竭力消除大萧条带来的影响，研究有关亚洲农民公共卫生的殖民地条款。受到危机的影响，殖民政府被迫缩减开支。在洛克菲勒基金会的资助下，法国、荷兰、美国以及克罗地亚的医生被派往亚洲做报告，探讨土地改革所涉及的公共卫生问题。1937 年举办的国际联盟会议被历史学家称为“首届万隆会议”，在有“东方巴黎”之称的荷兰东印度群岛召开，会议商讨了农村卫生问题。该会议并不是只把国际公共卫生问题看作施展能力、干预他国的机会，还具体探讨了一些问题，这些问题直到今天都还很重要，比如应在多大程度上依赖疫苗对高发流行疾病的抵抗，在多大范围内实施自上而下的干预，以及如何给各种问题开出有效的药剂。他们把公共健康问题同贫穷、土地制度和政治机构联系在一起。日内瓦有关公共卫生的工作开展得有声有色，却并非全球唯一一个开展此项工作的城市。作为首个此类国际组织，国际联盟是一场持续进行的实验，这场实验不断积累新的费用、打造新的专家网络，甚至还能开发解决国际问题的新思路。

国际联盟的一些新举措的推进并不顺利。当然，他们自己也会因是否实施新方案而踌躇不决。国际智力合作研究所就从未就何时重新接纳德国达成共识，该研究所自身还受到精英理念的束缚，无法在文化生产领域施展拳脚。20 世纪 20 年代，所有试图通过科学管理、国际合作与协调发展的方法重组国际生活的探讨以及相关会议都没能取得显著成效。关于给恐怖主义刑事定罪的讨论——这是被遗忘的领域，直到 2001 年 9 月 11 日美国遭遇袭击后才被历史学家重新提起——因欧洲国家在意识形态上的分裂而不了了之，给犯罪定义的希望也随之破灭。国际律师终于在 1937 年获得胜利，劝服国际联盟接纳成立国际刑事法庭的条约。但是，没有几个国家批准这一条约，16 年后整个计划才得以实施。构建欧洲电网的想法只是简单提及，但是真正实现已是“二战”之后的事了。

20 世纪 20 年代末，全球遭遇经济滑坡，全球的标准不断统一，国际联盟作为这个世界的代理人的日子终结了。在此期间，联盟还遭受了最严重的失败。艾伯特·托马斯在同事的劝阻之下，放弃了在欧洲范围内交换劳工的提议以及可以促成世界交通系统和运输基础设施建设的公共工程计划。即便是在 1932 年他即将离世之前，他的同事也一直没有支持他的想法。国际联盟的主要经济策略即为稳固资本主义，但是那时没有国际货币组织或者世界银行。这两个组织是在这些计划失败后才成立的。在当时，代替这两个组织功能的是相当有势力的“财政委员会”，主要由银行家和财政部官员运作。英国政府和英国央行委派这个机构稳定东欧和中欧的货币体系，重新组建中央银行，为政府制定预算出谋划策，以作为政府为其打开进入西欧资本市场通道的回报。英国央行行长蒙塔古·诺曼（Montagu Norman）利用国际联盟促成央行间的紧密合作，使之成为国际协调的主要手段。至此，在英国的领导下，法国发展了一套类似的改造计划，这个计划避开了国际联盟。1928 年，法国央行行长埃米尔·莫罗（Emile Moreau）在日记中流露出自己的想法：

> 英国是第一个重建稳定且安全的货币体系的欧洲国家。他们利用这一优势，在欧洲建立了名副其实的金融霸权。设在日内瓦的财政委员会（隶属于国际联盟）就是英国执行霸权的工具。

更糟糕的是，整个策略是基于货币主义者对经济健康状况的了解而制定的。这让国际联盟的首要任务变成了“稳定货币体系”这一金本位制度的变体。20 世纪 20 年代末，经济危机袭击欧洲，国际联盟成了各种解决方案竞争的战场。法国提议成立联邦，英国和德国反对法国的提议，认为这种想法意味着欧洲向国际联盟发起挑战，有意疏远美国，还意味着放弃自由贸易。面对各种提议，理事会难以抉择，国际联盟无力应对危机。这次事件震动了欧洲银行系统。在新一轮保护主义的驱动下，成员国转而呼吁美国带领各国摆脱危机。1933 年的世界经济会议在伦敦召开，旨在稳定汇率，推动国际贸易。但正是在这次会议上，美国的政策（这是新任美国总统富兰克林·罗斯福的决定，要求取消金本位制）导致了会议失败，并终止了国际经济合作长达 10 年之久。国际主义发生了逆转，接下来的 40 年中，在全世界，独立主权国家成了制定经济政策的基本单位。

从一开始，秘书处的成员就坚信绝对的公平十分重要：真正的国际主义意味着将事实集合在一起，不偏不倚，不屈从政治大国异想天开的念头。他们为自己能够超脱本国利益为全球服务感到自豪。此外，他们认为自己具有“国际化思维”，是世界和平的捍卫者。当然，这其中不免有些自欺欺人的人。尽管他们在技术领域的行政表现备受赞誉，但是在一些意识形态中立地区，他们的新举措并未得到落实。国际联盟货币稳定的一揽子计划基本成型。为了让奥地利和匈牙利这样的国家“不向共产党人投降”，英国外交部正式执行了这一计划。20世纪20年代，在安置希腊难民的过程中，联盟也有同样的担忧。无论是重建村落，还是成立独立的中央银行，作为联盟帮助成员国的报酬，国际联盟技术运营都高度介入成员国的内部事务，国际联盟关于公共健康和卫生领域的规章也体现了其家长式作风。托马斯执掌的国际劳工组织在意识形态上最强调保障工人权益。在不友善的资本家组成的右派和主张改革的社会主义者组成的左派之间，国际劳工组织选择了一条并不稳定的社团主义道路。

更引人注目的可能是两次世界大战之间国际主义不减的影响力。20 世纪 30 年代晚期，所谓的技术服务占据了国际联盟一半以上的预算。每年 9 月都会召开戏剧性的全体大会，这时都会有很多人涌入日内瓦——“二战”后的曼哈顿也遭遇过类似情况——但是，一旦他们离开，德拉蒙德创建的秘书处就继续运转。尽管国际联盟的领导们都是最专业的公务员，在“一战”中获得了宝贵的政策协调经验，但他们都出人意料地年轻，索尔特被任命的时候只有 39 岁，莫内只有 31 岁，因此他们的职业生涯并未随着“二战”而终结，而是继续活跃在世界舞台上，帮助国际联盟平稳过渡到联合国。索尔特在联合国负责战后欧洲的重建工作；莫内的朋友波兰人卢兹维克 · 雷奇曼成立了“联合国儿童基金会”；莫内自己则全身心投入到欧洲一体化事业中。总共有超过 200 名国际联盟秘书处的官员在联合国继续任职。德拉蒙德、阿弗诺尔和肖恩 · 莱斯特（Sean Lester）最亲近的三位助手在纽约继续辅佐他们的继任者。

从这个角度看，我们要关注的不是国际联盟的失败，而是它持续的影响。国际联盟遵守道德准则，尊重主权国家的平等性。作为世界领导者，国际联盟开创了国际主义新体系，终结了神圣联盟和欧洲协调的神话，通过专业技术为民主和社会转型打下了基础。实际上，国际联盟是第一个推崇民主思想、又能认清大国霸权这个事实的组织。从国际联盟坚决反对成立极具影响力的国际法政治制度就能看出这一点，之后的联合国更加反对这点，这表明国际联盟创始人希望保护各成员国的政治自主权。国际联盟对主权国家和帝国态度模糊，实施委任管理制度也是出于上述原因。这种国际政府灵活性高、在许多方面都能发挥功效，不仅可以在“二战”之中发挥作用，在未来还会逐步发展壮大，不断完善。

第六章　意识形态之战

如今，我们可以在广阔的空间中天马行空地畅想。

——卡尔·施密特（Carl Schmitt）

国际联盟言行不一，自相矛盾：他们满嘴的仁义道德，兄弟情谊，实际上却是因为他们是军事胜利的受益者。联盟竭力与之前的欧洲协调划清界限，标榜自己与“协调”的专制思想截然不同，可实际上它不过是欧洲列强结盟共事的交际工具。国际联盟与欧洲协调一样，都是确保欧洲各国和平共处同时保障各强国权力和利益的手段。不过，这样的组织可不止一个。1919 年春天国际联盟在巴黎诞生的同时，布尔什维克党人成立了共产国际，马志尼和马克思的经典对峙重现历史舞台。这两大集团一直处于敌对势态，直到 1934 年苏联加入国际联盟，两方才不得不放下旧时恩怨，共同抵御新的敌人、列强中最为激进的反国际主义分子——第三帝国（希特勒统治下的德国）。纳粹分子是一群极端的民族主义分子，坚决反对国际联盟和布尔什维克主义。1940 年，整个欧洲都掌控在纳粹分子手中，他们甚至将制定国际秩序视作自己的“责任”，任意篡改世界秩序，不惜违背整个欧洲的意愿。作为法西斯的一种变体，第三种“国际主义”就这样诞生于世。自此，国际秩序的意识形态之争势如水火，愈演愈烈。正是在这样的背景下，国际联盟明确对帝国与国家以及领土与霸权间相互关系的理解迫在眉睫。

潘多拉魔盒

1919年1月，去巴黎参加和平会议的伍德罗·威尔逊途径意大利，当时的他春风得意，踌躇满志。威尔逊所到之处，人们夹道欢迎，只为能看上这位大人物一眼。这也是在任的美国总统对欧洲的首次出访。在热那亚，威尔逊曾两次向欧洲示好以表敬意，而见证这两次友好之举的地点也毫不意外地选在了克里斯托弗·哥伦布（Christopher Columbus）出生的居所。然而，出乎意料的是，威尔逊同样去拜谒了生于这座城市的另一位伟人朱塞佩·马志尼，并为其敬献了花环。在马志尼的纪念碑前，威尔逊毫不客气地说，马志尼该为意大利的激进主义负责：

> 在大西洋彼岸，我们就已经知晓马志尼一生的伟业，在为他感到骄傲的同时，对他在历史上的光辉事迹我们感同身受。我为他的精神能传递给大西洋两岸的后世而感到由衷的高兴……马志尼先生，现在我站在您的纪念碑前，深怀敬意。我谨代表我自己以及全美人民向伟大的马志尼致以崇高的问候和敬意。

和大多数受过教育的美国人一样，威尔逊也深受欧洲政治理论的影响。大约一个世纪前，马志尼曾经断言民族主义的传播将会促成人类的大团结。伍德罗·威尔逊与马志尼英雄所见略同，他们都十分支持建立新型民主国家的做法，并以这些国家为基础组建了国际联盟。然而，同马志尼一样，威尔逊根本没有考虑到民族的复杂性。对于如何将民族原则运用到如东欧一样错综复杂的多民族地区的问题，两人也都没有清晰的概念和想法，而当威尔逊清醒地意识到问题所在的时候却为时已晚。正如阿克顿勋爵这些19世纪的批评家很久以前就提到的那样，民族自决原则兴致勃勃地打开了潘多拉的盒子，结果却发现不仅里面尽是无休止的争端，少数民族问题也被扯进了政治旋涡。

民族主义的阴暗面

撰写了两次战争期间“难民问题”重要报告的作者曾经指出：“极端、激进的民族主义不仅制造了难民问题，还为避难国带来了诸多难题和窘境。然而，就是这样可怕的民族主义还并不是民族主义的全部呈现，因为国际团结尽管停滞不前，却也一定程度地遏制了它的发展。令人惊讶的是，那些难民可能也不得不考虑一个实际问题，那就是他们究竟应该去马尼拉、墨尔本还是巴黎寻求庇护。同样令人惊讶的是，1915 年 9 月，亚美尼亚大屠杀爆发，时任美国驻土耳其大使摩根索（Morgenthau）向 9 650 多公里以外的地方发送求助电报，最终竟然成功获救了。”

1912~1913 年巴尔干战争时期，民族肃清政策作为一项处心积虑的军事策略登上了历史舞台。1914 年，“一战”爆发，全球范围内的难民危机迅速升温，并随着 1918 年冬季东欧及安纳托利亚地区的战斗升级而愈演愈烈。威尔逊出访意大利的时候，欧洲显然已经爆发了全面的人道主义危机，然而却并没有任何组织机构可以解决这一问题。与此同时，和平会议在巴黎召开，会上对民族政治的拥护使得势态更加严峻，欧洲各国的领导人纷纷强调本国的领土主权，他们不希望自己的新型国家中留有乌克兰、匈牙利、德意志、犹太等民族的人，于是决定强行将这些人从自己的国家中肃清出去。

在巴黎，国际联盟成立大会上探讨的各项事宜中几乎都没有涉及难民问题，在联盟公约中也对难民一事只字未提。过去，各国政府只会在意教会和宣教组的想法和意愿。但是战后的问题冗杂繁重，逐渐削弱了这类团体的能力，降低了其地位。1921 年 2 月，苏俄红十字委员会转而求助于国际联盟，因为联盟是“唯一一个有能力解决问题的超国家政治权利组织，其权利远远超过了专门的人道主义组织”。从国际联盟的角度来看，一切还是有希望的，因为这些问题都是暂时的，接下来的 30 年，国际联盟也一直怀揣着这种希望运作着。挪威探险家弗里乔夫 · 南森（Fridtjof Nansen）博士被任命为高级专员前往苏俄帮助当地的难民，联盟各成员国吝啬地只派出几名组员跟随其开展援助之行。带着微薄的预算，南森开启了难民的关怀和安置工作。就是在这样窘迫的条件下，有组织的人道国际主义诞生了。

南森面临的长期问题就是大量的苏俄白种难民目前正流亡在世界的各个角落。1921 年冬天，苏俄颁布法令取消这些流亡难民的国籍，这样他们就可以在他国获得新的合法身份，开始新的生活。南森为此制定的办法就是发放国际通行的身份证明，即所谓的“南森护照”，这是国际上第一种身份认证文书，持有者在需要身份证明的国家可以获得入境许可和旅行许可。这样看来，苏俄哥萨克的白人军官伊万·索伯列夫（Ivan Soboleff）可以在中国新疆退出自己原来的苏俄军团、加入中国军队也就没有什么奇怪的了。索伯列夫很快就从中国军队退役，接着用两年时间骑着自行车和摩托车环游了世界，他将记录自己历险故事的著作取名为《南森护照》（*Nansen Passport*），以表达对这纸成就自己历险之旅的身份文书的敬意。

南森护照的出现向世人高调展现了蒸蒸日上的民族主义和意识形态冲突是如何促成了更加彻底的国际主义的。19 世纪末，护照渐渐退出历史舞台，1914~1918 年的“一战”为再次使用护照创造了契机。1920 年，国际联盟发起了第一次技术会议，并以讨论护照标准化为议题。南森的即兴创作就这样成了世界瞩目的一大课题，引发了人们对现代社会中流动性和安全性两者之间关系的反思。由于那些新建的独立主权国家引入了许多公民法，这些法规或排斥少数民族，或（以苏俄为例）驱逐政治敌人。人们因战争的走势而陷入困境，随身的只有当时已不复存在的战败帝国开具的临时证件或出生证明。南森护照为这一新难题提供了解决方案，最终解决了大约 45 万人的身份证明问题。本应由国家权力部门认证的身份证明现在可以由国际联盟这样的机构自行开具，这表明国际政府的权限有了巨大突破，已经延伸至各国，且越来越具有权威性。

同时，国际联盟还一直监督着巴尔干地区的紧急救助工作，那里有很多来自苏俄、亚美尼亚和希腊的难民，他们住在条件艰苦的帐篷和简陋的房屋中。国际联盟还同近东基金会这样的慈善团体一道（如今在雅典市外的卡萨里阿尼的公路上仍可以看到近东基金会的运动场）组织、资助巨大的帐篷营地，并招来保健专家为难民进行传染病防治。1923 年，国际联盟协助希腊政府举债安置了来自小亚细亚的数十万难民，随后成立了难民安置委员会，委员会建立了很多新社区，实际上就是建成了很多小城镇。还有一个新变化不容忽视：1914 年以前，人道救援大多只有慈善组织在做，如今人道救援已然成为各国政府的特权。

不能否认，在此类事例中，国际联盟的影响力非常大，但是其衍生的问题却更加棘手，捐赠疲软的态势愈加明显。为了使南森的地位合法化，他的办公室被命名为难民服务中心，挂牌在国际劳工组织下，试图融入国际官僚政治体系。然而，当时各国政府拒绝承认难民问题的永久性，他们并不认为难民问题会是以独立国家形式存在的世界秩序的一个永久特征，这种观点也一直制约着国际联盟（即后来的联合国）组织国际行动的热情，1945 年之后，他们再次表现出了这种抵触情绪。难民服务中心的财政因此十分紧张，1930 年南森去世后，难民服务中心丧失了很大一部分生命力。人们记忆中的国际劳工组织服务就是南森的国际难民救助所，而它实际上是个完全自治自主的组织，从未正式成为国际联盟的下属机构。国际联盟及其成员一想到有一个永久的机构保障难民的福利就会感到不悦，他们对此毫不掩饰。终于，在这种内外交迫的境遇下，在收到国际联盟下发的年度津贴的同时，南森办公室接到了要求在 10 年内结束难民救助工作的指令。

然而，难民问题不但没有任何消失的迹象，反倒愈演愈烈。1929 年后，持续的国际大萧条使难民们更加难以找到养家糊口的工作，而慈善救助也山穷水尽。从 1934 年起，国际联盟的苏维埃成员代表团也想方设法阻碍为苏俄白种人谋福利的工作。1936 年西班牙内战爆发，从战场和胜利方的弗朗哥政权中流亡出来的难民成了欧洲内战中最为庞大的难民群。除此之外，大量犹太人和左翼分子也被驱逐出德国，他们当中有的趁还能自己做决定的时候就逃离了德国。国际联盟一开始特派了一名高级专员救助德国的难民，但后来却拒绝为这名专员提供应有的资助。平衡“难民有序迁移”和“难民吸收能力”这两个问题的政府间对话也毫无进展。更糟糕的是，其他东欧国家开始转而支持与日内瓦方背道而驰的德国一方，并开始纷纷效仿德国。在纳粹新秩序成为既定事实很久之前，强制性大量迁移和大规模驱逐出境的计划就已在酝酿之中了。欧洲的难民问题显然才刚刚开始。

少数民族的权利

除了难民问题外，国际监管的目光也开始投向与其紧密相连的少数民族权利问题。这种关注同样自巴黎开始，那里的犹太人组成的游说组织尤其活跃，他们敦促欧洲列强给东欧的新兴国家施加压力，要求这些国家赋予其国内的少数民族应有的权利。显然，如果想要促成此事，就需要制定某种形式的国际政策，以提供相应的合理支持。到 1919 年 2 月时，很多英国外交家已在起草少数民族权利管理体系的各式版本了，这些人深刻意识到这一想法蕴含的巨大影响力。作为所谓的“新国家委员会”的委员，外交部专家詹姆斯·黑德勒姆–莫利（James Headlam-Morley）向他的上级请示应如何理解保障少数民族“文化、语言和政治权利”这一理念：“我猜想这个理念表明那些条约中会写入一些确切条款，由国际联盟来保证其有效执行，通过这种方式，那些新建国家才能得到世界的认可。如果哪些国家没有遵守这些条款中的某些内容，其他国家则有权将其诉至国际联盟。如此看来，让法律部门起草这些条款不是更好吗？这样我们或许会更清楚自己的职责所在呢。”

因为国际联盟这一新建国际组织被赋予监管那些主权国家行为的权力，而这种监管原本通常被视为这些国家自身的权力，因此这整个想法必然极具争议性。此外，与国际法相关的固定模式正在逐步形成，从战略性角度考虑，欧洲列强非常急切地想将这些新的法律义务强加给东欧人，他们坚持认为东欧人不应该实行自治。国际联盟对这一问题的态度就像自己在其他领域的表现一样，对其想当然的 19 世纪的自由主义及等级森严的世界有着令人惊讶的文明优越感。对于英国、美国和法国代表来说，很明显，以其政治机构的成熟程度和政府内精英人士的学术智慧，他们不可能接受这样的束缚举措。在他们看来，中欧和东欧的新兴国家试图在没有外界强制监管的情况下团结起已经分裂的国家，这明显也是缺乏常识的想当然的表现。1919 年春，从波兰传来了令人不安的消息，波兰民族主义分子发动了反犹太人的暴力罪行，这让他们更加坚定了上述想法。

黑德勒姆–莫利本人建议，这项有可能是最具爆炸性影响的法律变革至少还有两方面问题需要考虑。第一个是实质性问题：赋予何人权利以及赋予其什么权利。从捷克斯洛伐克的例子中，莫利注意到人们可以将西波西米亚的“常住”德国人与搬到另外一个国家或地区时间相对较短的捷克人（比如说维也纳的捷克人）区分开来。（“当然，一国国民出于此类个人原因选择在国外的城市定居时，就不再具备任何享受特殊待遇的资格了。”）换言之，即使同属一个少数民族，有些人也无法同本民族其他人一样平等地享受文化和民族的特权。例如，在公共场合及私下都可以使用本民族的语言、确保在学校开设教授民族语言的课程以及在印刷刊物上使用该语言是安全的，甚至还可以为一系列文化活动保驾护航等，并非同一民族的所有人都可以平等地享有这些权利。

第二个是程序性问题：这些权利的地位如何，谁来赋予这些权利并保障权利不被侵犯？如果没有这一保障，这些权力都将成为一纸空文。许多独立的条约在巴黎拟就，最终欧洲列强和东欧国家双方一致同意签订这些条约。条约为这些国家及其本国领土疆域赢得了国际的认可，反过来，条约不但保证了国内居民在法律面前人人平等及宗教自由的权利，还为他们争取到使用自己母语的权利，并可在私人和公共教育机构中学习民族语言。第一份此类条约是与波兰签订的，其中包含了向国际联盟理事会上诉的权利。随后列强与另外 7 国签订了其他条约，同样保留了上诉的权利。这些小国的外交家纷纷抗议，因为他们认为这些保障为国内政府执政制造了难题，还导致了国中国的产生。

对所有显而易见的双重标准而言，少数民族权利管理体制在指导各国处理国家内部事务方面取得的巨大进步是以往所有国际政策都无法企及的。但麻烦的是，这一体制的设立方式几乎疏离了所有国家之间的关系。一方面，被指责行为不端的国家因成为国际社会的众矢之的而感到愤愤不平；另一方面，国际联盟面对这些国家的不满无计可施。他们拒绝处理个人的投诉，对所有诉讼的审查非常严苛，最终只有少之又少的诉讼通过审查提交至委员会处理。因此，少数民族代表及其支持者们对此灰心丧气，开始发起新的游说组织——欧洲民族委员会，但这并没能有效推进少数民族计划的进程。

两次大战期间欧洲唯一一个最大的少数民族竟然是德意志民族，这使得事情更加复杂。由于德国和奥匈帝国打过了新边界，数百万德国人被划分成波兰、捷克斯洛伐克或南斯拉夫的国民。他们的被同化速度比巴黎那些外交家想象的要慢得多，他们中的很多人面临着背井离乡的巨大生存压力。波兰不遗余力地强制驱逐德国农民，只有爱沙尼亚在尽力接收这些少数民族，帮他们融入本国的生活中。但是由于两大修正主义势力——德国和匈牙利也将援助本国的外来居民作为两战期间的重要外交政策之一，因此对少数民族的保护引发了公众对《凡尔赛和约》公正性的一系列质疑。当然，对少数民族的保护反过来也使波兰、罗马尼亚和捷克斯洛伐克这样的国家站稳了脚跟。由于英法两国需要在东欧扶植强有力的支持者以应对来自德国和苏俄布尔什维克主义的双重威胁，所以他们对同盟国是否真的遵守所签订的少数民族权利条款并不感兴趣。随着时间的推移，德国势力的确日益增强，英法等国对“新兴国家”的威慑力也逐渐减弱。因此，即使是在 1933 年希特勒掌权之前，欧洲的大多数人都不再将保护少数民族的希望寄托在国际联盟身上。正如难民问题的先例一样，国际联盟短时间内能够赋予少数民族的权利远不及他们对少数民族的口头承诺来得多。

等级和种族

威尔逊救世主似的溢美之词触动了世界各地的数百万民众。开罗、孟买、北京的知识分子们纷纷赞扬他对“弱小国家”的责任心。在这样的“威尔逊时刻”，鲜少有人会想到，他的言辞实际上只针对欧洲的民族独立。1919 年，美国人只是向英国稍作进言，英国便全力以赴地扫荡了旁遮普邦、阿富汗、埃及地区的动乱，这些事件让世人幡然醒悟，威尔逊的救世主形象顷刻间化为乌有。而此时毛泽东、贾瓦哈拉尔 · 尼赫鲁（Jawaharlal Nehru）和胡志明（Ho Chi Minh）这些人还只是世界各地的青年民族主义分子中并不出名的一员，正遭受着复辟帝国的全力打压。

同年 2 月，第一次泛非大会（Pan-African Congress）在巴黎卡普辛大道的一间旅馆内召开，来自非洲、美国和英国的代表参与了会议。与会代表提出了相当中肯稳健的要求，包括国际联盟对各国人权的监管、开展成熟的自治项目、保障“文明黑人”的平等权利以及促进非洲的全民教育。与会列强对这些要求视若无睹，全不在乎。社会学家W·E·B杜·博伊斯（W.E.B Du Bois）提议建立一个由非洲人领导的中非国家，这一提议同样被美国代表团晾在一边，他们反而更关注英国和南非著名政治家及布尔人的英雄史末资的提议，也就是说，他们借此明确表示了希望白人管控非洲大陆的想法。

1919年，日本关于在《国际联盟章程》中增加种族平等条款的提议惨遭驳斥，这同样揭露了西方国家对世界其他地区国家的态度。同非洲不同，日本在巴黎会议的出席被赋予了很大的象征意义：作为一个非欧洲、非基督教的国家被纳入列强之席，巩固本国的国际认可度是其外交政策的重大目标之一。然而，仍有相当一部分以英语为母语的代表国怀有极浓的反亚情绪。1910年加拿大颁布的移民法案禁止“不合时宜及不符要求的种族”移民入境。新西兰的政客则呼吁禁止“亚洲鞑靼人”涌入本国。手段最刁钻的反亚国家可能要数澳大利亚了，澳大利亚白人效仿南非，出台了语言测试的政策来驱逐非白种人的移民。在美国，加利福尼亚出版社组织发动反日游行，反亚裔联盟也就此成立。1913年，加利福尼亚又出台了《外侨土地法案》（Alien Land Act）专门针对日本移民，限制他们的财产权。史末资对英美联盟的看法正是根植于这样的种族焦虑中。

当日本代表团从东京启程前往巴黎时，他们也不确定美国人和英国人成立国际联盟的决心有多坚定，这也情有可原，所以日方只能给自己的代表团做出最为模糊的指示——确保“日本避开种族歧视的不利影响”。在巴黎的日本代表团基本奉行了这一原则行事。1919年2月，他们提议“保障国际联盟各成员国的平等权利”，确保各成员国的国民享受同等待遇。除了澳大利亚（南非小心翼翼地在背后为他们鼓劲）以外的每个国家都赞同日本的提议，一致同意在《联盟公约》(*League Covenant*）的序文上加上种族平等的条款。当时人们很清楚，这并不是国际联盟为实现全球的广泛平等而做出承诺，而是为了平息日本的不满，因为该国在环太平洋地区的移民政策上受到了诸多歧视和屈辱。当日本向大会呈交他们草拟的提案时，多数国家均投票支持这一提案。然而，主持大会的威尔逊总统却以没有全员通过为由否决了这一议案。威尔逊这一做法无视大会程序，很明显，这是因为他害怕如果通过这一敏感议案，美国国内和国际上会掀起轩然大波。对日方来说，让他们心烦意乱的不仅是外交政策惨遭回绝这一始料未及的结果，这个结果还让他们倡导“种族平等”的外交动机被世界所知，因为他们认识到，为了顺利推进本国外交事业的发展，他们唯一能做的就是与少数民族同处一个阵营。此次会议唯一的慰藉就是威尔逊许诺日本可以接管德国之前在中国山东的殖民地。威尔逊不惜违背自己的民族自决政策，以中国为代价成功地收买了日本。可以这样说，在威尔逊来看，帝国主义的扩张远比全球种族平等的承诺更有诱惑力。

委任制度

不出所料，日本的提议尽管没有通过，却挑动了人们的神经，西方国家的时事评论员越来越担忧可能爆发的“种族狂潮”或是世界范围的“种族意识觉醒”。对“亚洲人崛起”的惧怕彻底扰乱了美国多种族区域的民心，人们对于跨种族婚姻的焦虑越来越严重，甚至由此产生了一门全新的学科——国际关系学，这门学科最初的研究就是如何看待帝国日益紧张的种族问题对世界的影响。享有盛名的杂志《外交》（*Foreign Affairs*）可能算得上如今美国评论国际事务的首席论坛了，1910 年在伦敦召开的全球种族大会的前一年，该杂志正是以“种族发展期刊”为名创刊，1919 年更名为“国际关系期刊”，后来又改为现名“外交”，并沿用至今。

关心种族问题的不只是美国。英国手握巨大的殖民地主权，并为此肩负了极重的国防预算，它才称得上最为关心种族问题的国家。据 1919 年参加巴黎会议的杜·博伊斯回忆，“泛非运动”当时尤为活跃，主办的大会经常会吸引威尔斯总统这样的人来参加。次年，马库斯·贾维（Marcus Garvey）及其领导的“世界黑人进步协会”着重强调了美国黑人的艰难处境和非洲殖民主义的罪恶延续。他们在纽约麦迪逊广场花园举行了大型公开会议，并在会上发表了“世界黑人权利宣言”。埃及和印度民族主义以来势汹汹的“种族意识觉醒”为契机，对立场不够坚定的平民百姓进行煽动，有组织有秩序的种族平等运动蒸蒸日盛，而此前英国就十分担忧布尔什维克主义者可能会利用这一问题打击英国。面对这些难题，英方的殖民官员早已预料到了泛非主义、泛阿拉伯主义以及泛伊斯兰主义不断扩大带来的多重威胁。英国地区委员兼上尉J·E·T·菲利普斯（J. E. T. Philipps）曾经写道（后来由于对间接规则的直率批判，他被迫退出了殖民服务系统）：“亚洲正期待着民族意识觉醒的一刻，非洲也开始有了懵懵懂懂的民族意识，我们究竟希望他们什么时候觉醒呢？”

在西方国家占据主导地位的大环境下，遵守文明标准比以往显得更为重要，然而，并没有哪种无可争议的实用政治模式可以全球通用：一方面，19世纪时，欧洲或是美国的民众显然不能接受简单的殖民扩张式统治；另一方面，他们允诺给殖民地人民的“自由”同样显得荒谬可笑。在这一方面，国际联盟做出了突出贡献，该组织为欧洲国家与殖民国家的关系下了新的定义，称其为“委任制度”，这一说法体现了殖民统治的真正意义。联盟在认可原有文明标准理念的基础上将其校准为全球性的公认概念，并一直致力于建成一个马志尼范式的国际社会。委任制度实是帝国扩展强权的隐蔽手段。这充分展示出国际联盟所坚守的世界观——无条件地支持帝国主义强权。

英国激进派记者J·A·霍布森（J. A. Hobson）认为“非文明民族”会从帝国强权统治下的国际化政权中受益，他在布尔战争后提出，国际社会需要对非洲民族进行监管，这是基于“道德诉求的最高标准以及全人类有机整体统一利益的相关概念而得出的结论”。他坚持认为，之所以有战争正是因为有私人金融资本的存在，为此他们肆意掠夺利润丰厚的资源，最终导致战争频发。他继而阐述了“健全帝国主义”的三大条件：

> 对“低等级”种族的政府干预必须有利于世界文明的安稳和发展，而不是为了干政国的特有利益。这种干涉必须符合受领导民族发展进步的利益。最后，前两条的执行测定标准不能根据干政国家的独裁意愿或判断而定，而

是必须以文明世界的发展进程作为标准来判定其是否符合世界文明以及“低等级”种族的发展利益。

因此，霍布森的中心理论就是由具有公正性和代表性的国际组织对列强的殖民统治进行监管。国际主义并不是帝国统治的对立面，而是文明的教化者。作为科布登传统理念的热情追随者，霍布森曾为他心目中的英雄著书立传，出过一本名为《国际人》（*the International Man*）的书。霍布森的贡献代表着科布登反帝国主义事业的巨大转折。20 世纪与 21 世纪之交时，帝国主义的快速扩张甚至为广大的欧洲民众所认同，因为在世人眼中，被霍布森美化了的殖民统治只有单纯的意图和无私的目的，那就是实现全人类的共同进步。霍布森对科布登的理论做了发展，他将对“低等级”种族的监管列为世界政府的主要工作内容之一，这一理念有助于制定联盟政策，直到 21 世纪仍然以联合国托管制度的形式存在着，也是后来的“保护责任”的原型。

然而，战争本身一直困扰着霍布森。身为国际联盟理念的支持者，他害怕将非欧洲国家排除于联盟之外会导致“国际合作式帝国主义”的产生，“这种帝国主义对世界和平的威胁从长远来看并不亚于过去的民族独立主义，因为这是由各个强盛的白人国家联合起来共同扮演世界政府的角色，其中包含了各国的居心叵测和狂妄自大”。然而，除此之外，却别无他法：对霍布森乃至那个时代的大多数自由主义进步思想家（杜博伊斯也不例外）而言，民族意识是文明生活必不可少的东西，而他并没有在非洲或是其他弱势国家看到丝毫民族意识的痕迹。实际上，被殖民者整体来看都像等待文明教化的孩子一样。

持这种理念的国际化为帝国的决策者提供了说辞，在英国尤其如此，他们敢于直面战时所有反对进一步吞并他国领土的声音。1917 年，英国《卫报》（*The Guardian*）评论说，领土吞并是极为肮脏的行为，因为“不应该在不尊重民众意愿的同时还将他们当作个人财产一样任意摆布”。同年 5 月，劳埃德 · 乔治在议会宣称英国没有任何吞并的野心，非洲的前途命运都将在和平会议上由世界共同商定。工党则更加直言不讳，他们主张组建一个新的超级国家政权来管理经营非洲殖民地以及奥斯曼帝国阿拉伯省的各项事务。一旦资源竞争导致战争爆发，成立一个监管各国殖民开发的国际经济体对和平事业将大有裨益。

所有国家皆各怀鬼胎，因此，“一战”非但没能阻止这场非洲掠夺战，反而将蚕食之火烧到了中东地区，“一战”期间，英法两大阵营签订了《赛克斯－皮科协定》(the Sykes-Picot Agreement)，秘密瓜分了奥斯曼帝国的亚洲部分。与此同时，英国政府还信口雌黄，主张成立“一个独立自主的阿拉伯国家或是阿拉伯联邦国……并支持由阿拉伯首领领导自己的国家”。在此期间，T · E · 劳伦斯（T. E. Lawrence）和格特鲁德 · 贝尔（Gertrude Bell）积极推进阿拉伯民族事业的进程，终于，英法在战后迅速发表了关于中东事业的联合声明：“处在土耳其人长期镇压下的民族理应得到完全而彻底的解放，政府机关及权力部门也应遵从本土民众的主动权和自由选择权。”虽然这套说辞听起来不错，但事实当然不是这样——处于重要战略地区的民族不可能有权决定自身的命运，帝国的战略需求永远处于第一位。就这样，在英国看来，关键问题便成了是否能争取阿拉伯民族主义分子到英方阵营，受英方控制领导。而在美索不达米亚的英国首席行政官阿诺德 · 威尔逊（Arnold Wilson）并不这样想。他认为“仅有短短的几天时间，不可能通过外交或行政手段成立一个新的伊斯兰独立政权”。其他人则诡计多端，想要利用联盟的授权分一杯羹。1917 年 10 月，马克 · 赛克斯（Mark Sykes）援引罗伯特 · 塞西尔的言论：“至于英国的利益，我认为，可取的做法是不要过分表现出吞并巴勒斯坦的强烈欲望，也不要一意孤行地在巴勒斯坦建立摄政政府。等到需要强国出面托管时，我们只要执行我们的政策就可以了。当地居民会根据自身意愿和需求达成一致意见选择委任国，而我们则是最有希望当选的一方。”或者正如丘吉尔所写的那样，“‘吞并’的说法并不存在，授予主要强国的委托管理权才是列强掌控各殖民地的必要借口”。

不过，这件事仍旧需要协同美国共同进行。尽管伍德罗 · 威尔逊并没有实质性的反对方案，但他表面上还是表现出对领土吞并一事的极力反对。他的顾问乔治 · 比尔（George Beer）曾经提议对非洲进行国际监管，一项美国起草的联盟公约应声而出：公约将国际联盟称作“委托人”，并认为国际联盟拥有对所有委托统治“领土主权的最终处置权”。比尔本人也清楚这一草案只是对1885年瓜分非洲的柏林会议的拓展，但他认为自己的主要创新点在于提议国际联盟拥有“绝对干涉权”。但是这一提案听上去对欧洲各殖民势力来说却过于激进。尤其是法国，它显然只希望“单纯而简单地吞并”以便法国能肆无忌惮地“在热带非洲继续其传播文明之旅”。

一方面，美国想要打破旧有的帝国格局；另一方面，法国希望得到更多的殖民地。处于两者间的英国想到了一个折中的办法。根据殖民地居民大致的文明程度，英国将委任统治殖民地划分为三个等级。A等级的委任国（中东）对民族独立有“暂时认识”；B和C等级的委任国（大致为在亚太及非洲较原始的地区）除了换了好听的名头之外，仍是彻头彻尾的殖民地。除了委任国的本国居民之外，其他有关各方都很开心。法国人（还有澳大利亚人、南非人和新西兰人）用“殖民地和委任区并不存在真正的区别”的想法来宽慰自己。威尔逊同意保留国际监管制度，经过协商创建了一个新的常设授权委员会，专门负责审查接受国际联盟委任，替之行驶管辖权的强国势力，并仔细审核他们每年的年终账务。

国际联盟的常设授权委员会究竟享有哪些权利呢？实际上各成员国都希望自己能够置身事外，抽身于国际上的各种争执，甚至对与本国政府相关的争辩也不管不顾，这着实让人吃惊。而国际联盟利用的主要武器就是国际舆论，1922年南非政府利用空中军事打击镇压了非洲西南部的叛乱，常设授权委员会此时发挥作用，有效阻止了史末资吞并他国领土的贪欲。可能正是以这种一步一个脚印的方式，该委员会才逐步建立了国际监督的制度，并使其受到国际各方的尊重，为战后的非殖民化打下了基础，铺平了道路。但是，值得一提的是，如果不存在“二战”以及美国反殖民主义（美国忌惮布尔什维克主义）的共同影响，在一个纯粹的帝国霸权或委任统治的环境下，殖民产业还会存在多久呢？更有些人认为，常设授权委员会事实上反而为殖民产业提供了合法的理由。后来的印度总理贾瓦哈拉尔·尼赫鲁在1942年就曾坚定地写道：“就国际联盟而言，它希望这些强国能享有对昔日帝国的永久统治权。”

此外，尽管多数自由主义人士都为自己对授权委员会产生的影响欢呼雀跃，但是很显然，委任统治的殖民地居民对这样的统治并不满意。比如，萨摩亚人过去拥有自己高度组织化的政治结构，而在接受新西兰的委任统治后，新西兰方却对萨摩亚人的民怨置之不理。同样，澳大利亚统治下的巴布亚没有任何人关心其民生疾苦。受委托统治叙利亚（被认定为A等级委任国）的法国也丝毫不顾及他们所标榜的文明标准：1925年，为了镇压民族起义，法国不惜在大马士革市中心投下导弹。西班牙内战时，小城格尔尼卡被夷为平地，这件事引起了国际社会的极度恐慌和愤慨，就在此事发生的十几年前，法国的坦克、枪弹、飞机也是以同样的手法将叙利亚首都大马士革的一个旧城区从地球上抹去的，而那次袭击导致的死亡人数比格尔尼卡轰炸更高出几倍。然而，国际社会却对此几乎没有任何反应，常设授权委员会也只是在一次特别会议上轻描淡写地要求法国做出相关解释。

同样肆意妄为的还有英国，它们同样对空袭手段情有独钟。丘吉尔本人不仅鼓励使用空袭导弹，还曾在印度和美索不达米亚地区投放过芥子毒气以镇压“非文明部族”，并且只有出现运输和生产延误时才停止使用空袭。后来在一系列开拓创举的国际会议上，各国决定禁止使用化学武器，这才制止了英方化学武器的继续使用。与此同时，“空中管制”的委婉说法仍然是主要的军事打击手段，主要用于压制中东的大部分地区。为了镇压1920年伊拉克的民族分子叛乱，英国损失了近1 000名英国士兵，阿拉伯的死亡人数则是这个数字的几倍之多。常设授权委员会所做的一切就是在1932年授予伊拉克独立自主权（日内瓦本应参与此事，最终却没有任何行动），这是因为英国认为新成立的独立王国比起委任国来说更好驾驭。

不得不说，委任制度也为和平做出过贡献，让部分国家躲过了法西斯的残忍侵略。1935年，意大利军队入侵埃塞俄比亚时，墨索里尼拒绝接受委任意大利合法统治埃塞俄比亚的建议，更不承认国际联盟的监管制度；相反，他主张纯粹且简单的直接统治。从这个意义上看，法西斯主义代表了一种复古的、粗野的、非国际化的殖民地秩序。不过，即便是如此粗野的纳粹分子也会被国际联盟授予的殖民地合法控制权所吸引。“委任”一说灵活的可塑性最终暴露无遗。1940年夏，德国决定将马达加斯加岛用作波兰犹太人的放逐地，第三帝国外交部的犹太专家为此起草了相关方案，同时他们也就此进行商讨，可以利用联盟的委任手段永久地为德国效力，而不是使其单纯地为英国一家服务。仅仅几秒钟时间内，野心勃勃的纳粹公务人员的脑海中便闪过了这种可能性：法国日益衰落，整个欧洲臣服于德国脚下，国际联盟成了法西斯分子的统治工具。这一想法有多么牵强要看以什么角度看待它：英方或法方必然认为该想法荒唐至极，是对人类文明发展的歪曲和羞辱。而从我们所知道的印度及其他地区民族分子的战时反应来看，对非洲和亚洲而言这只不过是一个相当普通的提议罢了，因为在那些地方，重要的并不是帝国主人的身份，而是他们无论如何都无法摆脱欧洲殖民统治的残酷事实。

然而，到 20 世纪 20 年代，国际社会对那些秉持自由主义的帝国仍旧存在种种反抗和反对的声音，人们仍在努力整合全球的反殖民主义行动。这些做法在某些方面与 1848 年以前欧洲对神圣同盟的各种抗争如出一辙。1925 年，法国对大马士革的轰炸暴行触怒了民意，促成了叙利亚的“反暴行委员会”的成立。国际联盟的殖民政策一再使殖民地居民大失所望。面对这种情况，1927 年 2 月，布鲁塞尔举行了镇压民族分子的大会，此次会议堪称 30 年后那次万众瞩目的“万隆会议”的先导会议，只是人们都不记得它的这层意义了。布鲁塞尔会议的与会者中包括了首次参加国际会议的印度国会成员以及另外十几个亚非代表。几个月后，印方代表贾瓦哈拉尔·尼赫鲁牵头成立了一个临时反帝国主义联盟，他的身份给人以惊人的反差，这位日内瓦国际联盟的印方发言人同时也是英方钦点的傀儡领导人。因此，一位职业敏感度很高的记者将 1927 年的布鲁塞尔大会称为“真正的国际联盟”。

这场来势汹汹的反殖民合作的幕后操盘手就是杰出的共产国际代表威利·明岑贝格（Willi Münzenburg），当然还有脱不了干系的“幕后老大”苏维埃社会主义共和国际联盟。布鲁塞尔会议实际上就是由共产国际发起的，也就是“反帝联盟”。尼赫鲁在几个月之后访问了莫斯科，尽管这段经历并没有使他成为共产主义的一分子，但他被苏维埃的反帝国主义立场深深地折服了，也借此展示了反帝国主义的国际号召力。反帝联盟并不是也不可能成为日内瓦委任制度的重要制衡方，尤其是在1929年组织内的非共产主义代表遭到共产国际的内部攻击之后。但是，反帝联盟还是具有一定历史意义的，因为它是两大势力的历史交叉点：展望未来，它代表着殖民主义分子促成的狼狈为奸的联盟，他们在20世纪六七十年代期间对联合国的掌控达到了顶点。回顾过去，它是曾经心怀巨大革命愿景的共产国际最后一次的喘息之机，尽管备受约束却又徒劳无益。这个伟大的组织与国际联盟同时出现在历史舞台上，还曾是国际联盟最具竞争力的对手。

共产国际

英国作家兼记者亚瑟·兰塞姆（Arthur Ransome）“一战”时曾在俄国生活了很长一段时间，1919年3月，通过一次与布尔什维克的接触，他很意外地参加了一次在克里姆林宫老法庭内举行的会议。穿过两个红军士兵把守的门口后，兰塞姆进入一个很大的房间，屋内的墙壁和地板全都粉刷成了红色。几个横幅挂在墙上，用多种语言写着“第三国际万岁”。看到托洛茨基时，兰塞姆眼前一亮。托洛茨基穿着皮衣皮裤，脚上蹬着一双长筒皮靴，头上戴着印有红军标志的裘皮帽。兰塞姆清楚地记得他是欧洲最为激昂的反军国主义人士之一。屋内最里侧的平台上，列宁正坐在铺着红布的桌后讲话，“当他的发言需要必要的说明时，几乎会用到所有的欧洲语言进行解释，他对这些语言使用自如，毫不做作”。屋内多数都是欧洲共产主义运动的代表团，他们在大厅中一排排地有序就座。

兰塞姆很快意识到，自己误闯了第三国际创立大会的会场。由于马克思的参与，人们将1864年的国际工人联合会称为第一国际。马克思去世后第6年，也就是1889年，第二国际成立，此时的社会主义分子和工党才第一次真正成为议会中的一股力量：第二国际的创立日1889年5月1日已然成了一个国际性节日。1900年在布鲁塞尔成立了真正的国际办公室，组织各种运动，为工人争取8小时工作日的权利。此外，这个办公室还肩负了社会主义事业的宣传工作，尤其是对马克思主义的宣传在欧洲大获全胜。但1914年，随着战争的爆发，组织内的工人群众为了保卫自己的国家各奔东西，第二国际在世界上的威望因此大打折扣。以瑞士伯尔尼为据点的一个地下组织在战争中步履维艰，但正是靠着坚韧不拔的毅力，组织最终得以复兴。列宁为此受到了极大的鼓舞，所以在莫斯科召开了第三国际的成立大会。

选择在十月革命后成立第三国际，是为了确立列宁对欧洲社会主义运动的绝对领导权，这样第三国际就可以牢牢掌控在布尔什维克党人的手中。从理论上讲，第三国际以一个超国家组织的形式存在着，其他各国的共产党组织都是其分支。实际上，第三国际的成员必须立誓效忠组织并无条件遵守由列宁本人拟定的 21 点规定。这些条款要求“第三国际”的成员必须摒弃改革派的社会主义，要立足于民主集中制原则，认可闻名于世的共产国际的权威性。这种依附事实上就是苏俄共产党领导的忠诚武器。作为集权的中心人物，列宁一直避免将新组织发展成为“第二国际的遗骸”。尽管措辞十分强硬，但实际上直到 1923 年年初，许多紧张的谈判依旧在进行着，这些谈判竭力将第二国际和第三国际的成员团结在一起。但是直到法西斯掌控了意大利政权后，这些努力还是没有取得成效，欧洲左派分子又苟延残喘了十多年。

对列宁来说，最终的敌人并不是第二国际的背叛者，而是资本主义势力及其帮凶。他草拟的规定中第六条这样写道：

> 每一个想加入共产国际的党派都有责任和义务去揭露“社会－爱国主义”以及“社会－和平主义”伪善和虚假的面孔。我们要逐步让工人阶级明白，即使没有对资本主义的革命性颠覆、没有国际法庭的仲裁、没有武器军备的限令、没有国际联盟所谓的“民主”改组，我们依然有能力制止新型的帝国主义战争。

就这样，这场革命从一开始就将自己定位为 19 世纪劳工国际主义的真正继承者，并宣称国际联盟不过是旧时代梅特涅反革命主义的延续。

因此，列宁主义和威尔逊的国际主义从一开始就水火不容，在国际事务中，若一方支持新出现的事物，另一方就立刻提出异议。对抗就是这样开始的，两者总是处在同一事物的对立面。针对列宁对秘密外交的斥责，威尔逊很快出台“十四条”予以回应，他承诺“开放联盟公约的和平条款”，并抛出极为诱人的条件——同意“俄方自主选择国家政体”。1918 年，威尔逊仍充满诚意地希望说服“俄罗斯民族”。但内战爆发后，联盟却对苏俄内战多加干预。1919 年，激进主义不仅在欧洲大陆迅速传播，甚至对美国也产生了深远影响。这些都使得俄美两方渐行渐远。当时的布尔什维克主义已然成为国际联盟本身存在的理由。1919年3月，威尔逊自己向劳埃德·乔治透露说：“如果我们允许欧洲选择布尔什维克主义，就必须将国际联盟打造成友邻的保护者、掠夺方的惩罚者。”国际联盟成立时，苏俄并没有受邀加入，美国的官方立场很明确，他们绝不承认布尔什维克政党的外交地位。

之所以成立共产国际，不只是为了利用“世界革命的巨大潜能”，还为了避免革命被“团结在伪善的国际联盟旗帜下的资本主义国家同盟”摧毁。共产国际身负重任，必须巩固好各成员对苏俄布尔什维克党的忠诚，因为他们才是“历史新纪元”的领导者。然而，共产国际的意义绝不只是如此。作为一个坚定的反进化论的马克思主义者，列宁清醒地认识到，也十分乐意公开探讨——俄国爆发革命的非同小可以及世界各地推动革命的重要意义。如果社会主义社会注定到来，那么就需要以革命手段来实现社会进步。于是，共产国际有了第二层目标，就是在世界各地发展革命力量。列宁身边多数的布尔什维克领导人员都长期出门在外，过惯了流亡生活，并精通各国语言。在他们的领导下，共产国际内部紧紧凝聚在一起，在“一战”前团结一致，共同抵御外敌。

因此，布尔什维克党人很快就开始在世界范围内开展更具规模的行动，并成功扭转了第二国际的颓势。他们认为，战争将成为期待已久的全球革命催化剂。共产国际的领导人尼古拉·布哈林（Nikolai Bukharin）高呼“资本主义世界体系的重重矛盾”即将爆发，国际社会将发生“大地震”，帝国主义制度会分崩离析。只有工人阶级能够拯救人类：“资本主义统治必然被工人阶级彻底摧毁，这样战争才能停息。废除国界限制，让整个世界成为一个齐心协力的大家庭，真正实现兄友弟恭，民族自由。”影响人类发展的最大障碍就是资本主义本身，他们在国际联盟的庇护下暗度陈仓，“假仁假义地倡导着和平事业”，另一位苏俄代表说道，他认为西方的和平言论尽是虚情假意。英国和美国嘴上说着“民主外交政策”，实际上它们仍是老牌的帝国主义势力。“阿尔萨斯 – 洛林地区由政府擅自合并给法国，根本没有征求当地民众的意见；爱尔兰、埃及、印度也没有任何国家自主权可言；南斯拉夫和捷克斯洛伐克共和国都是靠武力成立的。”至于国际联盟：

> 谈到其存在形式，国际联盟只不过是资本主义神圣同盟的变体，它的任务就是镇压工人革命。宣传发展国际联盟就是混淆工人阶级革命意识的最佳方式。多个革命工人共和政体组成的国际公会提出的口号遭到了摒弃，一个宣传虚假民主的国际联合会提出的口号被提了出来，有人妄图借助无产阶级和资产阶级两者间的合作来达到宣传目的。国际联盟就是社会叛徒的一种迷惑手段，它代表了国际资本主义的利益，意图分裂无产阶级势力。

列宁称国际联盟为“散发着恶臭的死尸”，是“对抗无产阶级的世界土匪团伙”。列宁和威尔逊的对抗就像是 19 世纪 60 年代马克思与马志尼对抗的重现，只不过这次双方投入了更大的赌注。事实上，从某种意义上来说，整个冷战过程其实就是延续了 19 世纪互相对立的各种国际秩序概念之间的斗争，只不过从前这些概念是由伦敦街头那些贫困的流亡者明确提出的，而现在则是由世界上最强大的国家郑重提出。除此之外，实际发生的事实则截然不同。共产国际这一组织真正存续的时间只有 20 几年。但随着布尔什维克主义逐渐掌控苏俄政权，苏俄境外的世界革命前景也逐渐暗淡起来，其外交人员就国际联盟这一组织发表的官方态度也越来越谨慎，甚至有些调和的意味。

尽管列宁几经思索才意识到欧洲其他地区的革命注定是一场失败，但布尔什维克党人和波兰人之间的战争以及随后的僵局才是真正的历史转折点。1920 年，英国试图调停波苏战争，苏俄外交部的人民委员则表示，虽然赞赏这一初衷，但是他们并不认可英国的这一举动。他们抗议说苏俄不能接受英方的调停，因为苏俄绝不接受“国际联盟的成员国政府”对苏俄的任何干涉，当然也不可能接受国际联盟以国际事务仲裁人的身份干预非成员国的事务。“国际联盟内的各成员国将自己视为凌驾于世界各国之上的超级法庭，苏俄政府在任何情况下都不会接受这样一个强国国际联盟。”在保持相对温和的态度两年后，苏联受邀参加在热那亚召开的重建世界经济的国际会议。时任外交部部长格奥尔基·契切林（Georgy Chicherin）通晓多国语言，出身于俄国富裕的外交家和法学家的贵族家庭，他毫不在意自己曾在布里克斯顿监狱的短暂牢狱生活，并四处宣传“旧有社会秩序和正在孕育的新型社会秩序”的融合和共存理念。他要求参与“国际联盟的盟约修正工作，使其称得上是真正的世界民族联盟”。

这一想法并没有得到回应，但苏俄与他国势不两立的时代自此却不复存在了。到20世纪20年代中期，不仅资本主义在欧洲呈现稳定态势，国际联盟也已经很明显地不再需要打压革命。在印度和埃及，全球革命的势头日渐衰落：共产国际大失所望，其原本期待在波斯、亚美尼亚、土耳其和整个中国会爆发社会主义革命，而今这些愿望已全部落空，这些国家的共产党员人数也直线下降。共产国际的黑人办公室呼吁非洲黑人奋起反抗，但除了南非之外，非洲其他地区并没有共产党人，也没有开展任何革命运动。他们也曾动员美国的南方黑人为自己争取民族自决权，但都没有收到成效。共产国际的理念丧失了过去的感染力，苏联的贸易代表团因此开始游说整个欧洲，自此，欧洲各国政府开始认可布尔什维克党合法地位。在苏联内部，布尔什维克国际法的抵制派也不得不同意和解，让步于实用主义。1925年年底，莫斯科积极回应了国际联盟的邀请函，同意参加裁军会议。

这并不意味着共产国际就此被彻底边缘化了。相反，列宁的继承人仍想要努力做到鱼和熊掌兼得，希望同欧洲强国外交关系常态化，同时他们还积极培养同世界各国共产党和反殖民主义的民族党派的外交关系。正如我们所知，20世纪20年代中期，在威利·明岑贝格的指导下，反殖民主义成了共产国际运动的主题。明岑贝格特意选择了布鲁塞尔会议作为“表演”场地，在此公开了比利时在刚果的种种恶行，同时，柏林反帝同盟简要地召集了欧洲的反帝人士、同道中人和像尼赫鲁、蒋介石这样的反殖民主义人士。但是这次看似精彩的宣传运动并没有多少实质意义，因为斯大林及其亲信都不看好这次行动。20世纪20年代中期，对亚洲各国的革命远景深感失望的不只是莫斯科一方，大多数中亚居民尤其如此，他们已然被迫接受了很多其他国家和地区尚未明了的观点，对苏联来讲，安全高于革命，这种情形通常使欧洲各股力量保持均衡成为各国关心的头等大事。

20 世纪 30 年代，斯大林的工作重点已经明显不在殖民世界一方，随着希特勒势力的壮大，国际联盟和苏联慢慢走到了一起。1934 年 9 月，苏联正式加入国际联盟，成了联盟委员会的常任委员国。时任苏联外交部部长的马克西姆 · 李维诺夫是苏方最先倡导与联盟合作的典型代表，他十分赞同这一决定，甚至将国际联盟比作苏联自身，因为苏联本身就是由多国结盟组成。斯大林一方则对联盟不抱有幻想，他并不信任所谓的“联合安保力量”，也不觉得他们有能与资本主义国家达成共识的前景。但是他对共产国际更加不抱希望。然而，同欧洲各国结盟终究是势在必行，加入联盟也意味着苏联接受上述一切条件，并不得不按照西方的规矩办事。甚至在斯大林在党内以肃清恐怖分子为由进行肃反运动之前，共产国际对苏联的做法仍耿耿于怀，因为其影响远不及国际联盟那样大。1935 年，共产国际最后一次召开会议，此时它再不能为反殖民主义事业做出任何贡献了。1936 年，斯大林接受了美国记者罗伊 · 霍华德（Roy Howard）的采访。令人瞠目的是，斯大林在采访过程中断然否认了苏联有向世界输出革命的计划，甚至认为根本不可能发生这种事。这位苏联领导人刻意公开表达自己对此事的观点，这一做法引起了一些人的注意，因为他们并没忘记斯大林前任领导人那份狂热的国际主义情怀。当然，这并不意味着斯大林放弃了革命的信念，只是在他看来，现在的革命与马上到来的战争和红军的胜利与否息息相关，而与一个他从不信任的组织的未来无甚关联。

斯大林对国际共存一事的基本观点在与赫伯特 · 乔治 · 威尔斯的会晤中清晰地显现出来。通常引用这次谈话都是在表现威尔斯的忠厚老实，当然这位英国作家一直给人一种很自我很单纯的印象。但斯大林本人在谈话中也表现得极为坦率。在表达了对罗斯福的尊敬之后，他一针见血地分析了“新政”，虽然美国想要拯救资本主义，但他认为美国终究不能消除资本主义的自有矛盾。他并不赞同威尔斯的观点，他认为工程师和科学家不会成为世界新秩序的主体。斯大林对威尔斯说，工程师是在听别人的指挥做事，科学家能做多少贡献就能做多少破坏。单纯为了创造利润而工作的人不会成为“世界的重建者”。只有利用政治力量才能改变世界，而唯一能带领人类前进的就是劳苦大众和他们的代表。在这一描述中，他把工人阶级看作发达世界的领导者、苏联的政治领导人物，只有工人阶级才是世界变革的先锋战士，但他完全没有提及帝国王权和反殖民主义斗争的问题。

国际主义的问题

在多数人眼中，纳粹分子的思想理念简直就是疯狂且丧失理智的妄想，尽管总有人试图改变这种看法，但是在20世纪更大的国际统治背景下，没有哪个国家或地区可以针对自由国际主义的主要假设提出一种更持久不变的批评意见。这种假设不只是国家社会主义与和平解决问题的各种条款之间的分歧。与纳粹分子面对异议时的扫荡式反扑相比，修正主义就显得太过羸弱了：他们认为自己的哲学指导理论代表了一种全然不同的世界观，这种世界观充分揭露了国际联盟坚持的国际主义的伪善面目。

在国家社会主义看来，国际联盟犯了几个根本性错误。一个就是对国际法的神化和理想化，好像该法能脱离自身所反映的政权关系，完全独立存在于一个高高在上的神秘空间俯瞰众生一样。德国人认为，在现实生活中，国际联盟所做的一切都是在保障自由主义的主导权，让历史冻结在英国、法国、美国倡导的自由主义时代，随后再按自由主义的形式重写世界秩序。然而，表面上看这一新组织对外一致倡导所有国家一律平等，实际上却是总有国家凌驾于他国之上。例如，超级大国永享委员会的常任席位，无须担心会受到像少数民族权利法案这类事物的困扰。正如卡尔·施密特所说，真正的权力在于对制定规范准则的掌控，他们有权决定这些规则适用于何人何地。因此，国际联盟只是又一种形式的同盟会，这个组织和以其他不同哲学理论作指导的国家一样（比如法西斯主义指导下的意大利和第三帝国）都是在利用不同的哲学理论凝聚力量。当人们不再认同国际联盟的统治时，它的势力自然就被削弱了。

他们希望取消国际法在管理国家关系方面的主导作用。国际联盟为国际生活引入了“法治化”的概念，因为这样它就可以长久掌控世界秩序，为各国行为和领土疆域划定界限，维护凡尔赛的协议规定。在纳粹社会有机体论的想法中，世界恒久不变、没有争斗是难以置信的。如果不再有国家进行侵略扩张，那么地球也将停滞不前；各国不该只听信法学家的言论（理想化的仲裁运动和新型常设法院），因为世上根本没有“公平正义的完美标尺”；更确切地说，同第三帝国的情况一样，法律应当体现民心民意，应当表现为统治者制定的政策条文。

纳粹党人借鉴了旧有的德国思想流派的观点，同19世纪其他地区的保守势力一样，不试图使国家服从国际管理，而是主张独立国家的意志和自治高于一切。更有甚者，德国的一些法学家甚至全盘否认国际法的可行性，从20世纪30年代中期开始，这种对法律毫不隐晦的种族主义解读日渐兴起，这越发鼓励了公开否认国际法的做法。如果政治就是不同种族间的斗争，每个种族都凝聚在自己的国家内，那么事实就是他们不能共享人类社会的任何产物，也无权共享人类文明的发展成果。这样解读的话，每个国家都必须发展本国的法律体系。法律条约也只能在签约国间生效，条约就是“一张废纸”。一位德国法学家公开表示，法律并不能保证种族人质的人身安全。或者换言之，“只有国际法律规范与德意志民族的法律概念相一致时，德国才会认可国际法律准则”。如果血脉是政治归属的标准，那么国界就毫无意义可言，在波兰和捷克斯洛伐克两国的德国人只能忠诚于第三帝国而不是由国界划定的国家。纳粹的法学家不遗余力地散播这一思想，因为这种思想不仅能让德意志民族掌控整个东欧的政治组织，还能让他们如愿对邻邦施压，使他们不得不放弃对少数民族的治理权，这样，第三帝国就可以从中对他国内政进行干预。

随着这种想法的产生，国际联盟不再一心想让欧洲成为一个团结的整体，渐渐地，它开始成为这场意识形态之战中的一派。纳粹掌权后，德国很快脱离了国际联盟，但是直到1936年，支持国际联盟的英国保守党员仍然认为纳粹德国是有可能重返联盟的，国际联盟同墨索里尼的埃塞俄比亚争端也可以得到妥善解决。第二年，他们才发现一切都是天方夜谭。在英国和法国政府公开表示对国际联盟丧失信心的同时，德意两大主要法西斯势力加入了他们自称的“法西斯轴心国”。1937 年年底，墨索里尼宣布意大利退出国际联盟，他认为国际联盟已经处于“大厦将倾”的态势；德国政府则表示绝不会考虑重返国际联盟。第三帝国、意大利和日本之间的反共产主义同盟就此成立，根据同盟的发言人所说，同盟的意义在于“创建社会新秩序，让生命力顽强的国家能真正地互利共存”。

那么届时纳粹分子会提出什么形式的社会秩序取代国际联盟呢？德国最为突出、最具法律思维的人物卡尔·施密特一直以来都在强烈反对国际联盟。1939 年 4 月，德国占领了布拉格，希特勒的野心首次流露出来，其目的绝不只是团结凝聚德意志民族那么简单。在这个特殊时期，施密特为此做出了解释。他专门指出国际联盟的“普世主义”，并对此进行批判。纳粹分子批评“国际通法”的吹嘘行为轻则是伪善的表现，重则危害世界稳定，那些赞同制定“国际通法”的国家只是想从中得到特别待遇。如果连普世主义本身都是虚伪的，那么就说明唯有在疆域划分明确的政权之下，法律制度才能为社会带来稳定。施密特以美国为例进行说明：美国以门罗主义为基础统治了整个西半球，并禁止其他任何国家在其势力范围内对其强加干涉。

这个大西洋彼岸的实例引发了强烈反响，人人都想知道门罗主义的真正目的是什么。在法国衰落前后，希特勒本人曾经指出，全球主要大国各自统治着自己独有的“巨大空间”，只要相互之间达成协议，就可以确保世界和平。“美洲就由美国人捍卫和平、欧洲就由欧洲人来保护和平。”1940 年 6 月，希特勒如此解释道。7 月，罗斯福的新闻发言人不经意间说道，美国政府认为“门罗主义适用于每片大陆”，这一说法仿佛赞同了希特勒的观点。两天后，美国国务卿科德尔·赫尔断然否定了他的说法，他澄清说，“美国方面没有任何利用门罗主义实施霸权主义的想法”。（一年后，英美在《大西洋宪章》中明确表达了对普世主义、自决权和重建自由社会秩序的决心，随后不久，英国外交部大臣安东尼·伊登（Anthony Eden）认为十分有必要解释罗斯福–丘吉尔的公告“无关东西方的霸权主义或是区域领导权的一切相关概念”。）

施密特一语中的。他所指出的门罗主义概念对霸权主义来说至关重要，无论是否适用于美国的情形（当然多数非纳粹人士认为适用于美国），霸权主义就是第三帝国意图统治世界的特色理论中的核心。1938 年，分析这一课题的重量级文章——海因里希·特里佩尔（Heinrich Triepel）的《霸权》（*Die Hegemonie*）在柏林发表。当时正值法国衰落时期，德国心急火燎，当时，这篇文章连同施密特的相关著作都为德国对欧洲的看法提供了理论支撑。特里佩尔认为，由一国或几国作为领袖是实现欧洲统一的唯一途径。这一重任就落在了第三帝国肩上，德国同法西斯意大利一道，联合几个小国就可以在任意地方建立保护国，掌握摄政权。因此，霸权最真切地反映出纳粹新秩序中包含的不平等主义的内在结构。与特里佩尔相比，纳粹党的政治官员当然没那么文绉绉的学者风范。据宣传部部长约瑟夫·戈培尔（Joseph Goebbels）所言，在未来世界的新秩序中，毫无疑问，那些"穷酸的小国家"不是独来独往就是毫无存在感。

但现在还不是单独考虑欧洲大陆的时候，施密特本人认为"全球化思考"才是十分必要的。1940 年 9 月，德国、意大利、日本签订的《三方同盟条约》(Tripartite Pact) 清楚明白地表现了他们全球外交战略意图的新理念——这是"将在未来掌控世界新秩序的三国"[援引自法国元帅马歇尔·贝当（Marshal Pétain）的评语] 取得的成效之一。根据三方公约的序文，任何持久和平的先决条件都是"世界各国都应有适合自己的位置"。公约的前两款中明确说明，这个模棱两可的说法体现的并不是各国平等，而是等级制度，签约国各方都拥有特定的区域统治权——意大利和德国负责欧洲，日本负责"大东亚地区"，其他各国须服从这一规定。但是三国同盟并不稳定：希特勒看上去很真诚地认可美国和英国的地位，德国的目标就是成为英美一样的帝国；美国仍是西半球的霸权统治者；英国也还是"海上帝国"。因此，当在亚洲的争夺战中日本取得了成功而英国失败时，希特勒陷入了深深的矛盾，所以他一直回避在亚洲和中东使用反殖民主义这张牌。

对于日方而言，他们十分欢迎新的区域主义，因为当时政界对国际联盟的态度至关重要。和施密特一样，两战期间，日本的泛亚主义者极力谴责国际联盟，称其就是"维系现状"的"遮羞布组织"。他们评论说，英国和法国"高喊着所谓的民主作为他们的指导准则，实际上，他们利用国际联盟作为他们国际内政的傀偏，只在涉及本国的既定利益时才会出面讨说法”。包括马克思主义哲学家船山新一（Funayama Shin’ichi）在内的许多人都认为，国际联盟所谓的普世主义只不过是阻止东亚各国各民族团结的手段。他倡导的“新国际主义”超越了国际联盟的观念，支持国与国之间通过发动战争进行竞争，这正是区域一体化的形成模式。这一类人把日本对华发动的战争及不断扩大后的世界战争看作一个契机，在日本的领导下建立的强大的“进步”的东亚模式会成为世界组织结构的区域典范。

然而，类似的霸权概念并没有得到清晰阐释，《三方同盟条约》高度正式的语言比较晦涩难懂，像第三帝国一样的霸权国家在其势力范围内主张的这些规则的特性也便含混不清了。每个大国在自己的“自治区域内”处理事务或是管理从属民族都要按照法规办事。从理论层面上看，不论是施密特还是特里佩尔都没有对该问题进行说明，两人表现得都很慎重，好像都不太信任国际社会民族主义。不过，德国推进霸权成功后，有必要对这一问题进行认真的考虑。希特勒是擅长诸多管理事务的实用主义派，他最终决定在战争结束后再考虑这些问题。但是随着战争形势逐渐向对德国不利的方向转变，纳粹分子中的其他人都认为设立法规刻不容缓。

法西斯意大利（尤其是他们的外交官）大力鼓吹法西斯国际主义：他们糅合了马志尼和墨索里尼的观点，并希望欧洲国家能明白法西斯轴心国是在为整个欧洲谋福利。随后，当然就是宣传马志尼的法西斯观点，至少要将马志尼思想打造成自由主义一派。正如1936年的时评家所言，马志尼瞬间成了“民主主义和民族主义、自由主义和法西斯主义的兼容体”。当时，在纽约甚至还成立了一个马志尼协会，专门宣传自由主义价值。就这样，墨索里尼重新弘扬了马志尼的精神。到了1943年，按照意大利的理想形式，欧洲法西斯主义联盟成立，并受到了德国外交部门的认可。除了希特勒曾反对过关于欧洲永久承认各小国家主权的提案外，该组织的发展从未受阻。纳粹党卫军首脑希姆莱（Himmler）手下的智囊团想出了更为阴险歹毒的种族计划。同马志尼的种族观完全不同，他们信奉的基本原理就是通过同质和纯化欧洲各国的人种来稳定欧洲局势。在某些情况下，这意味着人口迁移或放逐；其他情况下，则意味着更为血腥暴力的手段。他们坚信是少数民族的存在使得国际矛盾频发、容易擦枪走火，利用第三帝国的霸权统治彻底消灭其他种族，就会为欧洲各国关系带来和平，从而创建一个“各国种族饱和式”的欧洲大陆。大量独立的羸弱小国只能在第三帝国的羽翼下自保，对德国来说，与成为后进合作伙伴的大国相比，这种情况则更容易掌控。因此，他们不但想分裂波兰，对法国和英国也垂涎欲滴。

国际法究竟错在何处

纳粹在欧洲所占之地的统治开始脱离自己的思想指导，显得自相矛盾，同第三帝国的反殖民主义理念截然不符。对今后更为重要的是，纳粹统治还摧毁了反对者旧有的自由理论。尤其是英国和美国的时事评论员，他们对国际法的未来走势最为好奇。1941 年，一位因政治流亡国外的法学教授质问道：“国际法究竟错在何处？”两次大战期间发展而成的珍贵的国际主义理论屡受质疑，尤其是那些有利于规范各国关系的法律更是惨遭毒手。之所以这样，并不是因为纳粹党人的理解是正确的，而是因为纳粹手握重权。昆西 · 赖特（Quincy Wright）是美国杰出的国际联盟支持者，他沮丧地说道：“极权主义揭露了国际法的哲学和政治基础中的不当之处。”法律本应是毋庸置疑的公正权威的源头活水，如今却成了一纸空文。对于有些人来说，从中获得的经验教训就是要建立更为稳固的法律权威，要利用权力制定和维护本国的法律；其他人则怀疑为什么法律只存在于与其价值观相同的国家，或者说，当法律与该国的社会制度和思想意识相左时，难道法律就不成其为法律了吗？ 19 世纪人们对公认的文明标准的信赖也因纳粹的崛起受到重创。如果文明社会不单指欧洲社会，那么会不会有世界公认的“绝对法”存在呢？正是在这样明确的意义下，这场大战才标志着“欧洲时代的结束”。

然而更糟糕的是，对于那些期待国际法具有有效的超国家权力的人而言，“一战”仿佛再次肯定了主权的重要意义。在战争早期，曾流行一种“一时冲动”的看法，即将欧洲的独立主权国家视为问题所在，并希望将联邦制作为解决问题的办法。但是这一想法并不持久，到了 1942 年年底，由于纳粹党人已经完全掌控了欧洲各个小国的主权，人们对重绘欧洲版图、创建联邦制欧洲大陆的想法已经完全失去了兴致。受迫害流亡的政治家带头组织拯救国家的独立运动，并向《大西洋宪章》中的国家自决权条款寻求帮助。在三大巨头中，斯大林是最有力的后盾。但当时并没有真正的反民族主义派别出现。因此，极为讽刺的是，在战争末期，民族主义的动乱本质就已经显露无遗，民族主义分子已然下定决心铲除少数民族或是彻底将全部少数民族驱逐出境。战争的胜利方再次证明了现代世界中民族国家的中心地位，接下来就要筹备成立新的国际组织，而新组织定将比国际联盟走得更远、做得更全面。

Governing the World

History of an Idea

第二部分

以美国的方式主宰世界

第七章 “国际联盟陨灭，联合国长存”

在遥远的土地上战争肆虐，
无望和恐惧永远不会消除吗？
一直在努力的我们，
能够带来永久的和平吗？

我们恐惧却不迷茫。
时间开启沙漏，细沙涌动，
又一个百年。
黎明降临。

——詹姆斯·肖特维尔（James Shotwell），
《黎明降临？》（*“Is It the Dawn?”*）

致美国

1940 年夏，巴黎的纳粹分子泛滥成灾，活动非常猖獗，国际联盟的命运安危未定。此时在大西洋两岸，一些陈旧的、根深蒂固的假想甚嚣尘上。一些令人担忧的谣言在日内瓦流传，称国际联盟秘书长、原法国财政部官员约瑟夫·阿弗诺尔正准备勾结纳粹。虽然纳粹主义是反国际主义的势力，但是第三帝国的首领们十分清楚同国际组织合作的价值。约瑟夫·戈培尔十分欢迎1935年在柏林举办的监狱专家国际代表大会。1938年，德国人接管位于维也纳的国际刑警委员会，也就是后来的国际刑警组织，该组织并不希望外界知道其前身曾有纳粹分子介入。1940年夏，希姆莱在纳粹党卫军中的副手莱因哈德·海德里希（Reinhard Heydrich）宣布担任国际刑警委员会的主席。尽管德意志帝国银行是应英国央行的要求成立的，行长还是个美国人，但是在战争期间，该银行一直是国际清算银行比较活跃的会员。但国际联盟毕竟是一个更大的议题，其中承载着更多意义深远的意识形态问题。当时，阿弗诺尔对形势做出了完全错误的判断，向贝当提出试探性提议。到同年8月，阿弗诺尔疏远了各方势力，从国际联盟卸任。他是国际联盟历史上一个尴尬的人物。

就是在这样一种紧张的情况下，美国为日内瓦国际联盟的残余部门提供了救助。1920年威尔逊惨败后，美国不再坚守过去脱离世界、保持孤立的传统政策，对国际联盟一直保持着高涨的热情：超过200名美国官员任职国际联盟，其中不乏高级长官以及杰出官员，除此之外，整个20世纪30年代，洛克菲勒基金会一直为国际联盟提供资金支持。美国屡次尝试拉近与国际联盟的关系，但是金融危机和1933年国际经济合作的失败对此形成强烈冲击。时间回到1919年，当时亚瑟·斯威策成为第一位在国际联盟秘书处任职的美国人，在他的努力下，国际联盟新闻办公室成立了，他自己后来成为联合国新闻办公室的首位负责人。“二战”开战前夜，斯威策正与罗斯福总统商讨拉近美国和国际联盟关系的事情，罗斯福还建议他最好致力于促进双方的经济和金融合作而不是政治合作。斯威策希望在一些新的经济和金融组织中促成国际联盟技术部门和美国的合作。

斯威策1940年5月从欧洲返回美国。回国后他立即展开行动，竭力说服各方支持集结秘书处经济学家和统计学家的想法。他的好朋友雷蒙德·福斯迪克此时是洛克菲勒基金会的主席，还是忠实的国际联盟支持者。他的表现如同新成立的普林斯顿高级研究所的负责人一样优秀。该研究所已与国际联盟建立了密切联系，还为阿尔伯特·爱因斯坦、约翰·冯·诺依曼和数学家库尔特·哥德尔这样杰出的移民学者提供了栖身之地。但是，他们仍面临两大障碍。一个是阿弗诺尔，他不愿意拆分国际联盟各部门；另一个是罗斯福政府。在大选之年，他们担心如果美国亲近国际联盟，会遭到孤立主义者的反对。幸而，这些困难都被克服了。1940 年 8 月，12 名国际联盟秘书处的主要成员携家眷来到新泽西工作，在那里安顿下来。其开销由洛克菲勒基金会提供。设在郊区的普林斯顿高级研究所的餐厅成了战争时期国际联盟在美国的活动中心。战争期间，除了蒙特利尔的国际劳工组织外，研究所是国际联盟唯一有效运转的机构。当时在日内瓦的国际联盟秘书处多方受阻，这些移居到美国的社会科学家虽然人数不多，但在关于战后国际要面临的挑战的探讨中，他们是主要的力量。

斯威策和福斯迪克认为集结国际联盟经济学家能够保证美国在战后立即加入国际联盟，因此他们竭力促成这件事。正如斯威策 1940 年 6 月给日内瓦国际联盟经济局局长的信中所说：“我坚信，如果这个国家愿意伸出援手救你于危难之中，那么它将永远是你可靠的朋友。你知道，我们的人民同情心重，此刻提供援助会把我们紧紧联系在一起，永远不变。”斯威策和福斯迪克尤为认可国际联盟推崇技术这一特性，都认为这一点非常接近国际主义的核心理念——务实、全球、科学、人道，而这些理念将帮助罗斯福成功做到威尔逊做不到的事情。

美国加入国际联盟

英国也在朝着这个方向努力。英美合作关系是“二战”期间的合作典型，它们的首要任务就是让美国承担起自己的责任——美国不只要介入战争，还要参与促进战后和平的工作。它们接下来要做的是为此制订详细计划。英国首相丘吉尔认为鼓吹和平只是在浪费时间，不会有成效。然而，当他一心一意想使英国走出眼下的困境时，英国的外交部门已经放眼未来，同时还强调同美国国际联盟手合作的重要性。

英国内阁关于战争目的的最初讨论进展缓慢，后来，杰出的历史学家阿诺德·汤因比（Arnold Toynbee）推动了这场讨论。汤因比从不介意说出自己的宏伟理想。除了学者这个身份，他还在“一战”时期有关国际联盟思想的讨论中扮演了重要角色。自此之后，他就一直担任英国外交事务智囊团的负责人，领导着皇家国际事务研究所。汤因比是位坚定的大西洋主义者，他也接受了洛克菲勒基金会的慷慨资助。他提醒世人，“大陆同海洋形式的国际组织”之间的对抗将决定世界的未来。汤因比借鉴自由政治思想中过去的比喻，把在军事帝国主义和海洋联邦两者中做出的抉择定义为“民主的英美全球联邦”。但是，这条民主之路需要有人领导，需要一个指引“美英联邦的世界指挥部”……需要“世界霸权暂时落入说英语的人手中”。

汤因比站在全球历史的角度看待问题，这一方式明确有力地表达了英国政府最深切的忧虑。英国外交部断定欧洲和帝国都不能为英国提供保障其强国地位的各种资源，因此反复强调同美国合作的重要性。“世界的未来走向取决于英美两国间的密切合作。”1940 年一位外交官如是说。英国方面几乎没人对这一说法持有异议。那时，唯一不确定的就是美国公众是不是也这样认为。英国新任驻美大使哈利法克斯（Halifax）子爵称，在伦敦，这种说法很容易被接受，但是“对美国人来说，这是个令人吃惊的教条”。英国政府知道美国反对建立永久联盟关系，因此他们每走一步都十分谨慎。可一旦有事情发生，罗斯福政府自有理由同英国接触。苏联加入战争后，事态变得紧张起来，人们唯恐丘吉尔会和斯大林达成秘密协定，从而使“一战”时期为世界和平做出的努力功亏一篑。为了防止这样的事情发生，罗斯福于 1941 年 8 月拜访了丘吉尔，两位领导人在普拉森舍海湾举行了秘密会晤。

呈现在英国面前的是一堆基本规章的草案，这些草案构成了《大西洋宪章》的基本内容。尽管丘吉尔有所抱怨，但事实已经非常清楚，即少了美国的支持，英国不可能在欧洲战场获胜：因为德意志国防军太厉害了。得到了美国的支持，“世界的未来”就有保障了。事实上，丘吉尔和罗斯福的联合公告的序文上已经谈到了纳粹征服世界的贪欲“威胁着世界文明”。在这个微妙关头，美国尚未加入战争，罗斯福仍旧非常小心谨慎，不肯轻易做出任何长期有效的和平时期的制度承诺。英国方面则希望有一份公告保证战后成立一个“有效的国际组织”。但是罗斯福对这个提议态度冷淡，他决定不重蹈威尔逊的覆辙，因此更倾向于搁置新的国际联盟的问题，直至美国和英国有了几年执掌世界的经验并彻底击败他们的敌人为止。在返回伦敦的途中，丘吉尔告诉他的内阁成员，《大西洋宪章》“明确暗示了战争结束后，美国会同我们一起维护世界秩序，直到世界变得更加秩序井然为止”。

因此，他们尚未就组织阵线的具体内容达成一致。丘吉尔对国际联盟遭受的批判感到不满，他说“等我们能够找到解决问题的积极办法，让国际联盟回归正轨的时候再商议吧”。他深知要达成这个目标，除非维持战争时期三巨头的合作关系，否则任何计划都是白费。在具有历史思维的人的眼中，这个思路并不意味着回归国际联盟模式——这是个没能给世界带来和平的集体安全模式，而是遵循了由卡斯尔雷、亚历山大一世和梅特涅于 1815 年创立的欧洲协调的外交原则：欧洲局势稳定要靠超级大国的有效管理。正如丘吉尔 1944 年 1 月同斯大林说的那样，“维护世界和平的重任落到了三个主要大国的肩上。如果它们失败了，也许会导致百年的混乱局面。他们唯有足够强大，方能肩负这一重任”。因此，他十分在意英苏关系，并于 1942 年春迅速同斯大林签署了互助协约。这份协约不只在战时有效，在战后 20 年同样会发挥作用。此外，丘吉尔不顾美国的反对和东欧被流放的政治家的不满，直截了当地同苏联讨论了在东欧的影响范围问题。

罗斯福本人也认为任何一个新的世界组织都要赞同由大国高度掌管世界这个想法。他取消了国际联盟全体大会，希望由一个各大国组成的政治指挥中心代替全体大会行使职责。美国国务院遵循这些理念，开始起草组建国际组织的计划。在公开场合，罗斯福的策略是：避开一切有关组织的讨论，强调国际合作在与饥饿和贫困的斗争中可以获得的成就，他希望把美国人民的注意力重新转移到国际主义上来。在这个层面上，福斯迪克和斯威策的论点对罗斯福而言具有完整的政治意义。1940 年，他公开表示欢迎国际联盟官员来到美国。1941 年 10 月，他宣布将在最后一天出席由国际劳工组织举办的会议，这是另一个救助难民的日内瓦组织。至此，他又向前走了一步。罗斯福在会上说，如果想让这个世界的种种伤疤得到永久修复，各国间的全力合作必不可少。社会和经济问题不再是单独的水密隔舱，这一点在国际上比在国内更为明显。至此，以“新政”那类政策为基础的战后国际主义大致成形了。

就在几个星期后，日本突袭珍珠港，美国因此被卷入“二战”。英国——用他们自己的话说，则投入大量精力将英美两国的作战力量“混合”在一起（换句话说，即两国亲密合作，为维护战后长期稳定的合作关系奠定基础）。此外，罗斯福有充分的实际理由与他国建立正式合作关系，不仅要和英国建立这种关系，还要和根据租借法案向美国借贷的其他国家建立正式合作关系。但是，随着军事合作的深化，罗斯福想尽各种办法希望让美国舆论对联盟产生好感，其中一个办法就是对其进行彻底重组，将其打造成一个更大的联合组织。

1941 年 12 月，在英国首相访问华盛顿期间，罗斯福偶然提起“联合国”这个说法，说这个说法听起来比当时的多国际联盟合会的名称更能鼓舞人心。他的助手黛西·斯塔克利（Daisy Stuckley）回忆了当时罗斯福是如何向丘吉尔介绍这个想法的：

> 富兰克林·D·罗斯福回到他的床上，大脑还在不停运转……突然，他想到了一个名称——联合国！对，就是它了！转天早上，他一吃完早餐就坐上轮椅，穿过大厅，来到丘吉尔的房间。他敲门，没有回应。于是他打开房门进去，坐在椅子上。有人走出去关上了门——他喊着丘吉尔的名字，这家伙从浴室走了出来——一个“粉色的胖子”（罗斯福这样说）正用一条没有针脚的毛巾擦干身上的水。罗斯福指着他，兴奋地说：“就叫联合国了！”“太棒了！”丘吉尔回应道。

因此，在联合国成为一个和平时期的组织之前，它曾是一个战时联盟，这个联盟就诞生在丘吉尔的房间里。1942 年 1 月，26 个国家发表了一份联合声明，这些国家包括英美超级帝国、印度、中美洲国家和加勒比国家以及欧洲流亡政府和苏联等国，这就是战时联盟的结成。他们发表联合宣言，表明会一起奋斗直至和平到来，还会维护几个月前丘吉尔和罗斯福签署的《大西洋宪章》的条款。由此开始，“联合国”就成了战时反对轴心国和日本的联盟的代名词，常常被挂在同盟国政客的嘴边，并出现在他们的宣传中。联合国的说法逐渐在法律和外交领域推广开来。1943 年，从意大利开始，战败国的投降书中一律将战胜国称作“联合国武装力量”。转年，罗马尼亚的停战协议中指出，罗马尼亚“已按照联合国的要求退出了战争”。1945 年 5 月，杜鲁门总统发表声明，说“德国已向联合国投降”。

与此同时，美国首次表现出希望和平时期在更广阔的领域有所作为的意图。华盛顿全面着手策划一个新的永久性国际组织接替国际联盟：1941 年年初，生于俄国的列奥 · 帕斯沃尔斯基（Leo Pasvolsky）被国务院委任负责组建高度机密的特别调研组的主要部门，这是实现美国目标的第一项工作。帕斯沃尔斯基是科德尔 · 赫尔的副手，是起草《联合国宪章》的主要人物。到 1943 年后期，他击败了各路对手，也粉碎了他们把整个世界分为极度地区化的亚区域的计划。同时，在坚持大国高度控制世界这一新原则的基础上，帕斯沃尔斯基还廓清了更加遵循国际联盟模式的单一理念。所有这一起都让美国遥遥领先于英国。英国的外交官们只在 1944 年年初才开始真正关注他们称之为“世界组织计划”的工作。1943 年 11 月他们才得知美国的那些同行想要讨论“新国际联盟这个主题”，但直到那时，这些英国人还认为“让美国和苏联加入一个永久性组织比确定该组织的具体形式来得重要”。1944 年夏，具有重大意义的敦巴顿橡树园会议举行的前夕，英国的策划人终于和美国国务院展开了深入对话。美国人提出了“有如此深远影响的建议”，让英国人颇为震惊。其实他们不需要如此惊讶：美国国务院在过去两年中一直都在策划这件事，而且在此之前，在外交关系委员会这样的智囊团组织中、在帕斯沃尔斯基的家中以及布鲁金斯学会中都展开了相关工作。但是，“一战”期间形势变化之剧烈着实令人震惊。

1914~1918 年和 1940~1945 年的两次世界大战的战时讨论有很多重要区别，其中一项就是语域的变化。随着计划从伦敦转向华盛顿，习惯了以经典的牛津剑桥休息室风格思考古雅典智慧的一代人被喜欢讨论法律体系、农业经济或是经济周期的新生代政治决策人取代了。英国政府的员工多是历史学家和古典主义者，而不是具有美国思维的社会学家，因此，他们更关注的是发展与欧洲协调不同的外交政策。令人惊讶的是，查尔斯·韦伯斯特（Charles Webster）这位维也纳会议的外交历史家，在为国际组织制订战后计划时最为投入，其地位居然仅次于当时驻“满洲国”的外交官格拉德温·杰布（Gladwyn Jebb）。韦伯斯特欣赏美国人的勇敢，尤其是他们延续并扩展国际联盟技术部工作的做法。正如罗斯福在“四项自由”演说中预测的那样，新政为全球行动制订了具有潜力的计划，战争本身也让针对饥饿和贫穷的斗争变得更加激烈。击败纳粹后，战胜国毫无疑问会遭遇严重的人道主义危机和难民危机，官员和技术专家开始着手准备应对危机。一些英国外交官嘲笑美国“像传教士那样热情地在鼓吹新政派……以及‘田纳西河流域管理局’，以为管理局是国际社会组织的灵丹妙药”。

那些关注美国的人都明白这项计划的政治原理。如果罗斯福相信让美国人民支持和平时期的国际主义的最好方式是在战争结束前让人们看到它的人道主义潜能，那么，正如英国外交大臣安东尼·艾登在一份重要的备忘录中记录的那样，英国愿意遵从如下内容：

> 十分明显，任何一个战后援助计划的成功，美国的贡献都至关重要……但是，我想除了战后援助，还有很多问题需要考虑。美国政府扮演了这样一个角色：战争结束前，美国越多介入一个国际机构的运作，美国舆论接受战后国际合作的可能就越大，但如果说这届政府正在联合国的支持下尝试培育未来国际组织的种子可能有些言过其实。在世界范围内，战后与美国合作十分重要。我承认，我们必须支持美国把联合国打造成有效机制的所有计划。

1943 年，罗斯福政府宣布了战后国际经济计划，并对战时罪行做了宣判。同年，联合国首届大会在温泉城弗吉尼亚召开。会议商讨了粮食需求问题，由此成立了一个小规模组织。这个组织后来发展成为联合国粮农组织。根据美国政府的做法，英国大使哈利法克斯着重做了如下推理：

美国总统希望首届联合国大会在美国召开。他还认为这次会议应该更加关注人道主义问题，而不是政治问题。他希望联合国大会了解美国人民的想法。如果首次会议成功，就可为今后的会议铺路，从而解决更复杂的问题。

1943年年底前，联合国的另一个组织联合国善后救济总署（UNRRA）也成立了，由原先在纽约任职的民主党人赫伯特·莱曼（Herbert Lehman）领导。转年，世界的注意力都集中在美国。此时，联合国的计划仍考虑长远，它重写了国际经济规则。1944年6月，联合国货币金融会议吸引了来自44个成员国（地区）的700多位代表。他们聚集在新罕布什尔州的度假胜地布雷顿森林，为规范国际货币活动、阻止20世纪30年代大萧条重现谱写规则。曾经摧毁了国际联盟的经济国家主义受到重大国际合作工作的牵制。投机资本的流动受到资本监控的管制，他们降低关税、维持可兑换货币汇率不变，以此推动贸易。英美两国的财政团队并肩作战，他们的计划为两个新的国际组织奠定了基础，也许这两个组织几十年后会在全球管制中扮演重要角色。国际货币基金组织用暂时的国际收支平衡把各成员国维系在一起，国际复兴开发银行（后来的世界银行）的首要任务是为欧洲的战后重建工作提供资金。代表们还同意成立国际贸易组织。但是4年后，关于这项提议的讨论以失败告终，只留下了一份《关税及贸易总协定》，这份协定成了国际自由贸易的参照物。所有这些都是干涉国际资本的具体表现，这远远超越了国际联盟的做法。之所以这样说是因为在这个领域，国际联盟及其稳定市场的尝试都失败了，而现在却达成了《关税及贸易总协定》。与此同时，随着新机构的涌现，旧的组织淡出了历史舞台。国际清算银行在两次战争间歇促进了各国央行合作，这是国际联盟在国际金融领域的主要作为。现在，国际清算银行因战时与德国有所牵连而被取缔——这个决定只在1948年撤销过。东欧各少数民族或被驱逐出境，或遭遇种族灭绝，因此，秘书处中少数派的前景也不明朗。

国际联盟的支持者十分欢迎这些野心勃勃的想法。1943年11月，早些年国家联盟的创始人、古典主义者吉尔伯特·默里（Gilbert Murray）在牛津大学的讲话触及了问题的核心——现代国家的角色转变以及国际主义本质的变化。在对自己所处的社会环境和三十年战争时期的欧洲做过对比后，他说道：

> 看两眼最近的政府文件就知道现在和过去的差别有多大了：比如温泉会议关于全球农业和粮食供给组织的报告，在普林斯顿的国际联盟经济和金融委员会关于战争到和平经济转变的批评性报告等等。如今的世界不同了，尽管现在已经到了组装“杀人机器”的最后一步，现代国家却更加了解如何打造有用的组织，如何在经济研究、社会服务、卫生保健以及对抗恐惧和欲望方面开展工作。我们要从事的事业要在危险中前行，要在规模上发展壮大，它与早期的工作不同，而我们已经做好了充分的准备。

默里提议的这种计划周密、国家驱动式的国际合作是难以实现的。身为一名希腊学者以及维多利亚时期的自由主义者，他最在意的一直是精神层面的东西。但是，老练的他已经认识到当今世界不再受古希腊价值观操控了。世界不再需要国际联盟，战前坚信欧洲文明的价值观具有强大影响力的想法以及草率地呼吁人道的做法已经过时。当今世界需要的是一个崇尚科学、可以带来民主的国际协作组织。美国人从英国人手中接过火炬，莫里和他的女婿阿诺德·汤因比以及一些英国精英人士甘愿一路扶持美国。

1943 年，首次有迹象表明“三巨头”在战后会重返永久的世界安全组织，罗斯福政府走在赢得国内民意支持的路上，调查表明人们强烈支持美国加入战后国际组织，无论这个组织是国际联盟还是其他形式。国际联盟已经落下了坏名声，并且无法逆转，为打响联合国的知名度，国际联盟协会（League of Nations Association）已经换了名字，公关工作已全面展开：打广告，找来好莱坞女星，创作歌曲为联合国做推广。那年秋天，有两项国会决议呼吁成立战后国际机制。这两项议案得到了大部分赞成票，最终得到美国国会批准。

1943 年年末，三巨头最终就成立一个永久的国际安全组织达成一致。意大利的墨索里尼帝国坍塌后不久，莫斯科就召开了 10 月会议。会上，三巨头的代表们（中国也出席了会议）宣布他们已经认识到“十分有必要在最短的时间内成立一个全面的国际组织。这个组织要遵循热爱和平的国家享有主权平等这一原则。该组织要不分大小，对所有热爱和平的国家敞开大门。他的职责是保障世界和平，保卫各国安全”。这个组织现在还没有名字，文件选用了战时的旧称“联合国”，意指“强国间结成的联盟”，各国将在联合国里一起商议国际事务。12 月，三巨头在德黑兰首次会面，宣布他们作为亲密的合作伙伴会和联合国这个集合了“民主国家的世界大家庭”一起为世界创造“永久的和平”。

基于帕斯沃尔斯基在华盛顿的工作成果，罗斯福向斯大林提出了一份针对新成立的国际组织的可行性计划——一个需要全世界参与但不设固定总部的代表大会、一个由四巨头和 6~7 个按地区选出的代表组成的执行理事会、一个由四巨头控制的执行机构。他们有权处理任何威胁世界和平的行为。国际联盟也曾允许大国管理世界，而现在大国被赋予了更多权力，也承受了更大的压力。罗斯福还向斯大林介绍了他们可能要面对的新威胁。其中之一便是，如果小国卷入革命、内战或是同邻国发生大范围冲突，他们可以实施贸易禁令或者采取其他“限制”措施。其二，当大国发起进攻时，“四大警察”可以投放炸弹或进入交战国予以反击。罗斯福十分谨慎，他对“如果‘四巨头’是侵略者要如何应对”这个棘手的问题避而不谈。他愿意为避免赋予四大国否决权付出一切代价。他认为斯大林会坚持要求否决权，但他担心这会让新的国际组织无法有效开展工作。

丘吉尔对这项事业的热情时而高涨，时而低落。而罗斯福则全身心投入其中，他谨慎小心，从不张扬。关于联合国事业的主要参与人和他们的想法，我们对斯大林的了解最少。20 世纪 20 年代末，他曾严厉抨击过国际联盟，说它是穿着和平外衣的帝国主义组织。但是，他一直无暇顾及共产国际。1933 年之后，斯大林让苏联加入国际联盟成为事实。斯大林希望苏联能够自由干涉东欧事务，因此，不难预见他会反对殖民主义。另一方面，他最大的目标就是在战后与英美两国维持友好关系，并且越久越好。这样，苏联就有足够的时间走出被纳粹统治的阴影：只要在联合国的盟友可以保障苏联的安全并且不损害它的利益，斯大林就没有理由不支持联合国这个最新的英美国际主义的载体。到 1943 年年末，斯大林极度渴望于转年开启第二战场；他给出的暂缓共产国际的原因之一就是安抚其搭档。罗斯福称美国不会成为战后欧洲警察，要成立联合国执行委员会的计划也不是势在必行。这或许也给斯大林吃了一粒定心丸。

反对罗斯福及其四大警察思想的不是斯大林，而是美国人民。美国人民指责罗斯福，说他是19世纪的帝国主义者，还说他向布尔什维克主义妥协。有报道称，罗斯福政府想联合各大力量，重现19世纪“精密组织下的世界官僚机构”带来的“果实累累的英国强权下的和平”。保守派一听到苏联是联盟成员就毛骨悚然。与此同时，威尔逊派视联合国为神圣同盟——一个不尊重小国权利的帝国主义组织——的再现。国内的反对声音让罗斯福感到沮丧，国会又要求在同德国和日本签署停战协议前不要成立新的组织。这样，罗斯福政府以“诺曼底登陆日”之名发表了简明的计划，该计划缺乏细节内容，重点否定了所有想要“依靠自身警力成为超级大国”的努力。

1944年夏，许多事情都发生了改变。苏联在东线战场的全面胜利让人目瞪口呆，其规模和影响都让诺曼底海滩发生的事件相形见绌。苏联逼退纳粹国防军数百米之远，还将苏联红军带入波兰和巴尔干半岛地区边境。受形势所迫，艾登和丘吉尔相继前往莫斯科澄清事件对欧洲大陆影响范围的问题。这种做法与威尔逊派的普世说并不相符。德意志铜墙铁壁般的保护网还在拉紧，此时，一场重要会晤正在华盛顿敦巴顿橡树公园秘密进行。联合国安保组织已初具雏形，现在，英国、美国、苏联以及中国的代表正着手充实其结构。他们大部分时间都在讨论4个主要问题。其一是除安全问题外，联合国应在多大程度上干涉其他事务。比如，当美国提议成立经济和社会理事会以促进“世界资源充分、高效利用”（一种全球范围的“新政”，也是罗斯福政府一直推行的）时，苏联代表提出反对，说国际联盟之前就是把时间浪费在这上面的。“首要的，也是唯一的任务”应该是让一个小规模并且精简的组织维持和平、保障安全。而其他的事情应交由联合国之外的组织处理。但是，美国坚持走自己的路，联合国也涉足福利事业和社会政策这些始于国际联盟的事业，开始在更大范围管理世界。

他们的第二个关注点就是联合国能否随意支配武装力量。苏联主张成立国际空军，这样联合国就成了战时联盟的延续。英国认为这有点儿像世界政府。而美国十分清楚要战胜国会，就要提议各国签署协约，保证必要的时候可以随时提供武装力量。但是三个国家都通过不同的方式表示联合国应该拥有自己的武装力量。他们关注的第三个问题是联合国的成员组成。苏联最初希望联合国的成员应该与1942年1月首份《联合国公告》的签署国保持一致，还主张其他“热爱和平”的国家也应被接纳。另一方面，美国希望该组织尽可能全球化，即将各成员国意识形态上的差异降到最低。这样的计划让苏联处于劣势，苏联在联合国寡不敌众，自然得到的支持也更少：毕竟英国可以依赖它的众多领地，美国也有许多南美洲国家支持。如果西班牙、葡萄牙和阿根廷这样的法西斯主义或准法西斯主义国家也得到联合国接纳，那么苏联的处境就更加困难了。因此，他们不仅希望削减联合国大会的规模，还坚持苏联的16个加盟共和国应以独立国身份加入联合国，在某一阶段，这是一个会让协商完全脱离正轨的要求。双方的让步证明了联合国追求的是普遍性，它对成员国的唯一要求就是“热爱和平”。联合国接纳了少数顺从苏联的国家，而这样的国家由斯大林最初要求的16个减少至2个。

所有这些都遭受着一个重大问题的考验，这个问题几乎摧毁了尚未步入正轨的新组织，这就是新安全理事会中的投票权问题。在国际联盟理事会中，所有成员国都有投票权。但是美国担心照搬这种体系会让联合国变得和之前的组织一样无所作为，也会影响联合国的工作效果。此外，全面废除投票权是任何一个大国都不会认可的，当然苏联也不会同意这样做。斯大林担心随着战争接近尾声，苏联在东欧的影响扩张，英美两国会重新审视联盟。1944年10月7日，敦巴顿橡树公园会议结束，投票权的问题仍悬而未决，这给联合国事业埋下了一颗定时炸弹。炸弹一旦引爆，危及的将是联合国的核心事业。

当然，大国之间还可以通过其他方式合作。敦巴顿橡树公园会议结束两天后，丘吉尔和斯大林在莫斯科会面。在双方外交部部长（外交大臣）的陪同下，这两位领导人通过洽谈达成臭名昭著的《英苏百分比协定》（Percentage Agreement）。这份协定授权英国执掌希腊，苏联也可以称霸其余大部分东欧国家。无论这份协定意在维护长久的友好关系，还是只是希望避免眼前的误会，它具有的神秘性都有些像19世纪的外交模式。这与人们希望联合国所代表的形象不一样。与1945年2月在雅塔尔发表的声明保持一致十分困难——那是三巨头最后一次会面，声明许诺已经解放了的欧洲人可以自主选择他们的政府。在那次会面中，比这份声明更有意义的是三巨头终于做出让步，就否决权问题达成了一致：实施制裁和动用武力将会受到限制，但是他们的谈话并未涉及大部分安理会成员国关注的问题。一旦斯大林接受了这个提议，就可以继续筹备国际会议，成立新的世界组织。各国一致同意于 1945 年 4 月在旧金山召开会议。

敦巴顿橡树公园会议后的几个月，在大规模营销攻势下，美国国会官员勉强向美国民众公布了议案，强调了他们作为国家安全保卫者的价值。他们鼓吹美国因孤立主义而失败，并且随着德国火箭弹技术不断发展，海洋已经不能保证美国的安全了。他们在讲话中鲜少提及小国的权益，更多的是如何维护美国的主权。“我们反对所有建立超级大国的想法，”美国新任国务卿爱德华·斯特蒂纽斯（Edward Stettinius）在 1945 年的元旦讲话中说，“这种想法没有，也不会进入我们的议程。”官员们鼓励务实的现实主义——即使不能解决世界上的所有问题，这个新的国际组织也至关重要。

这些都旨在转变孤立主义批评者的态度，并且似乎奏效了。据成立于 1935 年的盖洛普公司的民意调查统计，1945 年 4 月，81% 的美国人赞成加入“一个有武装力量的国际组织，以维护世界和平”，尽管这其中很多人相信在今后几十年内美国自己也会卷入战争。但是，资深国际主义者对此态度不一。美国的主流组织支持这种说法——这是美国的“第二次机会”，并且今后不会再有这种机会了。但是私下里他们也感到担忧。对维护人权或是去殖民化抑或是加强法治的承诺何时兑现呢？有人答道：“敦巴顿骗局？”很多人好奇小国权益问题进展如何。英国《新政治家》杂志（*New Statesman*）认为这种提议是为了将新形式的“神圣同盟”合理化。而且不止《新政治家》有这种想法，英国历史学家、外交家查尔斯·韦伯斯特在他的日记中也曾写道，他们创造了一个“根植于世界组织的大国际联盟”。

罗斯福本人认为旧金山会议开得正是时候，能够及时浇灭英苏两国高涨的战争热情。他希望在战争热情高涨到足以联合各国时采取行动。因此，如果有可能，他们急需在德国被击败前见面。另一方面，这次会议真正的贡献也许是它提供了一次讨论的机会：会议召开前三天，有报道称这次会议有可能剥夺“三巨头的部分权力。至少在表面上能给小国话语权，让它们有存在感”。这个说法忠实地传达了总统的思想。罗斯福知道，在和平年代，这个有些自夸的“国际民主组织”不能靠发号施令管理世界，而是要成为领头人，让自身具有说服力才行。因此，他并不准备召开和平会议，而是在筹备一个类似在独立战争之后巩固了美国统一的制宪会议的行动。他真正关心的不是小国的权利，而是美国国会的态度。因为如果这些小国想要一个国际组织，那么它们最终只能接受大国的决定，别无选择。起初罗斯福为避免威尔逊在1919~1920年犯下的错误，一直坚持着战争时期应对国际问题时采用的两党联立的政策。他还确保去旧金山参加会议的美国代表要包括众议院中两党的领军人物。

罗斯福去世的消息给旧金山会议的开幕式蒙上了阴影，但是正因为这样，代表们才更渴望会议成功。此次会议在形式与思想上都避开了国际联盟，权威人士称赞这个新的国际组织是“国际主义者的第二次机会”。美国政府尤其推崇这一理想化的观点，美国非政府组织也为其做宣传。这种理想主义也反映出美国人民和各国人民都是满怀希望的。然而，罗斯福的逝去确实是全世界的一大损失。如果联合国只有一位创始人，那肯定非这个被他的传记作者称为“魔术师”的人莫属，他才华横溢，可以应对各种不同的情况。然而，就算罗斯福还在世，要在1945年把三巨头聚在一起也是一项大工程，这比1815年维持“反拿破仑一世联盟”还困难。然而意识形态上的差异不是拆散三巨头的唯一原因，人们突然认识到原子弹的威力，最重要的是，人们还发现斯大林确实希望在战后控制东欧各国，而罗斯福一直希望淡化此事。哈里·杜鲁门上任初期希望树立他作为总统的权威，因此对苏联态度强硬，而他的顾问早些时候也提醒过苏联政府，要其注意东欧的差异会危害“世界合作的整体结构以及它们同苏联的关系等问题”。

而对那些小国而言，它们主要的疑虑不是那些超级大国会解体。相反，它们倒是很害怕联合国会重蹈历史覆辙，还担心大国以国际主义之名建立一个新的世界指挥部，这个指挥部技术力量强大，因此比神圣同盟更加可怕。因此，在旧金山，它们将注意力重新转回到联合国大会的权利、人权、殖民地人民的困境以及否决权等问题上，详细地讨论了要取消哪个“程序事项”（雅尔塔会议的说法）。

大会还派了一位特使前往苏联消除分歧、挽救联合国。人们对联合国的疑虑从未打消，认为它不但没有在国际联盟的基础上取得发展，反而重拾了19世纪糟糕的处事方法。加拿大、澳大利亚和其他国家批评这个新的世界组织本质上不具代表性，也不民主。尽管批评如潮，那些超级大国还是坚持将小国排除在外，英国代表杰布的回忆录中就淋漓尽致地体现了他们对小国的蔑视。他们相信无论那些小国如何抱怨，最终还是会同意大国的决策，因为它们需要一个组织代替国际联盟。那些小国最终也的确会委曲求全地同意大国决策。6月，杜鲁门总统主持了会议闭幕式。一个月后，美国国会以89∶2的票数通过了《联合国条约》。凡尔赛会议后令人羞耻的情况不会重现。现在美国加入了这个新的国际组织，英国和苏联也签了字，这样联合国就比它的前身多了一个优势——享有世界强国的支持。

人们精心准备着罗斯福的葬礼。1946年4月，旧金山会议之后一年，国际联盟在日内瓦召开了最后一次全体大会。1920年，塞西尔（Cecil）勋爵主持了第一届国际联盟集体大会——称赞国际联盟使组建新的国际组织成为可能。“国际联盟陨灭了，而联合国会长存。”他总结道。至此，移交工作平稳地完成了。曾备受阿弗诺尔关注的宏伟的万国宫现在成了联合国在欧洲的办事处。国际联盟的机构——卫生组织、营养委员会以及知识合作委员会在联合国更加丰厚的资助下，发展成为世界卫生组织、联合国粮农组织以及联合国教科文组织。国际联盟剩余的资产由联合国接管，其中也包括国际联盟的人力资源——原先任职于国际联盟的官员告别了普林斯顿，在这个新兴组织中出任要职。亚瑟·斯威策推动了国际联盟向联合国的过渡。当有人要他对国际联盟和联合国做一比较时，他说那感觉就像是让正在度蜜月的男人谈他的前妻一样。

但实际上，这位“第二任妻子”和“前妻”却有着惊人的相似之处。失败的阴影仍笼罩着国际联盟，因此联合国深知对外要与国际联盟划清界限。但是，事实却并非如此。联合国仍以由国际联盟开创的三权分立机制为基础，即立法、执行以及理事会三个部门互不干涉。此外，联合国在很多地方只是单纯继续着国际联盟的工作。近代的一位评论员眼光敏锐，如他所说，很少有国际组织会灭亡：它们只会变得默默无闻，又或者如果它们足够幸运，可以随着时代逐渐发展。幸亏在战争期间，帕斯沃尔斯基和他的同事已经开始着手国际联盟的改造工作，才让国际联盟和联合国成为这样的幸运儿。他们对国际联盟的改造足以保障其继承组织长久发展。由拥有否决权的五大常任理事国（所有熟悉19世纪外交的政治家都不会真心想把法国驱逐出去）控制的安理会专门负责世界和平和安全。联合国代表大会的首要职责是为各国提供一个讨论国际事务的机会，但是有些时候它也会发挥核心作用，这多亏了多年前两个超级大国因冷战而僵持不下。但是1945年时却没人相信联合国代表大会能担此重任。联合国经济和社会理事会是美国新政国际主义的主要成就，是以专家为主导的国际合作的发动机，比国际联盟关注的范围更加广泛。其实，早在1939年，国际联盟的报告就曾推荐成立一个这样的组织，但当时受战争的影响，这项事业一直无法开展。更为消极的是，一项针对国际联盟常设国际法院的继承机构联合国国际法庭的新的条例草案出台了，这份草案和海牙会议时的相关草案十分相似：时间会证明，这份草案能发挥的作用少之又少。宪章的序文给了世人一份迟来的承诺：“对人类基本权利、人性尊严和价值的信仰，对男女及大小国平等的坚持。”实际上，强加给成员国的这些义务——例如国际联盟少数民族特权的条约——都被彻底废弃了。

总之，联合国旨在维持战时大国的合作关系。为了避免国际联盟失败的命运，联合国愿付出一切，其森严的等级制度也体现了这一点。也正因为这样，这个机构才储备了自己的军事力量。令人震惊的是，不是所有的成员国都愿意服从联合国安理会的决定，非成员国也是这样：宪章的第二条规定：“为维护世界和平和安全，非成员国必须服从联合国的规章。”

实际上，三巨头成功地打造了一个组织，该组织将新政的科学技术民主以及19世纪欧洲联盟体系的灵活性及强权政治统治融为一体。丘吉尔、斯大林以及罗斯福保留了国际联盟的模式，但是他们通过联合国把世界带回了那个伍德罗·威尔逊反对的时代。三巨头的联盟关系一直延续至战后，至此再没有什么可以阻止联合国发展成为一股令人敬畏的国际治安力量，丘吉尔、斯大林和罗斯福曾多次期待这一刻的到来。但是，直到1945年春，人们对联合国依旧抱有深深的不满和怀疑。联合国军事参谋团的计划夭折，各国未能就这一问题达成一致，这便意味着联合国宪章中提及的小范围内的集体安全都无法实现。对于斯威策这样的国际联盟元老来说，这些都是无法接受的，他们认为关于联合国和国际联盟两者间区别的无休止的争论也是次要的。国际联盟重获新生，可以有尊严地退出历史舞台了。美国为联合国事业付出了很多心血，这是其他国家无法比拟的。1920 年，美国曾经违背过国际主义原则，而今这个重返国际舞台的国家却完全支持这些原则的新组织者——联合国。

第八章　冷战实录（1945~1949年）

同时尚界一样，学术界也是有潮流的。当时，学术界的时尚潮流就是假借作家之手用尽一切讽刺和隐蔽的谩骂手法抨击美国外交史上的“威尔逊主义”……而现在，我们能知道的只是美国改正了从前一系列的错误观念，开始求实地研究世界的真实本质。

——格雷森·柯克（Grayson Kirk），

《国家利益研究》（*In Search of the National Interest*，1952年）

美国上下一致认为国际联盟的相似体联合国就是艾伦·韦尔什·杜勒斯（Allen Welsh Dulles）所说的“和平工厂”。

——查尔斯·西摩（Charles Seymour），

《正确看待伍德罗·威尔逊》（*Woodrow Wilson in Perspective*，1956年）

无须查阅联合国的参考文献，也可以在各种各样的文章中找到冷战时期美国外交政策的全部史实记载。整个20世纪40年代的学术界基本都是描写战时合作破裂和鹰派泰斗乔治·凯南（George Kennan）与迪安·艾奇逊（Dean Acheson）

等伟人崛世而起的文章。尤其是负责历史编纂工作的凯南，他的作品中满是对复杂国际关系的探讨，他的“围堵”政策更是得到了美国政府的青睐和重用。对于史学家而言，凯南是极具魅力的伟人，一定程度上是因为他的确是个完美的文体学家，也是一个思维缜密的历史学家，他提议的政策也很有价值。不过，美国在冷战时期的外交政策需要更多地围绕如何利用联合国一事进行思考，而如今的人们很难考虑到这一问题的重要性，凯南也曾承认他忽视了这一点。确实，到1946年年中，决策者一方的战时国际主义已经日渐衰落。还在官僚政治的混乱中探索前进之路的联合国却因为欧洲爆发的冷战受到了排斥。不过，这种情况没有持续多久，在美国开始关注并参与进欧洲的政事后就结束了。从1949年起，随着主战场转向亚洲，美国开始实施全球战略，国际机构因此成了美方不可或缺的工具之一。尤其在杜鲁门总统的第二届任期内，美国外交新战略逐渐浮出水面，这一模棱两可的新政策把国际机构视为美方建立全球势力的重要武器。新政策并没有寄希望于国际法和国际法庭，也没有像前几任总统那样取信于国际主义学者。新政策大改过去美国的和平时期之风，融合了理想和欲望，高举自由的旗帜，加强技术革新，在十几个地区设立海军基地。更令世人惊讶的是，这种革新正是利用国际机构组织完成的。简而言之，冷战时期的世界并没有脱离国际主义的发展轨道，相反，冷战时期重新定义了国际主义，制定了其权限和目标，也重新建立了国际主义同美国强权的关系。

与联合国同在

战争的胜利并不是单靠某一个国家取得的，而是全世界各国共同努力的结果，当然，最大的原因就是世界大国之间实行了出色的协作策略。美国人民和政府受到这次胜利战争的启发，转变了他们的国家安全战略。人们认识到，在现今的世界，单方面的国家安全政策已经不符合时代发展的潮流，这就好比1918年斯帕德战斗机与1945年的B-29轰炸机或是与1970年的喷气式飞机相比一样，已经过时了。美国以及世界其他大国均认识到，人类并不能划定绝对的地域以确保国家利益是安全的。简单说就是，人类已经意识到，和平是一个世界范围的概念，不仅要恢复和平，更要捍卫和平，这首先需要世界强国的团结协作。

1945 年 6 月，美国国务卿将这份评估报告上交给杜鲁门总统，此时旧金山会议刚刚结束，而建立新的联合国组织已势在必行：只要在 10 月有足够数量的国家被批准加入联合国，就可以完成正式的组建工作了。不过，新组织对美国国家安全的中心地位尚不能完全确立，三个超级大国也没有完全认识到新组织的重要意义。在幕后，美国的各级公务人员和军事谋士纷纷帮忙一起策划新联合国的组织机构——陆军部负责规划成型期的国际武装力量，公共卫生专家则为世界卫生组织的诞生做足铺垫。英国和苏联方面则没有像美国一样为联合国付出很多，因此，美国是当之无愧的“联合国之父”。然而，还有一个十分棘手的问题尚待解决：由于国家安全战略的彻底改变，美国势必对全球所有潜在威胁给出防御对策，那么，一旦三个超级大国谈判破裂，美国会采取什么措施呢？由此衍生的第二个问题就是：如果成立联合国组织最主要的目的是让美国民众对美国的世界地位有所认知，想让他们慢慢接受美国为了国家利益在全球扮演的世界和平保卫者的角色，那么联合国到底对维护这一形象能起到多少作用呢？过去那些年里，美国一直排斥国家之间的永久结盟。现在它的态度会有所转变吗，还是会继续过去不结盟的疏离态度呢？

美国方面赞同第一次联合国大会在伦敦召开，因为此前英国接受了联合国创立大会在旧金山召开。1946 年 1 月，在伦敦尤为阴郁的深冬季节，联合国各国代表齐聚威斯敏斯特破败而不失宏伟的中央大厅。需要商讨的关键事项有两个：一是任命联合国秘书长，二是决定新组织的总部所在地。

国际联盟的第一位秘书长是苏格兰人埃里克·德拉蒙德，随后是来自法国的阿弗诺尔。（第三任秘书长肖恩·莱斯特主要负责国际联盟的战时运营，并主持了国际联盟的解散清算工作。）在联合国的秘书长选举中，各大强国最终接受特里格夫·赖伊作为首任秘书长的安排，这是因为这届秘书长的任期并不会持续很久，而且在选举过程中，一国举荐的人选必会遭到另外两国拆台，如此反复，美国和苏联做出了让步，同意这位脾气暴躁、喜爱夜生活的挪威前任外交部大臣、工党成员出任秘书长一职。作为职业政客，赖伊取得了出乎意料的成功，但作为一名官僚就并非如此了。赖伊并不是家喻户晓的人物，所以他自认为能出任秘书长一职是由于美国支持他主持大会，美国是在几经考虑后选择了他作为秘书长。更糟的是，他刚上任就发现，五大国已经达成协议，每国都会派出一个助理秘书长协助他工作。很明显，像德拉蒙德一样进行行政管理自治对赖伊而言是不可能实现的了。

英国外交部官员格拉德温·杰布（Gladwyn Jebb）曾是“二战”时“世界组织”在英国分部的部长。之前，赖伊甚至还想过把杰布调离他在威斯敏斯特用沙袋搭建的办公地，让他加入秘书处的最高权力核心。联合国大会一结束，赖伊就和新同事一同前往纽约，入住华尔道夫酒店。联合国要比从前的国际联盟更具发展前景，其规模设置是过去国际联盟秘书处的 4 倍。但这并不全然是件好事：由于人员众多，人浮于事，那些能力不凡的元老级官员因为受到能力欠缺的新成员的影响，没能发挥出更大作用，而赖伊一直刻意回避向前国际联盟专家咨询意见。战前的国际联盟机构仍饱受诟病，尤其在苏联 1939 年因侵略芬兰被开除出组织后，国际联盟就遭到苏联的百般责难。赖伊担心质疑声久久不散会对联合国产生不利影响。

赖伊妥善解决了一直以来困扰总部的难题，此乃一大功绩。欧洲人希望让国际联盟的继任组织仍设置在欧洲：因为他们不能接受失去处理国际事务的中心地位这一事实。会晤在柏宁酒店举行，众人在苏联代表安德烈·葛罗米柯（Andrei Gromyko）的房间内探讨时，法国代表警告说：“如果新世界成了世界中心，那欧洲就彻底完了。”其实，此时站在另一方的大多数非欧洲势力都认为，欧洲已经丧失了世界中心的地位。由于希望联合国与欧洲撇清关系，苏联尤其赞成美国在这方面的立场，瑞士方面则搬出很多预先准备好的理由作为借口，虽然没有明说，但是实际上相当于宣布了联合国总部设在瑞士是不可能的。最终，美国决定接受瑞士的意见，而美国参议院也表示赞同。面对这一结果，英国政府官员查尔斯·韦伯斯特只能宽慰自己说，美国这下没理由说是别人强迫他们接手联合国了：

他们必须对联合国的成功与否全权负责。

1945 年年末，预备委员会宣布他们的建议是将联合国总部设在美国，于是很多美国城市纷纷表达了希望作为总部选址的意愿，其中包括南达科他州的黑山、尼亚加拉大瀑布以及夏威夷等地；美国国内有 6 个以上的大城市还为此举行了游说活动。赖伊本人希望总部能设在纽约。但是，由于最初的计划是打造一个全新的国际大都市——根据老一代国际主义者心中布鲁塞尔和海牙未来的样子规划的，因此美国东海岸的三座偏远城镇进入了候选名单，这便引起了格林尼治、康涅狄格州、韦斯切斯特以及纽约等地富豪的不满，他们为此举行了长达几个月的抗议活动。1946 年年底，联合国组织在国际事务中渐入正轨，此时，洛克菲勒家族又一次伸出了援手，联合国大会决议接受洛克菲勒赠予的 72 846 平方米土地，这块地位于美国东河的海龟湾，曾是曼哈顿市郊的一个屠宰场。

直到 1952 年，联合国熠熠生辉的现代化总部才最终落成。在此之前，维护国际和平的许多重要事宜的讨论都是在一些临时场地进行的，其中包括位于布朗克斯区的亨特大学所属的一间改建的体育馆，皇后区法拉盛草地公园上为 1939 年万国博览会而建的室内溜冰场等等。而秘书处则坐落在长岛成功湖附近的斯佩里陀螺仪公司宽敞的车间内。1948 年的联合国大会在巴黎的夏乐宫召开。8 年前，希特勒首次到访巴黎并作短暂停留，法国政府正是在夏乐宫内迎接了他。在这个意义非凡的宫殿里，《世界人权宣言》（Universal Declaration of Human Rights）和《防止及惩治灭绝种族罪公约》（Genocide Convention）经大会投票正式通过。然而，此类临时的应急手段并没有提高联合国的权威性。很明显，赖伊并不是一个合格的组织领导人。于是解决麻烦问题的能手罗伯特 · 杰克逊（Robert Jackson）临时授命前往联合国释疑解难，但他在那里只待了几个月，其间受到官僚政治的层层挤压，赖伊自己不情愿重组问题频发的秘书处这件事也被嫁祸到他身上，最终，杰克逊只得迫不得已离开了联合国。1947 年年初，秘书处内部开始明显表现出对工作条件的极度不满，而当参议员约瑟夫 · 麦卡锡（Joseph McCarthy）开始调查美国雇员的政治观点时，秘书处人员则更加人心惶惶。单单考虑到这层原因，就很容易理解杜鲁门政府为何不放心将本国最要紧的外交政策事项交给联合国处理了，联合国在这一问题上的预算甚至少于一个纽约消防部门的预算，让这样的机构处理这些事着实让人不放心。实际上，联合国成立初期经办的外交事务是非常可观的。

新任的秘书长直到最后一刻才选出来，但他与国际联盟的前任秘书长相比的确有一个优势，那就是《联合国宪章》规定他有权自主决定是否将事务递交给安理会处理。在国际联盟的委员会议上，德拉蒙德和阿弗诺尔基本保持沉默：他们的任务并不是制定议程而是保证议程顺利进行。在联合国大会上，赖伊则既要制定议程，也要保证议程的顺利通过，第一年时，他确实充分抓住了这一机遇。伊朗大使曾前来找他，与他谈论苏联军队仍滞留在伊朗国内一事，经过几番考虑，他决定将此事提交给安理会处理。有趣的是，这件事不仅使苏联代表极为难堪，时任安理会代表、美国的爱德华·斯特蒂纽斯及其继任者、杜鲁门任命的国务卿詹姆斯·贝尔纳斯（James Byrnes）都认为赖伊逾越了自己的权限。赖伊极力为自己辩解，终于让别人认识到他并没越权。谈到巴勒斯坦地区时，他也表现得极为活跃。联合国委员会建议巴勒斯坦实行分治计划遭到了巴方的拒绝，这件事也令人大跌眼镜，为此，赖伊在联合国大会上提出了自己的建议——成立一支联合国军事部队。因为《联合国宪章》规定，安理会禁止商议成立效忠于联合国的军事部队，所以赖伊向大会提议由他用自己的预算招募一个小型规模的军事部队。这当然是行不通的，这件事也让美方和苏联方面的决策者认识到赖伊是一个难以控制的危险人物。赖伊还曾对柏林危机进行了接二连三的抨击。中国共产党在国共内战中取得胜利后，在关于哪个党该成为联合国代表一事上，他也喋喋不休。赖伊虽然很勇敢，但同时又很自负，处事太过情绪化，疑心又很重，这样看来，他并不是一个出色的外交家。

后来赖伊才意识到，他所扮演的历史角色只是横跨于超级大国之间分歧鸿沟之上的桥梁，他之前完全误解了自己的重要作用。他的冲动表现是可以理解的，因为冷战不仅明显抑制了已陷入僵局的安理会，而且还搁置了整个联合国的工作，一系列问题因两大超级帝国间的对抗屡遭搁浅。赖伊提交了一项 20 年计划来解决两国对峙的问题，尽管并不受欢迎，但他为了宣传自己的计划还是带着“和平使命”的初衷开始了伦敦、莫斯科、巴黎和华盛顿的游说旅程，然而这些国家几乎没有哪个会相信他的说辞。1949 年，因为不接受中国共产党的合法地位，斯大林很不明智地退出了安理会，这让美方有了可乘之机，美国成功地得到了联合国的支持，开始设法干预朝鲜战争。赖伊出访苏联寻求援助时，苏联方面把他当作美国的傀儡公然忽视他，称他是“杜鲁门和艾奇逊的走狗，还协助他们搞垮了联合国”。

远离“杂技团”

苏联人说得当然不对：美国已经为联合国投入了太多，又怎么会毁掉它呢？美国不仅极力推动这个新组织的成立，还为它配备了高水准的官员，由此可以让联合国秘书处和美国国务院进行更有效的交流。但是苏联人也认识到美国已经偏离了罗斯福的大国合作政策，确定了同布尔什维克主义的正面对抗策略，关于这一点他们的看法倒是没错。早在 1945 年 4 月，亨利 · 杜鲁门从罗斯福手里接过政权时，美国对苏联的态度已经开始变化。杜鲁门本人大体上是希望推动联合国的发展的，但那几年正值美国不满于同苏联合作政策变化的一派掌控了当局的外交政策，致使联合国本身成了满足美国自身利益的重要工具。美国国务卿迪安 · 艾奇逊的副手早在布雷顿森林会议时就同约翰 · 梅纳德 · 凯恩斯一起工作过，他在 1945 年时还曾极力说服参议院接受联合国的合法地位，可到了 1946 年，他也开始认为联合国就是一个“杂技团”，随后又把联合国视为“‘小白鼠’帕斯沃尔斯基”创建的一个看不到未来的现实主义产物。乔治 · 凯南对此没有什么更高明的看法，但他在 1948 年时曾写下自己对此事的独到看法：

我们发现自己仍然遭受着那场大战中衍生出的浪漫主义和普世思想的毒害。在美国民众看来，联合国的最初发展速度是惊人的，也许真的像人们常说的那样，在这个后战争时期，除了把联合国作为政策实施的奠基石外，我们别无选择。有时，联合国也确实发挥了作用。但是，大多数时候，这个组织制造的麻烦要比解决的问题多得多。

这些人本身就不赞同美国太过偏离过去较为保守的政策轨迹，美国过去的形象本来就是超级大国俘获的战利品。但是，不论是像凯南一样担心过度扩张，还是像艾奇逊一样认为美国必须接替英国担当起世界霸主，他们都在避开联合国，并希望能以19世纪欧洲的规则为基础制定外交政策，而不再借鉴伍德罗·威尔逊的理念，从这一点看，这些人倒是同心同德的。

实际上，在美国当局，像凯南一样反对过度扩张的人只占少数。大多数高级政策制定者烦恼的真正问题是全球势力是应该多边发展还是单边称霸。战争时期，罗斯福任命的左派副总统亨利·华莱士更倾向于世界大同的传统思想，支持同苏联合作。但是，随着冷战的持续升温，裁军对战后美国来说意味着国家安全危险系数持续升高，于是杜鲁门的几个亲信顾问开始进言，称美国已经给予联合国太多的支持，现在理应让美国民众了解即将面临的残酷斗争。这并不意味着要解散联合国，但联合国确实因此成了摆设。

早在1946年3月，英国前首相温斯顿·丘吉尔到美国密苏里州的富尔顿做演讲，在和杜鲁门总统比肩坐于主席台之上时，他就已经有所警觉，此时距离第一次联合国大会刚刚过去一个月。人们已经记不清丘吉尔演讲中对联合国的相关评价，但他前瞻性的警告却被人们铭记于心：一幅横贯欧洲大陆的“铁幕”已经降落下来。他尤其提倡及时组建一支联合国军事部队，并坚持认为建设比国际联盟更为成功的新国际组织是极为必要的。但是这一建议听上去更像是对大国结盟的真诚呼吁，希望美国和英国尽可能缔结更为亲密的伙伴关系，共同对抗苏联。大西洋主义的建立是扬·史末资理念的高度再现，他在30年前就曾倡导英美结盟，共同管理国际事务，拯救世界文明。只不过那时的敌人是日耳曼军国主义势力，而现在则是布尔什维克势力，但从其他方面来看，两次结盟并没有什么区别。与史末资一样，丘吉尔明确表示，结盟政策并没有违背宪章内容，实际上这一政策正好符合联合国的宗旨。

在富尔顿演讲前，丘吉尔同杜鲁门进行了一次促膝长谈，他们商讨了英美军事合作的重要意义，至少在联合国能发挥出真正的作用之前，这是十分必要的。总之，英国领导人只是为了确认杜鲁门本人对斯大林的看法。两个月前，杜鲁门总统曾在私下询问了他最可靠的咨询顾问，表达了他对苏联一方的担忧，一个月后，华盛顿方即收到了乔治·凯南的著名的“长电报”，随后美国便在莫斯科成立了驻苏联大使馆。电报中，凯南对苏联的种种行为做出了深入透彻的分析，这使他获得了重返美国政坛的机会，并最终在国务院内部带头成立了一个新智囊团——“政策规划人员”。尽管智囊团中包括的联合国专家不止一位，但是冗长繁杂的电文还是反映出了凯南的内心困惑。除了凯南以外，还有很多极具势力和影响力的大人物也支持推行强硬的外交政策，这其中包括杜鲁门的顾问克拉克·克利福德（Clark Clifford）、战争部秘书长詹姆斯·福里斯特尔（James Forrestal）和前驻莫斯科大使奇普·波伦（Chip Bohlen）。经过 1946 年夏季和秋季的酝酿，新战略终于初现端倪，这项战略集中体现了国会中多数共和党人强烈反对共产主义的声音。

同年 9 月，一份颇厚的备忘录重重拍在了杜鲁门的办公桌上。此前，杜鲁门曾要求他的助理克拉克·克利福德针对苏联的特点做出全面分析，并要求他给出美国应如何应对的相关意见。克利福德的报告 [实际是由他的助理乔治·埃尔西（George Elsey）撰写的] 中写道，凯南绝不只是因为联合国体制下三大国理念已经瓦解而鼓吹冷战，报告中描述说，苏联希望倚仗马克思主义思想发展成为“世界霸主”，这与美国的价值观极为不符。报告更为详尽地分析了布尔什维克党派想要称霸世界的势头，并详细列出了苏联违背国际公约的各种行为。报告得出的结论就是两大超级帝国间是不可能达成共识的，这意味着美国不能把事关国家未来的赌注全都押在联合国上，因为这太过危险，也极不可靠。美国必须制定自己的政策掌控国家的未来之路，所以全球化战略是大势所趋。

与此同时，苏联新任的驻美大使尼古拉·诺维科夫（Nikolai Novikov）向克里姆林宫发出了他对美国政策的分析电报。报告中同样写道，美国自罗斯福去世后，政策发生了转折性的改变。美国当局正在杜鲁门的领导下寻求踏上“世界霸主”的道路，意欲把掌控欧洲作为它“称霸世界的第一步”，同时妄图打击苏联日益强大的发展势头，瓦解苏联在东欧的影响力。诺维科夫提出，美国在军事领域投入了大量经费，并计划在世界各地新建百余个军事基地。在这些行动的背后，正是美国新出台的“称霸全球”的战略思想。诺维科夫警告道，在关于是否取消联合国安理会的否决权问题上，美国进行了政府对话，在未来的几年里，对话还会继续进行。这些都是美国人处心积虑的阴谋，他们想让“英国成为联合国名义上的领导人，而实际则是想让自己在联合国称王称霸”。诺维科夫 1946 年年初的这封电报很明显是对凯南长电报的蓄意回击，现在回想起来，这封电报也不失为一篇中肯且有说服力的时事分析。然而，尽管如此，苏联仍在以传统强权政治模式思考问题（具有讽刺意味的是，凯南本人已经误入歧途，随后也开始固守传统理念）。与此同时，在东欧建立好安全缓冲区后，美国改进了他们的战略理念，一心想要铲除全世界的“共产主义分子”，这一想法前所未有，更毫无实现的可能。苏联还是 19 世纪老牌帝国的作风，斯大林基本没把联合国放在心上，也并不认为联合国会发挥什么重要的外交作用，而杜鲁门的做法与其截然相反。问题就在于，联合国是否真能帮助美国一举消灭全世界的共产主义。

1946 年 10 月，杜鲁门终于迎来了期盼已久的第二次联合国大会，这是大会第一次在美国境内举办，美国向联合国承诺给予大力的安保支持。然而此时，在杜鲁门的白宫中，依赖联合国的可行性以及军事战术的准确性遭到了很多人的质疑。比如，丘吉尔就对此不屑一顾，他认为委任这样一个新建的组织来处理核能这样的重要问题简直是胡闹。美国却力图使这一问题国际化，为国际原子能发展机构制订了“巴鲁克计划”，这种做法迫使苏联对使用核武器完全非法的议案投了反对票，不出所料，该议程最终陷入僵局。关于在宪章中添加允许建立联合国军事部队的对话也不出所料地受阻了，本已确定委任的军队领导人也只能转而寻求其他工作。到 1946 年年底，在裁军和执法两大敏感问题上，人们已经对世界安全组织有了最初的概念，认识到成立安全组织的重要意义。

同样具有重要意义的是，由于联合国善后救济总署主要在欧洲发挥作用，美国决定取消这个机构。1943 年，联合国善后救济总署为解决战后人道主义危机而成立，在民主人士赫伯特·雷曼的运营下发展成了一个强大的多方救援机构，雷曼的副手罗伯特·杰克逊也功不可没。1946 年夏，救济总署在欧洲和亚洲地区雇用了 12 000 多人，救援支出的费用高达几亿美元。但是，因为受到议会的种种指责，雷曼在这项工作结束后就被迫下台了。在这危急时刻，美国当局却想到，如果能够以对抗布尔什维克主义之名向共和党当权的国会申请对外援助拨款，通过的可能性会很大。问题是，联合国善后救济总署的援助服务同时也提供给东欧的共产主义国家，包括苏维埃乌克兰和白俄罗斯在内。而救济总署在欧洲南部、东部以及亚洲的中国最能发挥作用。这正是西欧国家发达经济体结构的问题所在，杜鲁门政府为此疲惫不堪，凯南、艾奇逊也忧心忡忡。帮助这些国家就意味着一个组织不能比联合国善后救济总署涉及的地域更广。1947 年 5 月，在讨论欧洲的经济复苏计划时，美国国务卿助理威廉·克莱顿（William Clayton）向国务卿乔治·马歇尔强调，问题的关键在于“我们要避免重蹈覆辙，防止另一个善后救济总署的出现。美国这一次要做好掌控全局的准备”。

实际上，克莱顿当时刚刚参加完新成立的联合国欧洲经济委员会第一次会议，会议正在紧锣密鼓地安排欧洲的经济复苏计划，有些人认为美国对西欧的援助也应该是这个计划的一部分，克莱顿尖锐地批评了这些人的观点。但是很快，美国当局也意识到战后欧洲确实需要制订大规模的重建计划。1946 年冬天，美国国会决定为欧洲拨出几亿美元的“后善后救济总署”救助款。当时正值冬季临近，希腊却传来了坏消息，英国在希腊扶植的右翼政府不得人心，而且因为经济拮据，英国军队不得不在几周内撤离希腊。

美国此前从未在和平时期关注过希腊的国家安全，而英国撤走驻希腊军队的贸然决定成了杜鲁门政府开启新道路的催化剂。此时，美国国务院已经在解散联合国善后救济总署一事上深感力不从心。善后救济总署的官员早就提出警告说，美国根本没有意识到欧洲重建问题的严峻形势。因此，1947 年 3 月，杜鲁门在美国国会的联席会议上申请增加对希腊的援助款项，而就在前不久，国会刚刚批准了几乎相同数额款项的希腊救助款。（对土耳其的援助只是为了粉饰美国对希腊过度关注的事实。）只可惜真正常规性的援助请求都被美化成以正压邪的启示录式条款，这显得希腊请求美国干预仿佛是为了在即将爆发的希腊内战中阻止共产主义分子的胜利。

虽然历史学家通常把杜鲁门主义的提出作为冷战开始的标志，但美国的舆论反应却令政府颇为担忧。那些政府官员之所以在最后时刻在计划文书中刻意使用一些稍显温和的字眼，就是因为他们肯定早就预感到美国民众会关心这个计划能否得到联合国的批准。但是尽管如此，杜鲁门总统仍然饱受公众的质疑：盖洛普公司的一项民意调查显示，相当大一部分美国民众认为杜鲁门不应该绕过联合国独立处理国际事务。杜鲁门是自门罗以后首位以其名字命名“主义”的美国总统，然而，杜鲁门主义却并没有为他赢得声誉。门罗主义的目标只是限定在有限的地理区域，相比之下，杜鲁门主义则以保护人权自由为名妄图获得毫无限制的霸权，这正是军国主义精神的体现，所以，杜鲁门主义受到了广泛的谴责。一些记者将这一主义称作“适用于全世界的门罗主义”，而这个“新门罗主义”与旧的门罗主义相比，没有任何优势可言。时评家沃尔特·李普曼严词谴责了杜鲁门主义，称其没有认识到美国真正的战略目标：在美国本该考虑如何加强同西欧的合作伙伴关系时，杜鲁门主义却开启了对苏联周边国家的牵制政策。

李普曼认为，1947 年国务卿乔治·马歇尔宣布实施的重建欧洲的“马歇尔计划”是美国政府回归正确外交轨道的体现。他认为应该把欧洲作为一个整体看待，美国也应该邀请欧洲各国共同商议救济款的使用事宜。和其他的几位时评家一样，李普曼预想马歇尔计划的影响定会延伸至整个欧洲大陆：他认为，欧洲大陆经济的相互依存性必然能让马歇尔计划发挥出巨大影响。而这与联合国欧洲经济委员会的专家草拟的复兴计划如出一辙。不过，马歇尔援助计划的目的全非如此，所幸，斯大林早已洞悉到了这一切并坚信马歇尔计划并不能让美国得偿所愿。斯大林已经警醒地看到，美国的战略目标是想让欧洲的资本主义一派取得胜利，为此，斯大林强迫捷克退出马歇尔的援助计划，并对葡萄牙施压。1947 年秋，苏联迅速予以反击，通过成立共产党和工人党情报局制止了东欧国家的结党统一。布尔什维克政党一方开始有针对性地将世界分为两大阵营。此后，联合国欧洲经济委员会逐渐淡出了人们的视线，这个委员会希望连同东欧与西欧的梦想也被相关国家遗忘了。同时，马歇尔计划的作用却顺利实现了马歇尔和凯南的预期，成功地发挥了复兴西欧的作用，巩固了西欧和美国在经济及安全上的伙伴关系。

曾是 19 世纪国际思想发源地的欧洲就这样成了冷战第一阶段的主战场，欧洲因此退出了联合国内部的争夺战。这也是联合国和国际联盟最初的本质区别之一，后者存在的全部理由就是《凡尔赛和约》的同盟规定。相反，欧洲倒成了冷战早期两个超级大国成立新国际组织的试验基地。首先，从马歇尔的将军的讲话之中可以清楚地看到美国国会支持欧洲复兴计划，欧洲经济合作组织就此成立，为随后的一体化进程奠定了基础，西欧各国开始在 20 世纪 50 年代初发展以重工业为基础的贸易自由化和中央银行的合作。随后，发生了美国外交史上甚为戏剧化的一幕——在和平时代，美国同西欧各国建立了军事同盟关系。

建立这一军事同盟关系的模板就是 1947 年签订的《美洲国家间互助条约》，这一条约中包含了对联合国问题的讨论以及签署国家间避免战争的必要性等内容，实际上该条约签订的实质就是各国军事联盟的缔结，共同抵御西半球以外的国家入侵。美洲国家所指的共御外敌无非就是针对苏联的，而实际上苏联入侵的可能性微乎其微：不过，这种入侵威胁的存在却为巩固反共产主义的忠诚同盟提供了基础保障。两年后，华盛顿方面在签订《北大西洋公约》和成立北大西洋公约组织上取得了历史性进展。1949 年 6 月，参议院以压倒性投票通过成立北大西洋公约组织的议案，《北大西洋公约》是美国外交史上的一次巨大突破，因为这标志着美国首次在和平时期同欧洲强国结成军事联盟。参议院的投票结果为 82 ∶ 13，这说明美国人的思想已经发生了质的变化。根据美洲各国签订的条约规定，缔约各国必须依法遵守《联合国宪章》，并承诺行驶其规定的集体自卫权，但是条约的签订并不意味着联合国失去了重要意义。他们不厌其烦地坚持说，美洲国家间的同盟并不是过去传统意义上的军事结盟。而事实上，这种同盟和过去的军事同盟没有任何区别。与民主党人士相比，德怀特 · D · 艾森豪威尔很少在联合国上花时间。他继任美国总统后，美国缔结了更多的区域性联盟。随着美国的影响力在东南亚和中东地区逐渐扩大，部分国家很害怕卷入冷战受其牵连。因此，国际上不经意间兴起了不结盟运动，形成了鼓励发展中间势力的新一派势力。

世界联邦主义

杜鲁门政府对联合国逐渐形成的复杂态度体现了美国和联合国之间的微妙关系。如果新组织太过美国化或是看上去像美国的傀儡，那么联合国的作用将受到很大的制约。比如说，如果把联合国明确打造成反苏的联盟组织，可能会引起更大关注，但同时也会丧失其作用力。国务卿马歇尔在众议院的外事委员会述职时，委员会突然发现了这一问题的存在。一时间，各位委员提出了各种激进的建议。有的成员希望总统出面提请召开一次联合国会议，对《联合国宪章》进行改革，以便“联合国能颁布执行国际战争法，防止战争的爆发”。还有人希望废除联合国的否决权，继续实行联合国原子能发展机构的巴鲁克计划，倡导建立一支国际警察部队。总之，各种意见都围绕着防止世界大战的再一次爆发而展开，希望联合国能更有效地扮演世界和平捍卫者的角色。

但是，他们提出的这些建议绝不会获得斯大林的赞成票，而实际上这些建议的真正目的也确实是把联合国变成一个反共产主义的国际组织。很多发言人都谴责苏联频繁使用否决权（至少已经行使了24次，而美国一次都没使用过），其中一人甚至把苏联共产党描述为“世界上唯一行使职责的国际机构”。反共产主义国会议员中的年青一代理查德·尼克松就是听证会的组织者之一。而此时，同样具有影响力的是理想主义者的其中一派，他们的日常工作与其他党派截然不同，他们的队伍中也不乏十分优秀的杰出代表。20世纪40年代他们迅速崛起，然后又很快陨落，他们就是世界联邦主义学派。

总的来说，本书想要阐明的是圣西蒙、赫伯特·乔治·威尔斯和保罗·奥特莱所拥护的“世界政府”鲜少有人支持。19世纪的多数国际主义者都相信民族主义和国际主义是存在兼容性的，所以他们一直在寻求成立一个协调机构以增强独立主权国家的势力。不过，在20世纪40年代，世界政府顷刻间就攫住了人们的想象力。之所以会这样，原因很简单：原子弹的出现以及如何控制原子弹的问题。早在1940年，科幻小说家罗伯特·海因莱因（Robert Heinlein）的预言式短篇小说《无法让人满意的解决方案》（*Solution Unsatisfactory*）中就预见了放射性武器的发展，这势必会引起关乎世界政府的相关争论：小说中，海因莱因假定了希特勒的失败，还绘声绘色地描写出美国高级官员的争执画面，他们的争论点在于是否要在世界上建立军事独裁统治，或是把握机会成立一个世界范围的民主联邦，从而利用世界警察的力量控制这种危险性极高的新型武器，防止各国过度生产和使用放射性武器：

> "国际联盟……"我听到有人喃喃低语。
>
> "不……并不是国际联盟。因为过去的国际联盟并无实质的存在意义，也没有什么权势，所以起不到丝毫作用。它只是一个摆设，充其量算个辩论社。而新的联盟组织是完全不同的，我们会使其发扬光大。"

5年之后，希特勒已然落败，世界各地都充斥着对原子弹的恐惧。谁来控制核能无疑成为重要问题。美国在广岛和长崎投放原子弹一事为旧金山会议投下了阴影，大西洋两岸很多过去曾拥护联合国的国家纷纷表示，既然联合国的成立能够解决此前遗留的问题，那么当务之急就是建立一个世界联邦政府以便有效防止爆发第三次或是毁灭性的世界大战。

持此观点的人中最先发声的就是物理学家。1945年10月，阿尔伯特·爱因斯坦在《纽约时报》发表了一篇署名信，他预言联合国不会成为和平的捍卫者，因为它的成立是基于"相互竞争的民族国家的绝对主权"之上。他主张说，如果人类想阻止原子战争爆发，需要成立一个"世界联邦协会取代联合国，从而有效规范国际法律秩序"。11月，位于美国新墨西哥州北部的洛斯阿拉莫斯国家实验室的科学家发表公开声明，号召世人将成立世界政府作为终极目标。爱因斯坦本人同意担任"原子科学家应急委员会"的主席。1946年，杜鲁门政府在联合国原子能委员会的第一次会议上提出计划成立一个强大的新型国际原子能发展机构。这一计划可能会使联合国有效控制和遏制核能的发展，这是物理学家们希望看到的结果。不过，由于苏联并不同意建立该组织的提议，该计划不幸夭折。科学家对这一结果颇为失望，随后，多数科学家接受了华盛顿方面的要求继续原子弹的相关研究，这一运动由此流产。美国众议院设立的"非美活动委员会"曾调查过有国际背景的科学家，由于一无所获也就没有采取进一步行动。到 1947 年年末，信奉联邦主义的科学家明显减少。

美国还有一些其他领域的高端知识分子也曾怀揣联邦主义的理想。以芝加哥大学为基地，一些高端知识分子曾经召开会议来应对国际原子弹的使用问题，还为他们理想中的“世界政府”起草了宪法大纲。这个草拟世界宪法的委员会自命不凡，不单单想防范核战争带来的恐惧和威胁，还想利用“世界法”重启建立“世界政府”的理念，也就是要创立公正的国际秩序。他们坚信一场“大范围的世界政府运动”正在不断向前推进，会为世界的未来指明前进的方向。1948 年，在经过无数次会晤后，他们拿出了研究报告。报告以十分狂妄的口写道，至多再过 50 年，一个强大的世界政府（“这几乎是当代人的一致意愿”）必然会屹然于世。报告以《职责与权力宣言》开篇，建议召开一次联邦大会，与会代表需要由 50 万 ~100 万个投票人选举出来。正如人们所想的那样，报告中涉及的一切规划都是以美国为模板。报告中以美国的选举制度为模型，提供了有组织性的区域选举团做参考——包括欧罗巴（Europa，苏联以外的欧洲）、欧亚地区（Eurasia，苏联和东欧地区）、亚非地区（Africa，马格里布至巴基斯坦地带）以及撒哈拉以南的非洲地区（sub-Saharan Africa，不包括南非）。在三年内，新的世界政府会专门创立一门语言以及通用的世界联邦年历。且不说参差不齐的签署国，报告的内容本身就让人难以置信，报告出版后很快就无人问津，只在反共产主义的刊物上零星地有几句刻薄的评论。（《芝加哥论坛报》告诫读者，这篇文章是“富兰克林 · D · 罗斯福和卡尔 · 马克思”的结合体，“会毁掉美国甚至世界各国”。）然而，报告的格式却很正规化、程式化，这背后正是他们通宵达旦的付出，是美国历史上这个昙花一现的联邦主义团体微薄力量的体现。在这个团体看来，联合国并没有什么大作为，还很有可能会成为“美国维持霸权统治、控制世界其他国家的武器”。

比起这些联邦主义团体，世界联邦主义学派都算是现实主义一派了。他们并不像芝加哥大学那些教授一样是理想化的多数派成员，他们认为，联合国需要的是改革而不是取缔。但是他们暂时还不想像那些支持联合国的主流派成员一样成为美国当局的追随者。1947 年 2 月，在杜鲁门主义出现的前夜，他们成立了自己的组织，他们的思想源头正是战时流行的国际联邦主义，这一思想在1940~1941年萌芽，他们在大西洋沿岸国家中的潜在影响一直很大。世界联邦主义学派的成立也得益于他们有一位富有活力的青年主席——26岁的科德·迈耶（Cord Meyer），他头脑灵活，颇具口才，在美国海军服过役，参加过太平洋战争，在关岛作战时受伤失去了一只眼睛。随后他还曾在1945年作为资历较浅的官员参加过旧金山会议。迈耶在全美各地演讲游说，鼓动人们支持世界联邦。正是经他之手，世界联邦成了世界第一大联邦主义者的压力集团。1947年9月，一项民意调查显示，有56%的人支持"应该强化联合国，使之成为世界政府"的观点，这分明是在暗示着杜鲁门政府在联合国之外寻求美国的安全就要面临政治威胁。同时，世界联邦主义成功说服了美国国会，终于在1948年春为世界联邦主义学派举行了听证会。

1947年，阿根廷宣布将向联合国大会提请取缔否决权的议案，这一做法当然是经过美国同意了的（阿根廷曾在1945年3月向德国宣战，以此博得加入联合国的机会），这件事引起了联合国支持者内心的恐慌。仅仅采用单一的手段是不可能让苏联知难而退的。马歇尔亲自提请成立一个研究小组，着重研究否决权的更改问题，在苏联看来，最具争议的就是马歇尔还想在安理会陷入僵局之时成立一个处理安全问题的新组织。这些都令莫斯科方面极为不满，苏联代表安德烈·维辛斯基（Andrei Vyshinsky）坚持说杜鲁门主义和马歇尔计划已经违背了《联合国宪章》的规定。共产党和工人党情报局在东欧成立后，正如它从外部看上去的那样具有威胁性，它的成立也标志着苏联可能做出退出联合国、重走列宁的革命国际主义道路的危险性决定。也正因如此，马歇尔决定从长计议。1948年，他在国会议员面前论述道，联合国改革需要谨慎进行，要避免新组织破裂瓦解，重蹈国际联盟的覆辙。

在同一听证会发言的世界联邦主义学派主席科德·迈耶并不同意这一观点。改革并不会瓦解联合国：联合国已经岌岌可危，否决权并不是唯一的问题所在。如果能赋予联合国更多执行权，利用国际法庭和自身警察力量的权威保障，联合国就可以更有效地发挥作用。但是，如果想要赋予联合国权力，使之有效运转，真正需要的是向苏联方面拿出诚意，给出全面的改革议案与其共同商讨研究。迈耶在委员会面前晓之以理、动之以情，马歇尔期待的提案终于成功通过，由委员会亲自起草的最终议案就这样轻而易举地拟出，以便“加强联合国的权力，促进国际合作”。

世界联邦主义学派此时达到了它的发展巅峰。此后，该学派在实践中开始更倾向于支持政府决策。1949 年，其成员有约 47 000 人，达到了历史制高点，他们一致赞成《北大西洋公约》的通过。随后，美国发起朝鲜战争的议案也得到了他们的支持，到 1953 年时，学派的会员已经下降至 15 000 人。其中有几千个核心成员一直对学派忠心耿耿，但这其中并不包括科德 · 迈耶，与年轻时的功绩相比，他后来的事业取得了更为非凡的成就。20 世纪 40 年代末，迈耶就开始配合新成立的中央情报局，同渗透在世界联邦主义学派内的共产党分子博弈。1951 年，受到局长艾伦 · 杜勒斯（Allen Dulles）的邀请，迈耶成了中央情报局的正式一员。联邦调查局曾指控他是安全隐患，为了澄清自己，他迅速用行动做出了证明。20 世纪 50 年代，他领导中央情报局的国际组织分部，暗中为各类媒体和游说团体打通了筹资渠道。1962 年起，他开始接受秘密行动。退休时，迈耶详述了自己的经历，从战争时期的国际主义阵营一直到美国国家安全中心的内部核心。这段经历简直就是美国国际主义其中一种形式的缩影，这一思潮在战后的短短几年里经历了兴亡祸福。

现实主义的不现实

人们往往会过高估计凯南对政策的影响力，但毋庸置疑的是，称他为一个极具影响力的分析家一点儿也不为过。1948 年 2 月，凯南已被任命为国务院政策规划人员的负责人，此时他发现了两条完全不同的处理国际事务的路线——普世主义观点和排他主义观点。前者强调依靠公理法规解决国家间冲突，重视法律手段多于政治手段，倡导由国际组织和机构作为仲裁，但凯南并不看好这种普世主义。凯南对美国民主感到由衷的质疑，他认为“非美视角”下的外交理念才是外交艺术的真谛所在。因此，他强烈批判避世主义以及一味暗地支持联合国的不切实际的幻想。他提出了具体问题具体分析的方法论，并认为正确的做法应该是理念相似的国家结为“利益和前景一致的真正同盟”，而不是“依靠国际法或国际组织不切实际的形式主义”。国际主义的弊端不仅体现在它会导致各国期望的落空，更令人担忧的是，它还会弱化美国的自由，对美国构成羁绊，使其陷入一个“贫瘠而又烦琐的国际议会政治”的窘境。

从国家内部决策机制的角度来看，凯南的分析阐明了新“现实主义”的概念，他认为要以美国以外的时事分析者的身份思考国际问题。曾是托洛茨基主义拥护者的詹姆斯·伯纳姆（James Burnham）出版的畅销书《世界之争》（*The Struggle for the World*），正是对反联合国行动的呼吁，他主张抢占战争的发起权，这样才能为美国价值观的发展铺平道路。他很是赞同海因莱因的小说内容，即由美国而不是世界政府垄断原子核武器。像《世界之争》这样的书籍如流星般一闪即过，因为多数人都认为他们的理论太过暴力和粗糙。而长远看来，更具影响力的却是由一小拨少数派知识分子策划的颠覆性理念。

后世人所称的“现实主义”发端于战争时期，随着国际联盟的瓦解和纳粹的崛起，现实主义也随之经历了兴衰起伏，尤其是1939年早期捷克斯洛伐克被攻陷时，现实主义也遭受了严重的打击。《二十年危机，1919~1939年》（*The Twenty Years' Crisis 1919–1939*）是英国记者兼历史学家爱德华·霍列特·卡尔（E.H.Carr）在国际关系方面的开山之作。这本书一直被视为国际关系理论的教科书，它抨击了国际联盟及其支持者的痴心妄想。卡尔评价道，他们认为事物的发展方向会按照他们的所想所念稳步进行。人们不应该像伍德罗·威尔逊一样单纯地认为几个追求和平的国家就一定会共享利益。相反，他倡导人们用马基雅维利的智慧思考问题。卡尔一语破的，“道德是权力的产物”。

对于美国来说，1940年夏，欧洲的权力平衡体系发生的改变使美国彻底改变了以往的战略思想，不再局限于四面环海的西半球安全理念。先锋派战略家爱德华·米德·厄尔（Edward Meade Earle）——安全研究的学科创始人、卡尔的追随者，是当时的关键人物之一，他在普林斯顿发起了一次极具影响力的研讨会，与会者包括卡尔本人、凯南以及许多其他杰出代表。厄尔在一篇抢眼而又极具争议的文章中一针见血地指出了 H · G · 威尔斯所犯的错误，威尔斯认为科学的发展让政治机构和政治进程变得不再重要：威尔斯理想中的国家政体永远不会成为现实，厄尔坚信美国会比全世界其他任何国家发展得更快，更具主导作用。相反，科学的快速发展会带来新的威胁，“世界大家庭”的主张会被轻易忽视。神学家莱因霍尔德 · 尼布尔（Reinhold Niebuhr）是早期现实主义的又一个代表人物，他提醒人们，他在战时系列讲座提到的“光之子”丝毫没有低估部署的反对力量：一个国际团体并不会因为科技需要它而成为必然的存在。精忠报国之心和权力意志才是它存在的关键因素：“一个国际团体如果想要屹立于世，名留青史，就要让其成员国为抢占全球份额而战，以竞争促进世界的发展。”尼布尔在 1944 年时这样写道：“在全球性守则的制约下，民族自豪感变得难以实现。”而在真正的普世主义实现之前，“其中的糟粕部分必须被淘汰出局”。有些人认为“否定了国家主权绝对性原则的国际法新定义有助于抹去事实”，然而要制定英明的政策，就要摒弃这种天真幼稚的想法，这也说明可以利用国际机构的忠诚捍卫者去“反抗世界的无政府状态”。

尼布尔的著作用了庄严的修辞，彰显了伦理责任，影响深远。20 世纪 40 年代神学家的地位如日中天，在美国政策方向的公众讨论中占据着无与伦比的权威地位，所以他的观点多从神学角度出发，最后发展成了学术理念和世界政策。他概述的基本观点是，如果国际机构脱离各国的国家利益，可能就不再具有任何价值。不过，这一观点已经由社会科学家和理论家发展成了一个完善的理论体系。其中，一群从德国流亡来的法学家尤为积极地传播这样一个观点：像乔治 · 施瓦曾伯格（Georg Schwarzenberger）、约翰 · 赫茨（John Herz）和沃尔夫冈 · 弗里德曼（Wolfgang Friedmann）这样优秀的学者都从纳粹的崛起和自身的流亡经历中有所领悟，他们认识到，老一代人单纯信奉国际法的做法有待商榷。考虑到权力以及人类的基本权力欲望，需要换一个新的角度思考国际事务，让法律成为政治的从属。这个学科正是国际关系中社会科学的雏形。

汉斯 · 摩根索可能算是这群人中的佼佼者。1946 年，他的著作《科学人与强权政治》（*Scientific Man versus Power Politics*）为他赢得了大量读者，摩根索在书中表达了对厄尔观点的支持，抨击了技术专家治国论的天真幻想，他认为他们对人类进步和普世主义理论的信仰过于单纯幼稚。他写道，如果拒绝承认政治斗争的持续性，任何一个国际组织都不会长存。《科学人》杂志还特别批判了国际法，称它妄想在世界政治的现实中制衡整个世界。不论愿意与否，战争是国际生活必不可少的组成部分，而世界更需要英明的政治家而不是有心无力的法学家："真正亟待解决的问题不是'法律是什么'，而是'法律应该如何制定'，能解决这个问题的并不是法学家而是政治家。要做的决断不是在合法和违法之间，而是在政治的智慧和愚蠢之间。"

两年后，摩根索的《国家间政治》（*Politics among Nations*）问世，该书让摩根索享誉全球，成为美国历史上影响深远的教科书之一。本书几乎分毫不差地再现了冷战时期美国国际关系的处理手段，描写了美国摆脱对国际法的幻想后发生的质变。在美国大肆宣传支持联合国时，摩根索利用他所做的战时讲座发展了他的理论，反驳了旧有的国际定式，提醒人们国家行为和国家利益的追求正是国际政治的动力所在，要提防随意将通用道德准则强加于这些问题之上的做法。这一观点认为国际合作是次要的，充其量是一种偶然发生的现象，而不是国际事务进化至终端的结点。美国一直在寻求自己的全球新定位，为此它必须要挣脱过多的条条框框，最适合美国的法则应该兼具联合国的捍卫者和怀疑者两种特质。摩根索的主要目的是让华盛顿方面的决策人士认清国家利益的重要性，明白冷战并不是一次法则的改革运动，而是一场权力之争。

实际上，跟厄尔和卡尔（以及凯南）在这一问题上的看法一样，摩根索对国际合作的看法与自己的很多追随者相比更加复杂和细腻。摩根索反对的并不是对国际法本身的诉求或是国际法的理念 [奥地利的法学巨匠汉斯 · 凯尔森（Hans Kelsen）过去讲授的法学主导理论]，法律可以而且应该从政治领域剔除出去。支持联合国是件好事，但需要注意的是，最基本的重点是权力均衡，尤其是欧洲的均势。在厄尔看来，人们要警惕对国家安全概念或是国家利益概念认识的模糊不清，认清两者的广泛含义至关重要，它们不仅包括军事和地理因素，还包括意识形态和道德伦理的因素。约翰·赫茨的巨著《政治现实主义和政治理想主义》(*Political Realism and Political Idealism*)在当时并没有受到足够的重视，而该书却最为明确地给与作者志同道合的人指明了中心路线，他们都认为即使权力之争主导了各国的国家体制，但集体安全、利益以及国际法都有着重要的意义。赫茨倡导的是“现实自由主义”，它会为“可实现的理想”提供理论和实践支持，他还提出，人们对国际联盟的披露太过极端，实际上国际联盟在集体安全上身先士卒的政策安排还是十分具有参考价值的。一旦接受了赫茨“理想自由主义”的假定，就会在两个极端之间发现更多共性，主要会得出更多实用的和实践性的世界政策。

尽管远离象牙塔，美国寻求国家安全和国际机构支持这两个目标看上去并不矛盾。毕竟，联合国是由各个大国共同管理的，这与过去的国际联盟截然不同。20世纪前几十年里许多国际组织都尊崇尚法的国际主义，联合国也并非一定要朝着这个方向发展。就连对联合国没什么兴趣的凯南也意识到支持联合国可能会为美国带来好处：比如说，1948年，他也同样支持就苏联封锁柏林一事的相关决定。从其他国家的角度来说，它们加入联合国对美国的全球外交政策至关重要，原因和区域条款的重要性一样，它们的加入会巩固美国在世界的地位，同时还能让美国避免被孤立的困扰，而被孤立一直都是杜鲁门政府的心头隐患。美国注定要成为世界上的超级大国，而国际主义是达成这一目标的唯一途径。凯南或许希望美国能像俾斯麦建立的德意志一样，但是美国的民众并不接受那样的美国，因为美国好不容易找到了更高远更无私的理由掩护自己，不再像过去十几年那样被世界各国孤立。像联合国这样广受欢迎的组织机构正好为美国提供了融入世界的机会。有了这样的认识，美国的决策者开始有意识地思考他们能在联合国中获得多少权利以及联合国对他们会有多少限制。此后，即使是在与联合国建立密切联系后，美国也只能得到更具灵活性的好处，美国民众也很明显地愿意接受——实际上是十分欢迎——由华盛顿方面组织的联合国国际联盟体系。

美国加入联合国的举措很有积极意义，充满实用性，但单纯指定某一个人为这种方式的设计师是不准确的，这理应是美国集体智慧的结晶。但是如果真的存在这么一个人，那一定非后来的国务卿迪安·腊斯克(Dean Rusk)莫属。腊斯克的名字并不像才华横溢的凯南一样经常见报，而且，在凯南以美国最伟大的外交政策评论家的身份享誉全球时，腊斯克却因为身陷越南战争而淡出公众视野，逐渐被人们遗忘。不过，尽管从杜鲁门到约翰逊的几任总统都在精心培育美国的外交战略，但在美国的外交政策日益成熟的过程中，腊斯克对美国外交的影响却比其他任何人都大。这个来自美国南部的小伙子出身贫寒，20世纪30年代，他获得了罗德奖学金，得到了留学牛津大学的机会。“二战”爆发后，他开始在太平洋地区服役，见证了美国战时对印度和东南亚的积极援助。在受邀加入国务院之前，在联合国的掩护下，他协助建立了美国在太平洋地区的军事基地。在亚洲时的特殊战时履历以及对英国和英国人经年累月的了解让腊斯克形成了自己独到的观点。

腊斯克在任国务院驻联合国事务办公室主任时，极力反对国务院内的欧洲主义者，20世纪40年代末，他极力呼吁美国在制定外交政策时将联合国纳入考虑范围内。杜鲁门主义公之于世时，他刚刚走马上任两个星期。此时正值批判主义浪潮汹涌之时。其支持联合国的做法终于拨云见日，得以平反。此后，在向杜鲁门和马歇尔将军表明联合国对美国目标的重要意义时，腊斯克发挥了至关重要的作用。他教给杜鲁门和马歇尔如何在联合国大会中利用多数的亲美国家的方法，1947年年底，在希腊问题上，他成功地让苏联陷入尴尬境地。同时，他还让两人知道如何在坚持反殖民主义的同时调和美国与欧洲盟友的关系。1948年，他利用联合国为印度尼西亚赢得了独立，在这一过程中，美国同印度的关系也得到了进一步发展。在调和过程中，腊斯克轻而易举地解决了同属联合国的区域安全同盟的需求；与此同时，虽然他支持发展氢弹核武器，但是他相信联合国本身已足以成为美国反苏的有效武器。他甚至还邀请一位共和党人国际主义者约翰·福斯特·杜勒斯作为驻联合国的美国代表，这一举措保证了他的政策可以获得美国两党的最大支持，从而顶住麦卡锡主义的压力持续发展下去。

就这样，马歇尔和杜鲁门越来越赏识重用腊斯克。朝鲜战争期间，腊斯克极力推行他的政策遏制朝鲜。在得知朝鲜入侵韩国的第一时间，他就劝说总统将该项事务提交给联合国。因为只要苏联代表一直对安理会进行联合抵制，他们就无法行使自己的否决权。杜鲁门对这一提议十分赞赏：他明白，由联合国出面对朝鲜战争进行干预才是名正言顺的。腊斯克之所以能为美国外交做出如此卓越的贡献正是因为他的政治计划中结合了现实主义和军事野心。一方面，腊斯克坚信国际法的权威性。在20世纪50年代早期，他一直坚持的反殖民主义开始得到响应，他也开始在各类演讲中呼吁美国支持亚洲的反殖民主义民族运动，遵守《联合国宪章》的规定。同时，他还积极开展与其他国家的和谈，签订了各区域的安保条约和军事基地协议。他让美国的陆军海军势力成为联合国委任的必不可少的全球维和部队。

如果说杜鲁门的现实主义执政思想主要是受到德国内战理论的影响，那么腊斯克全新的政策理念可能主要基于他学生时代在牛津大学培养的大英帝国国际主义世界观。他曾师从的两个教授都与国际联盟关系甚深，对他产生了很大的影响。其中之一是国际法法学家詹姆斯·布赖尔利（James Brierly），他致力于对国际法的辩护，强烈批判把国家利益放在第一位的理念，这也是腊斯克一直坚守的理念。与布赖尔利一样，腊斯克认为法律、道德和权力都是相辅相成的，实际上多数的正派英国自由帝国主义人士也都这样认为。教授腊斯克国际关系的老教授阿尔弗雷德·齐默恩曾在1917~1918年英国为国际联盟起草的计划中发挥了重要作用，他也同样支持上述观点。20世纪50年代早期，年迈的齐默恩已经从牛津大学退休，在康涅狄格州的一个小型学院教课，他曾公开敦促这个得意门生接过大英帝国曾在世界上扮演的角色——尽可能推动联合国的发展，并为其提供必需的条件，正如以往他希望英国能如此经营两次大战期间的国际联盟一样。在腊斯克看来，很多像齐默恩这样的人都把美国人看作自由火炬的接班人、世界文明标准的捍卫者。过去的古典学家则把美国视为雅典的继承者和现代自由联邦的领袖。

腊斯克的同事约翰·福斯特·杜勒斯继承了他的国际主义理念，而腊斯克本人在20世纪50年代接任了洛克菲勒基金会主席一职，任职期间他以其他形式继续坚持着这一理念。（雷蒙德·福斯迪克在1948年时举荐腊斯克进入了基金会的董事会，腊斯克因此自然而然地成了福斯迪克精神的接班人）离开政界后，他一如既往地热衷于传播自己的政策理念，像一位学院老教授一样滔滔不绝地传授着自己的思想观念。例如，1954年，他主持了基金会下的特殊会议，与会者包括众多知名学者和决策人士——沃尔特 · 李普曼、汉斯 · 摩根索、莱因霍尔德 · 尼布尔、保罗 · 尼采（Paul Nitze）以及记者詹姆斯 · 赖斯顿（James Reston），会上他们对国际关系理论研究的未来发展做了各式探讨，讨论了像社会科学理论本质、道德在决策过程中的重要意义、国家利益的定义这类深奥课题。这次会议广受好评，是国际关系学在美国崛起的重要历史标志。此后，腊斯克还利用基金会宣传了外国资金、技术、福利援助在国际主义中的重要意义，沿袭了 1939 年福斯迪克开创的传统。1962 年，他开始鼓励美国对技术专家和社会科学的国际投资，同时，他还重返政府，成了肯尼迪和约翰逊两任总统的国务卿。虽然随着亨利 · 基辛格势力的崛起，腊斯克的实用国际主义地位最终受到了挑战。但是，很明显，此时美国和联合国的国际关系已经发生了彻底的改变。

第九章　第二世界和第三世界

未来的历史学家可能认为20世纪最伟大的“变革”并不是1917年11月列宁在俄罗斯颠覆了短暂的临时自由政权，而是看起来不那么突出但实际影响更为深远的历史事件——欧洲对世界400年统治的终结。

——汉斯·科恩（Hans Kohn），《联合国和国家自决权》（*The United Nations and National Self-Determination*，1958年）

我活了78年，从未听说过像柬埔寨一样专制统治如此血腥暴力的国家。

——温斯顿·丘吉尔，1953年

从第二世界到第三世界

随着冷战的爆发，曾受万众瞩目、国力遥遥领先的大国苏联突然惊觉自己已经落于下风。斯大林的首席文化理论顾问安德烈·日丹诺夫（Andrei Zhdanov）1947年在第一次共产党和工人党情报局大会上向各代表坦言：“各个行业的代表人士，包括科学家、商业团体、青年人、学生，都认为他们之间可以维持良好的国际交流，遇到工作难题时可以沟通经验，互相咨询，他们还能定期举办国际性会议和聚会，然而同源共流的各国共产党人，甚至是共产主义盟国却都不愿缔结彼此间友好的纽带关系，这当真是件怪事。”日丹诺夫能这样直言不讳也着实令人惊讶。因为除了这一席话，他一直都在颂扬苏联在创建联合国时表现出的“光辉形象”，也时常赞扬成立联合国的伟大构想，称这个组织会实现“世界民族间真正的合作愿景”。

事实上，苏联在思索外交政策时曾再三审视过联合国的战略地位，但它并没有认真考虑过重获思想意识中心控制权的必要性。1943 年共产国际解体时，它已经不再在各强国中发展革命国际主义，但结果却差强人意。对于苏联来说，这个新的世界组织正在变成一个让苏联备感尴尬的地方。1946 年在伊朗和希腊问题的相关讨论中以及 1948 年安全委员会关于柏林的辩论中，美国的策略大获全胜，美国一而再再而三地迫使苏联行使否决权，将斯大林不愿提及的事情置于镁光灯下以吸引公众的目光。同时，联合国的人员结构问题也一直困扰着苏联。在联合国秘书处内部，秘书长周围最为亲近的顾问多数都是美国人，其中又有大多数人都是美国国务院的亲信。相反，苏联人在联合国的高层官员中比例不足 1%。在联合国大会上，美国在多数问题的表决中拥有大多数固定的有效支持者，美国还与英联邦国家、西欧和拉丁美洲的多数国家联合起来轻松超越了苏联以及波兰、南斯拉夫、捷克斯洛伐克三个苏联盟国的投票：这就是为什么在短短的 6 年里，苏联在安理会的表决中使用了 47 次之多的否决权，而美国却在 20 年里从未使用过否决权。“由于联合国是随着冷战的爆发同步发展起来的，”两位美国分析家写道，“毫不夸张地说，联合国已经成了西方强国操纵国际政坛的政治平台甚至是政治工具，而且他们总能得到大多数成员的支持。”腊斯克的政策看上去已然居于上风，而苏联却陷入了所谓的“永久否决”的困境。

这很大程度上反映出苏联从始至终都对世界一体化组织的概念兴致索然。斯大林之所以参加联合国创立大会，主要是因为他的到场能让苏联的强国特权表现得淋漓尽致，这代表着强国可以利用特权防范第三次世界大战的爆发。由于一直不满于国际联盟的解散，斯大林在其他方面对联合国也并没抱什么希望。同时，斯大林对专业机构的大量增殖颇为不满，所以多数时候都不参与这些组织的活动。对巴勒斯坦、克什米尔、印尼以及意大利的殖民地等国家和地区，斯大林并没有认识到它们的重要意义，所以苏联代表也没有打压西方强国在这些地区的各项举措。一般只有当涉及自己认知范围内的自身利益时，苏联代表才会行使否决权。因此，国家主权保护是莫斯科方面首先要考虑的因素，苏联共产党最蔑视的就是主张创建世界联邦政府的资产阶级卫道士。早在具有关键性意义的敦巴顿橡树园会议中，苏联代表葛罗米柯就向美国的有关官员明确表示，如果在联合国的决议过程中，不能在涉及自身利益的争议中行使否决权，苏联宁愿世界上没有联合国的存在。

苏联之所以这样做，是因为它想利用否决权架空联合国，防止安理会和联合国大会过于强大，进而发展成苏联的一大威胁。而美方关于削弱安理会的权力、赋予联合国大会和秘书长更多的权力的提议让斯大林十分困惑不解，在美国提议对《联合国宪章》进行改革时，苏联立刻站在美国的对立面，成了宪章最坚定的捍卫者。随着毛泽东领导的无产阶级政权在中国的胜利，斯大林限制了联合国的进一步发展，一直阻拦中国作为新成员加入联合国大会。美国曾建议，安理会如果在处理国际和平及安全事务的过程中陷入僵局，就可以将权力交给联合国大会。美方的这一提议让斯大林的计划看似收到了成效。实际上这个举措与《联合国宪章》的最初理念极不相符，最终还导致了秘书长特吕格夫·赖伊被迫辞职，有评论家指出，正是联合国的这些举动引得莫斯科方面“暴怒”。1951 年 2 月，斯大林严词谴责联合国，称“联合国这一组织正在发展成战争的工具，一些别有用心的国家想利用联合国发起新的世界战争……现在，它已经不再是一个世界性的组织，而是美国人的组织，它所代表的就是美国这个侵略者的利益”。1952 年，两位美国时评家尖锐地评价说，令人惊讶的并不是苏联对联合国的敌意，而是尽管时常谴责联合国，但该国仍是联合国的成员国之一。

毫无疑问的是，苏联共产党之所以没有退出联合国的原因是其试图创立新世界组织的计划接连受挫。尽管苏联规划成立的组织既适合冷战时期的共产党人，也适用于反对共产主义的一派，在此期间苏共还利用马克思国际主义思想的威望吸引了全球的注意力，但在“二战”之后，苏共取得的实际政绩却微乎其微。日丹诺夫1947年组织成立了共产党和工人党情报局，这正是苏联为应对马歇尔计划采取的举措，旨在重组东欧共产主义政党格局，保证共产党思想意识的一致性。共产党和工人党情报局成立后，共产主义的党派会议大张旗鼓地召开，而这种会议并不是同盟国间的会议。尽管苏联宣称这次会议标志着“反帝国主义民主同盟阵营”的诞生，但实际上，受邀参加创立大会的只有欧洲人。铁托统治的南斯拉夫本是苏联最为忠诚的追随者之一，可刚过了不到一年的时间，他却出人意料地表现出独立的想法，这让民主同盟阵营瞬间四分五裂。共产党和工人党情报局因为铁托和斯大林的分裂难以存在下去，此时的东欧也呈倒戈之势，最终这个组织没有撑过10年的时间就全然瓦解了，还不足其前任组织共产国际寿命的一半。

苏联意欲成立的“爱好和平”公民大会更是收效甚微：尽管莫斯科方面成立的像世界和平委员会和世界和平党人大会这样的组织都曾一度是联合国的有力竞争者，但这些组织却更如昙花一现。随后，苏联一心想让世界各地的共产主义党派联合起来，为此大举召开定期会议，而曾对1919年列宁领导下的莫斯科颇为信服的友好邦国和政党在20世纪50年代都对苏联的定期会议不胜其烦。南斯拉夫以及发展前景良好的中国都发展起来了，成了苏联意识形态领域的强敌，这让会议变得更加烦琐复杂，这些会议除了发表一些令人尴尬的公报外，并没有什么切实的成果。到了20世纪60年代早期，连古巴共产党都挺进非洲，成了苏联在当地的革命劲敌。而与其同时，联合国在世界的地位不降反升。1947年，日丹诺夫不得不做出妥协的姿态，他说道，冷战期间各类国际组织如火如荼地创建起来，且多数都是由美国及其盟友负责运营，苏联置身事外的傲慢态度已经让自己疲惫不堪，举步维艰。

因此，苏联一直都没有退出联合国，相反，斯大林去世后，其继任者更加积极地寻求苏联在联合国的新机遇，以求扩大苏联在国际上的影响力。1956年，汉斯·摩根索评价联合国为“大联盟”，其对立面就是苏联及其同盟组成的又一“大联盟”，这一描述若用来说20世纪50年代初的局势还算贴切，但放在当时则未免牵强。直到那时，苏联才开始参与联合国的技术援助工作，重新加入了国际劳工组织、联合国教科文组织以及世界卫生组织。在新任秘书长达格·哈马舍尔德（Dag Hammarskjöld）的劝导下，苏联对朝鲜问题进行了协调，敦促朝鲜半岛南北两方停火协商。哈马舍尔德还对中国进行了个人访问，此行意义深远，他希望通过协商，中方能归还被击落的美军飞机，苏联在这一过程中也起到了一定作用。1955 年，苏联多年来首次抱着认真的态度在裁军与和平使用核武器的问题上与他国进行了对话，奥地利和平条约因此得以签订，苏联与联邦德国和日本的外交关系也恢复了正常。最重要的是，那一年可能是联合国史上最为重要的一年，多年来限制别国加入联合国的僵局终于被打破，16 个国家与联合国达成协议，成为联合国的新成员，从而开启了联合国历史上最具活力的 10 年。

两战期间，苏联的政策是实现共产主义和资本主义的“和平共处”，而后来成为斯大林继任者的时任苏联总理尼基塔·赫鲁晓夫对这一政策进行了重新解读。苏共考虑到冷战之后与欧洲可能会产生分裂的问题，所以他们开始积极寻求在亚非地区扩大影响力的途径。莫斯科方面渐渐认识到同殖民主义的斗争是时下最重要的意识形态问题，这也是苏联笼络联合国的关键意义所在。当然，两个超级大国都喊着反殖民主义的口号，但是美国方面却在反殖民主义的道路上颇为尴尬，因为世界的几大殖民势力都是它最亲近的盟友，尤其在 20 世纪 40 年代，美国还曾极不情愿地对他们进行了公开谴责。相比之下，苏联在反殖民主义道路上畅通无阻，因为它的主要盟友东欧各国在海外没有什么殖民地。1947 年，日丹诺夫发表公开声明称，苏联是“世界各国自由和独立的唯一真正的捍卫者，苏联反对任何形式的民族压迫和殖民掠夺”。在最后一次公开讲话中，斯大林不再像过去一样简单地把世界分为“社会主义”和“帝国主义”两个阵营，他认可第三方“和平阵营”的存在，并认为这一阵营对争取社会主义的胜利至关重要。

斯大林自己把主要精力放在了欧洲的分裂问题上，而他那些比较年轻的同僚则更为关注未来的发展。当时在法国，人口统计学家阿尔弗雷德·索维（Alfred Sauvy）臆造了“第三世界”的说法，这个概念专门用来概括非洲和亚洲的殖民地区，将其视作全球变革的一个区域，彰显其在冷战中与日俱增的重要性。1953 年斯大林去世后，苏联开始更多地关注殖民世界，一改自1934年以来出于强权政治原因的缄默，重新再现了旧时代马克思国际主义的活跃景象，在赫鲁晓夫当政时期尤其如此。在此期间，美国也毫不示弱，美苏两方的对抗频频发生，于是，马克思和马志尼的论战再一次在全世界上演，而联合国正是这场争夺的主战场。

去殖民化

如今回想起来不禁令人震惊：1945年后，欧洲很快就不得不交出其占领的殖民地，殖民地的收复进程也着实神速。当然，去殖民地化是一个漫长的过程，反殖民主义运动在美洲从18世纪末就开始时断时续地进行着，一直到19世纪末才基本结束，而瓜分非洲和中东的争夺战也在19世纪末才开始。甚至早在“二战”期间，就有一小部分欧洲人预见到在未来的十几年里，欧洲帝国的殖民势力将会大幅缩水，直至彻底消失。诚然，他们也意识到民族主义势力的崛起会引起各殖民地对欧洲统治的大范围反抗，尤其在战争期间，民族意识的觉醒更为突出。而丘吉尔、史末资以及其他人都把以联合国为中心的新型国际安全框架视为对白人统治的巩固，所以他们并没有放弃殖民统治。丘吉尔一直自欺欺人地认为1941年签订的《大西洋宪章》中提到的“自由”并不适用于欧洲。荷兰的流亡政府同样固执地认为，东西方已经达成互助协议，形成了“共同体主义”，基本排除了亚洲的印尼和南美洲的苏里南独立的可能性。而美国把尚无定论的提议提交给联合国，宣称联合国对所有殖民地负有最终责任，这给了欧洲人当头一棒。在夏尔·戴高乐领导的自由法国，时任殖民署秘书长勒内·普利文（Rene Pleven）借文明使命之名首先表达了对联合国的支持态度：

在这个非常时期，法国当然比以往更能意识到祖国的重要性……时下要推行的新政策规定，已遭受殖民统治数个世纪的殖民国家不再履行“殖民地责任”……“殖民地责任”将由某个国际组织继续履行，所以这一组织必须以正义为美德，具备一定的能力，还要具备勤勉的品质。殖民地人民的利益和愿景都无法通过改革实现，这些都应是临时代理组织的职责，这个组织将以集团的名义，将尚处于原始社会的人民从水深火热中解救出来，让他们不再饱受疾病、蔑视、迷信和暴政的痛苦。

然而，世界上还存在着其他实力强大的对立势力，并不是只有美国和苏联两国在相互对抗，在反殖民主义方面，美苏两国都支持殖民地的独立需求。欧洲的法西斯势力过于自我，过于法西斯主义，他们并不承认国际上对反殖民主义的潜在呼吁，一直到全球反殖民运动兴起，他们才发现此时再加入这个队伍为时已晚。在亚洲，由于日本大打反欧洲统治之牌，所以荷兰、法国及英国在亚洲的殖民统治很快就被终结了。1955 年，反对结盟的会议在万隆召开，而根据一位历史学家著作中的观点，不结盟运动的号角其实在日本 1940~1942 年的侵略行为开始时就已吹响了。日本同亚洲民族主义分子的战时合作激起了亚洲地区对欧洲殖民统治的不满情绪，因此 1945 年，欧洲在对亚洲地区去殖民化运动进行百般阻挠时遭到了亚洲人民的强烈反抗，其中尤以荷兰和法国为甚，荷兰在东印度群岛以及法国在中南半岛都不得不以武装暴力手段维持殖民统治。在此之前，印度的国大党组织了反抗游行，局势异常动荡，国民群起反抗英国的统治，数千人被逮捕。由于处于战争时期，甘地和尼赫鲁出面制止，阻止了事态的进一步扩大，但是在战争结束后，他们明确表示，印度对英国的反抗为世界反欧洲殖民统治复辟的斗争做出了巨大努力：“我们的斗争只是全世界各民族反压迫斗争的一个阶段。”

为了维系殖民统治，欧洲霸权国家以偷换殖民概念和武装强权的双重措施应对殖民地人民的抵抗：“当地居民”变成了“原住民”，帝国的概念被置换为“联盟”，纳粹分子曾以摄政国的殖民身份对捷克斯洛伐克进行殖民统治，如今也更名为“联邦国”以掩盖其殖民行为。由此，欧洲仍在强行为自己冠以“文明使命”之名以维系其殖民统治。1946 年，英国政府的宣传手册中这样写道：“英国的帝国主义虽生犹死，如今只在那些批判家的口号里还能听到这个名词罢。”殖民办公室表示：“殖民制度就是付费民主的现实阐释。”1944 年，法国发表了关于帝国未来的《布拉柴维尔宣言》，宣言中坚持说："法国海外殖民地的人民不希望任何形式的独立，只希望作为法国的一部分独立存在。"一旦有殖民地百姓通过各种方式反驳这一说法，法国就会对他们开展场面血腥的武装控制行动。1945 年 5 月，在阿尔及利亚的冲突中，上万名当地人被法军射杀，法国在叙利亚及马达加斯加的镇压行动同样异常惨烈。

但是，殖民帝国的统治者可以从美国再一次产生的类殖民想法中受到鼓舞。罗斯福任期内的国务卿助理萨姆纳 · 韦尔斯（Sumner Welles）本以为可以为"帝国主义时代"的结束而欢呼庆祝了，但此时战争部的亨利 · 史汀生（Henry Stimson）却看到了美国对海外基地的需求。尽管美国国务院为联合国的战后殖民接管草拟了计划，美国海军却认为太平洋的某些岛屿具有重要的战略军事地位，必须由美国自己掌控才行。1944 年正是战后美国军事基地建立的开始，美国的帝国基地并不是为了进行殖民而是为了建立陆军和海军基地以及飞地[①]。

因此就不难理解旧金山会议召开的数月间为什么一直没有提到殖民地和托管国的问题。比如说，敦巴顿橡树园提案就没有提到这一问题。1944~1945 年的冬天，英国对美国的一项议案提出了反对，该议案提议扩大联合国对各殖民主权的监督力度，而英国则希望削减联合国的权力，让它除了搜集殖民信息之外起不到任何妨碍其殖民统治的作用。"三巨头"最终一致同意由联合国来执行过去国际联盟的授权制度，并从殖民者手中收复殖民领土。（其中也包括自愿接受托管的领土，不过，实际上欧洲列强当然不会同意交出这部分领土。）美国海军如愿建立了军事基地，为其定名为"战略互信领土"。从美国的反殖民主义人士的角度来看，这些基地无疑是反殖民主义的巨大失败，因为这就表示美国同意欧洲对东南亚地区进行殖民统治。

尽管旧金山会议在更为开放明朗的环境下举行，但这仍然没能让殖民问题发生根本性的改变。《联合国宪章》则一直规避风险，不愿给出明确承诺来赋予那些附属地区恢复完全独立的权利，托管的领土因此一直处于联合国的监管下。然而

① 飞地指隶属于某一行政区管辖但不与本区毗连的土地。——编者注

宪章第 76 款却并没有将托管的最终目的定义为独立，而是给出了一系列虚无缥缈的说法以混淆视听——“以适合托管领土及其人民的特殊国情为原则，并以实现人民流露的自由愿望为目标，按各托管协定的条款规定，最终逐渐发展为自治或独立的国家”。“战略互信领土”也同样受到监督，但并不是由联合国大会或托管理事会负责监督，而是由安理会负责。现存的殖民地也都更名为“非自治地区”，而根据《联合国宪章》的规定，所有殖民势力都必须“承认这些地区的居民利益是至高无上的，各殖民势力需不遗余力地把发展国民利益作为自己的神圣责任……竭尽全力提高属地人民的生活质量”。殖民势力必须定期向秘书长汇报殖民地的相关信息，他们在离开旧金山时，信心满满地认为联合国可以与帝国统治比肩前行。

的确，从国际联盟时代开始，国际政治就已经发生了一些变化，各大强国的殖民事业也因此被迫中断。联合国大会接过了托管制度的重担，这也是后来联合国大会崛起的重要原因之一，我们会在下文中对此进行讨论。宪章为联合国打开了欧洲殖民制度的大门。托管理事会本身并非由联合国的公务人员组成，和过去的旧时授权委员会一样，该机构是由联合国的成员国代表组成的，因此，殖民主义的帝国势力在这里被划为少数派，备受排挤。托管理事会还十分重视民意，欢迎更多的群众参与到政治中来。另外，《联合国宪章》尽管承认政治自决并非一种权利，而是一种原则，但宪章却也没有明确说明殖民地何时方可独立。

联合国大会的崛起

新的托管制度明显弱不禁风，难担重任。一眼看上去就知道，和之前国际联盟的委任制度相比，这一新制度并不能取得更多突破性进展。联合国大会一直想获得“行政管理权”，把殖民地的独立排上日程，让殖民地居民能更多地参与到本国的自主管理中，然而这一想法却未能实现。由于托管理事会的一半委员都来自殖民帝国，除此之外就是其他的安理会常任委员国的代表，所以帝国势力起初一直处于优势地位，也很少有相左的意见出现，欧洲帝国的殖民统治看上去十分稳定。

若这就是旧时的国际联盟，那必如丁尼生（Tennyson）的《人类议会》（*Parliament of Mam*）中所呈现的那样，备受欢迎的联盟大会实际上由欧洲全权掌控。1920年，来自48个国家的代表参加了在日内瓦召开的第一次联盟大会，这些国家中只有4个代表来自亚洲（其中包括英国统治下的印度），没有中东代表与会；伊斯兰教代表几乎可以忽略不计，而佛教和儒教代表更是一个都没有。联合国就完全不同，在各大强国的初始代表中有英国的欧内斯特·贝文（Ernest Bevin）和法国的乔治·皮杜尔（Georges Bidault），而这些欧洲代表的意见在审议过程中并不像过去的欧洲那样有分量。在联合国最初的51个成员国（或地区）中有27个曾是殖民地国家（或地区），其他的就是来自东欧的人民民主国家，它们都不是帝国主义国家。1947年，反殖民运动大举兴起，拉丁美洲的各个国家联合成立了美洲独立领土委员会，“专门抵抗各个地区各种形式的殖民主义”。联合国中阿拉伯成员国和亚洲成员国的数目大量增加，这一进步鼓舞了那些殖民地争取自治权的抗争，从突尼斯到缅甸，这些狭长的领土之上终于燃起了独立自治的星星之火。菲律宾（1946年美国授予其独立自治权）和印度（1947年脱离了英国的殖民统治）成为首先突出重围获得独立的两个国家，联合国大会自此独立承担起了反殖民主义的伟业。

1946年的第一次联合国大会上发生了历史性的一幕：印度代表团指控南非歧视其国内的印裔居民。从理论上说，这样的控告是根本不会得到承认的，因为《联合国宪章》的国内法规定对此类问题不予讨论。然而，联合国大会对宪章的这一规定视若无睹，印度人此时也没有完全独立。印度清醒地意识到，如果想要摆脱英国的帝国统治，他们必须把联合国大会当作有力的讲坛，利用这里发出声音，做出成绩。鉴于印度和南非都是大英帝国的属国，按照传统的方式，应该由英国内部裁决这一问题。而印度方面却把这一事件以种族歧视的名义呈交给联合国大会来处理。尽管联合国大会的权力有限，但是印度人想要的是“把史末资将军的独裁政策公之于众，让全世界人民看到他的斑斑劣迹”，这样看来，联合国的确是个理想讲台。

鉴于国际法从19世纪开始就是帝国主义利益的象征，《联合国宪章》明显也是依据帝国利益而定，所以不难发现，驱动联合国大会决议的并不是法律文书或是《联合国宪章》，而是政治。美国建议把南非问题提交给国际法庭处理，但这一提议很快被否定，因为种族歧视一直以来都属于政治问题，不应该交由法官进行裁决。传统派人士称，这一问题属于少数民族范畴，联合国应当警惕民族主义的复苏。而对于这一说法，印度坚决反对，称这并不是少数民族的问题，而是种族问题。在这件事上，印度取得了最终胜利，南非对此极为震惊，因为他们从未料到联合国大会会对本国的内政评头论足。印度这次胜利被誉为民主的胜利。而这个结果同样是一柄双刃剑：对南非内政的谴责成了联合国大会的年度最佳表现和对种族隔离宣言的有力反击。然而，在这一案例上，联合国大会除了进行谴责以外并无实权，所以其价值很快就消失不见了。

1947 年，作为补偿，英国得到了巴勒斯坦的委任统治权，这件事充分彰显了联合国大会受到的诸多限制。在这一问题上，联合国大会是主要的决策方，1947 年 11 月，联合国大会决定通过投票对巴勒斯坦的“分治处理”进行表决，耶路撒冷地区交由英国进行委任统治，少数民族地区由联合国进行管理。决议一旦通过表决立即生效，这让人大跌眼镜，因为这一决议是对犹太复国主义的包庇。政治又一次击败了法律。阿拉伯国家提出的由国际法院进行裁决的提议被严词否决，情形与前一年联合国大会对南非问题投票表决时如出一辙。1948 年，犹太人和阿拉伯人两股武装力量之间爆发了战争，起因是前一年的隔离计划大会，激战过后，联合国大会投票任命了一位调解员，1949 年，在他的最终调解下，双方达成休战协议，签订了分治决议。巴勒斯坦的案例表明，尽管联合国可以为殖民统治的反抗斗争带来一线希望，但是由于缺少军事力量，其政策就缺乏有效的执行。这同时还说明，1947 年第三世界国家选票的影响力还极其有限，无法主导联合国的决定：阿拉伯国家均反对分治决议，但最终反对票却只有 13 票。上述事实都表明，如果超级大国出面（美国第一个承认以色列独立的事实，苏联随后认可了以色列的合法地位）联合国就基本没有用武之地。

当然，安理会明显是一个颇具深度的政治组织，这就表明，联合国大会同样是政治性组织。但这并不能说明该组织会在冷战时期坚定地支持某一方。不过，从更为具体的意义上来说，联合国大会认为制定基本决策的人并不是法学家，而是全球的政治代表。事实上，联合国大会的崛起是威尔逊思想的体现，他主张由世界议会进行统治，联合国大会的崛起也意味着半个世纪以来法学国际主义的最终失败。法律对政治的让步已经让时评家们开始把注意力转向敦巴顿橡树园议案。事情的发展并不是一帆风顺的，到20世纪50年代，国际法庭的学者们举出两战期间的实例警告世人轻视法律的危险："整个世界一片荒凉。"艾森豪威尔的国务卿约翰·福斯特·杜勒斯曾和他的法学家祖父参加过1907年的海牙会议，他逐渐意识到，国际法已成为逝去的梦想。1957年，杜勒斯接受报业巨头亨利·卢斯（Henry Luce）采访时，巧妙地回答了他的问题："国际法庭确实已经难以发挥作用……虽然手头有许多仲裁协议，但是他们从未对此善加利用。"原来的国际法研究所对国际法庭政治性选举的做法也颇为担忧。尽管不愿承认，但该研究所真正担心的事情确实是欧洲法官数量的急剧下滑。到20世纪80年代中期，时评人士推断，"广为人知却没有真正发挥效力的国际法庭"实际上已经拖慢了国际和平事业的发展进程，因为它毁掉了国际法公平正义的形象。

实际上，联合国大会不但不想与法律审判扯上关系，更不想一味地遵守《联合国宪章》，受其制约。对世界强国而言，单纯依靠少数服从多数的议会制度，使联合国大会自成立以来就难以受其掌控，联合国大会的表决结果往往难以预知和操控。联合国大会曾经否决了英、美、法达成的三方共同管理利比亚的协议，尽管鲜少有人记得这一事实，但这绝对体现了联合国大会的魄力。这一否决让时任英国外交部大臣贝文颇为不满，他愤愤地抱怨说，联合国根本就是在扶持振兴"阿拉伯–穆斯林–亚洲的联合集团"。随后，利比亚由联合国大会委任的一名官员进行管理；次年，意大利曾经的殖民地厄立特里亚也交由另一位联合国官员管理。

美国国务卿乔治·凯南运筹帷幄，他提醒美国政府说，联合国大会也许不会像许多人预想的那样，会如美国所愿成为其忠诚的仆人。尽管联合国大会的各成员国大小各异，政治局势也不尽相同，但是它们拥有同等的决策权，只要大多数国家同意，联合国大会就可以做出决议。所有政体都可以被视为有主权的实体。与过去相比，现在的联合国对主权的认证标准更为模糊，也更为宽松。简言之，

“只要是在人类历史当前发展阶段成立的一系列偶然的社会团体都可以作为独立的国家得到广泛的认可”。凯南估计，联合国当时只有 1/4 的成员是美国的可靠支持者。在和平和安全等重要问题上，美方还可以如愿以偿，而在殖民问题上，美方的议案则经常被否决。迪安·腊斯克在首轮政策之战中胜出时，凯南就做出了富有远见的论断：联合国大会对美国的作用主要体现在美苏对峙的冷战时期，而今这种对峙已经逐渐让位于其他关注点了，联合国大会也就不会再为美国提供那样的有利条件。所有了解凯南的人都不会对他的这一论断感到惊讶：凯南是个性情中人，他对民主党的外交政策一律持反对意见，而联合国大会把外交官员的权力全部收归己有，也确实给美国带来了诸多的棘手问题。联合国大会在国际舞台上尽情地表演着自己的“议会制度主题话剧”，联合国也因此成了一个“全新的、运营方式多元化的大剧院”。凯南的失误在于他的错误判断，这是因为他的眼光太过超前。联合国和美国一同奔赴朝鲜战争一事使得国际政治环境危机四伏，这场战争衍生的棘手问题在随后的十几年中会逐渐显出庐山真面目，真正的难题才刚刚开始。

1955 年之后，联合国大会成员国的数目激增，速度之快超出人们的想象，这也是导致凯南判断失误的主要原因。1946 年，联合国在 51 个最初成员国（和地区）的基础上新增了 4 个成员国；1947~1950 年，只有 1 个国家获准加入联合国；1950~1955 年间，成员国数目没有任何变化。由于被苏联的阻碍与美国的麦卡锡主义夹在中间，联合国几乎处于瘫痪状态；特里格夫·赖伊不断呼吁把联合国打造成一个真正的全球组织，但是这一号召当时听来只是一种悲鸣罢了。斯大林去世以及达格·哈马舍尔德担任秘书长这两个契机为这一僵局画上了句号。尽管中国的问题仍未解决——直到 1971 年，中华人民共和国才取代中国台湾地区恢复了在联合国的一切合法权利，但联合国的多数成员已经对两大超级帝国的遏制主义失去了耐心，它们积极进行频繁的外交活动，仅在 1955 年一年，联合国就新增 16 个成员国及地区，其中包括刚刚独立的柬埔寨、老挝和利比亚。自此之后，联合国规模急剧扩大。1961 年新增 23 个成员，而随后的 10 年中，又有 33 个国家加入了联合国。至此，亚非集团已经成为联合国的主导力量。

1955年，万隆会议胜利召开标志着第三世界国家开始作为真正的政治力量登上国际政治舞台，世界的根本格局从东西差距转为南北差距。也是在这一年，联合国大会投票决定，在未来的任何人类权利公约中都把国家自决权置于中心地位。在印度总理贾瓦哈拉尔·尼赫鲁和印尼总统苏加诺的邀请下，有29个亚非国家及殖民地参加了这场盛会：与会者包括反共联盟中的泰国和斯里兰卡等国、社会主义国家中国以及中立国家印度等。1954年，美国创建了“东南亚条约组织”，将冷战的战火引向了亚洲，这就是万隆会议召开的主要原因，尼赫鲁当时明确指出：“东南亚条约组织”的内涵就是“另一种形式的门罗主义，美国想要单方面驾驭东南亚各国”。苏联集团的华沙条约组织和艾森豪威尔的新型区域军事联盟引起了东南亚及中亚各国的高度警惕，万隆会议的与会者决定避免各国间毫无意义的冲突，要为这个世界的未来发展畅所欲言。毕竟相比于冷战来说，核武器大决战对各国的基本生存产生的威胁更为严重。甚至连美国的盟友——包括菲律宾和伊拉克在内，也都在为国家自决权据理力争。万隆会议上曾讨论过苏维埃政权在东欧的统治是否也是一种殖民主义的形式，这一争论虽然没有得出明确结论，但是各国一致谴责了“各种形式的殖民主义”。会议还敦促柬埔寨、锡兰（斯里兰卡旧称）和越南等新独立的联合国成员国尽快履行义务，让联合国更高效地运作起来，使更多国家加入进来，摆脱世界强国的掌控。

西方观察员为此陷入了极度的恐慌。英国的国际事务理论家马丁·怀特（Martin Wight）在伦敦经济学院的演讲中表现了他的敏锐意识。他讲道，自己所说的“万隆势力”完全就是“马志尼革命派联盟”的翻版，这一势力试图把联合国打造成“反殖民运动的机构、神圣同盟的对立面”。另一位英国时评人士准确地预见到，新兴的独立国家会将万隆会议的胜利召开作为确立阿拉伯及亚洲国家世界地位的一种手段，它们正在诉诸世界，要求赋予参与此次会议的国家更多（由联合国代表）的世界权利，而不是像联合国最初建立时那样几乎没有什么话语权。

艾森豪威尔政府也或多或少感到了同样的威胁，他们一方面被国内紧张的民权运动所困扰，另一方面又惧怕爆发全球范围的种族战争。国务卿约翰·福斯特·杜勒斯担心万隆会议会使“共产主义吞并”整个第三世界，他希望自己能阻止这一情况的发生。他还对过去的“泛亚主义”心有余悸：和许多其他国际主义分子一样，他们成长的世界对爆发全球种族冲突普遍心存恐惧。艾森豪威尔却并没有很慌乱，他一针见血地指出：自“二战”结束以来，民族主义在全世界迅速发展，而苏联因势利导，比美国更加充分地利用了这一局势，正可谓“民族主义新精神为苏所用”。万隆会议一结束，华盛顿方面的事后调查组总算能稍稍安下心来了，因为他们发现，共产主义中国并没有“雄霸”此次会议，许多会议结果也与美国的外交政策基本一致，并没有大幅度的偏离。

此次会议的直接结果，就是让艾森豪威尔更加笃定地相信帝国霸权终将灭亡。在 1956 年第二次中东战争爆发之前，他就公开表明了这一观点，强有力地加速了非洲去殖民化的步伐。艾森豪威尔一反常态，开始接受并拥护第三世界民族主义分子的掌权者。非裔美国国会议员小亚当·克莱顿·鲍威尔（Adam Clayton Powell Jr.）参加了万隆会议。回国后，他提醒杜勒斯和艾森豪威尔“我们必须赶快行动”。在被问到美国应如何增强在亚非地区国家间的影响时，他回答道：“停止支持联合国内的殖民主义帝国；尽快解决美国内部的种族问题，并向世界宣布我们已经取得的巨大进步；在外交部中任用更多的黑人。”杜勒斯曾与英国的外交部大臣哈罗德·麦克米伦（Harold Macmillan）商讨过也要组织召开一次“与万隆会议相极的会议”，他们计划在会议上宣布他们有序实施去殖民化政策的打算，借此制衡苏联。如果英国完全赞成，去殖民化的计划就能有效制裁苏联。美国的分析家们 1956 年 1 月这样评论道：“全世界人民都意识到殖民时代已经不复存在了。即便是我们正在经历的冷战阶段，全世界人民仍然万众一心，共同肩负着反殖民主义的重任。”从这一点来看，第二次中东战争其实为艾森豪威尔政府提供了天赐的良机，因为正是在这样的情形下，美国才得以成为反殖民主义力量的领导者，而不是欧洲的殖民主义盟友。1956 年联合国大会再次提出赋予联合国特权一事，这一次艾森豪威尔欣然赞成，而提出反对意见的安理会成员则是英法一派。艾森豪威尔准许联合国秘书长达格·哈马舍尔德组织一个特设的联合国紧急部队去往中东处理危机。这或许就是联合国和美国共存关系中最显著的特点，它们同生死共存亡，联合国自此开始承担起保卫世界和平的历史重任，同时，这再一次显现出联合国在美国的扶植下已经成功发展成为一个不可或缺的国际组织。

第二次中东战争后，法国《世界报》(*Le Monde*) 在 1956 年 10 月发表文章说："美国人在控制欠发达国家（常常被称为'自由的第三世界'）的同时，并没有忘记同苏联的对抗。"不过，艾森豪威尔的一举一动都经过了深思熟虑。在国家自决权问题上，美国在联合国的官方地位仍然受制于欧洲。对于英国和美国的众多观察者来说，帝国的覆灭来势汹汹，令人措手不及，然而如果固守殖民主义帝国，就不利于维持他们所谓的"国际社会"的稳定。用怀特的话说就是：

> 一些原始殖民主义的批判者认为，正确的做法就是尽快恢复尚未解放的亚非国家的自由权利，让这些刚刚解放的国家成为国际社会的一员，实现国家工业化以及推进民主进程……历史上，这样的理想化转变被称为"巴尔干化"，这种转变意味着一些弱小国家因为长期的民族不和、残酷纷争逐渐分裂成小邦小国，长久处于独裁和专制的动乱中。它们既不服从于国际法也不接受外交条例的约束，对于周围的大国而言，这些国家就是议会制政府以及战争爆发的所在地。

其他英法时评员则更加无所避讳。他们干脆公开为殖民主义辩护，有人说新出现的民族主义分子的掌权者们没有能力统治世界，更有人假模假样地说他们或许懂得如何主宰世界，但是由于过于关注民族主义，由他们统治的未来世界必将成为少数民族以及边缘部落的噩梦。毕竟，尽管万隆与新德里以及北京还有些类似，但万隆与巴布亚新几内亚则是完全不同的。这不仅让与生俱来的帝国主义者担心，也让和非裔美国作家理查德 · 怀特一样善于思考的自由主义人士忧心。怀特在《色彩幕布》(*The Color Curtain*) 一书中曾对这些问题进行过颇具挑衅性的探讨。

美国官方声明，美国主张"进化式自决权"——一个极具威尔逊特点的口号，这个主张让美国时而支持其欧洲同盟，时而站在印度支那以及苏伊士一方谴责欧洲帝国。不过，威尔逊主义在其中并没有得到任何提升。杜勒斯曾经声明："我们的目标是让世界成为一个渴望政治独立的多民族世界。如果一个民族有能力保持其政治独立性，并能为公认的文明国家标准保持一致而履行职责，这个民族就应当享有独立权。”从这一言论中，可以看出杜勒斯仍试图固守国家文明标准的旧观念。斯大林的继任者赫鲁晓夫极为期待向美国挑战。他想向世人展示，苏联有能力在技术发展方面与美国抗衡。因此，赫鲁晓夫执政时，苏联人造卫星发射进太空再次证明了苏联的现代化水平，他还向埃及、印度以及许多国家承诺苏联将会为它们的航空事业提供支持。苏联的一位领导人 1958 年首次访问非洲，他在阿克拉举行的“全非人民大会”上表示，苏联完全支持“国家自决权”原则。因此，当非洲人民被问到近些年他们最支持哪个强国时，不出所料，有 25% 的人支持苏联，只有 3% 的人支持美国。对于他们来说，科学技术的发展和受压迫民族的团结一致显然比民主更为重要。

1960 年 11 月，联合国大会就《给予殖民地国家和人民独立宣言》进行了投票表决。此时艾森豪威尔的总统任期马上就要结束了，并没有多少空间留给美国的外交家运作。独立宣言的想法最初来自苏联，但是该宣言的主要内容是由 26 个亚非国家共同起草的，大部分是基于全球广泛采用的万隆原则。然而，这一次欧洲乃至美国都投了弃权票。美国方面的弃权是艾森豪威尔的个人决定，因为此前英国首相曾为此事求助于他。不过，这次弃权却让美国国内大吃一惊。美国驻联合国大使写道：“我必须声明，对美国的弃权票，我感到极为震惊和失望。”就连美国的国务卿也没能劝住总统。而艾森豪威尔的反对方则更加坚定地认为，艾森豪威尔在任期之末让欧洲主导了美国的政策走向。实际上，宣言本身并没有任何约束力，它只是陈述了所有民族都有自决的权利，呼吁加快解放殖民地国家的步伐。但是，该宣言却是联合国为抵制欧洲帝国延续而发出的最强有力的号召。1961 年，在苏联的建议下，联合国大会决定成立一个特殊委员会，专门监督殖民地独立的进度。

正是在这样的背景下，联合国大会的崛起才显得意义非凡。冷战已经让安理会寸步难行：在 20 世纪 40 年代末，安理会平均每年能做出 18 个委员会决议，而到 50 年代时，每年的决议尚不足 5 个。相反，由于各国一致渴望和平，联合国事务处置权慢慢从安理会转移到联合国大会手中，从此以后，联合国大会便开始成为国际舞台上的主角。1955年，联合国大会的增员大大扩大了其影响力，随后十几年中立运动的兴盛也推动了联合国大会的发展。受联合国大会影响，安理会也实现了改革，1965年时，在改革的推动下，安理会成员国由11个增加到15个。联合国大会为民族解放运动做了大量的宣传工作，从阿尔及利亚的民族解放战线到巴勒斯坦民族解放组织，联合国大会为他们提供了许多支持。20世纪60年代，联合国大会的这类宣传产生了极大的政治影响，有时足以消除军事劣势，甚至达到反败为胜的效果。例如，民族解放战线利用联合国对法国频繁施压，并且效果显著，这必然加速了民族独立的进程。戴高乐对此甚为恼火，说联合国大会就是“一群暴乱可耻之徒的议会，大会中永远不会有客观性的探讨，都是恶言谩骂”。他的愤怒正体现了联合国对法国施加的压力，戴高乐只能命令法国军队从殖民地撤退。

约翰·F·肯尼迪从20世纪50年代开始就一直热衷于宣传反殖民主义理念。1961年继任总统后，肯尼迪开始意识到世界政治力量的天平正在倾斜，他下定决心要在第三世界中赢得声誉和威望。肯尼迪倾向于实施自己的外交政策和主张。但是，他选择了为人低调的洛克菲勒基金会主席迪安·腊斯克作为他的国务卿，腊斯克正是杜鲁门联合国战略的先锋人物，他过去一直建议约翰·福斯特·杜勒斯走支持第三世界的国际主义路线。1959年，腊斯克还在洛克菲勒基金会任职时，他在一篇文章中写道，第三世界就是国际社会“最广泛的基础”，它既具有“现实”意义，也具有“理想”意义。腊斯克在作为肯尼迪国务卿的两年里，向全世界更为明确地表明了美国的宗旨，美国同拉丁美洲、非洲、中东以及亚洲的发展中国家一道，共同推动他们民族的“伟大复兴”，实现社会的现代化进程：

> 仍然遭受殖民主义压迫的地方马上就会迎来独立和自由。在仍由不得民心之人掌握政治社会大权及土地的地方，那里的群众将迎来翻身做主人的时代。新时代的英雄儿女会在各个城市大显身手，为他们自己以及国家确立新的雄心壮志，他们需要并将赢得自决权，承担起本国的政治重任。我们当然不能奢望所有国家的现代化进程都一帆风顺。在发展的进程中，必然存在也

必将出现各种动乱，但是在这背后会有强有力且充满建设性的力量支撑着国家成功地走过发展的崎岖道路：人民自决权将会在当代乃至后世日益得到巩固，而本民族也会在世界民族之林屹立不倒。

对于外界而言，在结束了制度相对森严的艾森豪威尔统治时期之后，这样的雄心壮志令人振奋。过去的殖民世界在美国人的描摹下，重新呈现出一幅现代化的新面貌。镇压暴动逐渐演变成一项社会工程，技术支持和发展援助逐渐脱离了外交政策，转由工程师及经济学家负责，美国的民族利益自此变得更为广泛，这让诸如凯南一样的时评家们大吃一惊。腊斯克在1965年曾经说道："美国不再孤立于世，不再只为实现本国的自由和繁荣发展而独自奋斗，美国也不再只关心美洲大陆或西半球的利益而忽略世界其他地方的发展。现代化通信和交通发展之迅速，现代化武器的作用范围之广泛、摧毁力度之巨大都大大缩短了距离和时间。"二战"结束之后，现代化发展为我们的安全提供了诸多保障。如今的安全只是一种相对的安全，这是因为我们的国际大环境是安全的。"（这是强调的重点所在。）这是对美国国家安全的再一次定义，对美国的安全而言，看似毫无关联的外界或是湄公河三角洲地区，这些地区和古巴、欧洲、日本一样意义重大。而美国也曾经历过民族解放独立的过程，所以他们正以美利坚合众国之名对民族独立做出独特解释，重新定位自己，并决心帮助全世界的发展中国家走上自由民主之路。

美国为发展中国家自由独立所做的努力主要是由美国的自由组织机构完成的——其中包括"和平军团"和"国际发展机构"这样的新型组织。而正如腊斯克的属下所期待的那样，联合国并没有因此受到忽视。美国不可能是世界警察，腊斯克解释说，如果说建立一个理想的"世界社会"是美国的必经之路，那么，联合国在其中的运作就至关重要。他坦率地承认，毕竟"一个国际组织相比于其单个的成员来说更好运作，也更能为国际社会所接受。联合国的旗帜就是'世界社会'的象征。有些地方只可以高挂联合国的旗帜，而悬挂其他主权国家的国旗会被视为对其国家主权的侵犯"。这也就意味着国际社会已经普遍接受了民族国家的存在，并愿意引导它们走上文明发展之路。腊斯克曾在演讲中这样解释道，"这就是美国外交政策的基石”，“我们的外交政策就是要建立一个《联合国宪章》中描绘的“世界社会”——各国独立自主，根据本国需要自由设立自己的政府机构，而国与国之间能实现高效合作，互利共赢”。

美国外交政策逐渐朝着强硬的反殖民主义立场转变，这一政策在艾森豪威尔任期末初见雏形，在肯尼迪任期内得到大力发展，也让美国和联合国的密切关系更近了一层。苏联一方面要小心翼翼地消除国际上的积怨，另一方面还要应对具有革命精神的中国共产党带来的意识形态上的挑战，因此赫鲁晓夫的第三世界美梦最终破灭。其他一些第三世界国家很快对苏联心灰意冷，因为苏联甚至都没能尽力劝说桑给巴尔的苏丹王，这让这些国家倾向于向中国共产党寻求帮助。（苏联的批判人士曾指出，赫鲁晓夫政府垮台的原因之一就是他没能事先规划好苏联的第三世界战略，反而为此浪费了大量人力物力，最终一事无成。）

然而，尽管美国和联合国并不存在意识形态之争，但在20世纪60年代，两方的密切关系也经历了短期的破裂，原因就是腊斯克想让联合国成为美国外交战略的核心，而联合国想自力更生，成为世界政治的中心基石。冷战思维刻板僵化，认为共产主义无处不在。面对联合国内部正在发生的剧变，这种僵化的思维必然会使联合国变成一个容易走向分裂的联合体。

之所以出现这种情况，原因之一就是联合国大会的国际地位日渐提升。其首任秘书长特里格夫·赖伊过去由于过度服从美国意愿，触怒了苏联。相比之下，20世纪50年代，达格·哈马舍尔德取得了相当可观的外交成就。两个超级大国之间关系的改善让双方的强硬态度有所缓和，而去殖民化运动的加速发展也赋予了哈马舍尔德新的权力，这些都为他创造了相对自由开放的施政环境，有效地为他所用。同时，他采取的手段和缓而低调，并没有像赖伊一样仅仅意识到同美国保持良好关系的重要性。哈马舍尔德在去世后一直被联合国封为史诗级的英雄人物，这还算说得过去，但是他政治策略上的敏锐性以及他对华盛顿方面的关注着实被人为地夸大了。实际上，哈马舍尔德并不在意人权斗争，也不关心联合国的专家技术部门，当然这些实务也并不在他的职权范围内。哈马舍尔德很清楚把联合国打造成以秘书长为首的国际行政机关十分重要，这让联合国步入了全新的发展阶段。一方面，联合国的成立者们完全没有预见到联合国会如此发展；另一方面，这样的转变悄无声息，并没有引起各国的注意，这也让这位政治头脑灵活的秘书长把握住了时机，扩大了联合国秘书处的权力。哈马舍尔德一手操办了苏伊士和黎巴嫩的和解事项，借此证明了他迅速处理殖民危机的能力，展现了联合国在国际上维稳调和的重要角色。

1960 年，刚果在后殖民时期爆发了内战，联合国以国际社会和刚果人民之名对这次内战进行了军事干涉，处理刚果危机使联合国又向前迈进了一步，在此次行动中，哈马舍尔德不幸以身殉职。而刚果实际上并不需要维和，尽管联合国必须以中立势力出现在该国，但这里其实并不存在和平问题。哈马舍尔德的行为让刚果的局势愈加紧张，这引起了苏联的极度不满，赫鲁晓夫为此公然质疑他的公正性，不过哈马舍尔德成功地说服了苏联领导人，向他们展示了联合国继续存在的原因是其强大的执行力。不过，美国人很快就会发现，从广义上来说，赫鲁晓夫是对的。从政治的角度来说，“公平”只是必要的外交辞令，而实际上公平基本上是难以实现的（这不仅仅是因为哈马舍尔德的一位重要副官在危机中与美国中央情报局有所关联导致了不公平的出现）。哈马舍尔德离世后，他的继任者缅甸外交官吴丹随即运用职权批判了美国在越南的外交政策，由此，华盛顿方面很快改变了以前培养一个强势的联合国秘书长的想法。

不过，美国对联合国失望还有一个更重要的原因，那就是联合国对民族自决权的保护推动了马丁·怀特所称的全球范围的“巴尔干化”。早在 20 世纪 40 年代，美国代表就提醒过成立过多难以独立生存的微型国家的危险性。“不必要的政治分裂”也是 1960 年美国代表对《给予殖民地国家和人民独立宣言》投弃权票的原因之一。事实的确如此，从 20 世纪 60 年代开始，微型国家数目激增。万国际联盟时期，列支敦士登、摩纳哥、圣马力诺就因为国家过于微小，被取消了正式成员国的资格。而联合国——尤其是联合国大会的大多数第三世界国家均对这种做法表示反对，并抵制建立成员国优劣等级制度的想法。的确，老牌殖民帝国如果允许联合国存在多种类多层次的成员国制度，他们定然会大受束缚，而他们的这些忧虑会加速这些微型国家加入联合国大会的步伐。在这个问题上，出现了两大派系，双方存在着截然不同的观念冲突：一方认为，如果想修改成员国等级制度，要承担很大的风险，因为国家的主权是平等存在的；另一方则认为，如果对这些微型国家一视同仁，这些小国因为数目众多，会在联合国大会产生过大的影响，导致比例失衡，从长期来看，这会对联合国产生不利影响。作为联合国最重要的财政赞助国，美国自然会倾向于第二种观点，哈马舍尔德并不甚关心对民族自决权的保护也是这个原因；他一直很是关注美国方面的利益，他还担心如果没能让联合国实现真正的改善，有效运作起来，那他在两大超级帝国中间的和平维护者的身份就会更加难以扮演。而他之后的下一任秘书长吴丹就截然不同，他十分泰然地看待联合国大会的这些发展。1969 年，安理会成立了一个专家委员会，负责考察 65 个人口不足 30 万的备选成员国，调查其加入联合国后可能产生的影响。不过，事实上，禁止微型国家进入联合国从外交上讲是不可能实现的，1971 年不丹的加入以及 1974 年格林纳达的加入都可以说明美国已经妥协让步了。

20 世纪 60 年代，联合国大会把民族自决权和民族独立等同了起来，但这并不能达到一劳永逸的效果。换言之，在联合国大会大多数成员国的注视下，联合国除了能给予各民族完全的自由外，不能再为它们赢得其他令人信服的政治成果了。因此，在新西兰统治下的库克群岛人民为自治进行投票时，联合国大会一边拒绝承认他们行使了自己的“自决权”，一边承诺支持他们继续努力迈向完全独立。结果到了 20 世纪 60 年代，联合国只有 15 个人口不足百万的成员国，其他多数小国都处于备选状态，排队等待着加入联合国。这些国家不得不等到冷战结束后才能得到能否加入联合国的最终结论。到 20 世纪 90 年代早期，摩纳哥、列支敦士登，甚至连安道尔都被接纳为联合国的正式成员国了。

1994 年，太平洋的小岛帕劳群岛及其两万岛民宣布独立，这也是托管理事会监管的殖民领土中最后一个独立的国家。然而，国际监管制度下的去殖民化尽管轰轰烈烈地进行着，却并没有达到人们期待的效果。用归谬法来看，微型国家或地区的地位获得承认并在联合国大会中拥有一席之地甚至都不算是民族主义的胜利。马志尼、米尔、马克思都认为民族主义是一体的而不是分裂的，所以，现今这种国家分裂增殖的情形定会让他们惊诧万分。同样荒谬的是，托管理事会尽管早已无事可做，却仍然存续下来，成为联合国内部改革过程中几近瘫痪的一个受害者。该理事会并不运作，直至今天只以一个网站的方式存在。与此同时，联合国特殊委员会的去殖民化部门一直监督着西撒哈拉、直布罗陀、马尔维纳斯群岛、托克劳珊瑚环岛和其他几个主要的太平洋群岛以及加勒比群岛，这些地方均属于世界上 16 个遗留的殖民地（根据 2010 年的统计数据），同时该部门还有重要的周年纪念意义，比如它标志着“世界消灭殖民主义的第二个 10 年”。

在美国，人们随着这一形势渐渐觉醒。回顾民族自决权崇高原则的历程，一位国务院的历史学家 1977 年曾经谴责微型国家数量的迅速增加问题，他期待举办一些“凸显大国地位、弱化微型小国的国际会议”，和大国共同与会的不只是来自“巴林、不丹、科摩罗、马尔代夫、卡塔尔、赛舌尔和苏里南等国的代表，还应该有一些颇具地域特色的国家代表，像阿法斯和埃萨斯、文莱、伊夫尼等国”。不过，用数字表示的问题并不是唯一存在的问题。美国逐渐发现自己在所有问题的表决上都做出了错误的选择。多年来，美国一直谴责苏联对否决权的频繁使用，1970 年美国在安理会的一次决议中第一次使用了否决权，美国站在英国一方反对对罗得西亚的白人移民政权实施更加严厉的处置措施。为了保护犹太人，美国随后投出了更多的否决票，这使美国成了安理会中使用否决权的主要国家之一：1970~1985 年的 15 年间，仅就犹太人问题，美国就行使了 17 次否决权。1970 年，美国的一份机密备忘录将联合国之于美国的关系描述为“一定程度上损害着美国的利益而绝不是为美国所用”。

所有这些进展都为不结盟运动提供了生长的土壤，这一运动不断增强的实力让美国难以接受。1956 年，杜勒斯曾批判不结盟和中立是一种“不道德且目光短浅的概念”，他这种观点很快就遭到了摒弃。而美国方面对反殖民运动的支持也从来都是不温不火，有些人曾认为美国是值得信赖的反殖民力量，而今这些人都被边缘化了。美国反殖民主义的不作为反倒使它更像殖民帝国的支持者。同时，“联合国经济及社会理事会”的成员国数目从 1946 年的 18 个增加到 1965 年的 27 个，到 1973 年更是增加到 54 个，这表明第三世界国家已然成为联合国的核心主体。不结盟运动的领导人在那些年高度赞赏联合国。“我们曾以为联合国可能还是会承继国际联盟的命运，世界还是会那么黑暗，尤其是对那些相对弱小的国家而言。”1961 年时任缅甸总理吴努如是评价。不结盟运动的领导人惊喜地看到，在联合国的控制下，第三世界国家团结一致，共同对抗冷战的两大超级帝国。它们曾在纽约之外召开过两次安全理事会会议（1972 年在亚的斯亚贝巴，1973 年在巴拿马）。这些领导人想尽量控制联合国的预算，还计划对联合国秘书处进行改革。在 1974 年年末的联合国大会上，阿尔及利亚总统阿卜杜勒–阿齐兹·布特弗利卡谈道：“现在唯一需要去殖民化的就是联合国的秘书处了。”7 年后，在不结盟运动的干预下，尽管美国一直反对，秘鲁的哈维尔·佩雷斯·德奎利亚尔还是成功当选了联合国秘书长。至此，日渐崛起的第三世界，尤其是不结盟运动开始在联合国中手握重权。

实际上，自决权的全球化扩展和反殖民主义斗争的成功都对苏联和美国的国际地位产生了颠覆性影响。20 世纪 50 年代初，苏联一直处于防守态势；到 70 年代中期，苏联在许多问题上与不结盟运动形成了统一战线，而美国也发现了联合国对自己不利的形势。问题就在于，美方阵营的人一直认为联合国对美国的需要远远多于美国对联合国的需要。1970 年，联合国大会有 127 个成员，其中绝大多数都是亚非国家。从名义上看，联合国大会是有史以来最稳定、全球化程度最高的立法机构。联合国大会的扩大意味着民族自决原则的胜利，民族自决原则也因此成为世界上新国际主义的基础；不但冷战没能阻止这一潮流，当时的一切仿佛都能推动它的发展。但是这一胜利的结果是什么呢？没有一个国家曾退出联合国。相反，与 1940 年前的国际联盟大会形成鲜明对比的是，联合国大会在 20 世纪末仍在扩大，其成员增加到 188 个。不过，联合国大会的重要性是不是也随着成员数的增加而加强了呢？显然不是。去殖民化本身就不能带来权力，它只是无关宏旨的枝节。联合国大会还远不能对世界大国构成威胁，对大国而言，联合国大会充其量算是个只说不做的清谈俱乐部。联合国政治最多不过是一种符号，并没有实质性内容。即便如此，去殖民化的胜利仍具有深远的历史意义，它不仅标志着联合国的胜利，更是联合国达到的历史最高点。

第十章　重建世界之路（1949~1973 年）

加里·格兰特：贫困国家的那些未被开发的资源应如何处置？

桃乐丝·黛：就让它们保持原样吧。

——《春泪溅花红》（*That Touch of Mink*，1962 年）

战后世界发展的最伟大之处就在于出现了“国际经济发展援助”这个概念，这成了当时国际组织永恒不变的特点。

——沃尔夫冈·弗里德曼，1964 年

“第四点计划”产生的背景

1948 年，杜鲁门在大选中出人意料地赢得了连任。这标志着美国的政客们开始以更为系统的眼光看待欧洲的未来，也标志着杜鲁门重返联合国。杜鲁门此次回归不是为了拉拢苏联，而是要与其一较高下。美国人认为自己肩负着改造世界的使命，这个想法正是他们新理念中不可或缺的一部分。杜鲁门政府与苏联共产主义在意识形态上存在着重大分歧，他们认为必须向世界证明，在改善全球贫困人民生活方面，资本主义更胜一筹。此外，杜鲁门要让世界知道，无论列宁怎么说，资本主义都并不是殖民主义的同义词。美国政府还希望向世界证明在美国领导下的国际组织会终结欧洲的帝国制度，而不是使其得到延续，他们要证明各种国际组织在美国的协助下可以找到人类发展的秘籍，让大家忘记20世纪30年代资本主义失败的事实，并相信美国有能力通过科技和专业知识改造世界。这种想法是19世纪科学国际主义的遗产，科学国际主义曾经重塑了一个由决策者和专家主导的时代，如今它将在国际联盟的基础上进一步发展，其前景是任何一个国际联盟人都料想不到的。

在杜鲁门1949年1月发表的就职演说中，他提出的新构想成为这届政府的基调。他先对前三项重要内容做了陈述，随后的第四部分内容被称作“第四点计划”，这一计划旨在让各国摆脱对美国紧急救援的依赖，计划毫无保留地指出了美国面临的全球挑战，并称赞美国的对外援助是在传播世界民主与和平。杜鲁门总统是这样说的：

> 科技进步和工业发展提高了生活质量，推动了社会发展，为了让那些贫困地区的人民也可以享受到这些进步，我们必须开展一个大胆的新计划。
>
> 世界上有超过一半的人口的生存环境近乎悲惨。他们面临食物短缺和疾病的侵袭。那些地方的经济生活还处于原始阶段。贫穷不仅让当地人民饱受折磨，也阻碍并威胁着那些较为发达的地区的发展。人类历史上第一次掌握了让人们摆脱贫困折磨的知识和技能……我相信我们掌握的科技知识应该惠及那些爱好和平的人，从而帮助他们实现对更好生活的追求……提高生产力是实现繁荣与和平的重要途径，而充分将科学技术知识应用于更多领域则是提高生产力的重要途径。

由于杜鲁门之前并未表现出对科学技术课题的关注，因此他的讲话让美国的国际组织支持者以及国务院的技术支持专家们又惊又喜，这些专家还不习惯受到如此关注。杜鲁门认定全球贫困问题正威胁着美国式的生活，他向世界保证将同联合国的专业机构一道在“所有可能的地方”开展除贫工作。他还称在殖民地支持民族主义运动可以巩固联合国的势力，并因此提出了让美国式思维代替帝国主义的计划：“传统的帝国主义掠夺别国的资源，而我们的计划则截然不同。我们设想的是一个以民主的公平交易概念为基础的发展计划。世界各国，也包括我们自己，将会从一个具有建设性的、善于利用全球人力和自然资源的计划中收获巨大的利益。”

关于技术支持的讲话很少能引起如此大的反响。当年美国对欧洲的资助力度仍旧让那些苏联时评员心有余悸，但他们忽略了杜鲁门此次仅仅向国会申请了 4 500 万美元这个事实（最终得到的拨款只有这个数目的一半出头），理所当然地认为杜鲁门要“在世界范围内打造一个美帝国”，在为“彻底控制殖民地和贫困国家”投资。这种说法可能夸大了美国政府计划投放的资源，但是杜鲁门给美国国家利益下了一个惊人的新定义却是真的。显然，现在美国的国家安全不仅取决于欧洲是否稳定，还取决于能否消除迅速蔓延的贫困给发达国家造成的威胁。这就要求美国重塑自己的全球形象，一个传统战略构想无法企及的形象，一个英国和任何其他欧洲力量都不曾拥有的、在全球具有超大影响力的形象。要实现这一点，就要解散欧洲帝国，让科学家、银行家和技术顾问取代其地位。美国担心自己会被“东方文明”淹没，因此选择先发制人，然而他们并没有像希特勒预言的那样发动种族战争，而是选择将殖民地国家西化。

杜鲁门政府的官员因缺少针对亚洲的系统性政策而苦恼数月。在美国看来，1949 年年初，中国的国共解放战争进展得并不顺利，日本的经济前景也不容乐观。欧洲复兴计划已经表明区域计划是可行的，却也使“东方世界分崩离析”之时人们都袖手旁观这一问题越发难以说清楚。但是，与欧洲不同的是，任何一个“区域的亚洲复兴计划”不仅会重组现存组织机构，从某种程度上还意味着要开始帮助百废待兴的农民团体实现工业化，这就需要对其进行长期投入，还需要大量的技术和工业投资。该计划最终很可能会耗费巨资，但启动资金并不太多。一些资深政府决策者担心美国在海外的政策显得过于消极，且看上去太过专注于同共产主义的抗衡，因此向杜鲁门提议美国与联合国和其他非政府组织合作，“推行大量的技术培训计划……以及经济援助计划”。

美方的参与人之一、国务院经济学家约瑟夫·科波克（Joseph Coppock）后来在一次访谈中对这个新途径做了总结：

> 科波克：……美国决定两条路都走，一方面充分利用联合国和专业结构，另一方面用美国双边计划作为补充。
>
> 主持人：这样做是基于政治考虑吗？
>
> 科波克：不是。我只是从实际出发。你看，我们有这样一个国际组织，一些国家通过它摆脱了特定的双边关系不是很好吗？现在人们普遍支持通过国际渠道解决这些问题。我们可以把本国的专家派往任何一个他们可以到达的地方去提供援助，这样，来自美国的援助就可以补充联合国的援助了。但是无论如何，美国都是这类知识和技能的主要输出国。不管怎样，各类国际组织中都会有大量的美国人。

实际上，国际组织的存在为美国的外交政策提供了另一种选择。尽管与单边行动相比，这种新政策的机遇与挑战并存，但该政策为美国调整自身战略提供了更大的空间。美国政府可以审时度势，决定何时实施多边协助，何时单独行动。

这种两面派的美式国际主义对我们理解为何美国在战后一直资助联合国各个组织至关重要，美国只有在其外交政策分裂为理想主义和现实主义两派时才暂停了资助。大多数时候，美国都是两手抓，掌权的实用主义者认为真正的现实主义就是尽可能地利用国际组织。这一策略为美国提供了强大的资本及政治掩护，而代价却小得出奇：1954 年全年，联合国及其主要组织（联合国粮农组织、国际民航组织、国际劳工组织、联合国教科文组织、世界卫生组织）的财政预算接近 8 300 万美元，其中美国资助了 2 400 万美元。那时，美国给希腊一国的捐助就高达 6 800 万美元，给全世界的资助总额为 51 亿美元。因此，说强大的美国在资助、控制并塑造联合国系统也不足为奇，所以从一开始就难以界定哪些是国际组织哪些是美国机构。尽管斯大林去世后，苏联也开始资助联合国，但是与美国的贡献相比，苏联的资助不足挂齿——20 世纪 50 年代末，苏联仅提供了 200 万美元的资助，而美国的资助高达 3 800 万美元左右。没有哪个国家可以像美国一样影响世界的发展。

"第四点计划"是杜鲁门在"四点行动计划"演说时提出的，是罗斯福新政成就的国际化体现。杜鲁门回忆了战时的田纳西河流域管理局后称赞说"我国的技术知识还是很有名的"。一些美国人知道如何把"世界上未经开发的河流和落后的村庄"改造成制造财富的"发电机"。历史学家阿瑟·施莱辛格（Arthur Schlesinger）称，田纳西河流域管理局展示了美国无须成为"总规划师"也有能力部署国内力量以改善数百万人民的生活。

> 世界上没有哪个民族能像美国人一样深谙科学技术的新魔力。我们的工程师能把贫瘠的土地、饱受贫穷折磨的河谷改造成绿草茵茵、灯火通明的世外桃源……田纳西河流域管理局就是一个武器，如果运用得当，就可以赢得亚洲各民族的拥护和支持。

自然，这一成就的取得要特别感谢民主党的执政理念。技术专家治国论的起源可以追溯到 20 世纪 30 年代。圣西蒙和孔德计划通过社会科学和专业人才实现社会现代化的愿景与美国例外主义相互啮合，为这个自认为宽厚无私、杜绝一切帝国主义政纲和私利的国家提供了一份完美的外交政策。菲律宾的传教士、慈善组织乃至政府一直以来都在世代传习美国的科学技术。1903~1923 年，由洛克菲勒大众教育董事会开始，10 个促进科学研究的主要基金会成立，社会科学研究所是最后一个。尽管这些基金会的日程安排不同，但它们都具有国际主义眼光，并且对社会改革寄予厚望。

田纳西河流域管理局的角色更接近"新政"，两次世界大战期间国际形势高度紧张时，该机构在意识形态上扮演了重要角色，它的成立被视为美国对极权主义现代化挑战的回应，同时也证明了资本主义在不违背民主原则的前提下，可以介入集体资产。这一举动既是对斯大林计划的机敏回应［作家斯图尔·蔡斯（Stuart Chase）1932 年曾经发问："为什么要让苏联人独享改造世界的乐趣？"］，也是对第三帝国兴建豪华基建工程的有力回击。英国生物学家、优生学家朱利安·赫胥黎（Julian Huxley）后来成了联合国教科文组织的总干事，他在 1931 年见证了苏联将“科学精神引入政治和工业领域”。1935 年，他造访田纳西州，亲眼见证了他定义的“应用社会科学实验”带来的令人振奋的成果，看到美国的发展并不落后于苏联，赫胥黎颇感欣慰。田纳西河流域管理局统筹规划农业、工业、发电、洪水防控、疾病控制、公共卫生、教育以及城镇规划等问题，既体现了美国科技现代化的构想，还以实际行动支持了政府的倡议。

20 世纪 30 年代，世界陷入战争的泥淖，这让田纳西河流域管理局的成就显得弥足珍贵且意义重大。东欧新兴国家因农民贫苦和人口激增而苦恼不堪。也许是无能为力，也许是根本就不想插手，国际联盟当时采取了听之任之的态度。然而，东欧人民并不热衷于苏联强制工业化和土地集体所有的模式，也不愿像纳粹分子希望的那样做一辈子贫苦农民。在这种情况下，新政为他们提供了另一种选择。但是，这笔横跨大西洋的交易却出现了两种走向。东欧地区一些颇具革新精神的著名经济学家当时正在积极思考农村贫困问题，想自寻出路。而大战过后，美国的发展理论被一些因政治因素而移居海外的移居者发展到举世瞩目的水平，这些人包括奥地利人保罗 · 罗森斯坦 – 罗丹（Paul Rosenstein-Rodan）、爱沙尼亚人罗格纳 · 纳克斯（Ragnar Nurkse）、生于布达佩斯的彼得 · 鲍尔（Peter Bauer）以及犹太裔德国人汉斯 · 辛格（Hans Singer）和阿尔伯特 · 赫希曼（Albert Hirschman）。

1943~1944 年，纳粹分子完全控制了德国。此时，罗森斯坦 – 罗丹已经开拓性地主张通过大规模的工业投资刺激人口众多的“落后”地区发展，以实现“大推进”。他主张要先于市场考虑问题，并向人们展示了如果任市场自由发展，市场力量会让一国经济停滞不前，长期处于欠发达状态。海外资本也许会被用来充实国内资金储备，但是两次世界大战期间，那些经济基本处于封闭状态的地区为了刺激增长也采用了这种模式。此类情况不仅出现在 20 世纪 30 年代的东欧，亚洲许多地区以及非洲和南美在战后也都有相同经历。罗森斯坦 – 罗丹于 1947 年入职当时羽翼未丰的世界银行，后来转而为世界各国政府出谋划策，麻省理工学院也因为他的存在成了极具盛名的冷战发展思想的集训地之一。

美国的发展主义论者是两次世界大战战期间全球经济大萧条的产物，在其他地方也十分盛行。20世纪30年代，南美的出口遭受重创，于是这一地区的各国政府只能通过扩大内需、鼓励制造业等新手段来促进经济发展。拉丁美洲的经济学家们没有忘记这段经历，他们因此成了用进口取代出口政策的主要支持者，并在战后大力推动工业化进程。拉丁美洲、印度和东欧人主张相对封闭的国内工业化，而美国人则支持用更加开放的经济模式促进发展，这两种观念之间的冲突持续了数十年，解决这一冲突的关键则是高效农业。除上述地区外，发展主义的专家意见还有最后一个来源：帝国。两战期间，英法两国政府不断摸索提高殖民地经济的方法，降低对其资助的力度，通过商品市场管理局和附属基建计划等机构改善殖民地的经济状况。在非洲，那些"熟识当地居民"的地区首领被科学顾问和技术官员取代。政权独立之后，他们的专业知识会受到新一代民族主义分子以及为他们提供建议的国际机构的重视。就这样，20世纪30年代欧洲的殖民政府中出现了一代技术人员，"二战"后，他们将继续在国际发展机构中任职。

20世纪40年代，这些思潮汇聚于美国，于是，美国成为发展主义思想的中心，当时，战争使整个世界强烈希望一种类似新政的政策出炉。副总统亨利·华莱士也许是美国左派最著名的国际主义者。他在1941年称现代科学能"从技术层面让全世界人民吃饱饭"。1940年，国际联盟的技术官员从日内瓦赶来，他们的经济学家根据世界人口的热量摄取值划分世界，统计学家们也提供了宏观经济数据以及国民收入总值供各国对比研究。在国际联盟的努力下，政策规划者们可以应对眼下的战争需求，并且可以探究导致贫穷、饥饿以及失业等问题的根本原因；地理学家忙于制订宏伟计划以安置世界过剩的人口；人口学家开创性地研究了现代化对人口增长的影响。因此，在战争结束之前，美国的社会科学就已达到前所未有的国际化水平，并且具备了制定更宏大的对外援助政策的潜力。

完全不同的世界经济之路

20世纪40年代，实现发展还有另一种方式，但不是通过某种理论，而是在战时紧急行事调配军需物品。举例来说，中东补给中心是协调整个地中海东部物资的英美办事处，也是战时国际合作的试验地。该中心负责人澳大利亚海军官员罗伯特·杰克逊是一位30岁的年轻人，在他的运营下，补给中心的办事效率高得惊人——至少有一位战时英国将军会收到首相这样的指令："按杰克逊的要求行事，不可违背。丘吉尔嘱。"杰克逊20多岁时就已经负责马耳他的防御工作了，他出色地完成了任务，那段经历让他难忘，此后，这一成功事例还成了此类物资调配任务的典范。但是，物资调配工作面临的挑战不只存在于技术层面——在封闭的环境中，物资十分有限，如何维持生命就成了难题，还有来自人民和社会的挑战：在局势极度紧张的情况下，如何说服各行其志的人们为了共同的利益而努力确实是个挑战。在中东补给中心，杰克逊像战时独裁者一样叫停了阿拉伯地区的食品生产。这是到目前为止第一次也是唯一一次有人试图从整个地区的大局出发，协调农民和消费者的需求。在这几年中，农作物增产，对军队的供给力度也加大了，但并没有以牺牲百姓的健康或生存环境为代价。在一个仍然高度封闭的经济环境下，这种做法为改善社会和经济状况起到了颇有影响力的示范作用。然而，当今人们谈论起中东现代史的时候却鲜少提及这辉煌的一页。

杰克逊也是一位精力旺盛的长官，战争结束后，他升职负责协助运营联合国善后救济总署也是实至名归。善后救济总署是联合国援助被战争摧残的国家的机构，该机构的总负责人是经验丰富的美国政治家赫伯特·雷曼，杰克逊十分崇拜他。雷曼负责美国国内政策制定的时候，杰克逊就负责过日常执行事务。在这些实干家及其下属的努力下，1945年后，世界向和平的过渡才没有像"一战"结束时那样带来公共卫生危机。联合国善后救济总署的工作量庞大，范围极广，深入苏联和东亚。1946年，由共和党领导的"无作为"国会对此表示抗议，他们以美国的钱不能用来支持共产主义为由，强迫杜鲁门终止善后救济总署的工作。对此，杰克逊和雷曼都十分失望。但是他们已经证明了一个真诚的国际组织是有能力提供援助并且避免社会动荡的，它甚至能够参与到具体的发展工作中去。如果杰克逊能继续连任，协助联合国秘书长特里格夫·赖伊，让联合国更加高效地运行，那么联合国之后的历史就是另一番模样了。但是杰克逊只是行政官员，并不是外交官，他的行事风格适用于战争时期和其他危机时刻，却并不适合和平时期黑暗的国际官僚政治。

联合国善后救济总署解散后，其他救助机构纷纷成立。联合国粮农组织和世界卫生组织是国际联盟时代此类组织的加强版，受其领导人战时经验的影响，这两个组织的思路超前，目标远大。来自美国的经济支持对它们的成功也至关重要，这两个组织后来的发展也证明了美国享有的特权和援助方向对其行事方法和目标的深远影响。

联合国粮农组织是战争的产物，它是 1943 年在罗斯福的提议下建立起来的，1946 年才开始全面运作。该组织的首位总干事、英国营养学家约翰·博伊德·奥尔（John Boyd Orr）爵士把战时对全面规划的信心发展到了新的高度，他接手了国际联盟关于全球营养需求的工作，同时他还认为有必要成立世界粮食委员会来消灭全球的饥饿问题。该委员会可以强制规定食品价格，并在全球范围内购买、分配剩余食品。世界粮食委员会由专家而不是各国代表运营：在博伊德·奥尔眼中，这一理念基本上是战时非常流行的国家定量配给和重新分配机制的延续，也是向和平的延伸。许多殖民地国家很欢迎这种理念，但是欧洲和美国的食品生产代表们很想冲破这种思想。国会对此持坚定的反对态度，毕竟，成立一个致力于确保全球人民都能吃饱的国际组织与美国设想的自由贸易机构大相径庭——这件事尤其激怒了 1946 年时由共和党控制的美国国会，其愤怒程度不亚于国会对社会主义的愤恨——世界粮食委员会很快就因为一些更平庸的目标被终止了。

世界卫生组织也有着相同的经历。1945 年在旧金山，联合国善后救济总署的专家们提议大会成立一系列国际卫生组织，世界卫生组织就此诞生。尽管该组织 1948 年才正式成立，但在准备阶段，该组织的员工就参加了 1947 年抗击埃及霍乱的工作。该组织还在欧洲兴起大规模接种肺结核疫苗的活动，并且开始在埃塞俄比亚、希腊和中国这样的国家培训专业的医护人员。世界卫生组织也曾受到资金不足的限制，但该组织最终还是接管了联合国善后救济总署对抗疟疾的工作，致力于在全球范围内消除疟疾。这项工作同时致力于农业，与一些发展专家的努力也是分不开的。该项工作也是主张政府制定公共卫生政策派与美国主张用先进制药技术消灭疾病派之间激烈争斗的一部分，美国在这场争斗中获得了最终胜利。

在新建的联合国专业机构内部，对这些机构的定位及政策进行初步讨论和了解，我们就能更好地领会杜鲁门总统在1949年的提议，即让技术支援成为促进发展的主要手段，并鼓励通过联合国实现这种发展。对世界卫生组织和联合国粮农组织而言（尤其是联合国粮农组织）——实际上整个联合国都包含在内，技术支援是一种可行的且相对温和的手段。民主党的成功为杜鲁门政府开辟了自己的筹资渠道。资金不足的联合国粮农组织因此发生了惊人的转变，在20世纪50年代早期，该组织启动了许多扶持各国的计划，重点向第三帝国派遣美国专家对同行进行培训。此举是冷战时期圣西蒙愿景的放大品，美国就此把资金投到培养那些对政治不感兴趣的技术专家队伍中去了。在花费不多的前提下，美国掌握的技术知识传播到世界各地，对世界的发展构想产生了深远的影响。

发展理论逐渐演变为美国的社会科学，其结果之一就是发展工作越来越像全美自上而下的内部事务了，美国和相关国家之间真正意义上的对话越来越少。太多的资金支持不一定都是好事，在战前帝国秩序中，大多数发展计划因受到殖民地精英们的意愿和想法的影响被终止，甚至被那些精英左右；资金短缺以及殖民政府同非洲和亚洲知识分子之间的密切关系也是影响因素。20世纪30年代，印度国大党设立了一个规划委员会，该委员会实际就是“影子政府”，对于它的存在，英国政府无法坐视不理。但是自20世纪50年代起，当全世界都在寻求发展时，这种发展却大大偏离了那些正在发生的事实。尽管享受着丰厚的资助（战后，美国对高等教育和技术教育的投资远远超过英国），但发展也越来越受到一种“一刀切”方法的严重束缚。一个典型的例子就是，1958年美国召开会议讨论非洲发展需求的日程设置时，根本没有非洲人参与其中，该会议甚至没有对非洲大陆发展需求进行过任何评估。会议组织者认为非洲人与受科学驱动的西方专家们不同，他们没有受过良好的教育，所以他们看待问题不够公正。

在这些追逐私利的科学假象背后是美国对发展主义的信奉，这种思想令人担忧。至少在形式上，美国是反对欧洲帝国的，但是这意味着要接受一个较少受西方控制的世界，到时所有专家都预言从前的殖民地会出现人口快速增长的趋势。

这一发展理念的背后潜藏着马尔萨斯人口论的噩梦，即文明的西方被黑色皮肤和棕色皮肤的人淹没。回想 1927 年，国际劳工组织负责人曾呼吁“让一种超越各国的权力机构合理公正地规范人口分布”，当时这一提议饱受争议。20 年后，首位联合国教科文组织总干事（坚定的优生学家）朱利安·赫胥黎更进一步，建议联合国支持“世界人口政策”出台。第三帝国溃败后，把联合国变成国际优生学机构的想法无疑会带来麻烦，这时联合国秘书长明智地制止了这种想法。（赫胥黎后来成为英国优生学会的主席。）但是，英美人民的担忧却没有那么容易消除，在联合国公布了首份官方的世界人口增长数据后更是如此。美国通过各种基金会、私人组织和后来的美国国际开发总署控制联合国的热衷者，最终成功建立了一个只能被描述成“挂羊头卖狗肉”的机构——联合国人口活动基金会，其运作完全不受成员国的约束。

为达到这一目的，1944 年布雷顿森林体系成立了国际复兴开发银行，这一机构就是美国实行多边发展的首选工具（该机构近年以世界银行之名被人熟知）。巧合的是，在银行内部进行重新自我审视的关头，杜鲁门在 1949 年的讲话强调了私人投资的地位。该银行成立的初衷就是为了稳定被战争摧残的欧洲局势，但是在马歇尔计划从联合国手中接过这个任务后，世界银行就要给自己的存在找一个新的理由。银行的董事们最后决定回归他们的长期任务——发展，并向华尔街寻求资助。杜鲁门对发展的推崇正是时候。

我们所熟悉的世界银行正是在此时登上了历史舞台。它在意大利南部、印度和哥伦比亚等国家和地区的任务形成了一系列全面的宏观经济评估数据，以及应对大规模项目的策略，这些项目包括修建钢厂铁和水坝等等，意欲带来变革性影响，同时还可以刺激国内经济并实现经济学家罗森斯坦 – 罗丹和拉格纳·纳克斯主张的“大推进”。但是世界银行深知有必要在其贷方中建立公信力，因此行为谨慎、保守，还培育了公平和崇尚技术专长的社会风气。杜鲁门政府愿意通过标新立异的进出口银行（其放贷标准并不规范，受政治的影响较大）与墨西哥、印度和巴西这样的潜在客户建立双边贷款关系，对此，世界银行功不可没。

然而，联合国内部对由美国主导的发展趋势看法不尽相同。许多联合国官员都有在不同国家工作的经历，因此，他们希望从联合国得到的资助远高于美国愿意提供的数额，他们还希望让可以帮助第三世界摆脱依赖商品出口的工业化战略得到更有力的支持。实际上，之前英美在布雷顿森林会议会面时已经探讨过，如果要让世界资本主义在20世纪50年代继续发挥功效，应在何种程度上、以何种方式干预世界经济，只是现在关于这个问题的讨论不再是以欧洲重建为背景，而是以全球发展为背景。

杜鲁门发表“第四点演讲”后，联合国发布了几个重要的发展报告，暗示美国的投资应当数目更大且更加系统化，即应当超出白宫预期的数字。第一份报告主张更广泛地利用世界银行和国际货币基金组织扩大就业，防止大萧条再现；第二份报告分析了“贫困国家的经济发展状况”，呼吁国际社会对贫困国家和地区进行资本投资；第三份报告挑选出一些“极为贫困的国家”，并鼓励世界各国对规范贸易市场和商品价格出谋划策。与此同时，在联合国大会上，印度和其他国家强烈要求美国做出让步。因此，在“第三世界”这个概念出现之前，联合国就成了美国政府观点的替代选择——不以贸易自由化推动经济，而是通过在发达和欠发达国家之间重新分配力量的方式来刺激经济增长。

但是，羽翼未丰的联合国在资金有限的情况下能否推进如此广泛的发展计划尚不确定。技术支援相对容易，而且不会引起争议，美国也愿意帮助联合国组建相应的部门，这个部门就是之后规模更大的联合国开发计划署的萌芽。但是美国并不希望联合国单独出资赞助发展计划。联合国发展经济学家汉斯·辛格——世界银行总裁尤金·布莱克（Eugene Black）称他是“联合国内的极端分子”之一，他经过研究支持联合国成立自己的软借贷机构。此时，联合国的专家被派去劝说布莱克扩展银行业务，而当时布莱克最希望的就是给银行保证人赢到3A等级，但这个愿望直到50年代末才实现。实际上，银行的股东们因为担心联合国的政治影响会危及他们在华尔街的信用等级，已经有意将联合国放在自己可控制的范围内。对此他们的观点早已达成一致，既认可银行作为联合国专门机构的身份，也保留它作为“一个独立的国际组织”的身份。很快，联合国代表大会开始呼吁联合国开发自己的发展基金，他们这样做并不意外，联合国代表大会也通过投票批准了这一提议，这一结果被美国（和英国）官员看作是本国“严重的失败”。尽管联合国代表大会通过了许多决议，但实际上他们却表现得言行不一：因为他们的资助主要来自美国国会，这样的机构没有美国支持就不可能成立。

1953 年，共和党接手白宫后大量减少对外援助，美国把联合国打造成促进发展的主要机构的可能性也越来越小了。艾森豪威尔对全球发展和世界范围内的反贫困运动的宏伟目标并不感兴趣。但事实却完全相反。当美国国际主义者步入某种国内流放的状态，等待新一届更有同情心的政府时，迪安·腊斯克任命国务院管理洛克菲勒基金会，他按照雷蒙德·福斯迪克的想法，把基金会打造成了财力雄厚的投资人，资助美国发展专业技术，以解决一些全球性的问题。曾在欧洲高效执行过马歇尔计划的保罗·霍夫曼（Paul Hoffman）加入了美国驻联合国代表团，他曾经绕路去了福特基金会，在那里成了全球发展颇具影响力的倡导者，他的加入对联合国来说意义更大。1957 年，基于自己在欧洲的经历，保罗·霍夫曼发表了一篇文章鼓励世界银行拥有更多软货币。第二年，美国政府终于同意联合国设立自己的基金资助机构，而霍夫曼是其负责人。1965 年，他成为联合国开发计划署的首位总干事。尽管有人批评联合国“接受了数十亿美元的投资却仍是一副穷酸相”，但霍夫曼与白宫民主、共和两党的交情使来自国会的资金资助有了保障，此外，负责马歇尔计划的工作也让欧洲捐助政府对他有了信心。这样，霍夫曼的开发计划署很快就筹集到大量资金，在联合国经济和社会事业资金中位居首位：到 1971 年，开发计划署每年的支出达到 2.9 亿美元，这一数额让联合国在公共卫生、教育和其他专设机构的投资相形见绌。霍夫曼负责的联合国开发计划署不再受传统技术支援的束缚，它同世界银行密切合作（尼克松总统越来越支持这个机构）资助矿产资源的勘测，并为绘制边远地区地图、建立新工业试验基地提供资金，这些为今后吸引银行或国外跨国公司的资本铺好了道路。

华盛顿方面担心苏联会涉足援助政策，给美国造成威胁，因此推动了一些不同寻常的试验，即在联合国内外利用国际组织促进全球资本投资流动。赫鲁晓夫一结束访问中国、印度、缅甸和阿富汗的行程，就被任命为新的政党领袖，他强调苏联有意协助亚非非社会主义国家的“国家发展”。赫鲁晓夫的这种主张不再是那个莫斯科方面期望看到的、通过共产党实现世界变革的共产国际主义了。这是一个更折中并且体现了机会主义的构想，苏联政府把手伸向由民族主义者控制的精英群体，忽略他们在各自国内打压、边缘化共产党的行为。苏联同此类精英群体联手不是因为他们拥有相同的意识形态或者对列宁的忠诚，而是因为他们要共同抵抗“帝国主义”，通过国家计划实现国家经济增长，这才是他们的共同利益。万隆会议召开的第二年，赫鲁晓夫在他的演讲中宣判了斯大林的罪行，并再次提到苏联对第三世界的特殊理解：

> 列宁曾经预言，在世界发展的进程中，东方各民族会在决定全世界命运的事业中扮演积极的角色，并在国际关系中成为新的、更强大的组成部分。而现在这个时刻到来了……尽管有些民族不是社会主义国家，但为了让国民经济独立，人民的生活水平得到改善，它们也参与其中并能从社会主义的成就中获利。现在，这些国家不必为了得到现代化装备而央求它们原先的压榨者，因为社会主义国家可以为他们提供这些装备。

尽管苏联的援助力度不及美国——1954~1956 年，苏联共资助了 10 亿美元，恰好是美国的 1/5，但这也足以让美国国际主义者感到焦虑，更何况他们知道，对于非洲人民来说，苏联的形象比美国更具吸引力。

在霍夫曼的领导下，联合国开发计划不断扩张，因此美国新一代的社会科学家开始发展全面的社会转型理论，超越了杜鲁门的所有先进理论，对 20 世纪 60 年代的美国外交政策产生了巨大影响。麻省理工学院经济学家沃尔特 · 罗斯托（Walt Rostow）等人深刻认识到苏联会对美国造成威胁，但他们相信美国有应对能力。他们最关心的是如何解释经济自给国家的崛起现象，继而对此制订政治方案。英国工业革命突然从乡村转向城市和工业社会，罗斯托视其为其他现代化国家工业革命的原型。他还把马歇尔计划（他曾参与其中）看作同时发展民主和现代工业的政治典范。之后，他评估了欧洲的经验并将其推广到全世界。1960 年，罗斯托著书介绍了这些经验，该书被谨慎地命名为《经济增长的阶段：非共产党宣言》（*The Stages of Economic Growth: A Non-Communist Manifesto*），书中认为是冷战时期美苏两国的竞争推动了整个计划。书中还描写了沃尔特·惠特曼与卡尔·马克思、美国理想主义者以及反日耳曼唯物主义势力之间的激烈对抗。实际上，该书就是为了应对苏联的挑战而著的。

现代化理论为世界通往更加美好和稳定的未来搭建了信心的桥梁，还在传统社会和现代社会间划定了明显的界限。历史是由一种社会通往另一种社会的走廊，所有人都终将从此处走过。而一些正确的思想可以加快这个过程，若是少了这种正确的建议，人们就会像德国人那样误入歧途。人类学家可以解释传统做法和传统信仰带来的悲惨后果，还可以弄清楚重新评估社会价值的障碍是什么；人口统计学家会向人们展示进入一个不用过度消耗资源就能实现自我再生产的社会是多么美好的一件事；经济学家可以指导投资、制订计划，在最大程度上刺激经济增长。在新型社会中，道德标准也更加清晰：第三世界的政府和美国顾问们共同努力缩短过渡期，并确保社会转型与西方的价值观和利益保持一致。

这个世界上有很多类似罗斯托的人，但是他们不满足于只写几本书，他们同样致力于政策调整。罗斯托自己也清楚地知道现代化是挑战传统的共和党治国方法的有力武器。1957年，他和他的同事马克斯·密立根（Max Millikan）批评了艾森豪威尔政府，称他们的做法过于老套和肤浅。他们发表文章说美国过于强调“公约、条约、协商和国际外交政策”了，而在“探究在世界上真正起作用的因素的本质”方面是失败的。罗斯托、密立根和保罗·罗森斯坦–罗丹合作，他们认为由专家主导的发展可以促进民主和社会转型，这个计划在民族革命时比马克思主义更能激起民众的支持。在通过发展经济自足式增长找出实现工业化的正确道路前，要考虑文化变迁、村庄规模和农业技术这些问题。罗斯托借鉴中国的成功经验，认识到赢得农民阶级的支持、转变农民观念的重要性，他可以用为农民提供农作物种子和专业建议、重新规划村庄等方式实现这个目标。这样做可以迎合农民的利益，减少饥饿，最重要的是可以减缓那些容易变得激进的年轻人涌入城市的速度，这些年轻人是共产主义的核心力量。中央情报局资助的麻省理工学院国际问题研究中心是罗斯托的工作基地，现在那里成了研究现代化高级官员的社会科学试验室。而罗斯托本人则成为坚决反对殖民主义的参议员约翰·F·肯尼迪的政策顾问，他随后在肯尼迪政府担任高级国家安全顾问。

在艾森豪威尔任期将满之际，发展经济学达到了新的高度，这门学科的社会地位也得到了提升。自由市场不足以保证经济增长、改善生活水平的思想成为主流。美国的激进民主人士和与他们有联系的第三世界精英们对此持有不同观点。美国的技术支援项目和联合国是这两类人之间的桥梁，是美国实现在第三世界扶持正确的民族主义以便同非洲和亚洲的领导人取得联系、为他们提供建议和支援的手段。1951 年，联合国的一个专家队伍建议“落后国家的政府应该成立一个中央经济体，以展开经济调查、制订发展计划、为实现这些计划提供必要措施建议并定期汇报进展”。20 世纪 50 年代末，这些措施成为全球标准。罗森斯坦 – 罗丹、W · 亚瑟 · 刘易斯（W.Arthur Lewis）和汉斯 · 辛格这样的经济学家的身份在学术界、联合国、美国政府以及第三世界官员顾问之间转换，他们起草了培训第三世界政府核心队伍的计划。就在这时，大多数后殖民世界政府成立了国家规划机构和工业发展公司，那些地处西方的国家则效仿美国战后的做法，组建了自己的开发机构和部门来带动双边援助。20 世纪 50 年代，发展经济学成为多数美国重点大学的课程，与此相关的文章和学术期刊数量呈井喷式增长。美国各党都有这个潮流的支持者，1957 年苏联发射“伴侣号”人造卫星之后这种潮流的影响尤甚。在菲德尔 · 卡斯特罗（Fidel Castro）掌握古巴政权、阿尔及利亚摆脱法国殖民统治获得独立并开放马格里布加入冷战的较量中后，艾森豪威尔意识到需要通过发展对苏联做出回应：他不仅支持成立美洲开发银行，保证 10 亿美元启动资金的近一半会划拨到位，还启用新的地区基金资助医疗卫生、住房以及土地改革事业。1960 年，他主张在世界银行实现软贷款融通，在他赞赏的银行纪律框架内，这是他们对贫困国家更有力的承诺，对非洲来说尤其如此。

之后为联合国开发计划署开绿灯只是肯尼迪政府中最优秀、最精明的精英们制定的政策之一，这些精英接受过良好的高等教育，傲慢不羁，坚信改革的力量。在接受了罗斯托和其他顾问的建议后，肯尼迪越来越广泛地投入到发展事业中去，这是艾森豪威尔无法与之相比的。肯尼迪曾公开表明反对帝国主义，他强烈希望向第三世界国家的领导人们表明美国知道该如何帮助他们。在总统竞选活动中，他表示美国人“应该成为世界革命的领头人”，然而实际上，他们却让苏联占了先机。肯尼迪推进了由杜鲁门开创的两国派国际主义，创立了美国国际开发总署。开发总署要负责为双边援助提供资金，还要支持联合国正在进行的发展计划。1960年9月，肯尼迪前往联合国，成功地将20世纪60年代定义为发展的10年。但从长远来看，这10年间的成果是令人失望的，但其短期成效却广受好评：好莱坞接受了这一主题，1962年，在电影《春泪溅花红》中，加里·格兰特在联合国发表了激动人心的演讲，支持改善世界人民的生活水平，这给桃乐丝·黛留下了深刻印象。第二年，在1963年的联合国粮农组织世界粮食大会上，肯尼迪呼吁综合治理全球的饥饿问题，因此联合国粮农组织的预算涨了10倍。用多边手段解决世界饥饿问题的愿望和美国希望通过分配剩余粮食获得外交优势的想法相互妥协，成就了世界粮食计划署，进一步体现了美国同联合国日益亲密的关系。

在肯尼迪任职时期，繁荣景象的背后隐藏着发展思想残酷的一面，美国一直认为那是冷战时期的国家安全原则。镇压古巴革命的“猪湾事件”失败后，肯尼迪政府决定不惜一切代价阻止另一个美洲国家转型为社会主义国家。在这个想法的驱动下，美国的发展模式越来越倾向于军国主义。在后殖民时期，美国政府真正关心的不是实行民主还是专政，而是冷战的走向。军官是美国新的重要合作伙伴之一。1961年的美国国家安全备忘录提议依靠第三世界各国的军官促进发展时，与军官合作就已成为公认的事实。当年肯尼迪迅速投入大笔资金援助玻利维亚军队就是一个例子，玻利维亚立刻用这笔钱粉碎了各类联盟，尤其是组织精密、武装精良的锡矿矿主，还打击了左派势力，并为1964年的政变铺路，这场政变带来了长达20年的军事独裁政体。印尼的军队也在一场残酷的大屠杀中夺得了政权，据估计，有50万人死于这场杀戮。如果说玻利维亚和印尼分别为卡斯特罗在古巴的成功以及胡志明的胜利埋单的话，约翰逊政府不仅批准还赞扬了由美国训练的印尼经济学家在之后的独裁中的表现。随着“拿着枪的经济学家”（历史学家这样称呼他们）的出现，独裁者和具有胁迫性的发展主义除了依靠美国的资助和举措，还可以依靠当地的合作伙伴。

越南是现代化理论最后的战场。毕竟，罗斯托在肯尼迪的国家安全委员会任职时负责这片区域，而且这里还成了所有现代化理论的实验地。约翰逊希望在此建立一个田纳西河流域管理局那样的湄公河流域发展机构，以及一个强制安置点，收留因战略计划而被迫出走的村民。但是这些举措都没能压制越南共产党。心理战的效果越来越糟糕，美国及其同盟又遭遇挫败，罗斯托因此重拾大规模轰炸计划，这是他在从事欧洲的战时轰炸调查工作时学来的。这样，战争和发展自然又被联系在一起，而罗斯托最终成为约翰逊政府主要的鹰派人物之一。在乐观情绪和事态发展的影响下，罗斯托扩大了轰炸范围，犯下了战争罪行。到如今，罗斯托的事业以及现代化理论都没能恢复元气。

尽管这并不绝对意味着镇压行径和独裁主义的复苏，越南境内也很少见到大规模爆炸事件，但这种在战后早期十分典型的自上而下的发展主义还是能打压到各种狂妄野心。英国在东非的殖民地专家策划了臭名昭著的脱离实际、过分低估清除灌木丛难度的"坦噶尼喀花生计划"，希望借此打造一个植物油出口部门，实现赢利，然而计划实施后，当地却因此成了风沙侵蚀区，耕地也遭到了破坏。相比之下，"沃尔特河流管理局"就很成功了，该局是"后独立"加纳的主要电力来源（现在仍然是），但是为了改造阿富汗赫尔曼德河谷而开展的田纳西河流域管理局式的计划不仅破坏了当地的传统文化和灌溉系统，还向世界展示了野心过大企图改造整个社会是多么愚蠢的行为，除此之外，该局毫无建树。沃尔特河流管理局试图击败赫尔曼德河流域的共产主义势力，却在当地引发了动乱，还导致该局要接管这片区域。对增长之谜的技术关键的探索努力（美国发展主义的支持者似乎对此尤为感兴趣）让世界对开发小麦和大米新品种寄予厚望。所谓的绿色革命是冷战时期的宣传术语，用来赞扬美国技术帮助亚洲远离共产主义的举措，这不仅让解释粮食增产这一复杂问题变得简单，还夸大了农作物种子本身可能带来的利益。

与大多数美国人相比，非西方人更热衷于工业化，也更渴望进口替代品，他们不太担心人口增长，认为粮食生产不是最重要的目标。当然最重要的是，非西方人更能理解自己所处环境的各种机构和文化的现状。但是美国的发展专家发现，就算各个援助机构开始着手分析他们资助的计划有可能带来的社会性结果，他们也很难顾及那些生存环境亟待改善的人的想法。分析结果显示了计划可能带来的破坏，他们的想法虽然改变了，但速度缓慢。至此，人们首次得到了可供比对的全球经济数据，而数据传达的信息却不容乐观。如果说原先那些殖民地国家的经济也有所增长，那么与战后欧洲和美国的繁荣景象相比，那些增长就都微不足道了。此外，随着发展中国家人口的迅速增长，各个国家人均收入之间的巨大差异（多亏了国家收入数据让这一差异明白可见）开始显现。更糟的是，如果不绕开许多第三世界国家，全球贸易扩张对第三世界国家的影响就更小了。

一开始能力有限的联合国开发团体在短短几年内得到了发展，但是该组织在解释做错了什么以及该做什么这些问题时的表现还是难尽人意。1969 年的一份惊人的内部报告质疑了联合国开发计划署的效力等问题，导致这些问题的种种原因也随之浮出水面。联合国开发计划署确定增加预算的领域前夕，这份报告才刚刚出炉。报告涉及的不只有联合国开发计划署，在分析联合国发展举措的报告中，它很可能是唯一一份深刻而犀利（幽默）的报告了。罗伯特·杰克逊曾任职于中东补给中心和联合国善后救济总署，他领导的优秀团队及其伙伴玛格丽特·安斯蒂（Margaret Anstee，后果成为首位女性联合国副秘书长）是这篇报告的撰写人。该报告是在参考了探究国际合作的数据后撰写的，因此其中的分析极具影响力。

像它的题目所言的那样，这份“能力研究报告”在很大程度上是在为联合国的能力辩护与正名。作者们赞同联合国对实行技术合作的承诺，认为联合国最有能力帮助发展中国家。在他们看来，这一组织的问题是在过去 20 年中发展的不连贯性。秘书长能力有限，无暇顾及联合国数量庞大的组成部门——这一现象自赖依起，在哈马舍尔德时期加剧，在吴丹成为秘书长时达到顶峰，反美联合国大会（anti-American General Assembly）成为联合国内部又一权力中心。在这种情况下，这些新组建的机构缺少总体规划，它们都想从发展中分一杯羹。在这 20 年间，联合国拥有 12 个以上的专门机构和一套丝毫不起作用的监管机制，在其成员国的带领下，联合国逐渐发展成了一场噩梦，而不是一个有效的协调者。这一切的结果是，这个国际组织看起来“没有什么高招管理自己”，它的发展计划甩开了该领域的专家，过于集权化。报告的首席作者罗伯特·杰克逊说：

> 联合国的动作变得缓慢，涉及的领域也不及之前广泛，就像个过时的巨人……多年间，我一直在寻觅指导联合国发展体系制定政策、运作组织的“大脑”……但是没有找到……联合国发展体系一直想打一场“贫困之战”，但是没有一个思维缜密的“大脑”来指引它的行动。这种思维的缺失也许是联合国最大的束缚。没有它，联合国开发体系未来的演变过程很容易重蹈那些过时机构的覆辙。

《能力研究报告》继续发出警告称，如果联合国自身的基础改革失败，那么它作为发展事业领头人的地位将受到其他机构的挑战。

然而，现阶段的联合国是否起到了发展事业领头人的作用还有待进一步商榷。美国国际开发总署发起的美国双边援助（它为美国过剩的农作物和多余的设备找到了出路）成长迅速，相比之下，其他的国际机构显得微不足道：到1976年，美国单独给埃及的经济资助就是联合国开发计划署全部预算的三倍。在多边机构中，肯尼迪政府的国防部部长罗伯特·麦克纳马拉（Robert McNamara）领导的世界银行直到20世纪末都扮演着动力源的角色。大概在1970年，基辛格提醒尼克松，尽管对美国来说联合国开发计划署很重要，但是现在“它的重要性尚不及世界银行”。20世纪70年代，联合国开发计划署的资助金额从2.39亿美元提高到5.2亿美元。而世界银行国际发展署的软贷款资助增长得更快，由2.88亿美元提高到12.78亿美元。这些数字并不是故事的全部：事实是，霍夫曼领导的联合国开发计划署与世界银行合作紧密，甚至以它的名义开发项目。因此在这10年中，世界银行加强了对联合国下属机构的控制，成为全球援助最重要的角色。

这个组织的结构缺陷（被《能力研究报告》毫无保留地披露出来）只是部分原因。更严重的问题出在政治上，关于发展的意义和目的的争论以及因此导致的紧张关系自20世纪40年代末开始越来越明显，现在，它已导致一场新的国际争论。随着去殖民化国家与南美及中美国家合作的兴起，国际经济构想在联合国有所发展，这给美国的发展思想带来了极大挑战，并预示了一条完全不同的世界经济之路。

通往国际经济新秩序

“富有和贫穷两个世界间的冲突正在恶化，”1975年12月的《时代周刊》撰文道，“它们的战场就是这个世界。”实际上，这场冲突自去殖民化国家在国际事务上给予发达国家比以往更多的话语权时就开始了。20世纪60年代初，联邦德国和日本强势回归，日本加入了经济合作与发展组织，在世界主要的贸易组织《关税与贸易总协定》中，欧洲经济共同体以联盟的身份进行了统一投票。1962年，由中立国家组成的团体在开罗会面，要求展开关于贸易和发展的国际行动以对抗这些挑战。由发展中国家组成的七十七国集团于同年晚些时候在联合国代表大会上重申了这一要求，并提议就此召开联合国会议。

南北战线更加明确了。亚非国家联合体和拉丁美洲国家占据了联合国绝大多数席位。尽管欧洲和美国反对，但这次会议的申请还是获准通过了。1964年，首届联合国贸易和发展会议召开。这次会议在世界经济史上是一座重要的里程碑。118个国家出席了此次会议——1947年商讨成立国际贸易组织的会议只有23个国家参加，这意味着世界发生了惊人的变化。

这一事件尤其体现了发展中国家日益增强的凝聚力。七十七国集团是发展中国家的组织。他们的团结一致给西方外交家留下了深刻印象，令他们感到了不安。之前，西方世界不仅反对召开会议，还反对选举阿根廷经济学家劳尔·普雷维什（Raúl Prebisch）担任会议的组织者。但这两项否决最终都被驳回了。普雷维什领导的联合国拉丁美洲经济委员会成了一个杰出的组织，该组织对国际发展事业以及美国经济的霸权地位进行了有力的抨击。基于国际贸易对国内发展的影响，普雷维什主张全球再分配，他宣称，没有一种原则性的理由能解释为什么世界经济的边缘体要独立，为什么要阻止一个国家制定符合自身利益的经济政策。因为当缺乏与之抗衡的势力时，对外贸易便会惹来麻烦，与边缘经济体出口的初级产品相比，发达国家的商品价格居高不下。普雷维什还认为贸易是后殖民时期的一种奴役手段；他认为市场应该是仆人而不是主人，否则就是帝国的延续，就算此前帝国已经被消灭，也会因此死而复生。他的报告恰当地总结了当时的批评声音，反映了“一种国际经济政策哲学，可以被描述为针对欠发达国家的国际化的贸易保护主义”。

普雷维什接受委派，负责1964年的联合国贸易和发展会议，并把它打造成一个超越一切、受联合国秘书处直接干预最少的独立体，他用他的组织天赋和对戏剧性事件的洞察力成功地举办了会议，还很好地宣传了自己的想法。有趣的是，这次人们对发展中国家在国际贸易体制中遇到的困难有了完全不同的看法。有人说问题在于成熟市场故意把发展中国家拒之门外：可以起诉欧洲共同市场为保护法国农民而在西欧设立新的关税壁垒这种做法。这两种说法代表着两种不同的方向。与普雷维什的观点不同，第二种说法认为问题在于干涉自由贸易的做法，而并非自由贸易本身，联合国贸易和发展会议的名字已经表明贸易改革和全球发展事业是相关的。对于前者，正在进行的《关税及贸易总协定》协商找到了改善的办法；而后者则需要更彻底的办法。普雷维什的观点相对温和。为庆祝古巴革命胜利，切·格瓦拉发表了一次冗长的演说，他警告各位代表不要被西方资本主义的诱惑蒙骗。世界银行、国际货币基金组织、《关税及贸易总协定》这样的组织或协定只有一个目的：为保护美元而拯救资本主义。只有落后国家建立统一战线，才有可能改变全球经济，“终结人与人之间的剥削”。

这些信息获得了善于采纳意见的联合国代表大会的认可。非洲和亚洲新兴国家对资本主义持怀疑态度，担心由采矿企业和银行兴起的“经济新殖民主义”会控制它们的资源。联合国开发计划署的现状令他们感到不安，因此，他们对美国和西方的敌意日益增长。尽管这些国家希望与苏联模式保持距离，因为他们认为这一模式不怎么吸引人，但他们还是被马克思批判资本主义的声音吸引住了。他们同样担心贸易自由化会阻碍自己的发展计划。他们需要的不只是打入西方市场的优惠条件或技术援助，还有没有任何附加条件的低息贷款、商品价格支持以及打破维持海运费用等居高不下的西方卡特尔等等。据普雷维什估算，若想成功，联合国在发展的10年中要保证年增长率至少达到5%，且年出口增长率达到6%才行，或者由西方带动巨大的资本流动增长。肯尼迪的承诺账单已被列出。

这些数字很快就成了美国副国务卿乔治·鲍尔（George Ball）的攻击目标，他可能是最有影响力的与会者了。首届联合国贸易和发展会议在政治上的成功令人惊喜。它赢得了国际货币基金组织的资助，缓解了物价暴跌对国际收支差额的影响。在促进第三世界打开欧洲市场方面也取得了一定进展。总之，这次会议鼓舞了七十七国集团中的所有国家。多亏来自发展中国家的压力，会议才最终同意组建一个永久的秘书处负责4年一次的会议。此后的20年，秘书处成功地使南北争端出现在闪光灯前。

然而，将争端置于闪光灯下并不代表有人做出了让步。在此期间召开的一连串会议旨在唤起发达国家的羞耻心，从而坚守各自曾经做出的承诺。但是，联合国贸易和发展会议本身相对较弱，由于各国追求的利益截然不同，该组织内部分裂成好几组核心势力。因此，联合国贸易和发展会议根本无力执行各项规章制度，甚至无法监督各国的执行情况。它关注的内容越细化——商品价格、货运政策，七十七国集团内部就越容易产生分歧，越难达成一致。因此，该组织的领导者倾向让事情停留在抽象理论阶段，而这又容易激起更多不满。1972年第三届联合国贸易和发展会议召开时，激进分子和实用主义者就因为是要拥护这个新的合作组织还是把它当作煽动阶级斗争的工具这个问题产生了激烈分歧。

同年，乔治·H·W·布什（随后担任美国驻联合国大使）这样建议总统尼克松："我们要延续攻势，并告诉全世界我们是支持联合国的。"越南战争鼓励了联合国大会中的激进分子，反美的声音随之高涨。乔治·H·W·布什遵循自20世纪40年代起开始实行的美国外交路线，建议强调"经济状况和社会环境"。但是，当今的国际社会很难接受原先的做法了。相反，数额惊人的战争支出导致了通货膨胀，国际经济也因此失去平衡，许多七十七国集团的成员国家因此质疑美国的领导地位，希望除了控制物价和贸易条件外，集团能在更多领域采取措施。跨国企业的活动开始主导全球制造业，七十七国集团希望控制这些跨国企业，并试图停止有关经济增长的争论，转而探讨不公正问题。1973年，石油输出国组织垄断了石油产业，石油价格上涨，西方国家首次在世界经济中丧失了主动权，许多发展中国家为此欢欣鼓舞。同年，在阿尔及尔召开的不结盟运动会议重申了劳尔·普雷维什通过建立国际经济新秩序来提高第三世界国家地位的呼吁。第二年，联合国召开特别会议商讨这一问题，联合国代表大会不顾美国的强烈反对，通过了《建立新的国际经济秩序宣言》(Declaration on the Establishmet of a New International Economic Order)。发展享有高度优先权，而七十七国集团真正关心的是主权和公正。在国际上，各国应按照自己的意愿自由行事，不受任何干预；他们有权选择自己认为最好的发展机制；“对各国的自然资源和经济活动享有全部的、永久的主权”。杜鲁门主张对抗世界性贫穷，怀揣这个梦想的美国现在却因维护大集团和财团的利益而备受谴责。《宣言》称国有化是“不可剥夺的权利”，这令美国企业惊愕。萨尔瓦多·阿连德（Salvador Allende）担任总统期间，智利于1972年在圣地亚哥举办联合国贸易和发展会议（这令基辛格震惊），引领了国有化之路。国有化让美国的铜矿企业、水泥制造商和银行收益颇丰。短短几年内，在第三世界国家中，持有美国原材料的企业有75%被国有化。当美国因切断信贷源头而遭到报复时，国有化展开了新的攻势：它要求推出新的国际贷款方式，并质疑美元作为国际储备货币的地位。

令人难以置信的是，根据杰克逊的《能力研究报告》，联合国当时被设定为经济新秩序的载体。报告写道：

> 作为全球组织，联合国应该有能力全面解决国际经济合作问题，并确保各国利益均衡。在建立国际经济新秩序时，联合国必须扮演更加重要的角色。

与其说这是一份声明，不如说它是根据第三世界的需求把联合国打造成世界经济管理者的呐喊。但是这样的说法未必会变成现实。正如我们所见，在之后的10年，美国在“二战”后积极应对一切对其全球统治位置造成极度威胁的事件。联合国成了最大的受害者，它变得默默无闻，虽然在20世纪90年代再次进入人们视野，却变得更多地迎合了美国的喜好。

第十一章　来自美国的反对

坐落于纽约东河的联合国各个机构越来越像位于古巴的关塔那摩美军基地。两者都在向周边领土奉行的原则和准则挑衅，都是旧势力的残余。

——史蒂芬 · 克拉斯纳（Stephen Krasner），

《结构性冲突》（*Structural Conflict*，1985 年）

伍德罗 · 威尔逊逝世 50 周年纪念日过得悄无声息。1974 年 2 月，尼克松被卷入“水门事件”，国务卿亨利 · 基辛格在中东实施穿梭外交，此时威尔逊的忌日就像遥远的记忆一般。站在威尔逊去世的房间里，伍德罗 · 威尔逊基金会的负责人诚挚地劝诫年青一代的美国人应搁置越南问题，牢记美国在世界上享有的独特地位并为此努力。之后，人们在华盛顿的伍德罗 · 威尔逊学者中心听到了更令人难忘、更激动人心的效忠宣言。讲话人是美国驻印度大使，他不是一位传统意义上的外交家，他是哈佛大学教授、知识分子，还是位争论发起人，他的想法大胆激进，他就是丹尼尔 · 帕特里克 · 莫伊尼汉（Daniel Patrick Moynihan）。美国称霸世界的想法是威尔逊留下的遗产，莫伊尼汉的讲话重提了这一思想，并对其进行更新改进，打响了美国寻求新的世界领导权的第一枪。

莫伊尼汉是民主党人，他关于美国城市中种族问题的文章备受关注，也引起了尼克松的兴趣。莫伊尼汉向来十分关注国际问题，他那些不同寻常的想法已经让北大西洋公约组织开始思考“现代社会的挑战”，比如环境问题。莫伊尼汉公开表示他对伍德罗·威尔逊本人及其呼吁规范全球道德观的行为十分敬仰，赞美他对达成美国使命抱有的信心，称赞他在“一战”中动用军事力量拯救“世界自由”并把“文明力量联合在一起”共同抵抗侵略的举措。但是，莫伊尼汉指出，威尔逊的功绩并没有得到珍视。在威尔逊的帮助下，各国实现了独立，人民得到了自由，世界秩序得以形成，“借助法律并且对其加以指引，可以使这些国家有效地约束自己”。但是，近来有证据表明，世界秩序正承受着巨大压力，美国正对它一手创建的世界逐渐失去热情。因此，现在是时候重新思考并重拾基本原则了。

根据莫伊尼汉的说法，“二战”以后美国外交政策就偏离了正轨：这一政策在“改革与干涉主义”和“安全与孤立”之间徘徊不定，杜鲁门主义就是前者的典型代表。肯尼迪当政时实施现代化改革，越南战争因此而起，最终却因为“安全与孤立”问题而结束。尽管现实如此，威尔逊最初许下的承诺不管对美国还是对全人类而言仍然不失其意义。莫伊尼汉称“威尔逊的世界观已经实现一半了”；世界上大多民族有史以来第一次获得独立。但是，威尔逊（以及之前的马志尼）关于当地人民将因此获得更多自由的推测是错的，因为在这些地方还有许多人遭受着独裁者的折磨。这就需要由美国在全球范围推动自由之战。

莫伊尼汉呼吁在美国外交政策中重新注入道德因素，此举完全不是对尼克松和基辛格外交团队的巧妙攻击。莫伊尼汉在哈佛大学时的老同事亨利·基辛格看待事情的角度与他完全不同。如果说莫伊尼汉的偶像是威尔逊，那基辛格崇拜的则是欧洲协调和权力平衡时期的欧洲政治家。基辛格在他的博士论文中就已论述了维也纳会议后将世界带入和平时期达一个世纪之久的那些人所具有的品质。在成为尼克松的国家安全顾问之前的三年，基辛格曾撰文论述政治家和预言家的性格特点。他认为完美的政治家应该谨慎、理智、清楚自己的权力范围，全心全意投入到政治生涯中。他还认为预言家要有革命精神，有打造现实的野心，要专注于正确的事情以及全面的解决方案。在他看来，政治家是“欧洲现象”，是科技革命的产物，因此，苏联领导人也是政治家。相反，预言家是超越理智的、超脱的，痴迷于自己华丽言语的：发表此番言论的时候，基辛格一定想到了第三世界的民族主义者。政治家之间可以相互协商，却没必要同预言家交流。

人们认为基辛格缓和国际关系的政策意在让政治家私下解决冷战问题，也意味着美国将放弃重建世界这个野心勃勃的、曾让美国陷入越南战争和种种困难处境的外交政策。基辛格的政策自觉地重回美国19世纪的外交模式——以峰会和私下协商等形式避开官僚机构和那些阻碍大国前行的社会力量和组织机构。对世界末日核大战爆发的担心是美国最大的威胁，避免世界大战再次上演是美国的目标。基辛格已明确地告诉苏联、中国、刚果以及伊朗等国，他并不关心这些国家的执政者如何对待他们的人民。1971~1973年，尼克松－基辛格团队改变了美苏关系。然而，中东战争的爆发则表明他们过于关注苏联和中国这两个国家，而忽视了其他的冲突来源。

基辛格一直强调军事力量（尤其是核武器）是现代外交的关键，这种说法在当时遭到了质疑。1972年，有人问乔治·凯南，与25年前相比，现在苏联的威胁有多大。他答道，现在苏联的实力大不如前，而核武器也只是“看上去很美”。基辛格认为缓和国际关系是一条较为理智的发展路线，但是他的看法似乎也难离俗套，看上去仍是老生常谈：他希望苏联和美国可以清醒地认识到他们各自的影响是有限的，希望美国可以减少对国际事务的干预。相比之下，莫伊尼汉则认为美国错在为了解决东西方的冲突而把其他所有关乎世界发展的政策都放在了次要地位。基辛格认为除了可能会造成大国间的相互误解之外，去殖民化形成的南北战线并不重要。而莫伊尼汉则相信美国真正的挑战不是苏联，而是正在崛起的第三世界。

1975年3月，莫伊尼汉发表了一篇题为“来自美国的反对”的文章，在当时产生了轰动。他在文中揭露了当联合国这个最有可能实现威尔逊之梦的组织变得越来越难以应付时，新威尔逊主义意味着什么。他认为随着殖民地自治和国家自主权理念的散播，一个全新的世界诞生了。尽管美国对此比其他各国的贡献都大，但是它在联合国内部已不再受欢迎。绝大多数第三世界国家作为一个集体一如既往地攻击美国，他们反对美国的提议，并在联合国推广自己的集体主义妙策。

1949年，凯南警告说联合国大会像议会一样，最终只会不利于美国的发展。最糟糕的是，美国国务院并不认为联合国有多重要，因此对这一连串的批评无动于衷。

与美国国务院不同，莫伊尼汉当即采取了行动。正如一些美国单边主义者所说，美国已经足够强大，完全可以脱离联合国自行展开单边行动了。现在已经有国际法庭这样的国际组织以及《国际海洋法》这样的规范制度，这些组织及制度有着实质性的影响力，假装它们并不存在，或假装它们不会危及美国的利益并非正确选择。美国是时候转变航向了，莫伊尼汉总结道，美国要承认意识形态相同的第三世界国家组建联盟的事实，而不是把他们驱逐出联合国，但与此同时还要做议会体制鼓励的事，那就是站在这个联盟的对立面。美国接受自己在国际社会相对孤立的事实之后，就可以着手集中国内思想，在全球开展另一项事业了。在这方面，威尔逊为他们提供了指引。曾经与列宁的激战使很多事物处境危险，若想恢复，美国就要像莫伊尼汉所说的那样支持追求自由一派，抵抗主张公正的另一派，并重申自由主义的价值。美国还要抑制世界范围内的激进主义和社会主义趋势。自由企业以及公民和政治自由的重要意义需要得到重申。“是时候让人们对美方发言人在国际论坛上陈述的事实心生敬畏了。”

莫伊尼汉的文章引起了轰动，据说基辛格为读完这篇文章还错过了一次约会。福特总统十分激动，任命莫伊尼汉为美国常驻联合国代表，他自己也曾对前些年在联合国大会内部的“多数人的暴政”进行过抨击。就在这时，对联合国这个国际组织的批评声音愈加激烈，美国保守派人士是这一声音的主要来源。1973年成立的保守派智库传统基金会已经在反对联合国的道路上精进自己的业务，它开展了极富影响力的“联合国评估项目”，强烈批判联合国，这使美国国会对联合国的敌意达到前所未有的高度。小威廉·F·巴克利（William F. Buckley Jr.）在担任美方代表期间曾写道：“从有自由机构之日起，联合国就对道德现状展开了最集中的攻击。”之前任职秘书处的澳大利亚小说家雪莉·哈扎德（Shirley Hazzard）称联合国已无药可救，它在自我毁灭，其他人谈到联合国时也鲜有溢美之词。莫伊尼汉的言辞暗示在耐心、精力、思想以及坚定信念的驱动下，美国外交政策可能在这个由华盛顿创建的组织中力挽狂澜，美国还有可能重获世界领导权。

在此我们没有必要详述莫伊尼汉出任美国常驻联合国代表的 7 个月间遭受的非议以及听到的各种声音：30 年后布什政府驻联合国的常任代表约翰·博尔顿（John Bolton）的强硬态度和莫伊尼汉如出一辙，但不及他机智，博尔顿遭到的非议倒是令莫伊尼汉望尘莫及的。莫伊尼汉刚到联合国之时，联合国大会通过了一份臭名昭著的决议，将犹太复国主义和种族主义对等起来。莫伊尼汉因没能阻止这这一做法而感到非常恼怒（尤其是在他准备竞选参议员之际，尽管他一直对此予以否认）。他维护伊朗，称犹太复国主义是“民族自由运动”，还严厉谴责了联合国在人权和民主方面所获的成绩。这番言论让莫伊尼汉登上了头条新闻。纽约的新闻记者十分钟爱这番言论，而美国的职业外交官和基辛格却对此印象并不深刻。英国常驻联合国代表艾弗·理查德（Ivor Richard）呼吁“多一些容忍”，并警告说联合国“不是电影《墓碑镇》里的‘OK 畜栏’，我也不是那个西部英雄怀亚特·厄普（Wyatt Earp）”。莫伊尼汉猜想基辛格肯定已经对那些明确攻击自己的行为表现出鼓励的态度了。福特劝他继续留任联合国，但是他还是在 1976 年 2 月离开了联合国，为晚些时候的参议员竞选做准备去了。作为纽约参议员，他可以连任 24 年。

莫伊尼汉的持久贡献是为美国在多层次彻底地应对去殖民化及其后果奠定了思想基础。在联合国内部，一些与美国对全球公正定义完全不同的国家组成了势头强劲的联盟。因此，20 世纪 70 年代末，美国政府一改以往缄默的反对手法，公开对几个政治集团实施反击。在其反击目标中，有第三世界呼吁全球经济新秩序带来的挑战，还有人权问题和环境问题。美国当局放弃了基辛格的“现实政治”，转而支持卡特的“道德理想主义”，随即整顿了西部经济以应对南方落后国家的挑战，同时还促进了人权事业发展，并保障公民权利不被国家侵犯。但可以肯定的是，美国仍在为世上的许多独裁者提供庇护。只是受庇护的独裁者并不是固定不变的。美国投入大量精力创建新秩序，这也是莫伊尼汉呼吁的重塑国际社会的一种体现。基辛格向来尊重国家主权，但现在美国放弃了对基辛格的追随，被莫伊尼汉的朋友诺曼·波德霍雷茨（Norman Podhoretz）称为“主权个体”的论调对美国政策制定的过程产生了前所未有的影响。其结果是，联合国的一些核心机构被边缘化，美国则重新分配力量，为复兴国际经济的市场力量和一些民间人权组织提供支持。美国国会和美国民众对联合国的敌意达到前所未有的高度，这便削弱了联合国应对环境问题和其他全球性问题的能力。

反对国际经济新秩序

第三世界的崛起会终结西方国家对世界的统治吗？在某一刻，这个愿景有些类似于七十七国集团渴望国际经济新秩序可以分裂尚不稳定的大西洋联盟的想法。而此时，基辛格的关注点并不在此。他将注意力集中在结束越南战争和改善美苏关系上，欧洲政客则忙着与第三世界国家搞好关系。他们的援助政策和美国的大不相同，其目标是为第三世界打入欧洲共同体的市场提供便利条件。1973 年，欧盟主席、荷兰社会主义者西科 · 曼斯霍尔特（Sicco Mansholt）与尼克松政府的贸易官员进行会晤时，双方的言辞非常激烈。这次会晤意味着曼斯霍尔特想要摆脱同美国的密切关系，在南方落后国家中寻求盟友的愿望。“毫无疑问，与美国的关系将退居次要位置。”蒙索尔特坦率地说出了他的想法。我们不要忘记当年随着欧洲共同体的扩张而出现的那个比美国和苏联规模都大的贸易集团。无论从道德角度还是从战略发展的角度看，刚刚重组的欧洲与初登世界舞台的团结的南方各国建立国际伙伴关系都是正确且明智的，对社会主义人士和 20 世纪 70 年代主宰共同体决议的社会民主人士来说更是如此。在他们眼中，世界各国在经济上相互依存，一方受损并不代表另一方就会得益，即南方国家的衰竭必将有损于北方国家。他们沿袭了古老的欧洲思想，其中有社会主义理念，也有法西斯主义主张，他们渴望看到“欧非共生”，希望制造业强大的欧洲和地中海彼岸资源富饶的非洲可以互助共赢。

阿尔及利亚总统、七十七国集团领导人之一的胡阿里 · 布迈丁（Houari Boumedienne）试图开创合作局面。1973 年 9 月，他接受了比利时一家报纸的采访，在谈到欧洲共同体时，他这样说道：

如果你认真观察，就会发现欧非可以互通有无，共同努力实现共赢。欧洲现在站在了十字路口，他们正在缓慢起步，开始探寻自己的国际地位。如果欧洲甘愿成为美利坚帝国忠诚的盟友，那么他们就是我们的敌人；若是他们选择独立于世，那么我们就与之合作，以成大事。

针对华盛顿方面的言论令人担忧，有人认为战后美国整个地缘政治结构的前景都不乐观。1971 年，尼克松希望美元贬值，许多美国全球主义者认为这是排外的表现，有重回 20 世纪 30 年代“经济国家主义”和”孤立主义”的危险，因此对尼克松提出了严厉的批评。基辛格也因为向中国示好时忽视了日本、在缓和同苏联的关系时忽略了西欧的重要性而饱受指责。他的对手兹比格涅夫·布热津斯基（Zbigniew Brzezinski）后来成了卡特政府的国家安全顾问，他曾抨击过基辛格，并告诫世人警惕大西洋联盟瓦解。他的做法直接导致了美国同欧洲关系的缓和，这一过程之初并不正式，随后越来越趋于正式，最后日本也参与进来，美、欧、日三方建立了友好关系。1973 年，300 名政治家、学者、商人以及劳工代表汇聚在非政府组织“三边委员会”，该委员会由戴维·洛克菲勒发起，布热津斯基是其最初的掌舵人。一位与会者归纳出委员会的信条，他曾表示“全球主义和双边主义成功的可能性非常小，但是三边主义却一定能成功”。洛克菲勒全身心投入其中，这让人们想起了国际联盟（这个组织自威尔逊起，一直持续到福斯迪克和腊斯克时代）在美国称霸全球的事业中持续的影响力。传道者帕特·罗伯逊认为三边委员会是一个“原始世界政府”，起源于“某种邪恶事物的深处”，这位右派人士把三边委员会说得一无是处，左派人士则把它当作报复国际资本主义的工具。当然，后者的主张更接近事实，西方各国及各组织间经济关系的变更加快了美国重获世界领导权的速度。两年后，后来成为七国集团的联盟成立了，这一进程因此变得更加官方化，美国也因此巩固了与西欧以及日本的关系，它们组成了战后经济战略的中心轴。1980 年，加入三边委员会的国家的出口贸易占全世界出口贸易的 2/3，也为世界国民生产总值贡献了近 2/3。委员会的成就削弱了南方国家的议价能力，与此同时，南方国家联盟因石油危机也变得不如从前那样团结了。大西洋联盟再次团结一心，拉大了地中海两岸不同世界间的差距：阿尔及利亚总统布迈丁1978年离世，这便意味着号称“南方–欧洲国家”的联盟走到了尽头。这件事完美地印证了布热津斯基的观点，1973年阿尔及尔不结盟运动发生后，他表示需要“采取明确的政治行动甚至建立新的政治结构，才能有效应对当今的技术和经济问题”。

总之，联合国贸易和发展会议以及联合国对国际经济新秩序的呼吁在美国和欧洲的境遇大不相同，美国表现出的与南方世界协商的意愿更为隐晦。美国驻联合国大使莫伊尼汉向世界保证会放宽西方市场的准入条件，并采取国际措施稳定第三世界的出口收入。基辛格在1976年首次访问非洲期间提议打造一个“国际资源库”。但是在财政部部长威廉·E·西蒙（William E. Simon）和福特政府的首席经济顾问威廉·塞德曼（William Seidman）眼中，即便是这种温和的安抚计划，也脱离实际太远了。威廉·塞德曼就曾警告美国说，不要“为了自由企业制度牺牲我们的基本义务”。

打造自由市场的想法、美国骄傲的态度以及不愿再与联合国贸易和发展会议联系的反美主义，这三种态度的融合让美国对联合国的态度发生了转变，联合国之前享有的超高民意支持率也迅速下降。盖洛普公司多年来始终没有间断就联合国工作是否到位的问题在美国展开调查。1950年至20世纪60年代中期，美国人民对联合国的好评率从未低于50%，通常情况下可以达到80%甚至更高。但是在1967年，这一数据降到了49%。1971年11月，支持率仅为35%，成为史上最低。1972年1月，联合国新任秘书长、澳大利亚人库尔特·瓦尔德海姆（Kurt Waldheim）与美国驻联合国大使乔治·H·W·布什会面时承认“联合国的威望已陷入低谷”。尼克松也很难安心：“我们在美国也遇到了相同的问题，那就是公众对联合国的支持率在不断下降。国际事务通常都会遭遇美国人民的这种态度。”用前任国务院官员理查德·加德纳（Richard Gardner）的话说：“美国对这样一个国际组织的未来发展至关重要，而此刻两者相处得并不愉快。”福特政府推迟了给世界银行的拨款，并于1975年在国会和工会的双重压力下宣布退出国际劳工组织。

美国对机构改革有助于联合国监管世界的说法失去了兴趣。荷兰经济学家扬·廷贝亨（Jan Tinbergen）曾提出“最佳国际秩序”这个说法，他主张全面扩大联合国权利，并培植大量下属机构——他希望开设世界粮食局、世界矿产资源机构、世界能源研究局、世界技术开发局、国际（环境）控制机构、世界裁军机构以及世界贸易和发展局等国际组织，种类如此繁多，令人瞠目结舌。大西洋彼岸各国对这一诉求持怀疑态度。廷贝亨是位社会主义人士，又在荷兰这个善于规划的国家身经百战，积累了大量经验。但他忽略了国际形势的走向。美国商务部官员直言不讳地说：“当今有两个国际组织相当无用：那就是联合国与联合国贸易和发展委员会。”美国官员指责联合国贸易和发展委员会，称该组织“重复制造危机”，激起了“某些国家无休无止的单边需求”。

美国已经失去了耐心。发展中国家寻求建立国际经济新秩序而未果有很多原因，其中来自美国的反对是首要的。莫伊尼汉激起了反对建立新秩序的情绪，他还敦促美国尽快找到替代方案。毕竟他是位威尔逊主义者。然而，替代方案究竟是否可行尚无定论。20 世纪 70 年代中期，各国国内以及各国之间都存在着各种分裂势力。例如在各国国内，有组织的劳工和资本家之间签订的各类战后社团主义契约纷纷解除，在这些分裂势力的影响下，于 1971 年崩溃的布雷顿森林货币体系是否可以被代替不得而知。一些美国时评人相信当今美国的霸权地位已不复存在，美国已经无法再把那些经济规则和制度强加于他国了。联合国贸易和发展委员会的学者罗伯特·罗斯坦（Robert Rothstein）在 20 世纪 70 年代曾声称“对全球通用规则的追求必定失败”。他预言将会出现“一个新的体系，这个体系很有可能发生内部冲突、最终分裂成互相敌对的各股势力”。其他人则希望看到一个较为“宽松的”经济体制。1977 年，杰出的英国经济学家弗雷德·赫希（Fred Hirsch）认真思考了被他称为“世界经济在各国操控下的解体”究竟是不是“20 世纪 80 年代世界经济的理想归宿”。他在想，如果放宽国际货币制度，允许货币流通，在固定汇率制度瓦解后，各国政府自由选择各自适用的经济制度将会带来多少益处。

但是对美国这个世界领导来说，“操控下的解体”意味着什么呢？赫希这个惊人的用词引起了美国银行家保罗·沃尔克（Paul Volcker）的兴趣。那时沃尔克已经具有相当的影响力了。赫希记得 1978 年 11 月（也就是赫希英年早逝的那一年），身为纽约联邦储备银行行长的沃尔克发表了一次讲话。“危机是可以助力发展的，”他对听众说，“我们要对危机做出回应。”但是沃尔克严词拒绝了赫希，称不需要他的理论。沃尔克明白在更大范围内实现全球一体化与打造现代化民主国家存在冲突。民主国家意味着各国的未来掌握在自己手中。也许30年后，为实现这两个不同的目标会爆发更严重的冲突。在美国这个正在探寻新方法以稳定世界经济的国家中，身为美国公民，并且作为这个国家的政治精英，沃尔克接近了问题的中心。从这个角度看问题，若是如赫希（和英国工党政府）所愿，赋予各国政府更多自治权的话，那就如同是在切断贸易，阻断金融自由化进程，重走旧路。最大的担忧是退回20世纪30年代。沃尔克警告说：“全球经济秩序正在遭受摧残。”抵抗“转向国内的压力”显得至关重要。在汇率浮动的时代，要为开放的全球经济提供保障，就需要银行家和财政部部长在更大范围内相互协作。稳定经济需要长时间努力，干预货币市场没有任何作用，在国内推行正确的政策才是可行之策。因此，沃尔克得到了与赫希完全不同的结论：没有什么能代替国际财政制度。这样，结果就不言而喻了：在未来，世界货币监管人将在国际上享有重要地位，这是国家立法机关和选民难以企及的。

不到一年后，卡特就任命沃尔克为联邦储备委员会主席。他上任后以惊人的速度将利率提高到20%，到20世纪80年代美国通货膨胀率由13%降到了3.2%，然而通货膨胀率下降是以失业率激增为代价的（并伴有对邻国墨西哥的经济破坏）。沃尔克只有在战胜了通货膨胀这只猛兽后，方可调低汇率，并为资本流动创造一个安全的国际环境。但事实上，他终结的不只是通货膨胀，还有发展中国家试图在联合国建立国际经济新秩序的梦想。美元在危急时刻作为国际货币的地位被保住了。石油输出国组织的盈利被华尔街和伦敦金融城收回，一些发展中国家希望借它给美国带来威胁的构想破灭了，华尔街和伦敦金融城却因此恢复了自己国际经济操控者的身份。正如切·格瓦拉所言，南方世界联盟瓦解了。世界银行方面，罗伯特·麦克纳马拉在1980年把关于国际经济新秩序的讨论视为“过时的事情”。联合国贸易和发展会议1984年的秘书长是位亲美人士，因此该组织不会对美国造成任何威胁，在里根总统和他的继任者创造资本主义大转型的过程中，联合国贸易和发展会议只是个没有危害的附属机构。现在不只是联合国贸易和发展会议，就连联合国都要退居次要位置了，协调国际经济的职责落入世界银行和国际货币基金组织之手——这两个组织都受西方世界的操控——美国从此摆脱了投反对票的日子。

人权和非政府组织的崛起

权利问题被莫伊尼汉定义为世界的第二战场。“权利”从来不是一个明确的概念，国际上对它的理解也不尽相同。19 世纪的外交官最关注的权利问题是信仰的自由。两次世界大战期间，国际联盟曾关注少数民族的集体权利。但是，在联合国成立之初转而重点关注个人权利，因此搁置了集体权利问题。1948 年的《世界人权宣言》在当时乃至现今都被广泛视为赋予了人权神圣不可侵犯的地位。透过这些现象发掘本质就会发现，列强都在尽力避免被《世界人权宣言》束缚住手脚：英国担心自己会因殖民地问题处于尴尬境地，美国则害怕种族隔离和公民权利问题影响其国际形象，斯大林反对一切“将联合国的权力凌驾在国家主权之上”的尝试。在 1948 年，几乎没有其他问题能让三大势力的态度如此一致。

维护人权的计划瘫痪了，希望摆脱殖民统治的亚非国家调转了方向，由关注个人自由转而推进集体社会经济权，然而他们最关注的却是国家自决权。1955 年在万隆亚非会议上，代表们称《世界人权宣言》是新殖民化的武器，它借助通用语言，以维护个人权利之名破坏各国文化的完整性。“如果人权是神圣的，”黎巴嫩代表在 1955 年万隆亚非会议上说，“国家的权利，无论它是大是小，同样神圣不可侵犯。”不顾西方世界的强力反对，联合国大会还是将国家自决权纳入了计划中的“联合国人权公约”。这份公约将继承《世界人权宣言》的精髓，并赋予其强制力。联合国大会最终决定制定两份独立的公约——一份针对公民权利和政治权利，另一份则关注经济、社会和文化权利，在这两份公约中，国家自决权都占据主要地位。

因此，对人权问题的探讨成了20世纪50年代反殖民事业的一部分。争取国家独立的斗争发展到高潮便迎合了马志尼的愿景，即人民以国家利益为重，舍弃对私利的追求。参加过阿尔及利亚反法战争的弗朗茨·法农（Frantz Fanon）具有作家和激进主义者的双重身份，他斥责西方世界过分强调个人权利，称这样会阻碍革命胜利。“个人主义应该最先消失，”1961年法农在《不幸的世人》（*The Wretched of the Earth*）中写道：暴力的“净化力”可以驱使“大众”在争夺国家自由的斗争中团结一致，他相信这场斗争会转变人民的观念，使任何煽动者都无法蒙蔽他们的双眼。联合国大会通过了《给予殖民地国家和人民独立宣言》或多或少是因为受到了法农那些文字的影响。该宣言表明“服从外国列强的征服、控制和掠夺就是对基本人权的否认”。

20世纪60年代末，大多数殖民地赢了争取国家自决权之战，第三世界的许多国家进入了一人独裁和一党专政的时代。联合国无心思介入此事，其下属机构“人权委员会”也转而关注其他事件。联合国大会重点关注存在种族隔离问题的南非，以色列、罗德西亚和非洲尚存的殖民地也吸引着联合国大会的注意。到目前为止，联合国的绝大多数成员国都认为，在反殖民地的长期斗争中，人权是一件武器。1976年，东巴基斯坦宣布独立，这导致大量东巴基斯坦人民被巴基斯坦军队屠杀；尼日利亚内战期间，比亚法拉人民遭受爆炸和饥饿的侵袭，然而联合国人权委员会却对这些始终保持沉默。

冷战期间，美国普遍认为权力并不重要。在他们看来，维护人权“注定失败”，因此，为了在更重要的领域保持火力，美国应该忽视人权问题。美国现代化理论变得保守起来，其他时评人称无论如何人权维护都不会成功，从美国利益出发，稳定比民主更为重要。美国出于战略考虑也在这时选择支持大量政治独裁者。西班牙的佛朗哥和意大利的贝隆最先获得支持，冷战期间，美国加大了对独裁者的支持。到20世纪70年代早期，智利的皮诺切特、刚果的蒙博托、伊朗国王、菲律宾的马科斯、印尼的苏哈托、葡萄牙的萨拉查以及希腊和土耳其的军事政府等人都曾来过万神庙。但此时，美国的态度突然发生了转变，认为政治独裁并不可行，人权因此重获重要地位。

缓和国际关系是实现人权的前提，地缘政治转变推翻了国际经济新秩序，这对人权事业也同等重要。20 世纪 70 年代早期，一系列国际安全及合作会议在欧洲召开，冷战双方也因此会面。会议之初，人权问题并未受到重点关注。勃列日涅夫和他的苏联同胞希望时隔数十年后，苏联在 1945 年对东欧的领土划分可以得到世界的认可；西方国家则希望缓解国际局势，加强人道主义援助并促进国际合作。1975 年，国际安全和欧洲合作会议在赫尔辛基召开，将这一事业推向高潮。此次会议最伟大的成就是（至少对苏联人而言）明确了各国边境是神圣不可侵犯的。另外一件让苏联人欣慰的事是，各签约国保证不会干涉他国内政。这样看来，《赫尔辛基协议》不过是一份普通的文件罢了。事后，会议又将尊重人权加入法案，与《联合国宪章》和《世界人权宣言》保持一致。然而，无论是勃列日涅夫还是其他外交家都未给予此次会议足够的重视。

尽管最初有美国人权运动者批评《赫尔辛基协议》，但仍有人十分重视法案提及人权问题这一做法。美国和苏联涌现出极为勇敢的人权组织，西欧和美国的人权运动者开始给政府施压，以寻求帮助。小说家亚历山大 · 索尔仁尼琴（Aleksandr Solzhenitsyn）在他 1970 年获得诺贝尔奖的作品中写下了令人难忘的文字——“在这个拥挤的地球上根本不存在‘内务’这种东西！”这本小说只能从苏联私运出国。苏联物理学家安德烈 · 萨哈罗夫（Andrei Sakharov）5 年后荣获诺贝尔和平奖，维护人权是其秉持的激进主义的重要组成部分。1976 年在萨哈罗夫的客厅中，“莫斯科赫尔辛基小组”成立了。“捷克七七宪章小组”也于第二年成立。赫尔辛基条款以及共产主义阵营认同联合国人权新条约的事实都被这两个小组用来支持自己的行动。在制定新的活动框架方面，联合国的工作效率很高，这一点是它的一些批评者不愿承认的。

各国希望在道德层面上终止暴政，于是对权利问题做出了调整，此举并不是庞大政治工程的一部分，西方世界乐于接受这种改变。美国国会在其中扮演了重要角色。1974 年，曾全力支持人权运动和环保事业的民主党参议员亨利 · M · 杰克逊（Henry “Scoop” Jackson）为帮助苏联犹太人提出了一项举措：将贸易和移民自由结合起来。然而，杰克逊并不是第一位关注这个问题的民主党人士：早些时候，明尼苏达州国会议员唐纳德·弗雷泽（Donald Fraser）就已关注智利和其他国家违反人权的行为，国会对人权维护日益增长的兴趣使基辛格先见性地在国务院成立了人权部门。但是，在如何将人权与其他外交手段联系在一起这个问题上，杰克逊则具有更大的影响力。美国新任总统卡特认真执行《赫尔辛基协议》，进一步推进了人权事业，他甚至在 1977 年 1 月的就职演说中称维护人权是他任期内的核心任务。他向大众灌输公民道德信仰要成为新的民族精神的思想，坚持认为“美国人民要全身心投入维护人权的事业中去”。入主白宫后不久，他就因中美和拉丁美洲以及非洲独裁者违反人权而终止了对他们的援助，并向南非发出警告，称实行种族隔离就是对美国的蔑视。他清晰地阐明了自己的观点：实施国内镇压将被视为在威胁美国的利益和价值观。但由于美国势力有限，它发出的严正警告往往达不到相应的效果。出于战略考虑，美国也弱化了人权的意义并默认独裁者执政。然而，较之前而言，美国在转变态度后并没有犯下错误。卡特为自由国际主义奠定了人性化基础，他强调自由、权利和民主，这也为美国未来 30 年的外交政策指明了方向。

人权事业的这一发展方向离不开此时国际舞台上兴起的新势力。就连在美国调转外交方向、朝着莫伊尼汉提倡的价值观前进时，世界上的另一股力量还在主张正视人权问题，联合国和各成员国因此承受了巨大压力。各种团体在非政府组织的带领下紧密联系在一起，共同成就了这股力量。

从严格意义上讲，在国际事务进程中，非政府组织并不是新兴势力。20 世纪 40 年代，罗斯福政府就曾鼓励国民行动起来支持国际和平事业。1945 年的旧金山会议上，宗教和人权团体也曾游说过与会代表。那时，非政府组织已经被接受了，尽管其影响有限，但也已成为国际生活的一部分。许多非政府组织因冷战名声受损。自 20 世纪 20 年代起，莫斯科就同一线组织合作。国际学生联盟、世界和平理事会以及民主律师国际协会由共产主义国家运作，或是受苏联资助。中央情报局介入此领域较晚，但很快便迎头赶上。科德·迈耶是中央情报局国际组织部门的领导，他曾以世界联邦主义者运动的年轻带头人的身份为人所知。但是，共产主义介入像世界联邦主义者运动这样的组织让迈耶备感失望，因此他加盟中央情报局，在那里成立了许多反宣传的一线组织。

在其鼎盛时期，中央情报局曾从60多个基金会融资资助100多个此类组织。雕刻家雷吉·巴特勒（Reg Butler）在伦敦当代艺术中心为纪念“不知名的政治犯”举办的国际雕刻大赛中获胜，最终这项奖金是由美国政府资助的，美国这样做的目的在于在西柏林树立一个高大的形象，从而羞辱苏联。当今颇负盛名的国际法学家委员会最初也是由中央情报局操办的，该组织是在西柏林声名狼藉的国际自由法学家委员会的基础上发展而来，它由纳粹创建，却伪装成一个犹太幸存组织。

关于秘密资助和无所作为的非政府组织的影子战引人深思：冷战时期会存在真诚且独立的非政府组织吗？英国律师彼得·本南森（Peter Benenson）相信这样的组织不仅会存在，而且必须存在。本南森与显贵人士相识，佛朗哥担任元首期间，他还曾前往西班牙听审对工会工人的宣判，本南森知道人们对“两极化的思想”已经厌倦了。1961年他在英国报纸《观察者》（*Observer*）上刊登长篇文章，提醒读者《世界人权宣言》对思想自由、宗教自由和观点自由的承诺，呼吁给“铁幕”两边的各国施压，让它们释放因政治或宗教观点被关押的人：

> 一个星期内，无论你哪天翻开报纸都会看到这样的新闻：在世界上某个地方，又有人因政治、宗教观点相异而被当地政府关押入狱、遭受严刑拷打甚至被执行死刑。监狱中有太多这样的人了，他们并非全在铁幕和竹幕之后，狱中人数还在不断上升。读者们深知自己无能为力，因此郁郁寡欢。然而，如果所有人都能化悲愤为力量团结一致，就一定会扭转局面。

文章会引起如此巨大的反响，本南森本人都觉得难以置信。各地自发形成团体，纷纷接纳当地的政治犯。本南森逐渐明白人民有多想参与进来了。他们通过参加运动，在道德或是精神上填补了西方社会群众无法有效参与政治运动的空白。文章见报后一个月，本南森给他最亲近的同事写了一封十分诚恳的信，信的内容是关于这次新兴运动的：

这次运动的根本意图是为全球理想主义者搭建一个合作平台，我希望与此相关的人可以牢记这点，但不要将它公之于众。希望这次运动可以唤起大量理想主义者潜在的热情。这次运动还要吸引正在探索人生理想的年轻人，吸引那些不幸的、在最美好的年华里没能充分发挥母性光辉的妇女。如果牢记我们的根本意图就会发现，从长远看，调动人们的热情比救出狱中的囚犯更重要……

这番话传达出一种极为不切实际的想法：在这场政治行动中，结果并不重要，他们更看重人们的思想转变。但这个结果是十分惊人的。两年中，这个组织不但有了名字，还发展了一套完整的体系，它走出西欧，走向美国和世界各地，拓展了国际领域。在成长早期，由于领导不利，该组织的发展步伐缓慢——其秘书长与英国情报人员间的往来被揭露，险些摧毁整个组织，但是到了 20 世纪 70 年代，2 000 多位组织成员遍布 30 多个国家，1977 年该组织还荣获诺贝尔和平奖。这个成立于 1961 年、志在呼吁赦免政治犯的小组织现在发展成了全球最大的非政府人权组织，拥有一队志愿者写手。

环境政治：迟暮之年的国际主义

正如为其写略传的那些记者一遍又一遍回忆的那样，罗纳德 · 里根向人们传达的总是积极信息。但是批评里根的人却认为他的乐观放错了地方，他们认为美国现在听到的全是反对声音，已经退回到孤身一人的境地了。卡内基基金会主席托马斯 · 休斯（Thomas Hughes）在谈到“迟暮之年的国际主义”时曾发问道：“曾经希望改造世界的那个精力旺盛的美国怎么了？那个在 75 年前促使百万富翁安德鲁 · 卡内基这个和平主义者成立基金会的美国哪儿去了？”他抨击里根拒绝承认“国际法院”的司法权、攻击联合国、违背条约还践踏国际法的行为。休斯笔下的里根正在“黑暗中呻吟”，他运用美国人的“乐观”重整军备，非法干涉他国内政，造成赤字膨胀，美元汇率升高。当然，里根的支持者并不这样想，他们想法上的分歧不仅表现在民主事业上，还有军备竞赛领域。支持者认为美国已重回国际领导地位，它并没有撤离国际舞台。然而毫无疑问的是，里根对世界领导者的定义限制了联合国，让它在许多国际事务中试图建立领导地位的努力无疾而终。这一点在环境问题中体现得最淋漓尽致。

10 年前，美国还曾在联合国引领过国际环境政治组织，并试图把这个国际组织打造成这一全新领域的领头人。当后殖民时期的南方世界还在追求工业化、寻求解放和促进繁荣的时候，西方民众已经在质疑盲目追求经济增长是否正确、寻求技术和工业进步的时候是否因索取过多而破坏了环境。《时代周刊》发表评论说："人们也曾为科学和技术可能引起的后果感到担忧，但最后信任战胜了忧虑。"一些科幻小说表现了当时的时代精神。菲利普 · K · 狄克（Philip K. Dick）1968 年的小说《机器人会梦见电子羊吗？》（*Do Androids Dream of Electric Sheep?*）打造了一个未来世界，在那里，数十年前开战的最后一次世界大战把旧金山变成了一片毒气弥漫的废墟，还终结了地球上的文明生活：国家政府倒闭，联合国把幸存者安置到太阳系，长久以来人类在地球上的活动几乎全面停止了，而造成这种情况的原因是什么没人记得。第二年，《纽约时报》报道称，学生对越南战争的不满远不及他们对"环境危机"的担忧。随后，我们就迎来了第一个地球日。1970 年，数百万美国民众参与了环境宣讲会，据估计，单是中央公园就聚集了 100 万民众，这可能是美国历史上最大的一次示威活动了。

对环境的担忧让人们想起曾经因害怕世界人口过剩而产生的感受。这种焦虑随着新马尔萨斯学说的流传和遍布全球的人口控制政策达到顶峰。人口学家称控制人口增长是繁荣的前提，一个社会只有在实现了低生育率之后才算是步入了现代化。世界银行行长罗伯特 · 麦克纳马拉直言不讳，称迅速增长的人口是"阻碍经济发展和社会进步的最大障碍"。1966 年的《联合国人口宣言》也得出了类似结论。1968 年，生物学家保罗 · 埃尔利希（Paul Ehrlich）在其畅销书《人口爆炸》（*The Population Bomb*）中警告世人，在今后 10 年中将有亿万人口死于饥饿。联合国前秘书长吴丹 1969 年曾经说过，各成员国须在短短几年内"搁置争论，互相合作，停止军备竞赛，为改善人类生存环境、抑制人口激增努力，同时为发展提供动力”。1972年罗马俱乐部发表的绝望之作《增长的极限》（*Limits to Growth*）在29个国家卖出900万册，该作品用电脑生成的世界系统模型表明了人口增长、资源枯竭、环境污染、工业产出以及食品供应间的相互关系。将数据输入电脑，经系统处理后我们会发现，人口正在成倍地增长，而农作物产量却在不断缩水，环境恶化程度日益严重。读者囫囵吞枣地接受了该书传达的信息：地球已然成了一个致命的定时炸弹，而投下炸弹的就是人类自己。

国际上对环境问题的政策回应是由美国，尤其是尼克松总统引领的。尼克松对环境问题本身并没有太大兴趣，他看重的是环境问题能够带来的政治回报。尼克松在国内成立了美国国家环境保护局，在他的资金扶持下，该组织在短短几年内就成为联邦政府最大的民间机构。但是，当这位总统意识到这个组织会让他损失保守派的投票和美国企业的支持后，他认为是时候在国内“终止环保项目”了。然而在国际上，出于不同考虑，尼克松的环保事业还在继续：他认为让美国成为环保事业领军者不但不会造成国内选票流失，还会带来诸多好处。而且还有一个更实际的问题，那就是美国的制造商们要求他加强全球监管，因为除非外国制造商和美国制造商保持一致，否则美国国内严苛的控制会给美国企业带来不利。为了反驳那些告诉他这事毫无商量余地的人，尼克松让他的首席环境政策顾问罗素·特雷恩（Russell Train）把美国打造成国际事务讨论中的“领军人物”。他和特雷恩都认为环境问题是巩固美苏关系的低调方法，但是多边议程更加重要。此时，联合国这样的组织就该发挥作用了。

在世界地球日之前，联合国代表大会已经决定就环境问题召开重大会议。对于一个到目前为止最关注经济增长和发展的组织来说，这无疑是一个新的挑战，而最先提出这项挑战的是瑞典人。自战争爆发以来，一些环境保护措施被写入国际法，但是这些措施大都像1946年的“反捕鲸管制公约”一样收效甚微。同样，1972年的斯德哥尔摩会议也难逃被忽视的命运，直到吴丹于同年任命精力充沛的商人莫里斯·斯特朗（Maurice Strong）主持会议时情况才有所好转。但是，人们在会议准备阶段就已经认识到并不是所有人都认为危机就在眼前。正如一位巴西外交官 1971 年所说：

> 最近，一些发达国家认为环境恶化是发展中国家才有的问题……很显然，没有哪个国家愿意环境遭受污染。但是，各国都要开展他们的发展计划，在他们认为适当的程度内开发自己的资源，制定自己的环境标准。那些试图通过多边或双边关系把大国准则和标准强加于其他国家或联盟国家的做法是让人无法接受的。

一位来自象牙海岸的代表的发言则更加直白：如果污染意味着工业化，那就污染吧。

在所有南北冲突中，会议把环保问题列为重点。和往常一样，会议颁布了一些听上去很了不起的规章，这些规章几乎囊括了所有人的各种承诺，但是这次会议的真正意义却在于把环境问题提上政治议程，尤其在发达国家。斯德哥尔摩会议之后，许多国家都效仿美国国家环境保护局，成立了环保部门，各国在环保方面的立法也迅速增加。

在美国的大力支持下，一个规模不大的联合国机构诞生了，这就是联合国环境规划署。尼克松希望看到一些有影响力的、成果可见的行动，但是联合国内的地盘战和来自企业的反对减缓了这一进程。如今，一个尽职尽责的国际监督员就环境问题展开调查、促进环保之态已势不可当。正是乔治·凯南这位美国冷战遏制政策的策划人、这位鲜少被视为国际组织信徒的人在《外交》中提到了成立国际环保机构的必要性。在凯南看来，环保可以把超级大国际联盟合起来，让它们用开创新事业来取代日渐式微的冷战，并且重新激发倍感失望的年青一代的热情。

联合国环境规划署的成立得益于美国的加入和西方国家渴望在发展中国家获得支持的愿望。该机构计划将总部设在肯尼亚首都内罗毕，这是十分大胆且极具象征意义的一步。这也只是最初的一步：联合国环境规划署的预算太少，最初每年只有 2 000 万美元左右，这还不及美国国家环境保护局的 1/20，也不像后者那样手握实权。美国国家环境保护局得以成立是因为基层政客不断向高层管理者施压，它在反对声音高涨之前就落成了，而成立联合国环境规划署是因为高层要对民意予以回应，组建之时正逢反对声四起——发展中国家担心它们的发展会因此受阻，发达国家的企业也不支持这项事业。

实际上，20 世纪 70 年代，发达国家在国内为环保付出的努力比以往都多。各个环保团体在北欧的活动进展顺利（尽管美国、日本、法国和英国的热情减少了）。1973~1974 年石油成本剧增，这促进了他们倡导的能源高效利用事业。在欧共体内，欧洲人比联合国更具优势，从酸雨到噪声污染，他们开始着手处理有关环境污染的所有问题。因此，20 世纪 70 年代是环境外交的 10 年：那 10 年中签署的环保条约比之前 40 年的还要多。各国就控制海洋倾倒和来自陆地的海洋污染物问题达成一致后，海水明显变得清澈了。以地中海为例，未经处理的污水、工业污水和石油泄漏曾导致这片海域污染严重。二氧化钛被排入缓水区域，患有肝炎的游客也下水嬉戏。联合国环境规划署也加入到治理地中海污染的行动中，在它的带领下，以色列和阿拉伯国家、希腊以及土耳其都加入了清理行动。这个行动并不是为了扩大区域和平，但他们的努力控制了污染水平，尽管海岸周围的城市发展迅速，工业也迅猛发展，但海水仍旧变得更加清澈了。

与此同时，美国民意和科研成果促成了保护臭氧层的国际合作。美国律师不顾气雾剂产业的反对，禁止在气雾剂中添加氯氟烃。在美国发起一系列反对单边行动呼吁国际合作的运动之后，联合国再次成为该事业中的重要一员。联合国环境规划署资助的科研调查显示南极洲上方出现了季节性的臭氧空洞，并在逐年扩大。1987 年年末，联合国环境规划署在蒙特利尔促成了 一项协议，但并没有全面禁止污染行为。尽管如此，这依旧是份了不起的协议，各国首次承诺就算在经济上蒙受损失，也要保护大气层，并将这个承诺落于纸面。

尽管这些成就惊人，但在其他领域，环保运动就没这么幸运了。禁止向海洋倾倒有毒废物的运动进展并不顺利。《伦敦倾废公约》用词过于含糊，该公约放任那些对环境造成严重危害的行为，并且不予以处罚，这会让情况变得更糟。原子能产业这个西方环保人士抗议的主要目标之一几乎没受到影响：反对者认为这是个充满危险的产业，而专家们选择镇压关于原子能产业的质疑之声，而对其他领域的环保活动表示支持。关于海底矿产资源的海洋谈判在法律方面几乎没有取得进展，土地沙漠化的谈判也几乎没有任何成效。斯德哥尔摩开创的国际会议模式做出的贡献越来越少。如果发展中国家也追求环保，如果西方国家为第三世界提供更先进的援助，那么将发展和环保议程综合起来考虑是十分必要的，布伦特兰在《我们共同的未来》里同时提到了这两个问题，这份报告最大的影响就是让"可持续发展"这个词汇广为流传。

这些问题的确变得越来越棘手了。1972 年，环境问题还主要集中在本地或本国范围内，各国政府受民意驱动可以独立高效地处理环境问题。与之形成对比的是，之后的国际会议将关注点放在了整个区域乃至全球——区域水资源争夺、土地沙化、全球贫困，还有最重要的气候变化问题，却在这些领域基本毫无建树。热闹的官场并未带来任何帮助。联合国环境规划署虽在种种限制下依旧创造了可观的利润，但由于规模太小而基本未发挥任何作用。官场混乱，事情变得复杂，各方讨论涉及的范围也更广泛了，但是这些转变都没有明确指出问题所在。从政治角度看，20 世纪 70 年代的美国曾是国际环保主义的重要推动者，现在却戏剧性地转变为其反对国，这已是不争的事实。

里根乐观的心态由来已久。环保运动在美国蓬勃发展，但是不断重现的悲剧和反复被鼓吹的好消息还是引来了一些人的批评。1966 年，经济学家肯尼思·博尔丁（Kenneth Boulding）关于"未来太空船地球的经济学"的文章拥有众多的读者，他在文中承认人们已经认识到地球是一个封闭的系统，不再认为它是无边无界的了，但是他继续宣称"人类的创造力可以使人们的生活水平保持不变"这一观点。巴克敏斯特·富勒（Buckminster Fuller）这样的技术乐观主义者就把科学技术看作人类的救世主。越南战争时期的美国见证了这种乐观主义者的人数的惊人增长，与之形成对比的是悲观主义者的人数。这些乐观的人大多来自加利福尼亚州，在那里，畅销书《全球概览》（*Whole Earth Catalog*）作者斯图尔特·布兰德（Stewart Brand）这样的反正统文化的企业家认为地球是一个生态系统，他坚信无论是电子网络还是受市场驱动的网络都是摆脱政治机构和国家暴政的解放力量。20 世纪 90 年代的个人计算机革命到来时，那些认为命运由自己掌控的人预见了即将到来的数字乌托邦，他们认定科学技术潜能无限，这些先驱者到 20 世纪中叶可以成为主张通过慈善活动解决生态问题的主要推崇者。

核战略家赫尔曼·卡恩（Herman Kahn）曾经供职于兰德公司和五角大楼，他为斯图尔特·布兰德做了一些不太可能实现的补充设想。但是，他们二人都相信发展的进程足够公开，也相信资本主义和科学技术可以带来变革，他们都为自己的乐观心态感到骄傲。卡恩被视为彼得·塞勒斯扮演的“奇爱博士”的原型，他认为我们会赢得核战争——如果准备充分，就可以顺利度过核冬天，与消极主义者的抗争也将在政治上大获全胜。环境质量委员会告诉卡特总统地球的前景灰暗，卡恩和经济学家朱利安·西蒙在1984年共同撰写了《资源丰富的地球》（*The Resourceful Earth*）一文反驳了委员会的说法。西蒙可能是最热情的“末日终结者”了。他认为创新是“最根本的资源”，他还和《人口爆炸》的作者、同是学者的保罗·埃尔利希打赌，称20世纪80年代的物价不仅不会上涨反而会下降，最终，西蒙赢得了这场“赌局”。西蒙和卡恩的胜利远不只此：从企业家个人主义的可行性到对核战胜利的预估，他们的很多思想都随着里根出任总统而流淌在美国政府的血液中。1983年的《美国新闻和世界报道》杂志发表评论说：“10年前，末日论者绘制了一幅寒冷的画面，给地球贴上了灾难的标签。而现在，我们要迎来美国在政治领域和技术领域的复兴。”

里根在总统选举中走的是新马尔萨斯主义路线，在罗马俱乐部赞助商的眼中，这条路的尽头是黑暗的。在国内，里根政府撤销了10年前的立法，用两年的时间把美国国家环境保护局的预算缩减到原来的2/3。在当时的发达国家中，环保意识已深入民心，里根对新的监管机构的攻击实际上是在把美国民众推向环保组织一方。在接受民意调查时，美国民众第一次将“清洁的环境”排在了“完美的性生活”前面。现在，大量美国民众加入了非政府环保组织，他们的游说能力可以为组织筹集到充足的资金，尽管数目不能与公司的相比，但足以支持他们在国内发起强力反攻。

在国际上，当环保政治在几乎所有国家都处于上升阶段时，里根政府却从环保领域大规模撤退。东欧因一系列共产主义计划失败而陷入混乱局面，其中的切尔诺贝利核泄漏事件最为恶劣。但是，正是东欧的环保组织加速了苏联势力的瓦解。在巴西、美洲中部、非洲东部和印度，农民联盟开始发起政治动员，并与西方非政府环保组织建立了联系。20 世纪 80 年代，在各种类别的非政府组织中，环保组织是数量增加最快的。但是，这些都没能影响美国的国内政策，实际上，美国方面根本就没有人为环保事业说话。相反，由于国会对联合国持有的前所未有的敌意，所以里根政府的各种势力竭力推崇批判地看待国际机构。

里根时期的官员公开蔑视多边环保行动，认为这些行动“前途暗淡、注定失败”。美国政府放弃了裁决权，退出了国际法庭这个解决环境相关争端的主要平台。美国还从联合国教科文组织退出，并暗中破坏《海洋法公约》的法律法规。里根政府反对该项法律的主要规定，因此于 1982 年指派理查德 · 芬克豪瑟（Richard Funkhouser）向国会传达《海洋法公约》的所有理念。芬克豪瑟是一位石油专家，还是前任外交官，现在他被委任为美国国家环境保护局国际活动办公室的主管了。据芬克豪瑟所言，悲观主义者引领了依赖政府的错误潮流，而乐观主义者则促进了科学和技术领域取得突破：

> 有种说法称，尽管自由市场以政府行为作为互补，但它会在环保事业中发挥建设性作用，而美国正在践行这个想法。技术革新和经济刺激是解决未来环境问题的基础……我们必须相信科学技术和人类的创造力会为解决环境和资源问题做出贡献。

从里根开始，到之后的乔治 · H · W · 布什和比尔 · 克林顿，美国政府抛弃了其全球环保事业领导者的身份。1992 年在里约热内卢召开的联合国环境会议没有取得任何成果，这令人非常失望。在这次会议上，美国响应保护全球湿地和森林的号召：在环境问题上，美国只是禁止使用氯氟烃并承诺保护南极生态系统。克林顿政府倾向于通过被反对者称为“生态圈的科学怪人”的世界银行开展行动，并把环保变成发展事业的附属品，而正是国会渐增的反联合国情绪推动了这种转变。联合国环境规划署注定被无休止的会议缠身，有人试图提高该组织的影响力或是干脆废除这个组织，但这些尝试都徒劳无功，联合国环境规划署还是那个规模小、脆弱又缺少资金同时还被边缘化的组织。美国国内的反科学情绪也在此时高涨。《纽约时报》可能会像在世界地球日 20 周年纪念日时那样把环境描述成“现代的世俗宗教”。现在人们把保护环境视为一种信仰而不是科学，这种信仰又把很多人带到了各种完全不同的路上，这就是问题所在。

全球变暖也许是世界面临的最严峻的考验。联合国环境规划署和世界气象组织共同打造了政府间气候变化专门委员会，这是历史上规模最大、资金最雄厚、最具国际视野的科学组织，该组织发出的预报也越来越具有权威性。政府间气候变化专门委员会证明了具有百年历史的科学视角的普遍性，但同样暴露了自身在政治上的局限性。欧洲政府早在 1990 年就开始采取行动治理环境，里根和布什政府却一直拖延着。乔治 · W · 布什时期的美国拒绝批准《京都议定书》《生物多样性公约》《海洋法公约》和其他各种公约。《京都议定书》耗时较长，进展不顺利，美国的阻挠并不是唯一原因。但是，这也再次证明了美国自 20 世纪 70 年代就开始抛弃多边主义的做法和试图协调国际管理的国内政策。在国会大力推进的领域中（例如改善人权方面），美国国际主义得到了发展并产生了相应的变化。而在国会反对和抵制的领域中（例如环境问题），国际主义就显得不那么有活力了。莫伊尼汉如此真诚地唤醒了关于伍德罗 · 威尔逊的记忆，这种记忆传达了双重的信息。

第十二章　国际经济新秩序

我们都察觉到国际经济秩序会彻底瓦解。站在这个分叉路口，是跟随英国的脚步继续维持西方自由的金融体系，还是彻底改变？这是一道选择题。之所以提到彻底改变是因为托尼·本恩（Tony Benn）促成了一项决议，该决议要求英国政府远离国际货币基金组织。我认为若事实果真如此，那现在整个系统就会开始瓦解。天知道意大利要做什么；法国也可能朝着同样的方向彻底改变。这不仅能复兴经济，还会产生重大的政治影响。因此，我们愿意从宏观层面看待这个问题。

——美国国务院高级官员威廉姆·D·罗杰斯（William. D. Rogers），
发表于1976年英国同国际货币基金组织谈判时

两次世界大战期间的萧条境况重创国际资本主义，1945年之后，美国的领导地位在挽救国际资本主义时发挥了重要作用。国际经济合作是国际联盟最大的败笔。因此，对此做出补救是布雷顿森林体系的首要任务。国际联盟下属的那些失败的、薄弱的机构被世界银行和国际货币基金组织这两个布雷顿森林会议上诞生的机构取代了，这两个机构实力强劲，更具影响力，可以监督货币市场，还可以阻止货币混乱和保护主义的现象再次发生。美国政府的战时愿景并没有完全实现：

科德尔·赫尔最关心的国际贸易组织没能成立，而本应被解散的“银行人俱乐部”国际清算银行却存续下来了。无论怎样，新的机构和其他组织在一段时间内为西方世界带来了极度繁荣的景象。

从地理角度看，1945 年之后美国的经济力量在全球的分布并不平均。日本成了东亚区域贸易体系的中心，更重要的是，西欧经济迅速复兴，在以联邦德国为生产主力军、以伦敦金融城为金融中心的模式下开始一体化进程，它们在各自的区域中心都实现了军事占领，这两个新的节点让旧时的战间半球联合黯然失色。尽管这种新的“美国—西欧—日本”权力集团并非无懈可击，但其实力不仅在对付苏联及其发射的卫星上绰绰有余，而且连应付意外出现的南方世界也不在话下。

但是，在历经 25 年最持久且最平衡的增长后，在 20 世纪 70 年代早期，美国—西欧—日本权力集团的凝聚力开始经受考验。发达国家的生产力下降，分配冲突日益加重。国际上，在越南战争的开销迫使美国放弃金本位制度前，美国原先在生产和贸易领域不容置疑的支配权也动摇了。随后又爆发了石油输出国家组织危机。20 年前，一篇美国国务院的报告就曾提醒时任国务卿杜勒斯：“随着全球石油中心从美国转移到中东地区，阿拉伯国家将成为价格和供给的最终决定人，当阿拉伯国家可以肆无忌惮地加倍提高石油价格时，我们的日子就不好过了。”1973 年首次爆发石油危机时，燃料价格激增，加之朝鲜战争以及通货膨胀和失业率上升的影响，世界经济第一次严重衰退。在增长放缓、失业人口上升的情况下，通货膨胀并没有得到缓解，这还是有史以来第一次。为了描述这一史无前例并且神秘莫测的现象，人们创造出了“滞胀”这个词。

也正是在这个危机四伏的时刻，新兴的第三世界提出了发展国际经济新秩序的诉求。美国最担心的是欧洲和美国对第三世界国家要求的不同回应会导致政治—经济联盟瓦解，而这个联盟正是战后资本主义复兴和美国发展为世界大国的基础。如今回头去看，这种担忧被过分渲染了。但它确实存在，它不仅影响了自 1945 年起美国重建世界资本主义的成就规模，还影响了其发展速度。迅速达成的目标也许会以同样的速度瓦解。30 年代早期和 20 世纪 70 年代早期的情况竟然如此相似，这种现象是前所未有的。

1975年，莫伊尼汉在他那篇具有深远影响的文章《来自美国的反对》中称，布尔什维克主义（莫伊尼汉和凯南一致认为这一主义薄弱且没有吸引力）并非真正的敌人，真正的敌人是全球对英国实现社会主义的呼吁。也许只有曾经就读于伦敦政治经济学院的人（比如莫伊尼汉本人）才会如此严厉地把第三世界对全球性公正的诉求说成费边主义的传统对早已脱离英国管制的殖民地造成的影响。但是，从这个角度看，20世纪70年代初西欧内部的商人和有组织的劳工之间的冲突有了全新的意义，更确切地说，这种冲突可以影响整个“宇宙”，那时还没有迹象表明商人会在冲突中获胜。如果英国走上激进的道路（这点看来十分可能），如果欧洲国家不再为苏联入侵带来的威胁感到担忧，而选择与第三世界国家建交并对美国政府置之不理，那么1945年建立的联盟还剩下什么呢？美国又将成为孤家寡人，并体会从中心地带到被边缘化的感觉。那时，一份美国的评估报告称英国背叛其外交和军事承诺的做法是“西方世界最大的威胁”。

如今，除了英国工党界人士，很少有人记得1976年的英镑危机。但是，对于新出现的以金融为基础的美国国际主义而言，这次危机十分重要。在伦敦，工党首相哈罗德·威尔逊（Harold Wilson）出人意料地辞职了，这一举动导致工党强劲的左派势力和亲美派为争夺领导权展开了激烈的争斗。在石油危机的影响下，国际收支平衡迅速恶化，还引发了全面的英镑危机。内阁的左派人士希望加强保护主义，实施汇率管制，就算会与强大的伦敦金融城为敌，他们也希望刺激国内经济生产增长。新任首相詹姆斯·卡拉汉（James Callaghan）和财务大臣丹尼斯·希利（Denis Healey）都是大西洋主义者，他们赞成同国际货币基金组织这个已经提供了临时支援的组织谈判。但是，想要得到进一步的帮助，就需要接受一些附加条件了。在大西洋主义者备受欢迎时，这就不仅仅意味着英国左派人士、工会和工人阶级的失败了，还将是西方资本主义改造的第一步。

对接下来的事物而言，“新自由主义”是它们最贴切的标签：其一是拒绝接受已经巩固了西方经济增长的战后“社会法团主义”，其二是重拾货币主义，其三是解除管制。这三方面都意味着国际经济新秩序的形成——其中大多数由美国制定——它轻而易举地摧毁了第三世界的愿望，还给大西洋联盟打下了坚实的基础，并为全球经济制定了新的规则，其中一些规则在计划之中，但更多的则是无法预料的。美国国内经济金融化为流经华尔街的全球资本盈余打造了一个巨大的循环机制，不受约束的资本流动幸而成为一种全新的模式。债权人和债务人需要的机构与生产者和消费者所需要的不同，这种机构通过新的渠道建立权威，旧机构的影响力随之降低。尽管国际货币基金组织撤回了对联合国的许多支持，美国仍特意给它制定了新的全球定位。如此一来，西方世界的危机在接下来的20年内发展了主宰全球的新模式，这一模式甚至有了独立的意识形态：全球化。

海外的银行家

与以往相比，20世纪70年代的资金流动更加迅速，且受到的限制较少。石油出口商联手石油输出国组织运营成功，获益颇丰，石油美元因此影响着世界经济生活，此外，庞大的石油输出国组织希望借这笔横财向各地提供贷款。此时，全球金融体系的总资产几乎达到了1 650亿美元，每年借出约350亿美元。凭借约1 000亿美元的收入，石油输出国组织各成员国利用石油税收在发达国家寻求与银行以及投资者的合作机会。问题是，这份能够让正常的出借资产总额相形见绌的巨额盈余究竟掌握在公立银行手中还是私人银行手中？

私人银行家们都在争取这一领域的业务：在沃尔特·里斯顿（Walter Wriston）掌舵的纽约第一国民城市银行的带领下，私人银行家们都在积极游说美国政府解除对本国银行海外借贷的限制。美国财政部部长乔治·舒尔茨（George Shultz）及其继任者威廉姆·E·西蒙都是自由市场主义者，美国财政部批准了银行家们的提议，并放松了对资本出口的管制。“自那以后，美国国内就很少能找到银行家了。”一位经济学家对此评论道。1973年，国际借贷为美国各个大型银行贡献了1/3的利润，到了1976年，这一比例达到了3/4。欧洲和日本的银行、经纪人、共同基金、首个对冲基金以及其他金融机构也加速发展，都希望从中分一杯羹。里斯顿等人享受着成功的快感，“国家不会破产”是他的名言。他的纽约第一国民城市银行后来更名为花旗银行，该行与摩根大通集团一起引领着为南美借贷者提供联合贷款的事业的发展。

对银行而言，大量石油美元引发的“赌场资本主义”［该说法由最敏锐的时评人苏珊·斯特兰奇（Susan Strange）最先提出］的出现是一件幸事，而对政府以及国际货币基金组织而言，这一主义的出现则是一场挑战。美国银行资产负债以及大量资金外流超过了所有人的控制范围，国会担心这会带来消极影响。投机活动会轻而易举地影响到汇率情况。对于像英国这样陷入危机的经济体而言，维持汇率稳定几乎是不可能完成的任务。

英国遭受英镑危机时，时任国际货币基金组织总裁的是约翰尼斯·维特芬（Johannes Witteveen），身为经济学家，他职业生涯的大部分时间都献给了荷兰中央计划局，因此，无论从气质还是素养来看，他都不是一位自由市场商人。与他不同的是美国财政部部长威廉·E·西蒙。他因国内外政府对私企愈加强烈的干预烦扰不堪。自20世纪60年代起，发达国家政府支出占国民收入的比例不断增加，西蒙对此也备感惊恐。作为自由资本主义的拥趸和尼克松以及福特时期的财政部部长，他决心扭转这一趋势。西蒙清楚地知道，石油危机及其造成的影响既是机遇也是挑战。最重要的是，他知道如何重新塑造国际货币基金组织这样的国际机构，让它们成为巩固全球财政纪律的手段。

此前，国际货币基金组织在国际事务中一直扮演着极为次要的角色。布雷顿森林体系下的美国希望限制资本流动，区别看待“生产”流动和“投机”流动，甚至在经济合作与发展组织1961年赋予资本流动自由权之后，仍然坚持在其认为必要的时候干预经济活动是十分正常的。国际货币基金组织最初的职责是为美元不足的国家提供流动资产，以及监督国际收支平衡和汇率情况。在发达国家因经济过热、美元储备不足或是贸易情况急转直下而遭遇暂时性的收支平衡困难时，国际货币基金组织通常都帮助这些资本流动受到限制的国家渡过难关。该组织很少要求借款国改变国内政策，还支持他们渴望发展的需求。此外，该组织几乎不介入第三世界的发展中经济体。

担心货币不稳定会引发另一次大萧条是20世纪70年代中期的社会基调。在这种情况下，国际货币基金组织承担起了更加全面的责任，为了稳定新的浮动汇率体制，美国与法国商定的协约赋予了它“严格监督”成员国汇率政策的权力。尽管美国国会不愿意让国际货币基金组织监督自己的政策，但一位财政部官员的话劝服了他们。这位官员警告说，如果将货币问题交由市场处理，那就要警惕重回20世纪30年代“以邻为壑的政策”的危机了。抛开他的自由市场信念，西蒙也认为国际干预是有必要的。之后七国集团的首次会议于1975年在朗布依埃召开。此次会议提倡改变，凸显了为再现西方联合景象打造新的机构和国际货币政策的重要性。

对不同国家而言，“严格监督”的意义也不一样，就算在国际货币基金组织内部也是如此。但是，西蒙以及英国都在1976年的英镑危机中弄清了“严格监督”对它们而言意味着什么，那时英国发现他们要同时和美国财政部以及进入伦敦的国际货币基金组织小组进行协商。如果国际货币基金组织不相信借款国有能力自行在国内进行必要的调整，那么该组织会告诉他们该怎么做。这意味着，他们的首要任务是控制通货膨胀，限制公共部门财政预算赤字，迫使政府接受更高的失业率，同时提高征税和改变汇率，其次才是刺激增长。国际货币基金组织作为财政健康的首席医师的时代就此开启，在借款国保证削减公共支出、立下财政和货币目标并保证不会征收新税或限制资本的情况下，国际货币基金组织才会为该国提供贷款。在全球范围内，国际货币基金组织不仅是国内重大政策变革的投资者，还是这项事业的工程师。一旦一个国家感受到“条件”的力量，就不会回头了。20世纪70年代后期，只有26%的贷款是在具有实质意义的条件下借出的，到了20世纪80年代后期，这一比例达到了66%。尽管上帝只给摩西颁布了十条戒律，国际货币基金组织的资深官员雅克·波拉克（Jacques Polak）还是在晚些时候因条件增多感到惊讶。在前所未有的区域扩张时代，国际货币基金组织通过越来越激进的干预行为成了全球金融自由化强大的赞助人。

因追求高利率，这些利润流入美国，又经华尔街的投资人和银行的操作流向世界。除了介入美国严峻的通货膨胀和长期赤字的情况之中外，国际货币基金组织并未在其他领域干涉美国，它把重塑外国投资者对美元的信心这个重任留给了保罗·沃尔克领导的联邦储备委员会。在低息债务的刺激下，通货膨胀有所缓解，申请贷款变得越来越容易。随着利率下降，私人债务和公共债务猛增。伴随着新的借款方式的出现，美国企业和个人利用新的贷款形式追求利益：保守估计，1981 年房屋贷款平均占可支配收入的 65%，到 2008 年，这一比例达到了 135%。金融机构受到的限制更少：其债务占国内生产总值的百分比由 1981 年的 22% 增长到 2008 年的 117%。

来自国际货币基金组织和经济合作与发展组织的双重压力逼迫各国取消资本限制，因此全球货币市场开放程度越来越大，世界各地的银行皆受困于当前并不稳定的相互依赖关系。作为国内生产总值的一部分，外国资产的股票价值所占百分比由 1980 年的 36% 激增到 1995 年的 71%，并在千禧年超越了 100%。在国际货币市场上交易的外汇总额轻易地超过了所有政府的外汇储备额。此外，出借方身份的不断变换也使得应对危机越来越困难：20 世纪 50 年代和 60 年代，政府是主要的出借方；到了 20 世纪 70 年代后期，银行成了联合借贷的主要参与人；直到 20 世纪 90 年代，国际债务证券的购买者又成了主要力量。到 1980 年，面对敌对金融中心的反抗，美国放弃了规范欧洲美元市场的努力，这为金融自由化进一步发展扫清了道路。

外债激增虽在意料之中，却令人极为担忧。受其影响，货币危机越来越频繁，此时的危机波及范围更广并且更加难以控制。1945~1971 年，全球的银行危机或货币危机只有 38 次，1973~1997 年达到了 139 次。发展中国家早期并未出现银行危机，货币危机只出现过 16 次，1973 年后，银行危机出现了 17 次，货币危机出现了 57 次，银行货币双重危机出现了 21 次。正如《金融时报》的专栏作家马丁·沃尔夫所言，“金融自由化时代就是……危机频发的时代”。

发达国家汇率浮动是 20 世纪 70 年代金融情况不稳定局面的根源，到了 20 世纪八九十年代，第三世界国家的国债成了不稳定因素。最初，国债问题还属于国际债务危机范畴，主要由国际货币基金组织负责。里根初任总统时并不支持国际货币基金组织，他任期内的一些高级官员没有加入任何国际组织，是国际货币基金组织坚定的反对者。但是在看到外债危机被控制住，并且认识到美国银行系统改变主义会引起浩劫后，他们的态度发生了转变。1982年墨西哥爆发债务危机时（美国联邦储备委员会随后称“自大萧条以来，从未见过金融混乱给全球带来如此大的威胁”），保罗·沃尔克敦促国际货币基金组织成为“国际破产判决官”。当然，他这样做不是为了保护墨西哥，而是要防止银行大规模倒闭，以免全球资金循环机制停止运转。美国联邦储备委员会庇护美国财政部，国际货币基金组织庇护美国联邦储备委员会，这样，美国官员们这些真正的操纵者就得到了政治掩护。一直以来流行的放任自由政策让风险落到了借款人肩上，他们还要因此蒙受巨大损失。国会对这一点向来都持严厉的批评态度，但并未采取过多措施。自20世纪80年代初开始，在美国政府眼中，华尔街的利益通常就等同于国家利益。1994年，所有交易的新兴市场债券中有超过60%是由美国国债支持的，这体现了美国在维持系统运转中的重要性。

很明显，国际货币基金组织在这些活动中扮演了重要的角色。其他组织则扮演着国际清算银行的角色，尤其是中央银行家协会。发达国家开创了资本自由的先河，其行动准则由经济合作与发展组织和欧共体等制定。但是，国际货币基金组织在把这些准则推广至全球方面起到了重要作用。并且，作为一个国际组织，国际货币基金组织在劝说南美或东亚国家开展并不受欢迎的国内改革时比美国财政部更具优势。正如一位共和党参议员1984年强调的那样，“如果美国强制债务国改变其国内政策，那这些国家就会认为美国是丑陋无比的。但是，如果整个国际社会都如此，那么我认为真正的改变就会发生，而这正是这些国家需要的”。

但是，只要还有人认为国际货币基金组织是既合法又有权威的，那它就只能扮演缓冲美国行动和促成美国目的的角色。在这方面，遵守成立之初立下的条款，尊重董事会中非美国成员十分重要。随着组织活动范围大幅扩张（从监督经济活动发展到要求和限制都比之前更具干预性）其合法性遭到了质疑。虽然国际货币基金组织一直都主张资本自由化，但它的成立文件中却并无哪项条款支持这点。美国财政部并不十分担忧，他们准备强迫国际货币基金组织做一些违背自身意愿的事。相反，来自欧洲的董事成员，那些寻求基于制度来管理全球化事务的人士分忧心。整个20世纪90年代早期，为了确保国际货币基金组织对债务人的严格要求符合宪法，人们都在忙于起草修正案。在起草修正案的过程中，可将组织日益增长的权力和野心纳入考虑。第三世界国家政府和华尔街的银行家们都反对制定修正案，他们因此联合在一起，对任何巩固国际货币基金组织权力的行为都提出了质疑。也许修正案的负责人雅克·波拉克在他八十几岁时对此事的批评更能说明问题。波拉克是一位荷兰经济学家，他近距离见证了从20世纪30年代起为稳定开放的国际经济做出的各种尝试。“二战”之前，他由国际联盟起步，开始了自己的政治生涯，1940年，国际联盟总部迁至普林斯顿后，他继续任职经济部门，之后又参与了布雷顿森林会议，还加入了联合国善后救济总署，因此，与国际货币基金组织的大部分职员相比，波拉克具有他们不具备的宏观经济意识。波拉克为国际货币基金组织的走向感到担忧，他害怕如果赋予该组织法律威力，让它推广资本自由化会进一步侵蚀发展中国家对国际货币基金组织的信任感。到1998年，反对修正案的声音过于强大，这一尝试只得搁置。

国际货币基金组织无限扩张的职权同样威胁到其凭借专业知识树立的权威。美国操控金融机构，并成功地传播了他们眼中的“真理”，这些都彰显了美国的力量。这一点在金融领域体现得最为明显。现代化理论中充满了经济学理论，还兼收了其他学科的内容：是历史知识搭建了理论的基本框架。但是，国际货币基金组织的大部分经济学家对历史和其他社会科学并不感兴趣，其职员大都是男性，并且基本都曾在美国和英国的大学里专攻经济学。20世纪80年代进入国际货币基金组织和世界银行的他们是抱有合理期望的改革者，他们的改革方案有定式的内部模板作为比照，这些模板都是高级公式形式的数学模型，即使是数学专家也会对其赞不绝口。培养开业者可能是战后美国大学最成功的课程。在一个或多或少对被服务国的文化、语言或是风俗表示无视的国家中，培养开业者就像培养现今的一些经济学家一样，他们都被告知这种“无视”的做法作为一种“外生变量”并无大碍。他们处理事情的方法结合了所谓的“华盛顿共识”的模式：避免大规模财政赤字、削减政府资助、贸易和投资自由化、国有资本私有化以及取消管制。为了概括一系列规则条款，经济学家约翰·威廉森（John Williamson）在1989年发明了“华盛顿共识”这个说法。如果发展经济学事先考虑到落后的经济体可能需要一系列不同方法来促进自身发展，那么这种新教条就想当然地认为市场自然而然地会奉公守法，弘扬美德。他的支持者没有足够时间起草替代方案：如20世纪90年代的巴西央行行长所说，这次是在“新自由主义和新愚蠢主义”之间的选择。讽刺的是，“华盛顿共识”看待世界的心态几乎与20世纪60年代的现代化理论完全一致：认为自己的思想具有改革力量，并准备废除上一代顾问的许多工作成果。正如一位经济学家所说，现在真正需要的是一个可以以前所未有的力度打破现存制度的解决方案。

这种做法在全球引起了财产关系的重大改革。水、电、煤、火车以及汽车这些国有资源和产业以惊人的速度售出：在发达国家，水资源和其他公共资源产业都由私营企业接手。到2000年，法国80%的用水由私营企业提供（20世纪50年代这个比例仅为32%；而在英国、智利和捷克共和国，全国人民用水全部由私营企业提供）。像“英国全国矿工工会”这样有实力的工会被遣散，阻碍投资的障碍被清除，资金调回本国这种做法也被取消。国有企业作为带动国内生产总值的一部分，其份额由1979年的10%下降到2004年的6%，仅英国就由12%下降到2%，降幅达到10个百分点。全世界的私营企业贡献了超过1.25万亿美元。在经济方面，这种做法的成效尚不清晰，它是否带动了生产力尚无定论。但是，可以确定的是，操作者在这个过程中收益颇丰，由此引发的收入不均也造成了不良社会后果。单在南美洲，7年间有大约2 000家国有企业被解散，它们或是被卖给了外国公司，或是由墨西哥的卡洛斯·斯利姆（Carlos Slim）这样的超级百万富翁接手，成了他们的印钞机。1987年的墨西哥只有一个百万富翁，到了1995年，1 000个国有企业私有化产生了24个百万富翁。但是就在同一时期，老百姓的实际收入却大幅缩水。

苏联也发生了类似的状况，那里的情况更加严重且显著，西方资本介入和激增的债务最先摧毁了共产主义，随后进一步引发了大规模的经济结构调整。哈佛大学最明智的经济学家曾经激励过波兰和南美国家，俄罗斯总统鲍里斯·叶利钦也就经济改革咨询过他们的意见。他们的方案和上一代的现代化理论一样全面且具有紧迫感。20 世纪 60 年代，沃尔特 · 罗斯托呼吁经济增长实现“持续性上升”，现在的自由主义者主张通过“金融大变革”完善市场经济。1990 年，经济学家杰弗里 · 萨克斯（Jeffrey Sachs）在《经济学人》上刊登了题目极具列宁风格的文章《采取什么行动？》（*What Is to Be Done*），主张“休克疗法”。萨克斯曾希望价值数十亿美元的国外援助和健全的福利保障体系可以帮助苏联免于重创，然而现实中的苏联却同时失去了这两样东西，社会因此陷入了退化的困境，并被失业问题困扰。最终，这个原先主张人人平等的国家变成了一个陷入贫困折磨的不平等的国家。在苏联的乡村，普通百姓的生活水平急剧下降，虽然私有化可以缓解这一情况，但是之后国有产业和采矿基地被收购，一批十分富有的“寡头”诞生了。与此同时，国民收入暴跌，人民预期寿命也缩短了。收入差异不断扩大，人们不禁怀念起弗拉基米尔 · 普京出任总统之前的日子。美国驻莫斯科大使馆首席政治分析员后来回忆道：

> 美国政府优先考虑经济，随后才是政治。我们看重的是价格自由，产业私有化和真正不受束缚、未经调节的资本主义。我们希望法律法规、文明社会和代议民主制可以自然而然地发展。

新自由主义实施的效果怎么样，与同时期中国的发展情况加以对比便可知晓了——中国的国内生产总值翻了一番，贫困人口数量迅速缩减，20 世纪 90 年代席卷全球的金融危机导致了货币体系的大震荡，但并未波及中国。中国的起点与苏联相比明显不同，但是之后苏联的命运发生了惊人的逆转。据估计，1989 年苏联国内生产总值达到峰值 2.7 万亿美元，大致是美国的一半，但中国同年的相应数字只有 4 510 亿美元，是苏联的 1/6；1999 年，中国的国内生产总值超过了 1 万亿美元，2009 年，中国接近 5 万亿美元的国内生产总值令世人震惊。然而经过多年的迅速发展，俄罗斯 2009 年的国内生产总值只有 1.2 万亿美元（就算把原先苏联加盟共和国的加上也未达到 2 万亿美元）。如此看来，就算休克疗法没把病人医死，也把他们拉到了死亡边缘。

批评之声接踵而至。墨西哥尤其经受不住美国的金融试验，1982 年 9 月，即将卸任的墨西哥总统何塞·洛佩斯·波蒂略（José López Portillo）公开抨击“这场金融瘟疫导致全世界陷入了日益严重的浩劫”，还批评了国际货币基金组织内部那些“盲目追求霸权利己主义的巫医”。20 世纪 90 年代，结构调整得到大范围推行，类似的批评声音也随之出现。就连国际货币基金组织内部也认识到他们对各国经济的频繁干涉并未带来什么积极影响。批评者称他们的政策在很多方面都有缺陷。一些经济状况较好的国家与更多债务国和优秀的非政府组织联合，提供更加人性化也更有效的借贷。其他国家则质疑称，以经济的有效性作为唯一的衡量标准是存在问题的：如果制度、价值观和文化确实对结果有影响，那么借贷条件不也应该包括调整社会政策、机构行为乃至文化活动吗？但是国际货币基金组织内部适应变化的进度缓慢，其职员很难接受危机不只是借款国行为失准导致的、更多的是市场运行模式不当引发的这个事实。他们也不愿意处理市场上的不合理行为，认为市场可以自行修复错误，最终恢复繁荣。大多数职员并不英明，无论是疏于监管的金融市场，还是不必要的严苛的紧缩政策导致的通货紧缩，又或是组织内部规则的缺陷，他们都认识不到是自己制定的政策加剧了这些危机。

国际货币基金组织的优势在应对 1997 年东南亚金融危机上受阻了，这场灾难迅速从泰国蔓延至印尼、韩国、菲律宾和马来西亚，最终压垮了苏哈托政府，还导致韩国 1998 年的国内生产总值大跌 33%，国际货币基金组织的支配地位因此遭到质疑。政策调整让这些国家遭受巨额损失，据估计，银行也因此损失了 600 亿美元。当他们如往常一样向国际货币基金组织求助时，却没有想到该组织也四面楚歌，自身难保了。

就连 20 年前支持国际货币基金组织的人如今也站出来批评它了。1992 年，乔治·舒尔茨、威廉姆·E·西蒙以及沃尔特·里斯顿联手在《华尔街日报》刊文《谁还需要国际货币基金组织？》（*Who needs the IMF?*），反驳对冲基金经纪人乔治·索罗斯（George Soros）所做的依靠私营企业在全球发放信贷不是有效手段的论断，并以前所未有的力度进一步推进自由主义原则。他们在文中称市场和信息分配都不存在问题，道德危机才是问题所在。谁都没想到金融化的程度会如此深入，在金融化的进程中，国际货币基金组织不仅没有规范市场行为，其推出的经济援助计划甚至还有可能加剧了借贷双方的风险。他们在文中总结道："国际货币基金组织失效了，成了一个多余并且陈腐的机构。索罗斯先生还建议再成立一个类似的机构，但实际上没必要，就连国际货币基金组织也要在亚洲金融危机结束后立即废除。"

这三个人的想法与美国国会不谋而合，国会不止一次质疑美国是否还需要国际政府间机构。毕竟，许多有影响力的支持全球金融系统运转的国际组织都十分不正规。比如，经美国证券交易委员会和相关人士的许可，信贷风险评估工作交由两大私人信用评级公司穆迪公司和标准普尔负责。19 世纪，这两家公司开始评估铁路系统（到 1980 年，它们才例行公事地对 11 个主权国家做出评估），只有这两家公司明确知道自己在做什么，整个金融体系的存在才合理。少数评论指出问题所在，称这两家公司的方法论夹杂了猜想和数据，混杂不清，还存在意识形态上的偏向。

西蒙和舒尔茨接手美国财政部的 20 年间，该部门发生了巨大变化。当然，最显著的是美国由最初的政府间借贷中间人变得越来越关注私营领域资本大规模迅速流动的情况。但是，尽管国会对国际货币基金组织充满敌意，美国政府依旧不改对它的支持态度。该组织的政府间特性恰恰是美国这样做的原因，因为若是失去了国际货币基金组织，美国就不能对其他国家产生影响。此外，该组织还让债务国政府在国内推行不得人心的政策变得容易了。美国这样做得到了巨大回报。在其他国家，金融化带来了市场规则，也让财政监督产生了风险。而在美国，金融化带来的则是无限量的资本流入和大量贷款。对美国来说，依靠国际货币基金组织的帮助来稳定金融体系并不用付出太大代价。1999 年的《时代周刊》仍把国际货币基金组织誉为"三个火枪手"中的"消防队"，"三个火枪手"组成了"拯救世界委员会"，他们分别是美国财政部部长罗伯特 · 鲁宾，美国联邦储备委员会主席艾伦 · 格林斯潘和鲁宾的副手拉里 · 萨默斯。世界强国制定了新的游戏规则，并委任一个极具影响力的政府间组织来落实这些规则，在如此集权的形势下，全球金融自由化的时代结束了。

规范世界贸易

1981 年秋，里根总统前往坎昆参加会议，接待他的仍是来年即将卸任的墨西哥总统何塞·洛佩斯·波蒂略。一位官方摄影师抓拍到这样一幅画面：美国新任总统身着衬衫，与一众高级官员坐在最后一排，他们身后就是碧蓝的加勒比海。里根右边坐的是科特迪瓦的外交部部长，后边是南斯拉夫总统。弗朗索瓦·密特朗、库尔特·瓦尔德海姆、英迪拉·甘地、赵紫阳和沙特阿拉伯王储法赫德也位列其中。所有人中只有撒切尔夫人喜欢里根传达的信息，在金融革命真正爆发之前，他已经准备彻底改变北方世界和南方世界的关系了。

从 20 世纪 80 年代开始，七十七国集团对国际经济新秩序的呼声减弱了，原德国总理维利·勃兰特认为有必要把大量的资源从富足的北方世界运到贫困的南方世界，国际组织在这一过程中需要根据南方的需求制订专门计划。事实上，正是勃兰特促成了坎昆会议。里根的想法则完全不同，他认为这是把欧洲社会民主推广至全球的好机会。里根注意到，美国政府存在“过度支出、超额征税和过度干预的问题”，他明确表示国际组织也存在同样的问题，并且反对成立“新的大型国际组织”。他没有批评联合国，但只称赞了在后麦克纳马拉时代重拾财政保守主义的世界银行，并高度赞扬了国际货币基金组织。最重要的是，里根提出了经济自由、私人投资和全球贸易自由化也是影响发展的因素。10 年中，贸易为美国国内生产总值做出的贡献翻了一番（1970 年进出口所占国内生产总值的比重不到 11%，还不及 1929 年经济即将萧条之时高，但是到了 1980 年，这一比率就超过了 20%），这使得“发展”被重新定义，贸易又占据了美国国际主义的中心地位。国债占国内生产总值的百分比降到了历史新低。但随着贸易的发展，国家赤字也愈加严重：贸易不平衡的情况加重，美元全球性流动过剩，不得不向美国回流。

里根的讲话终结了第三世界建立国际经济新秩序的幻想，也让他们企图通过联合国组建强势机构重新分配资源的梦想破灭了。克林顿沿袭了里根的做法，正是在克林顿时期，贸易自由化成了美国外交政策的口号，一个致力于促进贸易自由的机构“世界贸易组织”也于 1995 年成立。美国国会对多边组织的怀疑愈加强烈，这时世界贸易组织的成立是一个惊人的政治成就，美国政客近半个世纪以来的愿望就要实现了。半个世纪之前，发展中国家反对成立该组织，受战争摧残的欧洲经济体也无力提供有效的支持，在遭到国会反对前，最初的世界贸易组织已注定失败。世界贸易组织的成立也证明了《关税及贸易总协定》的耐久性。评论人士称《关税及贸易总协定》向世界贸易组织的蜕变再次证明了资本主义的优越性。柏林墙被拆毁了，世界再次就维护贸易自由达成了一致。

但是维护贸易自由要付出什么代价呢？世界贸易组织的总部设在日内瓦湖畔一座新佛罗伦萨风格的别墅里，这里原是国际劳工组织的办公地点，因此总部设在此处具有一定的象征意义。屋内墙上还挂着 20 世纪 20 年代的画作:《劳工的尊严》《土壤耕作》《充实的工作》，这些画让我们想起了早期国际生活中关注的那些不同的主题。两战期间，资本家们虽然也担心货币和贸易问题，但还要为劳工以及他们对企业是否忠心耗费精力。1995 年，由于苏联已经解体，再也没有哪个执政者认为工人势力会对自己造成威胁。

世界贸易组织和《关税及贸易总协定》本质上都是发达国家的俱乐部，是不同于勃兰特期待的新的联合国机构的。它是一个神秘的组织，多数决定出自烟雾缭绕的绿色房间①，记者、公众甚至许多世界贸易组织的职员都无权进入这个房间。该组织讨论全球化——源自北方世界、由北方国家操控的全球化：尽管这样，全球化对俄罗斯和中国依旧有很大的吸引力，他们为了打入西方市场，愿意落实部分经济自由主义理念。世界贸易组织是一个新型国际组织，这个组织人员精简，促成国际协定与落实协定的能力都很突出。和经济发展与合作组织一样，世界贸易组织的主要职责是制定商业准则，在国际上越来越重要的国际商务仲裁也是世界贸易组织的成果，私人律师也随之变得更加重要。世界贸易组织问世于全球经济增长之际，支持者们为此欢欣鼓舞。意大利商人、世界贸易组织第三任总干事雷纳托·“洛奇”·鲁杰罗（Renato “Rocky” Ruggiero）预测，如果贸易自由化继续发展，用不了几年就可以根除世界贫困问题。1996 年，面对一位联合国贸易和

① 绿色房间：演员休息室。比喻世贸组织活动的神秘性。——编者注

发展会议的代表时，他宣称："我们不用再为分散的各国经济体制定合作规则了，我们现在要制定的是全球一体经济的规章制度。" 如果切·格瓦拉和普罗维什听到这番言论，应该会感到恐慌吧。

沃尔克20多年前的愿望看似实现了，世界经济不但告别了各自为营的日子，还被重新整合在一起。在某一时刻，世界贸易组织的诞生代表了全球化时代的到来，半个世纪前国际贸易组织失败的事实被彻底遗忘了。但是另一方面，很多批评人士称世界贸易组织、世界银行和国际货币基金组织组成了"邪恶的铁三角"。外界越来越关注国际货币基金组织，世界贸易组织也随之成为影响逐步扩大的反全球化运动关注的又一焦点。在世界贸易组织内部，关于由谁继任总干事的争斗也削弱了组织的力量。除此之外，大量明显维护美国和欧洲利益的提议遭到发展中国家围攻，这种境况导致了形势恶化，唤醒了联合国贸易和发展会议的幽灵。

2001年后，乔治·W·布什回归单边主义，这才是世界贸易组织衰弱的最主要原因。布什政府把世界贸易组织和他们不喜欢的多边机构混为一谈，并宣称要避开这些机构签订一系列双边和区域协定，很明显，他们会最先绕开审议过程极为耗时的《关税及贸易总协定》和世界贸易组织。"没人愿意在全球机构中投入政治资本。"《华盛顿邮报》记者在《全球化为何止步不前》（*Why Globalization Has Stalled*）一文中写道。2006年7月，新任世界贸易组织总干事帕斯卡尔·拉米（Pascal Lamy）宣布贸易谈判正式暂停。

全球化：支持与反对

就在6年前，克林顿总统递交了国情咨文，文风同往常一样，传递了高涨的情绪。"我们是幸运的，因为我们赶上了好时代。"2000年1月克林顿发表讲话，"我们的国家从未像现在这样繁荣、进步过，这是一个内无忧、外无患的时代。" 如此盛世一部分要归功于政府兢兢业业的工作和谨言慎行的国内政策。这些成就也反映了美国愿意拥护被克林顿称为"当今最明显的事实"的全球化进程。用克林顿的话说，这是“拆除贸易壁垒，联络国家和个人、经济和文化的改革”。

20 年前，没有人知道全球化，而今天这个说法却无人不知，并且具有图腾式的意义，这意味着美国国际经济新制度大获全胜。1983 年，哈佛商学院教授特德·莱维特（Ted Levitt）就“全球化市场”发表了影响深远的文章，他称世界变为一个大市场，各国拥有相同的愿望和追求。集装箱运货大大削减了运输费用，电子革命改变了银行业和制造业，货币买卖也成了赚钱的买卖。全球化大受欢迎，很多企业急忙向世界证明它们具有全球贸易能力。“世界上最受欢迎的航空公司”是英国航空公司的营销口号，啤酒品牌嘉士伯鼓吹自己“可能是世界上最优质的啤酒”。“全球化”是 20 世纪末的流行词，每个有野心的企业和大学都在夸耀自己的全球性。

当然，支持者认为全球化不只是对世界现状的描述，还是对未来的预报和指引。当时的全球化主义者和他们 19 世纪的前辈都认为自由贸易会促进世界和谐，凯恩斯学说的式微和新技术的崛起是实现这种美好愿景的前提。各国做出的重要决定是全球化存在的基础，但是他们掩盖了其重要性，只鼓吹市场的自我调节功能。1950~1970 年，凯恩斯学说影响了一批经济学家，但现在理性选择理论和对市场效率的信任（专家称之为“假说”）击败了凯恩斯学说，这些经济学家认为这种趋势体现了右派思想，并且是不可避免的。全球化思想和其他最有影响力的思想一样，都不受任何意识形态支配，它的支持者为此感到骄傲：全球化反映了不容置疑的规律——供应关系之间的规律。尽管一些经济专家和商学院教授质疑他们的理论，乐观情绪依旧蔓延开来。道琼斯指数持续上升，偶尔有所下降。金融交易变得越来越复杂，也越来越普遍——场外交易的金融衍生产品的票面价值已经从 1987 年的 8 660 亿美元飙升到 2007 年的 454 万亿美元，看起来，它还可以创造更多价值。1996 年，保罗·沃尔克在美联储的继任者艾伦·格林斯潘一度怀疑股票市场是否会遭遇“非理性繁荣时期”。但是信息屏上的数字却继续走高，随着亚洲金融危机结束，他便不再担忧。

并非所有人都为此感到高兴，尤其是那些死抱着国际主义思想、仇视银行家的人。联合国资深官员厄斯金·柴德斯（Erskine Childers）去世前写下的最后一句话猛烈抨击了全球化主义者自鸣得意的心态。他在文章中称，联合国“正遭受着有史以来最严酷的灭亡威胁”，安理会只是“由几个赤身裸体的、没能力的君王组成的小俱乐部”。北方世界的领导者们——比如七国集团，称他们正在监视“全球经济”（这里的引号是柴德斯加上的），联合国已经没有用了。他控诉“全球化”的口号只是老生常谈，提出全球化只是为这种想法提供理论支持，看似每个人都能从中获益，全球化也似乎能作为一个交互式系统为全世界民族发光发热，而实际上它只意味着强行打开别国经济大门，以便让“有钱可用的人”赚取利益。

《纽约时报》专栏作家托马斯·弗里德曼在他的畅销书《雷克萨斯和橄榄树》（*The Lexus and the Olive Tree*）中记录了全球化风尚的高潮，这是惹怒柴德斯的最主要原因。据弗里德曼说，全球化取代了冷战，而美国在这两次大趋势中都胜利了。他写道，这并不是昙花一现，在国际生活中，这种状态会维持很长时间。最新的说法是，他把全球化比作圣西蒙所向往的理想社会，称科学技术正在改造世界。弗里德曼和许多经济顾问以及银行家一样，认为市场可以在谨慎中前行。现代化要穿上他所说的“黄金紧身衣”——一系列听上去和华盛顿共识一样可怕的政策。“‘黄金紧身衣’是万全之策，”他写道，“它并不总是美好、柔软、令人舒适的，但是它是这个历史阶段里唯一持续有效的办法。”美国坚守着弗里德曼的历史终结论，这和从前黑格尔的历史终结论毫无区别。

但是，就像弗里德曼写的那样，20 世纪 90 年代，银行对发展中国家的贷款如洪水般泛滥，现在突然干涸了。之后乔治·W·布什出任总统，美国又遭遇“9·11”恐怖袭击事件，地球村和企业家精神魔力的光芒被“基地”组织夺去。看起来，新一轮反全球化风潮已经出现了，世界好像就要进入更加黑暗的时代，战争尚未结束，全球化主义者希望世界贸易一体化的美好愿望还没有实现，一些人对全球化的仇视无法消除。“华盛顿共识”的缔造者不仅承认这是个“受损了的品牌名称”，还承认华盛顿共识的结果令人失望。传统自由贸易者和资金经理间产生了隔阂，自由贸易者主要关心商品流通和劳工问题，用传统观念界定生产和资本投资，资金经理则希望看到资本流通畅通无阻。2004 年，经济学家贾格迪什·巴格瓦蒂（Jagdish Bhagwati）在《捍卫全球化》（*In Defense of Globalization*）一书中提醒读者注意“狂热的金融资本主义暗藏的风险”。同年，《金融时报》记者马丁·沃尔夫在《全球化为什么可行》[①]（*Why Globalization Works*）一书中也流露出担忧之情，他怀疑资本全球化是否走得太远了。里根和他的继任者希望投资者可以享有更加安全的国际环境，但是热钱和高管工资的变化让资金经纪人乃至整个美国比以往任何时候看起来都像是在追求短期利益。现在，处于运转状态的整个系统只专注于为少数投资者赚取即时利润，鲜少有人关心资本真正的功能，也很少有人为促进新增长、创造就业机会而努力。

再次关注发展?

就在此时，国际货币基金组织与世界银行渐生嫌隙。世界银行在 1981 年前大规模扩张业务，但里根政府怀疑它具有“社会主义倾向”，右翼人士批评它“运行得好像一座苏联工厂”，因此它时刻处于防御状态。世界银行赞成华盛顿共识，宣传芝加哥学派经济学，还支持国际货币基金组织的结构调整，这才保住了自己的地位。但是，当 20 世纪 90 年代中期国际货币基金组织饱受批评时，世界银行又开始为当年的屈从行径感到悔恨。财政部强迫现金储备丰富的世界银行为国际货币基金组织提供大量资助。1996 年，世界银行对国际货币基金组织的资助占其借款总额的 2%，到 1998 年亚洲金融危机最为深重之时，这个数字飙升至近 40%。新任行长詹姆斯·沃尔芬森（James Wolfensohn）不喜欢世界银行屈居国际货币基金组织之后，也讨厌美国财政部的态度，傲慢的美国财政部理所当然地认为世界银行会加入计划并不周详的救援工作。

沃尔芬森的首席经济学家约瑟夫·斯蒂格利茨（Joseph Stiglitz）公开抨击国际货币基金组织，说该组织采取秘密且程式化的解决方案应对全球危机导致其“没能完成任务”：危机非但没有被控制住，还变得日益频繁且具有破坏性，他们的

① 《全球化为什么可行》一书已由中信出版社于 2008 年 7 月出版。——编者注

思想断送了实现充分就业的目标。他写道，事实上没有证据表明自由的资本市场在促进增长中必不可少，反而有很多实例表明它具有负面作用。斯蒂格利茨认为世界银行要跳出经济盒子思考问题，要提倡民主，反对拖慢增长的腐败现象。制定市场规则的主体是“文明社会”，而不是集权的财政部，开放透明的政策能够带来成功。因此，在“第三条道路”时代，他开创了介于国家社会主义和右翼自由放任主义间的第三条路，这对一个经常被这两种政治思想抨击的机构来说极具吸引力。

尽管这条路会遭遇更严厉的批评，但是与反对贸易和资本全球化、自由化的声音相比，与日益秘密的、由高级官员决定的国际经济政策相比，与为了恢复某些政策举行的抗议活动和直接行动以及以暴制暴的行径相比，第三条道路是最了解资本主义的。在某种意义上，活力四射的沃尔芬森就是这个运动的产物：1994 年，在世界银行庆祝其成立 50 年时，马德里的抗议活动把喜事变成了一场留给沃尔芬森前任行长处理的公共关系危机。1999 年 11 月，反全球化运动占据了世界新闻头条，世界贸易组织召开年会时，示威者在西雅图街头与警方发生争斗，国际货币基金组织总部外的反贫困集会和抗议活动已司空见惯。据估计，4 万多群众参与其中，使这次事件成为美国历史上因反对一个国际机构而爆发的规模最大的抗议活动。

酝酿了数月的示威活动主要由来自全球的非政府组织组成的松散联盟策划。当地的无政府主义者、工会和剥削人民的跨国企业的反对者也参与其中。2000 年，教会主导的运动呼吁免除第三世界的欠款，早些年英国就曾爆发规模更大的反八国集团的示威活动，并在迫使政府采取行动方面取得了一些成效。还有一些美国和国际非政府组织关注环境和消费者权益问题，反对代替资本主义的政治形式。与发生在大多数国家的大多数战争相比，西雅图之战算得上和平甚至平淡的战争(两年后的热那亚冲突就残酷多了)。但此次事件让反全球化声名大振。技术发展为参与者提供了与华尔街一样的优势——来自世界不同地方的人们可以在瞬间取得联系，搜集和传播资源。

这样的直接行动和草根运动体现了他们眼中的国际主义，即一种极度怀疑当局和现存机构的、希望再现19世纪全球兄弟联盟的国际主义。这些人和他们的前辈一样，十分看重运动带来的政治和社会成果，因此他们不可能轻易忽视如何让抗议活动给政府带来压力、给社会带来改变等问题。千禧年活动先是成功劝服了英国首相布莱尔，随后是美国国会承诺免除第三世界的债务，这让我们看到，尽管落实到文件耗时较长，但这种来自底层的压力可以产生确实的成效。沃尔芬森清楚与非政府组织和激进主义分子们建立关系具有重要的政治意义。在他的领导下，世界银行开创性地接纳了新型合伙人，他们在公共关系方面塑造了世界银行的形象，但在银行决策方面他们的影响力很小。

与沃尔芬森挽救世界银行形象的努力相呼应，出于其他原因，联合国正着手恢复自身声誉。全球资本主义的执行者尚不清楚自己的任务，“文明社会”的各方力量随时待命，在这种情况下，联合国新任秘书长科菲·安南决定改变自20世纪70年代起联合国被边缘化的状况。在发展这个战场上，地形显而易见。在任命安南前，几个联合国机构支持1987年联合国儿童基金会的报告《关注弱势群体下的经济调整》（*Adjustment with a Human Face*）提到的内容，共同反对经济结构调整。国际货币基金组织的做法备受批评，许多证据表明市场没有平均分配利益，也没有解决贫困问题。印度经济学家阿玛蒂亚·森（Amartya Sen）等人强调“人类生活”比那些抽象的“经济”重要。我们不能简单地用标准经济学思考问题，因为每个人在生活中做出的决定是不一样的。个人行为决定着整个人类的发展，而教育和体面的生活让人类有能力做出选择。

1997年上任之后，安南在帮助联合国彻底摆脱过去30年的阴影时落实了这些提议。此时，发展意味着与贫困和疾病斗争，这也是安南的战略中心。除了他自己之外，整个联合国系统中最重要的两个职位分别是世界银行行长和联合国开发计划署总干事，这种排位是顺应美国意愿的。因此，具有政治敏锐性的秘书长就要确保发展的定义对美国是有意义的。身为第三条道路时代的领导人，克林顿、托尼·布莱尔还有安南自己都希望摆脱过去不被信任的、大政府“灵丹妙药”的形象，远离新自由主义和无政府极简主义的失败经历，所以在此期间，对发展的定义在语义上发生了巨大改变。

答案存在于20年前商学院提出的一个概念。“合作主宰”起初是一个含糊的概念，它至少包含两种模式。第一种形式高尚、受人喜爱，即唤起管理者们的社会责任感以及安全和环保意识；第二种形式较为严苛，认为民主是个问题，认为（失败的）政府妨碍了（有效）治理。“合作主宰”最终融合了这两点：兼具包容、美德和责任感，这同时也表达了对正式的政治机构和具有撒切尔和里根时代特色的大政府的深度怀疑。这个新的概念很快被商人带入国际生活。世界银行一马当先，它先是就1989年撒哈拉以南非洲地区的“治理危机”做出报告，随后又在1991年经济会议上把“有效治理”列为工作重点。距离合作主宰的图书和文章首次问世仅10年后，“主宰世界”这种说法就随处可见了。1995年，瑞典人创办的主宰世界委员会发表了《我们的全球伙伴关系》（*Our Global Neighborhood*）这样一份研究报告，并呼吁重新审视联合国以及它与其他组织和机构的关系。联合国甚至资助了名为“主宰世界”的学术期刊。“用‘主宰’这个词是因为我们不知道如何形容发生的一切。”一位早期投稿者写道。但它确实代表了一些东西，我们摆脱了那些形式化的公共机构，开始看重规范准则、价值观、管理标准和法律体系，开始接纳社会人士参与到决策过程中，以此为联合国赢得更多支持者。此时的联合国已经不再是各国间实现相互交流的组织，它只是一个（或者说它的名字意味着）更大的全球网络中心，这个网络囊括了政府、专家、非政府组织还有商人。世界银行也事务缠身，据其发展委员会估算，到2000年，世界银行在全球95个国家开展了超过600项与全球治理相关的工作。至此，“治理”不再局限于管理发达国家的政治政策，它通过国际机构的行动为深入干预各国公共管理、法律制度和政治体系的行为辩护。

安南拥护美国政府，他很快就发布了新消息，称联合国一方面要与非政府组织和反全球化组织建立联系，另一面要与美国合作。第二年，他成为首个被达沃斯世界经济论坛邀请的联合国秘书长，参加了由企业赞助的聚集了商业领袖和政治领导人的年度内部会议。1999年，安南再次参加经济论坛，他建议在联合国和企业界之间建立新的关系，提出了“全球契约计划”，并号召企业在全球市场中秉承人道主义原则。安南急于让世界认识到资本主义人性化的重要性，还提到了全球化带来的不安因素，警告世界如果稍不留心，独裁、恐怖主义和种族屠杀就会卷土重来。2000年，应安南号召，在纽约召开了联合国千年首脑会议，这是有史以来与会首脑最多的一次会议，会上再次强调了世界面临的威胁，并试图使联合国成为世界发展的中间人，协调企业和国际机构、交战各方和被战争摧残的国家，最重要的是协调北方和南方世界。他同时鼓励各方面共同努力，让向来不和的、各自为伍的联合国机构互相合作，但是他让杰克逊的“史前怪物”和它的“头脑”成为主流思想的尝试最终以失败告终。

马克·马洛赫·布朗（Mark Malloch Brown）曾做过记者，与美国联系密切，他在2000年从世界银行调入了联合国开发计划署。正是他为联合国的发展重新带来了生机，与此同时，联合国的维和地位正值旭日东升。20世纪80年代，联合国开发计划署的运营预算翻了一番；以此为基础，20世纪90年代时，该数值又翻了一番。在千年首脑会议前夕，联合国开发计划署的预算达到了历史峰值24亿美元。联合国与世界银行，甚至与国际货币基金组织的关系更近了一层。这些进展都是全方位的新突破，联合国致力于解决世界的贫困问题，但并不局限在改革旧有体制路线上，它还把发展作为社会和文化体制改革的核心，兼顾人类学和法学的发展，不再只注重经济领域。这些改变与20世纪60年代的现代化政策有些相似，因为国际社会刚刚从冷战中解放出来，终于可以对私营部门和非政府组织领域的发展多倾注些精力。在肯尼迪总统的畅销回忆录中提到了这10年的浮华发展，当时的联合国一心致力于推广“千年发展目标”，决心消灭极端贫穷，将每日基本生活开销不足1美元的人口比例削减一半。

千年发展目标主要针对非洲国家。南美和东亚的发展已经十分迅速，国民的整体生活水平也因此有所提高。中国政府在没有联合国帮助的情况下，正以不可思议的极致速度消灭贫困。与此相反，在非洲撒哈拉以南的地区，除了经济上有些许的活跃现象，各种问题仍然十分严峻：单是刚果地区的冲突就已经造成至少500万人的死亡，而其艾滋病的肆虐让整个国家的情况雪上加霜，另有许多国家民生凋敝，饥寒交迫，而上层领导集团腐败至极。因此，整个非洲大陆就成了联合国政策的试验基地，实际上非洲也一直都是检验政策实用性的实验室。

安南一直试图重建联合国在美国民众心中的高大形象，并想利用人性化的发展理念打动美国人民。但由于“9 · 11”恐怖袭击事件和美国对伊拉克的所作所为，美国和各国间的嫌隙越来越大，安南的计划也因此前功尽弃。即使对发展进行重新定义，也只能博得些美国的注意力：随着克林顿执政时期乐观主义的消散，消除贫困一事被赋予了全新的内涵。国家安全专家警告说，即使全球化已经改善了数百万人的生活，还是会有新型的安全威胁出现——贫富差距问题，对贫富差距的不满已经席卷了非洲中部地区以及东巴基斯坦，甚至印度尼西亚，这些地方迅速膨胀的人口数量导致了许多贫困青年的出现，他们极有可能发展成恐怖分子，这种情况是全球主义人士未曾考虑到的。简言之，在国际大环境的变化中，贫穷已经成了国际安全的新威胁。贫穷落后的欠发达国家过去只是人口过多，而现在这已经成了美国国家安全的重大威胁。

联合国因急于向美国证明它的重要地位，便对发展做出了新的定义，并称之为解决世界贫困的“人类安全”问题。然而，在双子塔遭到袭击的几个月后，美国的评论员开始忧心忡忡，担心如果全球发展失败，美国国家安全将会面临怎样的威胁，美国应该如何应对。“发展”和“安全”两个概念从一开始就被紧密地联系起来，而全球发展则是在为发展中国家提供更加安全的大环境。从某个角度来说，“9 · 11”恐怖袭击事件实际上证明了发展的历史性失败。例如，在2002年的某一期《外交》的一篇文章中，金融记者塞巴斯蒂安 · 马拉比（Sebastian Mallaby）谴责了美国的退缩，称其不敢坚持帝国主义的行事作风。他认为，帝国主义式的对外援助是历史的选择，是谋求发展的必然道路。诚然，对外援助和全球化都有助于国家建设，但“在那些机能失调的国家里，总是有些顽固派阻拦国家的发展脚步”。国际机构对此无计可施，全球化也黔驴技穷：因此，美国就应该在此时挺身而出，履行它的帝国责任。不过，尽管马拉比称在这一“帝国主义新时刻”，发展的基本助推力美国身兼重任，但他并没说美国应该独自承担这一责任。他建议和过去一样利用国际组织共同应对这场新的危机，由国际组织提供法律依据，共同分担成本。不过，这一切的前提是不受联合国的干预，并需要成立“一个新的国际组织……处理国家建设的问题”。

“9 · 11”恐怖袭击事件后，考虑到美国彻底的单边主义思想，很少再有人继续支持美国的国际领袖形象。显然，马拉比并不是唯一一个打着具有信服力的新幌子推崇自由国际主义的人。伍德罗 · 威尔逊的母校普林斯顿大学正是国家安全新计划的诞生地。布什放弃适当的多边主义精神是个错误，而普林斯顿国家安全计划对此的评价甚至高于他主张的美国海外扩张计划。和马拉比一样，时政评论员同样认为联合国毫无作为。“美国及其盟国在‘二战’之后建立的国际机构秩序……已经濒临瓦解。”他们这样写道。他们提议建立新威尔逊主义式的“民主协调”，把它打造成新型的联合安全组织，承担起对全球的安全责任。这样，世界就会发展成“一个法治、自由的世界”，全球从此和平安定，人民共享“美国式的安乐生活”。持续恶化的贫困问题让国家支离破碎，随之而来的弊病层出不穷——独裁领导、环境灾难以及流行疾病，对外援助也因此成为美国国家安全计划中必不可少的一部分。

他们提出的解决方案看上去精明又实际，然而他们却忽视了几个最基本的政治事实。发展的确对新兴国家的成立大有裨益，不过，在冷战期间，发展就意味着后殖民地国家已经开始了机械化工作，其重心在于基础设施的建设上。现代化理念包括电气化、城镇规划、钢铁主导以及整体改良的农业技术，实现这些当然是具有足够雄心壮志的表现，不过也太过雄心壮志以致力不从心，所以某种程度上的失败基本是注定的事实。然而，以他们现在提议中的野心勃勃比之则有过之而无不及。美国不但要致力于建设堤坝、桥梁、城镇、工厂，还要重建各国社会中的价值观，这根本就是不可能实现的，而且还是在国家政权濒临瓦解的动荡国家，这更是难上加难。试着想象，美国，再加上它的盟友，它们协力组建军队，不惜耗费大量的时间、精力、金钱，跨越巨大的地理障碍，就为了让那些因冲突导致分崩离析的国家走向现代化、实现现代市场民主体制，这简直就是在挑战人类的信仰。兰德公司还尽职尽责地做出了一份像模像样的报告，报告中提到要吸取美国成功占领德国和日本的经验教训。然而事实却是，这些成功事例能提供的经验教训都是反面教材。这两个国家在被占领时都是世界上最为发达的经济体，但是，在 20 世纪中叶，被占领国和占领国双方都经过了很长时间的谋划和修整，利用强健的国家机关完成计划、重建和合作事宜。这种外包式服务就是帮助世界上最为贫困的几个国家进行国家建设，而那些国家的基础设施都已四分五裂，要在几年之内助其完成修整并实现现代化，这能实现吗？提出问题就要解答问题。

“失忆症”实在是各帝国主义国家的通病，新帝国主义者的解决方案显然行不通。他们想要操纵世界回到帝国主义时期的国际体制，但他们拒绝承认时代已经变了。另外，扬·史末资和伍德罗·威尔逊的世界联盟是建立在国际政府能基本取得突出成就的基础上的，这个成就就是国家自决权的全球化。联合国在某些特定国家仍具有正统的合法地位，而马拉比和其他人却提倡对这些国家进行干涉，在这样的情况下，他们倡导的历史性联盟就必须伴随着殖民主义的终结。在其他人眼中，欧洲人仍残留着帝国主义气息，美国加入他们是不是明智之举呢？实际上，随着反对美国对外扩张的人越来越多，国家建设已经时过境迁。在对阿富汗和伊拉克的行动之后，美国对国家建设本就有限的兴趣已经消失殆尽。

因此，帝国主义观念下的发展/安全关系永远也不会有机会证明它的对与错了，这并不包括伊拉克和阿富汗，但此二者均表明帝国主义的发展/安全关系是不可能实现的。事实上，考虑到美国国家安全现状经验不足、制空权不强，又极为反对冒进，所以美国缺乏这种持久力或能力来重建发展的领域。事实证明，联合国能为世界的发展提供更多的帮助。另外，国际新兴力量也对世界的共同发展大有裨益。崛起的中国就承担了非洲和东南亚一系列国家的基础设施建设项目，中国承诺发展“南南合作”，为世界提供了一种新型的中国特色发展模式，它不仅为世界的其他发展中国家提供了资金援助，还为他们提供了自己发展经济的经验教训。中国的资金相对来说并不是十分充裕，但是这种模式下的发展确实极其迅速，西方对安哥拉等地的借贷系统都为此受到了挑战。到 2012 年年初，中国对拉丁美洲基础设施与发展的借款资助已经超过了世界银行和美洲开发银行的贷款金额。

中国政府的引导型发展模式成为一种新型的世界投资模式，尤其是对非洲持续增长的资助发展资金总额对国际货币基金组织正统机构构成了挑战，同时，这种模式也像中央集权论的一种复辟，新自由主义革命也可能就此寿终正寝。一种新形式的非洲瓜分行动正在悄然进行，美国评论员对此极为恐慌。不过，从过去的世界银行和其他西方开发机构的非洲和南美借款客户的角度来看，中国提供的资金尽管极为有限，却是极受欢迎的救济款。事实证明，西方法治观念在偏远社会的传播带有着西方自身强大复杂法律体系的传统特点，这种传播缺乏创造性，甚至会造成不稳定现象和暴力事件的发生。西方的一系列政策显得过于仓促又缺乏思考（从结构改革的现代化到沃尔芬森时代世界银行主张实行的全方位社会改革），因而导致了一连串的大混乱现象，这更显得中国的极简主义和实用主义方法更具有社会责任感。看到世界上最为贫穷的国家，美国的警报危机就显得没那么紧急了。比如说，当看到尼日尔中国制造的新桥取代摇摇欲坠的肯尼迪桥时，美国日渐衰弱的霸权地位和它的国际经济日程就多少有所缓解了。

中国在国际经济上的崛起以及随之而来的另一种发展模式都说明美国和布雷顿森林体系过去的联系十分密切。国际体制向新自由主义的整体转变是由 20 世纪 70 年代时美国思想意识形态的偏好决定的。如今，这些体制已经日落西山，被边缘化，他们的观念在全球范围内也受到了前所未有的质疑。国际货币基金组织现在也找到了新的定位，即承担其应对欧元区危机的责任。而它过去第三世界的许多合作伙伴都在尽可能地摆脱国际货币基金组织，他们在国际货币基金组织的决议中需要更多的话语权。世界银行已经开始拥护透明度、协调性和诚信度的原则——这从另一方面说明了世界银行自上而下的处事方式已经结束，它的未来地位也会大受限制。金融危机中管制松散的市场和无止境的金融化时代仍在经受考验——现在说结束还为时尚早，毕竟金融危机从 2008 年开始至今仍未平息。但清晰明了的一点是，20 世纪 70 年代，以美国为首的西方主导应对南部需求的新国际经济秩序已经无法继续运行。日本经济停滞不前，欧洲和美国仍在经济衰退中奋力挣扎，地缘政治的权力天平已经开始倾向发展中国家——中国、印度和巴西。回到联合国贸易和发展会议或是回到第三世界大团结的那些日子已经再无可能。但在自由市场和国家战略地位这两派拥护者的斗争中，前者已然难以再续昨日辉煌了。

第十三章　人权法规

谁有权决定一个国家的最高统治者是谁，谁就拥有这个国家的新主权。

——卡尔·施密特，1923 年

国家主权最基本的含义正在被重新定义，这并不仅仅是受全球化和国家合作的推动影响产生的变化。如今，人们普遍认为国家是为人民服务的工具，而不是用来统治人民的工具。同时，我认为人权是个人享有的最基本自由权，《联合国宪章》以及随后的国际条约中都规定人权自由是神圣不可侵犯的，个人权利意识的复兴及传播让人类更重视人权自由。现在再研读《联合国宪章》时，我们就能比以往更为清醒地意识到，宪章的宗旨意在保护人类个体，而不是包庇欺侮人民的人。

——科菲·安南，《主权的两种概念》(*Two Concepts of Sovereignty*，1999 年)

“上帝创造了国家作为养育人类的摇篮，而上帝赐予的人性才是人类的母亲，”马志尼曾写道，“如果你不热爱人类共同的母亲，你就不可能爱你的同胞兄弟。”这时的人们开始认为，“国家”和“国际”在根本上是互补的关系，正是这样的关系为创建国际社会提供了基本的理论依据。无论是过去的国际联盟还是如今的联合国，都试图创建一个全新的世界，各国实行民主政治，赋予人民统治国家的权力，同时由国际机构监督国家统治者和人民的合作关系。这一观点在“二战”后更是历久弥坚。但是，民主本身并不是联合国成员国的准入条件，按照本章开始部分安南的那段话，《联合国宪章》在深层意义上是自相矛盾的，它强调各国尊重人权和自由，还主张“国家无论大小”一律平等，各国间和平互信，睦邻友善，却同时接受非民主国家的加入。1945 年，国家主权原则占据了主导优势。到冷战末期，民族主义和国际主义互补说的谬误就越来越明显了：联合国的成员国已经有能力欺压其子民，致使世界爆发人权危机，危害国际和平。因此，在当时的联合国出现了越来越多对主权的新意见，主张对其加以限制，这其实在 20 世纪 70 年代的人权革命中已经有所显现。联合国由此担负起了传播文明的新使命，这点和过去的国际联盟极为相似，它开始更加依赖国际法，还呼吁将通用的道德准则写入法律。

因此，冷战后出现的“新世界秩序”最开始并不是由大国军事联盟打造的(海湾战争是个例外)，而是由联合国在人权领域的责任和权力的扩张而形成的，这一点并不在人们的预想之内。受到主权豁免权保护的联合国官员都被安排在科索沃、南苏丹和东帝汶等国。逐渐地，他们不再仅仅是传统意义上的和平保护者——照顾难民，提供物资，他们还是活跃的政治代理人，帮助各国逮捕罪犯、取消或授予选举权。最重要的是，他们还介入该国的国家建设：1989 后，安理会至少向 12 个国家派去过代表团，帮助他们起草新宪法，另外 15 个以上的国家也收到了同样的协助邀请。

在这一过程中，某些世界组织的基本政治理念发生了翻天覆地的转变。主权不再是绝对的政治原则。1945~1970 年间，统治者手中的权力明显占据了主导优势，而人民的自由和权利所剩无几。然而，单是对滥用人权的监管就完全跟不上这种趋势的快速发展。此时，所有民族的人权自由危在旦夕。随着国家保护责任的成型和随后新成立的国际刑事法院的投入使用，联合国按照哈马舍尔德的蓝图逐渐步入正轨，成了世界上真正的国际性执法机构。

统治权被削弱后，随之而来的就是过去强调的通用道德标准的回归。一时间，国际上对“国际社会”道德的呼吁接连不断，这为联合国对别国的干预提供了正当的理由。然而，利用不言而喻的道德真理以及过去的基督教信条，联合国对别国的武装干预演变成了正义的战争，而以人权为名战胜这些国家的想法却模糊了政治问题的复杂性。人权干涉——战争的另一别名，宣布了统治权的衰弱，同时也弱化了战争法，这让联合国部队（甚至于像北大西洋公约组织这样的非联合国内部的军事联盟也开始了人权干涉他国内政）从国际法中获得比以往更多的权力。国家保护责任主要适用于非洲的国内冲突，对于批评家而言，这无疑是19世纪文明世界和未开化世界统治标准的复辟。在国家保护责任和国际刑事法院的执行过程中，对道德的强调几乎没有取得任何政治效果。自“二战”以来，新的人道主义对在国际关系中培养道德观念一事充满了雄心壮志，而正因为如此，为实现道德、政治和实用性共同作用的事业也显示出了其局限性和危险性。

人权干涉

1988年12月，冷战进入尾声，联合国秘书长哈维尔·佩雷斯·德奎利亚尔前往奥斯陆，作为联合国的维和部队代表领取诺贝尔和平奖。他希望联合国能成为一个英勇的维和机构，他曾如此说道，然而当联合国为世界和平事业做出的贡献受到世界认可的时候，联合国的创立者们却并不正视这样的贡献。实际上，在《联合国宪章》中丝毫没有提及联合国的维和任务，这一概念只是由哈马舍尔德在1956年的苏伊士危机时的奇思妙想衍生而来的。20世纪60年代初，受刚果危机影响，联合国维和部队的刚果行动备受指责，维和事业的运作有所衰退。不过，即便如此，到1988年时，有58个国家的领土上方仍是飘起了联合国国旗，联合国的士兵在全世界进行着他们的维和任务。哈维尔·佩雷斯·德奎利亚尔在诺贝尔获奖感言中致敬于联合国的成绩，并赞扬了联合国作为世界警察为世界和平、正义和法规做出的贡献：

> 维和的真谛就在于让士兵成为和平的守护者而不是战争的工具。这一做

法向世人展示了军事领域的非暴力原则，为冲突提供了另一种解决方案，为缓解紧张局势带来了新的解决办法，以此让冲突通过协商手段得到解决。历史上从未有过这样一支国际军事力量，不为战争而建、不为霸权而建、不为强国或强国际联盟盟的利益而建，它的存在只是为了消除各民族间的冲突。

实际上，正是在乔治·H·W布什总统的大力支持下，联合国才逐渐成长为世界的重要维和力量，联合国维和部队也是世界上仅次于美军的第二大部队。在莫桑比克、萨尔瓦多和柬埔寨的维和行动标志着一种新型行动主义的出现。这些维和行动成功地化干戈为玉帛，救助了大量的难民和流离失所的居民，最终维护了该地区的政治稳定。20世纪70年代，经授权进行的维和行动就有三次，到1988年，联合国没再出动过维和部队。然而，到20世纪90年代时，维和事件竟激增到了38起。1987~1994年，维和部队的士兵从1万人增加到了7万人，联合国的维和预算也从2.3亿迅速膨胀到36亿，联合国其他常规项目的预算为此大幅缩水。在安理会的推动下，联合国真正地成了一个强大的新兴国际力量。

根本的问题还是著名的“分裂国家”问题。在这个国家数量比以往任何时候都庞大的时代，这个称谓着实奇怪（自“二战”结束后，国家数量增加了4倍），从几个角度看，这个称谓似乎都不太恰当。正如18世纪波兰的分裂一样，人们忽视了这样的现实：许多成功的帝国主义强国在过去分裂他国时都以其本国管理不善为由。事实是，当代欧洲的整部历史就是几个国家的灭亡——奥匈帝国、普鲁士、苏联，又先后被别国取代的过程。但并不是这几个国家使人们想到了国家分裂：人们关心的不是欧洲古老帝国的必然解体，而是由殖民国家解放独立后的新国家的分裂，这些国家的分裂极可能导致长久的贫困和民族冲突，这些都是国际社会的不稳定因素。它们的分裂让世界上产生了大量的难民、大范围的饥荒，甚至在2001年后直接导致了许多反西方国家的恐怖组织的产生。到2002年，“国家分裂”成了美国国家安全政策的重点关注词条。与此同时，英国外交大臣杰克·斯特劳（Jack Straw）在伊拉克战争的前夕发表讲话称，“9·11”恐怖袭击事件就是在告诫人们，防止国家分裂，拯救分裂国家才是“这个时代势在必行的正确策略之一”。

早在10年前，安理会扩大“和平威胁”的概念时，这一切就已经开始了。对于此概念的扩大，即使是对其表示赞同的观察员都认为其不妥，《联合国宪章》中对“明显侵犯”的释义中包括了“经济、社会、人道主义和生态领域的非军事不稳定因素”。随后就产生了索马里问题。英国外交官戴维·汉内（David Hannay）称处理索马里问题的文件为“冷战后，联合国快速达成的协议中最令人震惊的单边文件”，安理会在1992年12月授权维和部队进入索马里，理由是这里的“人类正在经历着难以置信的悲剧”。这是一次与以往不同的新的维和任务，但是这次任务却为以后的行动开辟了先河。次年，安理会就以同样的手段对海地进行了内政干涉，理由是海地的国家局势需要“国外势力帮助其判断是非正误”。

索马里的这场灾难几乎让人道主义干涉夭折。以美国为首的联盟成功地监管了最初的解救行动，随后美国2.5万人的精良武装部队迅速地撤离了索马里，紧接着联合国仅仅向索马里输送了原计划1/3的军事力量。更糟糕的是，美国的一支“地平线”部队留在了索马里，还在1993年10月时，对索马里军阀穆罕默德·艾迪德（Mohammed Aideed）发起了一次拙劣的袭击，原因是两架美国直升机被市民击落，冲突中，18个美军士兵和几百名索马里市民被杀。尽管这场武装袭击是由美国发动的，克林顿政府还是为此谴责了联合国。1994年，共和党掌控了美国国会，反联合国的情绪愈加膨胀。美国因此停止资助联合国，联合国陷入了预算危机，致使联合国十几年的维和事业难以继续。除此之外，美国的《国家安全恢复法案》还规定，严格控制受联合国管辖的美国军队的使用。

随后，南斯拉夫和卢旺达惨剧爆发，在两次惨剧中分别有25万人和80万人丧生。这两次悲剧都表明失去美国支持的联合国的权力极为有限。秘书长布特罗斯·布特罗斯-加利（Boutros Boutros-Ghali）一心想要维护联合国的公正形象——维和领袖，希望自己不要卷入他国的内战中。为此，他把维和部队的兵权交给了他在巴尔干半岛的特别代表——一位不愿承担风险的日本外交官，把空袭权牢牢地把握在自己手中。消息传来时，塞尔维亚的战俘集中营已经零零落落地布满了波斯尼亚，塞尔维亚的炮兵获准任意炮轰萨拉热窝，联合国此时的不作为激起了更多的民怨。1994 年突然爆发的卢旺达大屠杀是对联合国的又一次考验。联合国维和部队刚刚到达基加利，就敦促冲突双方签订停火协议，然而，可支配的士兵不过三个营，完全不足以阻止当地政府放任的“反图西人大屠杀”。在安理会还在思虑谋划时，难民已经流落边疆，仅一星期时间，上万人惨遭屠戮。最后，维和部队的确有所增员，却为时已晚，反叛的卢旺达爱国阵线已经掌控了国家，屠杀也就此结束。

当南斯拉夫冲突威胁到西方国家的声誉时，西方的决策领导人才立刻改变态度。1995 年夏天，近 8 000 名波斯尼亚籍的穆斯林在斯雷布雷尼察被奴役时遭到了塞尔维亚预备部队的残忍杀害，而这里竟是联合国荷兰部队为穆斯林提供庇护的营地。受这场大屠杀的影响，联合国维和部队驻波斯尼亚的指挥官和联合国主管维和事务的科菲 · 安南指派的代表才最终下令维和部队阻止针对波斯尼亚的塞尔维亚人的武装势力的恶行。先前下令禁用维和部队实施武力干预的布特罗斯 – 加利灰头土脸地离开了波斯尼亚，安南则对这次的武装干涉表示赞同。此时，美、英、法三国不得不派军事力量前来支援，因为它们意识到塞尔维亚的反抗已经威胁到了自己军队的地位。这三国插手后，势态很快得到平息，这让联合国方面极为尴尬。几个月间，北约组织的快速反应部队就包围了萨拉热窝，使塞尔维亚人不得不走上了谈判桌。

美国常驻联合国大使“铁娘子”马德琳 · 奥尔布赖特（Madeleine Albright）对布特罗斯 – 加利在波斯尼亚的固执不作为的行为十分愤怒，她坚决要求加利离开联合国。由于过去没有过秘书长在第二任期就被罢免的先例，克林顿政府就策划了所谓的“东方快车事件”，意图把加利驱逐出联合国。但美国的这一计划没能奏效，不得不在他的连任表决中公然投以否决票罢免他——安理会成员中唯有美国投了反对票。不过科菲 · 安南成为加利的继任秘书长一事早已成定局：如果说波斯尼亚一事毁了布特罗斯 – 加利的声誉，那么只有安南能够驾驭维和部队，他既不会不经思考滥用兵权，也更善于留心美国的喜好。在安南的领导下，联合国秘书处和美国的关系更近一筹，这也是即将到来的新人道主义所需的基本前提之一。

波斯尼亚和卢旺达悲剧说明维和不全是对的，中立主义有时是在纵容犯罪，武装干涉在某些情况下是阻止事态扩大的唯一方法。“维和”的联合国通过强制要求国际各方停止向塞尔维亚输送武器，禁止波斯尼亚人进行自我防御，并封锁了塞尔维亚的所有谈判。美国记者萨曼莎·鲍尔（Samantha Power）、大卫·里夫（David Rieff）和英国记者迈克尔·伊格纳季耶夫都严词谴责了“卢旺达大屠杀”。有了这次大屠杀的教训，他们都意识到，此时他们身负历史重任，急需行动起来防止种族屠杀的再次爆发。波兰籍犹太学者拉斐尔·莱姆金（Raphael Lemkin）早在50年前就创造了“种族屠杀”一词，他的作品如今又被人们拿来重新研读。年轻的自由党人托尼·布莱尔（Tony Blair）高度赞赏了史蒂文·斯皮尔伯格（Steven Spielberg）讲述种族屠杀的电影——《辛德勒的名单》，这坚定了他的信念，决心在外交事业上有所作为。即将上任的联合国副秘书长马克·马洛赫·布朗（Mark Malloch Brown）在飞离处于包围中的萨拉热窝的路上一直冥思苦想，怎样才能“把传统的人道主义和激进的政治主张结合起来，以推进联合国维和行动的发展，找到解决问题的办法”。

不过，这些对联合国来说有什么意义呢？现存的部门设置都通过国家来处理国际事务，这些又对现在的国际事务部门有何启示呢？“永不再犯”的确是一个诱人的结果，然而，在20世纪90年代早期，联合国本身就成了问题的一部分。有几个评论家在联合国成立之初就说过，即使联合国在纳粹时期存续了下来，它也没有任何法律依据干涉德国的内政。新一代人想要避免大范围流血冲突的心情十分迫切，而这正与联合国的机构设置相冲突。联合国缺少自己的军事武装部队，常常受制于安理会各成员国的意见，而在没有快速反应部队的情况下又很难及时应对由各国政府主导的暴力事件，这样一来，联合国就很难实现干涉主义分子对它的期望。而干涉主义分子十分清楚，联合国并不是一个能独立自治的国际组织。布特罗斯-加利之所以在波斯尼亚无所作为正是因为英、法、美三方不愿有所行动。

1998年，南斯拉夫的自治省科索沃爆发危机，在此之后，形势才有所改变，保守主义分子不再固执己见，干涉主义派占了上风。马德琳·奥尔布赖特取代了律师出身的沃伦·克里斯托弗（Warren Christopher），担任美国国务卿。奥尔布赖特曾桀骜不驯地称美国是世界的精神领袖，她在前一年的电视采访中也称美国为

“世界不可或缺的国家”。“我们是美国人，所以我们想使用武力就使用武力”是她的著名言论。“我们站得最高，所以我们看得最远。”她指责科林·鲍威尔（Colin Powel）将军胆小怕事，并在英国找到了一位志同道合的可靠盟友——英国首相托尼·布莱尔。比起谨慎小心的前任首相约翰·梅尔（John Major），布莱尔的战斗热情明显有过之无不及。1999 年 4 月，布莱尔来到芝加哥发表演讲，他斩钉截铁地说：“现在，我们都是国际主义者。”他说全球化已经体现在了政治、国家安全和经济等诸多领域。世界各地的人权保护对本国国家安全至关重要，国际社会需要体制改革，新法规急需尽快出台，以规范各国的行为。他提出：“国际社会正在经历着新的变革。”布莱尔认为，美国必须肩负起领导世界民主事业发展的重任，在世界各地宣传自由主义价值观，这样才能惩奸除恶，让世界更加安全与和平。

而奥尔布赖特则决心在其任期内坚决杜绝波斯尼亚悲剧再次上演，因此她先发制人，不顾安理会支持与否，果断地采取军事行动压制塞尔维亚地区的民族肃清杀戮。她认为，国务院内部对新国际主义的抵触是完全错误的。安南十分赞同她的想法（他曾在一次演讲中对干涉主义表达了高度的赞同，他的演讲稿由其首席英语演讲顾问撰写，但对于北约组织的轰炸行为他却未表示过谴责），但是安理会又一次地陷入了僵局。不过，安理会的决定并不能影响到奥尔布赖特以及和她想法一样的布莱尔：他们二人一致认为，如果联合国不批准，以干涉主义的名义行动也一样可行。他们全然不顾俄罗斯和中国的强烈反对——中国大使称这次行动“严重违反了《联合国宪章》和国际法的立法原则”，北约组织在没有安理会授权的情况下轰炸了塞尔维亚。就这样，这伙西方势力树立了一种新的世界观：将人权保护凌驾于神圣的国家主权之上，在某些时候甚至逾越联合国，不顾其权威地位，肆意而行，还要强迫联合国认同他们的这些新规矩。

国家保护责任

最为支持联合国的几个重要国家经常对联合国保持着可有可无的态度。因为他们一直认为联合国只是更高层次的精神领袖，而作为国际主义的精神领袖，为了维护国际精神，联合国本身很可能会忽视其他领域的事务。

20世纪30年代时，像阿尔弗雷德·齐默恩这样的学者就是这样看待国际联盟的，在冷战时期，他们对联合国仍怀着这样的看法：如果联合国真的不能以善行之名有所行动，那就让能有所作为的势力取而代之。早在20世纪40年代和50年代末，迪恩·腊斯克也曾持有类似的看法。美国新一代的全球主义者也不再对联合国抱有期待，他们渐渐开始认同齐默恩的观点，并开始信赖“民主同盟”，他们认为要么主导联合国，要么退出联合国。早在1980年时，英国的民主党多数派联盟就主张这样的看法，“新保守主义派”就是由此生根发芽的。20年后，马德琳·奥尔布赖特在华沙为民主共和体揭幕，称四年后要在联合国成立一个民主核心会议。（至今，民主核心会议仍然存在：直至本书截稿，会议仍在由蒙古国主持办理。）尽管联合国秘书长安南十分支持核心会议的建立，并一心期待“联合国有朝一日能成为真正的民主机构”，但实际上，核心会议的出现是一把双刃剑，由于一直受到联合国之外的民主共和体的威胁，所以它无法发挥作用。在接下来的几年里，美国的评论家、新保守主义派和自由国际主义派都一直建议建立民主协调，因为这可以使美国更具实力和影响力，这在2008年美国总统选举中成了竞选双方政治主张的一大特点。

加拿大、澳大利亚等中等实力的西方强国想要在联合国内部探究国家主权是否已经不再可能重返过去的神圣地位。它们的这一想法很大程度上是由美国指使的，而对联合国来说，这种做法会大大地损害它的权威性，应该加以防范。20世纪时，“国家主权”的概念最初是指由法律授予的一种权利。另一种观点是，法律的认可并不重要，重要的是一国政府是否有能力照看他的国民。在1996年出版的《主权责任》（*Sovereignty as Responsibility*）一书中，苏丹的外交家弗朗西斯·邓（Francis Deng）和他的创作伙伴提出，对非洲而言，主权从未受到保护且不受国外干涉势力的侵犯，非洲的主权一直被当作强国的职责所在，一旦强国故意忽视或是肆意犯法，主权就会沦落他手。领土控制是主权的传统概念，而相比于国民“维持生计的生活标准”而言，领土实在不具有什么意义。不能为人民提供良好生活的政府就可能因此失去它的统治地位。在这种情况下，联合国就有权甚至奉之谓天职进行干预。

邓的提议曾被加拿大政府成立的一个高级委员会采纳，他们把他的提议作为未来联合国行动的基础规范，以防再次出现科索沃干涉时的法律问题。“保护责任”的概念在1999年布莱尔的演讲中已经有所暗示。2001年，加拿大的报告中为干涉主义合法化提供了一条途径，尽管报告中提到要一并废除“干涉”的叫法。但是，报告中建议的干涉条件模糊不清，其概念本身也毫无吸引力，尤其是在美国成功入侵伊拉克被作为国家保护责任的实践楷模之后。尽管如此，安南和他的继任者潘基文都十分拥护这一提议，他们把这个想法作为重塑联合国道德楷模形象以及避免与美国关系进一步破裂的方法。在2005年的联合国世界峰会上，国家保护责任的缩水版获得了各国的普遍认可，其政治方面的原因和道德方面一样：在各国正烦恼布什把国家安全重新打造成先发制人式的新政策时，它却为制衡美国的单边主义提供了平衡点。国家保护责任为联合国重塑了道德制高点的形象，为它重新获得了这部分权力。国家保护责任主张履行一种“国际责任”，以保护那些人权正遭受侵害的世界人民。

然而，尽管国家保护责任让联合国得以重返世界中心，但第一次巴尔干半岛的干涉行动仍然说明干涉行为可能导致太多不可预知的危险后果。推翻专制王权、打败残暴的国民军并不会自动迎来民主的和平时代，甚至有时会助纣为虐、造成贩毒团伙的兴盛。在战后国际社会的构建之路上，发展、新自由主义先后接踵而至，而今随之而来的还有总不按理论发展的混乱的现实。“转变”一词是20世纪末政治学家们最钟爱的词语之一，而“转变”在历史的长河中被证实是不会有明朗的结果的。波斯尼亚的悲剧发生后的10年里，国际管理官员还是没能让因战争分裂的国家重获完整。在科索沃，干涉主义起先的确成功地制止了冲突，然而，斯洛博丹·米洛舍维奇（Slobodan Milosevic）离任后，国家一片混乱，犯罪案件遍地滋生。在新任的美国总统乔治·W·布什视察美军在科索沃的最大军事基地邦德斯蒂尔营时，《时代》周刊撰文表示十分惊讶：“民主机构的存在也并不意味着多民族的民主政治文化会占据主导优势。它只意味着国家建设预案可能要经过相当长的一段时间才能让巴尔干半岛的和平部署相对长久一些。”而这一切还都是发生在入侵和占领阿富汗及伊拉克之前。

在这个时代，推进民主才能赢得更多的支持者，联合国经常受邀到世界各国帮助建立议会制的民主国家，这些国家从不知道什么是议会民主，而这些成功的实例让那些“分裂国家”甚为烦扰。《外交政策》杂志曾公布过破产国家的指数，根据它的统计，截至2005年，已经有33个国家正经受着分裂的巨大痛苦，还有43个国家处于分裂的边缘。从那以后，民主指数似乎一直事与愿违。在欧洲委员会任职的英国官员罗伯特·库珀（Robert Cooper）曾发出警告，要对那些“丛林法则”盛行的地方保持警惕。如果西方国家的干涉行动不顺利，他们应该果断地撤离这些弱肉强食的国家。然而，如果前提是国家保护责任会让势态有所好转，强国怎能单方面撤离呢？

问题之一就是国家保护责任制下的主权讨论已经远远地偏离其初衷，西方国家已经开始肆无忌惮地干涉别国。弗朗西斯·邓的原意并不是指利用军事行动进行武装干涉，而是想让中非地区的濒危国家避免发生更严重的内部分裂。然而在科索沃危机后，多数评论都围绕着为国际军事行动制定法律基础而展开，美国在反恐战争中愈演愈烈的干涉主义加剧了这一态势的发展。因此，尽管联合国的大部分成员国都不愿接受这样的事实，但国家保护责任无论是在理论文字上还是实际行动上着实助长了干涉主义的气焰。2008年，缅甸遭受了强热带风暴的袭击，伤亡惨重，但缅甸军政府却拒绝接受国际援助，禁止救援部队入境。此时，法国外交部部长贝尔纳·库什内（Bernard Kouzhner）提出在缅甸使用国家保护责任引起了国际社会的争议，不过争议很快就平息下去。潘基文在第二年澄清了这一问题，他的解释虽然牵强但还算具有积极意义，称法国方面的提议只是怕灾难引发某些危险的情况——大屠杀、战争、民族肃清或反人道主义犯罪等。

在科索沃和伊拉克危机爆发前，安南曾说过：“我们的任务就是进行干涉。”然而，潘基文却一直试图把国家保护责任和“人道主义干涉”的概念区分开来，他坚信“保护责任是国家主权的伙伴，而不是破坏主权的敌对方”。对于世界各地国家保护责任的反对者来说，这个说法已经是对他们的一种外交上的尊重了。作为国家保护责任最虔诚的支持者，潘基文并没有只站在自己的角度上表达对国家保护责任的理解。对于曾自视为人道主义干涉者的国家，国家保护责任是十分理想的工具，因为这个修辞所弘扬的就是普世人性和国际共同体，而非暴力和战争。布什政府在着手统治伊拉克后，开始陷入了后侵略时期危机，美国自由派一直想把政府引向多边主义，但国家保护责任却起不到任何作用。

“9 · 11”恐怖袭击事件后，有两个重要人物发表了重要的观点，她们注定成为奥巴马白宫团队中的一员。她们都是人权事业的先锋代表，一位是战地记者萨曼莎 · 鲍尔，鲍尔荣获过新闻界的最高奖项——2003 年的普利策奖，她的获奖书籍就是关于美国在历史上的大屠杀事件中人权危机的胆怯反应。她反对美国入侵伊拉克，因为美国并没有得到联合国的许可支持，她希望联合国秘书长卓越的领导才能可以最终让联合国成为富有效力的国际机构。同时，她认为世界各国都应该出面全力阻止大屠杀惨剧的发生，防止爆发更大范围的人权危机。尽管鲍尔指出了正确的路线，但她还是认为如果联合国没能担起重任，美国就应该领导世界发展人权自由。鲍尔担心伊拉克被攻陷后，可能会进入“人权领导的真空期”，所以她提出成立“当事人联盟”以避免当联合国起不作用时，仍能有人领导发展人权事业。

另一位就是普林斯顿大学的政治学教授安妮 – 玛丽 · 斯劳特（Anne-Marie Slaughter），她进一步推动了人权事业的发展。斯劳特和鲍尔不同，她的主要关注点并不在防止大屠杀本身，她认为美国力量资源的分配才是至关重要的。在斯劳特看来，布什做出的像任命约翰 · 博尔顿为驻联合国大使等一系列的争议行为并不适用于这个世界各地彼此连通的世界。另外，国家保护责任为联合国重登世界的道德制高点创造了机会。斯劳特甚至提议尝试出台一个新的“联合抵制责任”制度以抵制专制统治的国家获得或使用大规模杀伤性武器。这类建议表明，道德义务在强权之下已经远远偏离其本身意义，而道德的棍棒在美国人手中，可以挥向任何有丝毫威胁到美国国家安全的国家和地区。

布什执政时期，斯劳特还参与过美国主要两党的“普林斯顿国家安全计划”的修正过程，这个计划旨在制定美国新版的长期外交策略。令人惊奇的是，2006 年在该计划的结论中，他们竟把布什时代的国家安全政策和道德责任联系在一起。由一系列杰出优秀人士打造的普林斯顿国家安全计划彰显了在全球主义崛起的60年后，美国现阶段外交人才的高质量水准。这群杰出的外交人才在普林斯顿国家安全计划中追忆起了外交领域的巨匠乔治·凯南，2005年时，他在普林斯顿大学附近的家中平静离世，享年101岁。次年，普林斯顿国家安全计划的报告发表，他们称正是受乔治·凯南的“X文章”影响才立志于外交。不过，他们的报告成果显然与凯南的思想全然不同。凯南从未说过美国的价值观就是世界的价值观。他的政策路线只是简单地基于国家利益，在他看来，不同的国家会用不同的方式定义自己的国家利益。而普林斯顿报告则认为“法治的自由世界”（其自由的类型和法治的概念并没有明确说明）符合全世界的需求。“美国所追求的是什么呢？”问话在这里颇有深意地停顿一下，“美国在为美国人民和世界人民争取什么呢？”凯南一直强烈谴责过度扩大对国家利益的定义，因为在他看来，像亚洲和非洲这样的地区根本不会对美国的国家安全造成危害。美国自1949年以来成了世界的义务保护人，高举人权和自由的旗帜，其军事保护行动在世界各地频繁发生，凯南对此十分反对。而在普林斯顿报告中，仿佛随时随地发生的都是关乎美国利益的重大事件，总而言之，美国的权益无所不在。报告中还充斥着对应急战斗的宣扬，从全球变暖、恐怖主义到推进民主和扩大人权，美国要在各个领域“为世界而战”。同时，报告还认为1945年后国际机构体制已经“分崩离析”。报告一方面建议强迫联合国各成员国接受国家保护责任；另一方面强调如果联合国不能如此改革，就由美国发起一个全球性的“民主协调组织”。报告中还说道，领袖要带给人民希望并以此服众，而并不是让人民畏惧他。而与此同时，报告又坚持说自由和法制需要武力为之保驾护航。它还谈到美国应该与其他国家合作共赢，同时又说“美国的国家安全边界线远大于美国的实际地理边境线”。

奥巴马总统看到了美国新一代道德现实主义人才的崛起。萨曼莎·鲍尔成了奥巴马的外交政策顾问、国家安全委员会负责制止大屠杀等事务的高级官员。斯劳特则被任命为国务院政策规划司司长，参与普林斯顿国家安全计划的其他4人也在政府内担任要职。不出所料，2010年奥巴马的国家安全战略就彰显了这些人的主张。相较于布什，奥巴马的《国家安全战略报告》中鲜少提到军事优势，他提及更多的是美国和世界的共同价值观。奥巴马一直致力于建设“国际法律和组织机构的架构”（这与布什完全不同），他提醒国人“勇于承担责任则国家兴盛，反之则要自讨苦吃”，“一个国家要想为世界推进全球化”就必须为权利而战，权利让美国成了一个伟大的国家，同样，它也会让世界各国“成就自己的伟业”：国家保护责任的实施势在必行，它有足够的理论基础作为支撑，绝对不存在比它更好的权利责任理论供各国选择。

美国和联合国在2003年时曾有的分歧如今已经不再存在，至少就在任的联合国秘书长而言，双方已经达成了共识。2011年3月爆发的利比亚危机明确表明了奥巴马政府和联合国秘书长潘基文之间的同心一致。安理会表示支持北约介入利比亚危机，保护人民的生命财产安全，奥巴马和潘基文两人表示十分赞同，认为这是国家保护责任成为世界政治准则的历史性时刻。而其他安理会成员则严词反对。尽管俄罗斯和中国都在该议案的表决中投了弃权票而并非否决票，但包括它们在内的其他强国都强烈反对武装干涉利比亚，认为这是对利比亚当权政府极大的不尊重。中国、巴基斯坦、印度都在辩论中表明了态度，反对借新原则的名义干涉别国内政。然而，干涉内政正是美国的用意所在，他们的理由就是有必要防止班加西发生大屠杀惨案。

美国和联合国之间以保护人权之名实现了十分密切的双边合作（如果要说有那么点好处的话，那就是确实制止了大屠杀事件的发生），联合国的其他强国成员也因此对联合国产生了信任危机，这种信任危机早在美国对科索沃和伊拉克发动战争时就已经有所显现。奥巴马对国家保护责任的全新诠释与乔治·W·布什2002年的国家安全战略有着明显的区别，但二者也存在着一些一致，那就是他们都把种族屠杀以及大规模杀伤性武器的使用作为威胁国家安全的重要因素，美国有必要采取先制措施根除这些威胁。在处理这两种威胁时所导致的政治后果都难以说清但又有所暗示。正如在对伊拉克大规模杀伤性武器的调查中对萨达姆·侯赛因实施了绞刑，国家保护责任也并没有权力决定穆阿迈尔·卡扎菲上校的去留与否，奥巴马也承认国家保护责任在这点上有所逾越——然而如果卡扎菲政权不被推翻，国家保护责任的任务就不可能结束。这是否意味着只要合法就不惜以损害人权为代价？尽管官方对此表示否认，但国家保护责任似乎就是这样执行的。

执行武装干涉的标准究竟是什么呢？奥巴马在利比亚讲话时承认，美国并不会对所有的大规模暴力事件进行干涉，他意味深长地说，美国以道德为本的外交政策有谨慎明确的规定限制。假如事实真的如他所言，是不是就能够这样认为：只有大屠杀才是国家保护责任的既定目标。其他的种族肃清、人权犯罪以及战争罪三者都不属于国家保护责任的常规注意事由。为什么不是加沙地区或是巴林岛？支持者的回答是：聊胜于无。然而，这种干涉很可能是错误至极的，因为这明显体现了美国对国家保护责任执行的双重标准。重点是，一国领导如何对待其国民并不是国际事务需要关注的唯一问题。如果反人权行为亵渎了一国神圣的领土主权，那么世界就会战争频发，屠杀不断，陷入无尽的恐慌和动乱中，引发各式各样的违法乱纪行为。如果 20 世纪的历史对我们有所启示，那这个启示就是世界需要明确的法律法规，国家主权神圣不可侵犯，国际政局稳定具有重要的安全意义，这些都关乎全人类的集体利益。

另外，人类要谨记历史的经验教训。国家保护责任看上去像极了前几个世纪的文明使命和“人道主义”干涉——从英国利用废奴主义合法化其对世界公海的侵略性管辖，到 1953 年法西斯意大利对其入侵埃塞俄比亚的行为找出的“合理”借口，他们讽刺地称意大利是以“文明”之名镇压贩奴行为。1914 年以前，巴尔干的起义军定期向西方富有同情心的人道主义人士寻求援助，让他们帮助自己摆脱土耳其帝国的野蛮统治。这正如科索沃的解放军向北约组织寻求帮助想要摆脱贝尔格莱德政府的统治一样。而这两者分别处于动乱中的不同历史背景下，科索沃解放军的决策领袖却并没有考虑到这一点。2011 年北约对利比亚进行了空袭，其支持者中却鲜少有人由此联想到一个世纪前意大利对埃塞俄比亚的空袭，那次入侵正是大规模轰炸理论及实践的鼻祖。西方的此类记忆缺失着实是个问题。其他国家反对国家保护责任的概念并不是因为它们想要专制独裁或是漠视对人权的保护，事实正如 1989 年邓小平对美国国家安全顾问布伦特 · 斯考克罗夫特（Brent Scowcroft）所说的那样，他们永远不会忘记早期西方国家对他们内政干涉的悲惨记忆，他们所看到的只是人道主义的本质在无穷无尽地使用武力解决问题。简而言之，他们的所见所想正是欧洲和美国领导人完全没有意识到的——文明标准的老恶魔在1945年时已经被联合国驱除，而如今它又从坟墓中苏醒了。这究竟是19世纪欧洲文明事物的苟延残喘，还是又一个毫无信誉可言的新概念的诞生，一切有待考证。

追捕肇事者

如果说在冷战结束后，国际行政机构在维和行动、干涉主义以及国际领土管理的推动下有所发展，那么其中最主要的就要数法制机构的发展了，其最重要的成就体现在国际刑法的颁布和国际刑事法院的成立上。这的确是一个显著的进步，这并不仅仅因为法治理念曾有过一段短暂而平凡的历史。两战期间，国际联盟曾有过这样一个关于成立法制机构的探讨，但并没有产生确定性的结论。“二战”后，在纽伦堡举行了对国际战争犯罪的审判，随后就在联邦德国和民主德国展开了大量的犯罪调查，还对罪犯一一提起了诉讼。然而，常设国际刑事法庭的提案并没有成功通过，到20世纪80年代时，国际法和过去一样成了摆设。

1993年，安理会成立了前南斯拉夫问题国际刑事法庭，并授权该法庭“专门负责审判在前南联盟境内违反国际人道主义法律的犯罪嫌疑人”，国际法因此重现生机，让人眼前一亮——彼时的美国和其他强国都不愿看到这样一个从属机构的成立，因此迟迟不愿有所表示。联合国安理会任命了几个法官，并通过了联合国大会的投票表决，而检察官则由秘书长亲自提名，由安理会进行任命。这样的安排十分有必要，因为这能保证由安理会的常任理事国保持对国际法庭人员构成的掌控权。一年后，为了平息各方对联合国在卢旺达的不作为行为的批评，安理会在那里成立了第二个法庭以防再次发生屠杀事件。

这两个法庭忙得不可开交：前南斯拉夫问题国际刑事法庭起诉了160多名个人，并对他们中的64人进行了判决，这其中有普通士兵，也有斯洛博丹·米洛舍维奇这样的大人物。米洛舍维奇是在这里接受战争罪审判的第一位国家领导人。1999年，他因科索沃的民族肃清案件被控告，2001年，他被转移到海牙军事法庭，同样被控以克罗地亚和波斯尼亚的战争罪罪名。（该案于2002年开始审判，直到2006年米洛舍维奇被发现死于狱中时案件仍未宣判。）卢旺达法庭则审理过50个案件，其中宣判了29件，他们的原则是，罪犯必须要供述他们的犯罪行为。他们还为暴力犯罪的受害者成立了一个报案部门，并公开披露了大量的案件信息，其信息的透明度堪比审讯笔录。

即便这两个法庭最终被废弃，但它们起到的作用是不可磨灭的，即为通用法庭——国际刑事法院的设立铺平了道路。1994年时，联合国首次就国际刑事法院的成立进行了细致的讨论，并开始起草相关法规。终于在1998年《罗马条约》获准通过时，国际刑事法院的设立进入了倒计时阶段。2002年，《罗马条约》获得了60个国家的签署和批准开始生效，国际刑事法院正式成立，其管辖权仅限于“整个国际社会关注的最严重犯罪”。存在争议的是，其中提到的对侵略罪的管辖权还暂时不能使用，要等到对侵略罪做出明确的定义时才能对其行驶管辖权——最终于2010年时，《罗马条约》对侵略罪给出了明确的定义，国际刑事法院各成员才感到一丝欣慰。

令人十分惊讶的是，常设国际刑事法院的成立引起了美国的强烈反对。布什政府甚至威胁联合国，要否决联合国的维和行动，除非安理会同意为美国人提供豁免权。美国还采取了更进一步的行动：与许多国家签订了大量的双边协议，共同抵制国际刑事法院，拒绝把本国国民交予国际刑事法院进行审判，这使国际刑事法院的各成员国十分不满。美国更激进的抵制措施是拒绝为国际刑事法院的成员国提供任何形式的军事援助，除非该成员国同意与美国签订上述的双边协议。尽管受到美国的多方阻挠，国际刑事法院还是突出重围开始运转。

美国由于在对科索沃的国际行动中持续增兵，因此十分惧怕国际刑事法院。国际刑事法院对北约组织1999年时对塞尔维亚的非法轰炸行为进行了指控，这让克林顿政府感到更加的不安，同时坚定了五角大楼对反对整个国际刑事法院项目的决心。此外，“9·11”恐怖袭击事件后，美国大举进行的反恐战争也使布什政府十分担心刑事法院对美国的海外官员实施逮捕和审判。随后，意大利方面宣布23名美国人因涉嫌美国中央情报局“非常规引渡案”，要接受意大利法庭的审判。这些美国人中大部分是中央情报局特工，其中包括了中央情报局驻米兰的负责人，他们被指控2003年在意大利米兰街头绑架了埃及的传教士。随着中央情报局在波兰和罗马尼亚的秘密审讯基地的曝光，更多类似的指控很可能会出现。换言之，大多数国家已经欣然接受了随后发生的法律主权一事，并在非本国的起诉案件中十分支持法院的判决，而正当此时，反恐战争加剧了各国长期以来对美国的不满，因为美国一直不愿让自己的审判自治权退居次位。然而，尽管全球金融改革的国际政治形势很大程度上沿袭了美国的愿望和做法，国际政治的发展趋势也一直避免不了强国对弱国的歧视心理，但至少在美国的反对人士看来，国际刑事法院的强势崛起对美国是一场真正的司法挑战，美国必须积极应对。

事实上，和另几个国家司法管辖区的公诉方不同，刑事法院担心美国逍遥法外。但刑事法院对布什先发制人的战争学说合法与否的尖锐问题视而不见。联合国大会对侵略罪的定义已经被普遍接受，布什的先发制人政策看上去正属于侵略罪。法院对外宣称，和其他犯罪行为不同，侵略罪需要受到全世界的广泛认可才能认定，所以，法院将不会对非缔约国进行侵略罪的审判：因此，不仅美国，中国和俄罗斯都可以免于接受侵略罪的调查。

不过，国际刑事法院的政治地位日益增长的发展趋势却十分符合美国的意愿：刑事法院最初是由联合国大会发起而设立的，却与安理会十分疏远。但后来，法院渐渐地和安理会缔结了密切的关系。例如，2005年，联合国安理会向国际刑事法院的检察官提交了对苏丹达尔富尔地区的调查申请，强迫苏丹配合国际刑事法院的工作，而苏丹并不是法院的缔约国。该事件的结果也令人惊叹：美国和中国一样，对该项决议投了弃权票而不是否决票。因此，联合国安理会的两大常任理事国共同施压于非成员国苏丹，迫使苏丹配合新国际刑法的司法程序。

美国的代表声称美国一直把人道主义援助置于限制法院影响之上，这明显就是一句对外的程式化外交辞令。实际上，真正起决定作用的原因是苏丹会被调查，而美国不会。应美国的请求，安理会规定对苏丹的非政党人员免于指控。因为这条规定，在苏丹的美国救援部队都免遭调查和审判。但这并不意味着违反法律的美国公民就会免受一切法律的制裁，因为美国自己也会依法处置犯罪的国民。但是这的确说明，美国既可以让国际刑事法院为我所用，也可以让自己的国民幸免于国际刑事法院的审判。实际上，本来就很难找到一个更完美的方法，能让国际法完全束缚住一个世界强国。

很快就有人意识到这就是对美国人的例外主义，紧接着，其他强国也恍然大悟，或许它们也可以成为例外，拥有豁免权。2011 年春季，安理会决定把卡扎菲移交给国际刑事法院处理。对此，至少有 5 个国际刑事法院的非缔约国一致支持这一决定，其中包括俄罗斯、印度、美国和中国。这项决定再一次显示了国际刑事法院的非缔约国享有的豁免权。

那么国际刑事法院是不是就只是强国用来方便审判弱国的工具呢？很快，非洲人民就有了这样的质疑。非洲大陆的所有国家都十分支持国际刑事法院——并有超过半数的国家成了它的缔约国。但是不难发现，该法院的主要调查、审判对象基本都来自非洲：其中有 5 次指控是对声名狼藉的乌干达“圣主抵抗军”的领导人，还有几次是对刚果的几个政客，以及奥马尔 · 巴希尔（Omar al-Bashir）和其他几个苏丹的政治人物，除此之外还对象牙海岸和肯尼亚进行了调查。尤其是对巴希尔的指控让联合国安理会和非洲联盟之间大生嫌隙，该指控还被认为极大地破坏了世界的和平愿景。自那时起，有关国际法院是否公正权威的争论此起彼伏。支持方争辩称，对非洲的密集指控说明非洲的司法秩序比世界其他地区更为薄弱。批判方则坚持认为，相比于国际刑事法院接二连三的指控判决，资金援助将更有助于改善非洲国家的司法机制。非洲联盟的部分势力认为非洲过于依赖司法审判，西方则过度夸大了法律权力，寄希望于让法律解决一切冲突，他们想用这种成本较低的政治途径实现和平，但这却要花上更长的时间，从道德上讲这也有不作为的嫌疑。这一点从 1945 年后欧洲对纳粹党人和法西斯主义者的处理方式中就能略见一二。他们只是象征性地惩处了几个纳粹关键人物。为了稳定和发展，其国家体制基本保持不变，对纳粹的清理和调查力度也多了一层限制，这样才能让国家休养生息，恢复生机。

国际刑事法院核心的权力失衡说明了冷战之后“人权法”的传播的确具有十分重要的意义。刑事法院的设立并不是由美国发起的——不但如此，美国一直对它有所隐忍，如果不是因为它听从于安理会的安排，能为美国的军事人员提供完全的豁免权，美国根本不会一直听任它的所作所为。然而，在美国的外交政策史上，国际刑事法院扮演着极为活跃的角色，它是美国利用最久的国际机构之一。作为为美国提供例外身份的国际法机构，它实际拥有的权力要远大于它本身该有的权力。

“公正的涌现”的倡导者认为，联合国体系中新的人道主义规则具有重要意义，同时，美国的霸权地位没有受到丝毫挑战，许多人权支持者希望他们的普世主义假设能受到美国的关注和参与，以重新振兴他们的理论。不过这只是普世主义人士的一厢情愿。俄罗斯等国曾强烈反对1999年北约组织对科索沃的武装干涉，它们现在意识到或许人权的保护也是他们应该认同的。因为它们可以像美国一样，在得到豁免权的同时参与到国际刑事法院的事务中，利用刑事法院对世界的小国和弱国进行限制。世界强国没有理由拒绝这样的设定，中等国家也不会抵制反对，因为它们本来就一直受到世界法规和制度的限制，只有弱势国家才能感受到它的影响，但这种影响也有好有坏。不过国际刑事法院之所以如此强势和有用是因为联合国，最主要的当然是安理会常任理事国认可它的合法地位。从这个意义上看，国际刑事法院实际上是国家保护责任的附属品：法规和法律机构的结合让国际干涉成了合法行为，第三世界对此根本没有拒绝的理由。

此外，尽管美国和国际机构一直在对“依法治理”的理论进行创新，但国际法理论实际上从未明确过。《联合国宪章》中对战争与和平的界定早已混淆不清。在冷战时期极具影响力的“反征服”旧规也支离破碎。在对暴政和大规模杀伤性武器的处理中，先发制人政策让步于法律，由法律武器来进行公正智能的评判；公众受制于秘密机构和军官士兵、司法服从于行政。关于战争法，在其最初的概念领域，1973年的法学家们已经测试了他们的新学科理论，人性化战争的理想已经不再遥不可及。合法与非法、国内与国外、平民与战士的界限也已经模糊不清。有时，国家为了逃避法律义务而任意修改法律条款——因此，别说是参战，即便是发动战争他们也能用“干涉”、“冲突”等字眼瞒天过海。有时，他们竟信口称是新的叛乱让法律失效的。此时，法律顾问就会现身说法，混淆视听，因为这些法律顾问都是享受行政特权并受官方保护的政府人员。因此，法律言论只在能为政府所用的时候才能公之于众，如果它不利于国家政府，那么它永远也不会出现在公众眼前。这让他们更加意识到，他们只能是政治掌权者的工具和仆从。

同时，战争本身可能早已不需要法律的许可。奥巴马政府就史无前例地使用了无人机作为空袭杀手，这让他能够有针对性地对世界各地实施无人机暗杀，美国的无人机任务大幅激增，却还为之正名，称其为“自卫”。如今，美国的无人机项目已经在60多个军事基地和中央情报局基地投入使用，从内华达州到法国驻吉布提的外籍军事基地，无人机无处不在：“机器飞行员”在兰利、弗吉尼亚州、巴格拉姆、俾路支省的终站起飞，分析员只要盯着“死亡电视机”的几小时直播，就能收到无人机的反馈信息。无人机基地的工作人员可能不被视为合法的战士，因此，即便遭到敌人的攻击也没有相关法律依据对其做出处理，军事法律顾问为此十分焦躁，而此时的技术人员则致力于研究新一代的无人机，能通过预设程序自动完成“追寻、锁定、击杀”的任务。2010年，联合国发表了一篇关于法庭管辖范围外的杀戮的报告，这篇报告少有人知，它意在警告世人“现行法律体系的权限已经过度扩张，变得模糊不清，其中包括人权法、战争法以及管辖国家间武力使用的法律法规，这一问题急需解决”。

如果有机会看到无人机技术人员的几页工作日记，就会发现“人性化战争”本身存在的自相矛盾实际上就是对技术水平的测试。2007年，美国军方下令研究如何建立一个“道德判断自动识别的智能系统”。随着“具有杀伤力的自主机器人”逐步代替战场上的人类士兵，工程师们正在不遗余力地确保这些机器人是“懂伦理道德的机器”，他们试图在机器人的程序中写入战争法和道德品质。工程师们称赞机器人不受人类情感和是非的左右，他们具有高端的信息获取能力，因此机器人在战场上要比人类更为人性化。但是由于机器人的软件程序极其复杂，所以有时会造成难以预计的可怕后果，已经有过自动武器造成友军死亡的实例了。随着美国军队逐渐向自动化发展——其他国家军队也多半会紧随其后，人道主义干涉战争的远景将会是由受人类控制的非人类进行的战斗。带着对这样一个世界的幻想，2012 年 2 月，《纽约时报》上刊登了一篇文章，提议在叙利亚建立一个安全区域，由机器人负责巡逻保卫工作，以此“制止叙利亚频发的屠杀事件”。不过这样就意味着将权力下放给了机器人——比如说，美国的空军部队就表示他们的无人机在有危险时会“自卫式”地开火，这样一来，他们就必须远离国家和平民百姓，以免伤及无辜。未来就是这样的，拥有配备激光制导导弹的无人侦察机的强国只要在电脑终端动动手指就可以打着人道主义的旗号在全世界范围内击杀它的敌人了。

杰里米·边沁在两个世纪前就正确地认识到，国际法的目的是为了实现全人类的普遍幸福，它应该独立于任何国家和信仰而存在。如今却全然相反，法律成了授予许可权的权威手段和舞权弄术的工具，对法律的诉求也是为了平息争议，为例外主义暗度陈仓。如果美国前国务卿伊莱休·鲁特能在 2006 年看到发生的一切改变，他肯定不敢相信自己的双眼。就在一个世纪以前，正是在鲁特的帮助下，美国国际法协会得以成立。在他那个年代，国际法是全球通用的神圣信条，他绝对想不到他现今的美国同胞会在这样令人羡慕的处境中，一面赞颂法律的优点，一面尽情享受着法律为他们提供的诸多豁免权。但是美国在这一过程中得到的政治优势也让它付出了代价，虽然这份特权优势让美国从世界第二强国一跃成为第一强国。国际法的旧时理念曾是巩固国家主权的重要力量，国际法法规为战争树立了行为准则，国际事务的仲裁者也不是政客而是律师。然而现在，国际法已经不再像过去那样具有信服力，它再也不能对世界的所有国家具有同等的约束力和管理权了。

第十四章　何者永存：欧洲危机及后续

因此，我认为危害民主式的压迫将不会再和过去一样：就现阶段来说，我们找不到任何有关此类压迫的例子。

——阿列克西·德托克维尔（Alexis de Tocqueville），
《论美国的民主》（*Democracy in America*）

跨国监管网络具有技术统治论、社团主义和非民主主义的特质，它被认为是深思熟虑后的最新成果，深受世人追捧。人们称赞跨国监管汇集了全人类的智慧，是当今最优秀最理智的人类成就。

——马丁·夏皮罗（Martin Shapiro），
《全球化将影响欧盟？》（*Will the Globe Echo the EU*?，2005 年）

斯皮内利之梦：欧洲的过去和未来

地中海的阳光炙烤在第勒尼安海的水域上，位于距离意大利海岸线60英里[①]的圣斯蒂法诺的火山小岛和文托泰内岛共同沐浴在这片阳光下。每个小岛的面积都只有几平方英里，岛上干燥炎热，树木很少，满是受尽风吹日晒的光滑岩石，岛上的居民主要是自罗马时代就栖息在这里的蜥蜴和海鸥，再就是政治囚犯。圣斯蒂法诺的面积相比之下更为狭小，但这座小岛却有着非凡的意义。18世纪末，波旁皇室监狱根据完美的边沁主义原则建立于此。至今，波旁监狱的遗迹仍保存在小岛上，周围杂草丛生。稍大些的文托泰内岛上，曾有法西斯统治下混合监狱的行政总部，岛上除了和圣斯蒂法诺一样的险石陡壁之外什么都没有，放眼望去是一小群着装统一的意大利政治犯，他们在“二战”早期被放逐于此，观看着欧洲罪恶源头的一举一动，却憧憬着欧洲美好的未来。1941年夏，著名的《文托泰内宣言》在此诞生。它的主要作者就是年轻的激进主义分子阿尔蒂诺·斯皮内利(Altiero Spinelli)，当时他刚刚退出意大利共产党，后来，他成了战后欧洲主义的传奇人物，也是“二战”后欧洲联邦主义的代表人物之一。他在促成欧洲联盟的过程中起到了突出的领袖作用，直到1986年离世，他一直不遗余力地宣传着欧洲一体化的理念。

《文托泰内宣言》的出发点毫无疑问是国际联盟的失败以及法西斯和纳粹的崛起。它不仅谴责了国际联盟对国际法幼稚的信任，也批判了法西斯主义对国家的盲目崇拜。继而，《文托泰内宣言》论述道，民族国家本身已经对当时的和平构成了威胁：欧洲需要的不是另一个国际联盟，而是一个成熟的联邦组织。根据马志尼的说法，共产主义被批判其过度宣扬阶级斗争的优点。不过，尽管斯皮内利宣布退出共产党，但是他提供的方式均是共产主义式的路线：他坚信联邦主义的“激进派势力”就是所谓的“人民大众”，但是他们其实只是“严谨型国际主义分子”中的少数派，他们严格地按照列宁主义行事，准备在法西斯和纳粹分子瓦解

① 1英里≈1 609.34米。——编者注

的关键时刻领导民众走向未来，因为这时的“民众正在焦急地等待着新时代的到来”。真正的斗争并不是与当时不同意识形态各派的斗争，而是与企图复辟民族国家的“反动势力”之间的斗争。斯皮内利一派的真正任务就是研究如何让联邦组织有效地运作起来，如果个别国家一意孤行，他们就不得不施压让他们认清事实。只有欧洲联邦才能解决多民族、多地貌的问题，欧洲联邦会避免此类问题再次导致欧洲大陆爆发新的世界大战，欧洲已经爆发了两次世界大战并波及全世界。欧洲应该停止争斗，团结一致，因为全人类都在梦想着“更美好遥远的未来，期待着全球成为一个统一的政治团体”。

这个梦一做就是 70 年。不过，斯皮内利认为当前欧洲的危机并不是那么高深莫测，难以解决。从一开始，他就意识到共同市场正在发展成一个强大的势力，所以他选择直接通过共同市场解决问题，而不是绕道而行。他一直不寄希望于依靠政府间的合作实现目标，因此，他一直寻求发展真正意义上的“超国家机构”——欧洲委员会和欧洲议会，并希望其凌驾于部长理事会之上。另一反面，他自然十分赞成发展经济联盟并由它促成政治联盟的理念，不过他也担心这一过程可能会太过漫长。此外，他从不排挤和他一样推动欧洲联邦发展的精英人物，因为他很清楚，最终欧洲大陆的所有民众都会一起感恩并祝福联邦的发展。

今天的欧洲联盟虽忠于联邦主义的方法，却面对着与从前完全不同的未来，欧盟与《文托泰内宣言》有着难以言喻的复杂关系。欧洲一体化进程是由一位官僚精英推动发展的，他一直认为国家主权是实现一体化的障碍之一，需要慢慢地攻坚克难，但是这位官员完全没有社会团结和人性尊严的概念，而这却是斯皮内利一直所追求的。按宣言所说，联邦是消除不平等、消灭贫困的必要工具。管理化资本主义模式限制了市场和产权的发展，因此，不能完全废除它们，重点工业部门将会实现国有化，土地改革和工人合作社也将陆续步入正轨。未来的成果并不是共产主义，而是实现一个简单、易管理和更加高尚的联邦理想：在这样一个世界里，经济大权将会掌握在人民手中而不是统治者手中。

从两方面意义上来讲，人类已经不可能实现这样一个理想的世界。首先，1941 年的《文托泰内宣言》中描述说，要想创建美好的未来，就要在政治上行动起来，动员大众，满怀信心和愿景。而现实中所谓的信心和愿景却都从未出现过。此外，1945~1975 年管理化资本主义在战后的西欧创造了多年的奇迹，对此，“文托泰内理念”基本赞成。而在 20 世纪 70 年代后期，文托泰内的理想主义者们拒绝随潮流发展转型为新自由主义。在 20 世纪 90 年代时，由于拥护金融全球化的理念，《文托泰内宣言》在欧洲不再受人追捧。在 20 世纪早期的欧洲，1941 年《文托泰内宣言》的这份情操就像一个“古老”政权一样，它随着圣斯蒂法诺岛上的波旁全景监狱的荒废，也逐渐走向了没落。

这里我们能够非常准确地标出一个转折点。20 世纪六七十年代的西欧还是一片富饶的土地，贸易和经济增长远超于美国，在当时的体制下，欧共体十分强大，各民族国家高度自治。无论是来自外部世界还是欧共体内部国与国间的缓冲力，欧共体兵来将挡，水来土掩，坚不可摧，整个欧洲凝为一体，各国间的经济互补性很强，逐渐走向了一体化进程。然而，欧共体的官僚机构一直求强心切，希望让欧共体成为更加完美的联盟，而事实却总是适得其反，体制的发展因此经历了一段时间的停滞。后来，到了 20 世纪 80 年代早期，法国的财政部部长雅克·德洛尔（Jacques Delors）目睹了密特朗政府在国内建设社会主义体制的辛勤努力付诸东流。作为 1985~1995 年间欧洲委员会的主席，德洛尔决定大力发展欧洲大陆的社会团结事业，同时加快欧洲的市场一体化进程。法国的另一位高级公务人员、经济学家米歇尔·康德苏（Michel Camdessus）于 1987 年接管了国际货币基金组织，德洛尔在欧洲所推动的一体化和同时发展的国际资本流动规则性自由化之间有着密切的联系。在这个过程中，还有一位法国官员亨利·沙弗兰斯基（Henri Chavranski）起到了同样的重要作用。当时经济合作与发展组织在国际上默默无闻，却很有影响力，亨利对该组织的“经济自由化法规”的起草过程进行了监督。一位学者称之为“巴黎共识”，相比于美方哗众取宠的版本，“巴黎共识”开启了欧盟乃至全世界的资本市场，这是 20 世纪 90 年代经济转向全球化发展的关键壮举。德洛尔的孤注一掷不但可能会让欧洲享受到资本自由化的果实，还会提高欧洲人民的生活水平。不过后来，他的理论被证实是错误的。

德洛尔政治生涯的最高点就是 1986 年的《单一欧洲法案》和 1991 年的《马

斯特里赫特条约》。尤其在冷战结束后，欧盟的成员国数量在10年内增加了一倍，而大多数东欧国家也和平并入欧盟，实现了历史性的突破。然而，欧盟扩张的历史性成就却得不偿失，并造成了意想不到的结果，因为随之而来的竟是欧洲各国政治上的明争暗斗和利欲熏心。欧洲格局的再分配本来旨在扶贫济弱，然而欧盟却并未有效地发挥出为弱势地区谋得福利的作用，相反，却为这些弱小国家制造了诸多的不利条件：实际上，“欧洲一体化社会”的纳税能力极为有限，所以一体化社会只能让步，欧洲必须把财政收敛和货币联盟作为更高的目标。因此，欧洲一体化不得不把再分配进程放在第二位，着重治理通货膨胀、资本和劳动力流动性的问题。欧共体于1992年2月签署的《马斯特里赫特条约》旨在强化统一的欧洲市场，加快贸易和资本的自由流通，推出统一的欧洲货币，而并不是为了改善欧洲的生活水准或是管制资本。

同时，由于欧洲议会和它的国家等效性并未受到广泛的认可，欧洲民众掌控国际组织的想法因此未能奏效。这并不只是因为自20世纪70年代后议会制度受到了普遍的质疑，也是因为随着成员的增多，多数胜于少数原则成了必要的投票方式，这也就意味着成员国可能要经常签署一些它们并不需要或是没有必要签署的政策——因为签约是它们的义务。正因如此，只有货币统一才能让各国政府交出曾由自己自由决定的财政大权。所谓的《稳定与增长公约》从理论层面对赤字支出和债务做出了严格的限制，它至少规定国家的司法机关不允许参与进来。投票的选民在被询问时显得有些不安，不过多数情况下，他们并不会这样。实际上，并不需要这样强硬的体制，在2010年以前，《稳定与增长公约》并没有得到切实的执行：截至当时，除了卢森堡和斯堪的纳维亚之外的所有欧盟国家都违反了该条约的规定。但因为处罚措施较轻，货币和财政政策也比以往更显宽松，因此也鲜少有反对的声音。

如果不让立法者来推动一体化进程，谁还能担此重任呢？答案是欧盟，此时的欧盟真正地引领了新的国际主义潮流。其中一个重要的中间机构就是“欧洲法院”，很奇怪，这个机构常常被忽视，但相比于世界的其他同类机构，它显然手握重权，因为其成员国（尤其强调，这其中并不包括德国，因为德国更倾向于把本国的最高法院作为最终仲裁机构）的国际法院必须服从它的判决。欧洲法院从开始就规定各国的国内法律不能凌驾于欧洲法律之上，并继而制定了一系列的政策，规定欧洲法院可以对社会政策和产业关系领域进行深层次的干涉，这并没有引起民众的太多关注。作为权威的法律机构，欧洲法院比任何机构都有权出台一部“新国际法”——它具有极强的约束力，具有普遍适用性，并高于政治决定权，如今的世界已经很难再成立这样一部国际法了。

比之欧洲法院，监管机构则更为权威和普遍，但对它的界定也更加模糊不清，很少有人重视。行家们甚为熟知的“专家委员会”——一位比利时的政客这样描述它：“利益群体必不可少的工具，欧洲研究生们的噩梦”。根据专家委员会的流程来看，布鲁塞尔的立法者通过了一般的行政法，其具体细节是由监管委员会和国家法律专家共同起草的。上千名这样的委员在其中暗箱操作，他们既不公开身份也不具有代表性，而欧洲议会甚至欧洲理事会都对此睁一只眼闭一只眼。越来越多的人批判该体制完全没有民主可言，于是2009年欧盟签订了《里斯本条约》，意在反驳这些异议。不过，尽管《里斯本条约》明确承诺要重振“欧盟的民主风气”，但遗憾的是它并没有做到。今天，专家委员会的体系枝繁叶茂，它的程序比以往更为冗杂晦涩，对已经出台的行政法规，它几乎不可能对其做出某些修正或干脆废除它。简单说，欧洲把权力更多地给了监管人员和统治者，而不是立法者和人民大众，这就混淆了公共利益和私人利益的界限，“导致了国家漏洞的出现，它的体系过于臃肿，因此失去了存在的意义”。

这种模式的国际一体化很快便付出了沉重的代价——2008~2009年的金融危机。这场金融危机很快就以迅雷不及掩耳之势发展成为2010年的欧债危机。童话般的理想世界瞬间崩塌，欧元汇率开始剧烈震荡。凯恩斯主义者认为扩张性政策可能已经阻止危机的进一步恶化，因为应对南欧的债务所需的总金额比此前导致危机的数额小得多，比如1947年的“马歇尔计划”耗费的数额就比这笔钱多得多。但我们永远不会知道结果如何，因为此类政策受到了欧元区统治者和德国政治势力的阻拦。而被卷入这场金融风暴中心的国家不得不省吃俭用：国家收入迅速缩水，工资水平锐减，失业率蹿升，失业者以年轻人为主，几十年的社会福利体系建设也都付诸东流。

在国家立法机构和政治领导人被边缘化的过程中，只有一个例外十分显眼，它就是德国联邦议院。对于德国总理安吉拉·默克尔来说，她在欧洲所有的领导官员中（欧洲中央银行行长除外）扮演着最为关键的决定性角色：相比之下，欧洲委员会主席若泽·巴罗佐和欧洲理事会常任主席赫尔曼·范龙佩都备受冷眼。不过，即使是德国也阻止不了危机的走势。前些年的金融危机已经充分展示了机制体制的弊端，不仅是欧洲的公务人员，包括欧洲官僚机构以外的欧洲组织在内，他们个个手握重权，贪污舞弊。

欧洲政客从 2010~2011 年一直在协商，希望让希腊加入到欧元区来，为此他们所要克服的唯一阻力就是“信贷危机”，他们得转“危”为“机”——破产的宣告既不该由这些政客来做也不该由任何当选官员来做。只有在主要由银行家组成的国际互换和衍生品协会进行过深思熟虑后，才能下定论。这些人应当抛开自己的公司人身份，搁置这种身份可能产生的利益冲突，把整个产业看作一个整体，不过该过程少有透明度可言，所以基本不会公布任何消息。有些美国的信用评级机构也获得了巨大的权力，它们是欧债危机中的新宠，专做全球风险评估（但它们所做的评估并不成功）。不过，并不是成立了评级小组就能得到评级的权力，他们必须四处游说，并在前些年中做出一系列的政治决定，这些决定必须能使资本市场实现自我调节。

直到 2008 年，欧洲的政治阶层才开始有所认识，正如德国总统霍斯特·克勒所言，金融市场是“必须驯服的猛兽”。整个金融体系一片混沌，有确凿的证据可以证明这点：监管部门正在调查伦敦银行同业拆借利率潜在的操纵行为，12 家银行涉嫌串谋操控欧洲银行同业拆息，而伦敦银行同业拆借利率是全球逾 350 万亿美元合约参照的基准利率。《金融时报》用大幅版面刊登了这则消息，报纸最初没有挖掘到不同寻常的细节，使得人们对此事缺乏兴趣，而这件事本身其实就是很有教益的。如果现代金融生活中那些首字母缩写形式令人费解，那些专业问题很复杂，那些术语很隐晦，那些投入的资金数额多到令人咋舌，那这一切就并非偶然：这些因素共同作用于“市场”，让“市场”更显神秘，而正是在所谓的“市场”中，暗箱操作才得以进行，市场的不完美以及不均等的敛钱机会也得以掩人耳目。

然而，即便这些因素很好理解，金融危机还是揭露了金融市场保护个人利益的弊端，在个人资产受损时，金融体制让社会来承担他们的损失，替个人偿债，而且社会化债务数额之多令人瞠目结舌。2008~2009年，政府对金融产业的紧急救助金额数目巨大，以至于许多国家的负债率（负债 / 国内生产总值）都超过了警戒水平，平均都在20%~25%之间。而讽刺的是，不但国家政府为此频发财政危机，许多情况下，金融危机反而陷入了更深的危机之中，市场参与者拿到援助资金，并迅速且成功地饱其私囊，而监管系统依然漏洞百出。政客们谴责银行家毫无社会责任感，但对此他们做不出任何有效的回击。相反，中央银行推出新政策，允许欧元贬值，就是所谓的“定量宽松货币政策”，它是市场天然的调解机制，也是在这个规划毫无可信度的年代能刺激经济复苏的唯一可靠方法。作为问题根源的金融衍生市场，因为不再受到全球金融贸易税和其他新型监管措施的束缚，终于能够有所发展，金融产业也能继续发展，产生更多的新型无担保票据，这样也就能有效地缓解金融危机。也可能是金融领域的领导人在威逼利诱，想要展现他们在统一行动、自我决断、自我保护上与欧洲国家领导人相比是有过之无不及的。

斯皮内利认为，经济运行是为人类的需要服务的，他的这种观点显然已经完全被淘汰了。历史上关系最为牢靠的联盟——欧盟实行了欧元的特别计划，如果通过欧元满足的人类需求并不是市民大众的需求，那也并不稀奇，因为大众对这样的结果并不负有什么责任，银行家们才是经济危机的责任方。在文托泰内的战争时期，金融资本一直被当作一种可控的、可核查的助推力，而投机者则对20世纪30年代的经济大萧条负有部分责任。相反，随着金融市场自由化和货币联盟的发展，金融一体化制造的财富是欧洲各民主政体无法负担的，由此衍生出的问题也是他们无法解决的。不仅如此，这还大大限制了各个民主政体的权力，削弱了各金融机构的信用度。欧洲国际主义已经不再是政治自由的源头活水（如19实际的自由主义者期待的那样），也不是社会福利的源泉，它已经和国际主义的初衷分道扬镳了。

主宰世界的奥秘

欧洲已经不再是传统意义上的欧洲。正如斯皮内利的宣言所证实的那样，欧洲通常代表着一个更广阔的模范式的理想，这种理想有时是正式的，有时则较为含蓄。尤其在乔治 · W · 布什的政治手段伤害了与欧洲的盟友情谊时，欧洲试图向大西洋彼岸的美国学习，结成联盟，首次发行共同货币，期望建成“欧洲社会模式”，寻求新的出路。杰里米 · 里夫金（Jeremy Rifkin）在 2004 年的论著中写到了关于“欧洲版本的美国梦是怎样一步步地走向破灭的”。托尼 · 朱特（Tony Judt）在 2005 年发表了《战后欧洲史》（*Postwar*），书中他描写了整个欧洲大陆的涅槃，欧洲的民众选择支付更高的税款以回报国家为人民提供的“免费或几近免费的医疗保险、提早退休以及众多领域的社会公共福利”。政治评论员斯蒂芬 · 希尔（Steven Hill）在 2009 年国家债权危机爆发的前夜描述欧洲大陆为“山上新城”。

就是在这几年，国际主义又出现了新的形式，它比以往更为复杂，更为全球化，它在很大程度上是基于欧洲的经验而成，美国的一些时评员对此大加赞赏。他们热情洋溢地评价新形式的国际主义为“新世界秩序”，它看上去像是放大版的欧洲联盟，在这个“新世界秩序”下，正式的超国家机构扮演着相对次要的角色，而起主导作用的是来自不同国家的中等水平政府官员，他们结成宽松的商业式网络，共同处理和解决问题。这样就不会有明显的冲突，也没有繁文缛节。一切事务都在幕后进行，虽单调乏味又偏技术性，但最终会得到真实的结果。这种新形式的国际主义是一种较为安稳的国际主义标准设置，它可以利用互联网进行治理，并宣扬民权的发展。政权依旧具有重要意义，但它不再是通过官僚机构、立法部门或是政治家们来运作了。大型国际机构、正式条约甚至外交家的时代似乎已经开始悄然流逝了。

新的国际主义描绘的不仅仅是欧洲的图景，更是整个世界的全景，这样的图景是令人叹服的：传统的政治学家多数都没有认识到，国际事务很少关注大型的正式机构，它主要依靠非正式的一群小机构和同一水平的机构间关系来运作，并且，这些中小机构并没有政界、商界和民间组织的区别。这一观点说明国际大型组织（比如联合国）虽然是理论方面的领袖，指明了世界发展的方向，但在国际事务中却并没有起到相应的领导作用：

> 主宰世界的整个基础设施体系并不在联合国、世界银行、国际货币基金组织或是世界贸易组织。主宰世界是网络式的共同治理，其中包括了反垄断官员，警员，检察官，金融监管人员，情报人员，军队，法官甚至是处于基层的立法人员。

然而，这种描述实际上指的就是一个监管部门和整个网络中人的结合，只有在他们都真诚奉献自我、奉公守法的情况下，才能实现国际事务的“最佳实践”，这虽然索然无味，却是值得尊敬的。这正是效率和技术相结合的法则。很难想象，诚如政治权力一般令人不舒服的事物也可能会影响谈判桌上的辩论方向。这里没有战争，没有鲜血淋漓，甚至没有犀利尖锐的意见。简而言之，这就是一幅美好积极的世界治理愿景，用法学学者马尔蒂·科斯肯涅米（Martti Koskenniemi）的话说就是“主宰世界的最高法院”。

当然，这是个旧观念，它认为只要政客们不插手，让有专业技术知识和有才华的民众接手治理就好了。“一战”之前，科学家、工程师、医生以及目录学家都很拥护国际主义，这是因为国际主义赋予了他们至高的使命，召唤出了他们对待职业的高尚情操。然而，专家们往往抵抗不住政治场上的硝烟，他们更倾向于把自己等同于政界官员，认为自己更能代表政府。无论专业理论知识是否有关政治都无关紧要；重要的是，原本中立的科学技术支持哪种政治秩序，哪种政治秩序就具有相对的优势。有些国家希望自己的政治秩序是民主政治，正像美国和多数的西方国家一样。一时间，国际上的很多国家都开始效仿这种政治体制，美国和西方国家的分权制度日渐成熟并成果丰硕，这令其他国家很是向往。不过，对大多数人来说，处于现代国际治理中心地位的民主问责制已经出现信用赤字，而美国的领导权位和价值观却不能彻底地解决这一问题。

如果其他的某些国际势力就是想要一个封闭的世界，尽是官僚机构和游说组织的旧世界，他们仍对拯救国际主义旧梦抱有幻想，那么他们应该活跃在哪里呢？答案可能就是民间社会，因为在那里才会产生奇迹，民众会普遍认为国际政治生活中的共产主义已经消失，道德风尚已经取而代之。自 1970 年开始，90% 的非政府组织完成了组建，自“一战”以来，联盟共治的增长速度大幅提升：1994 年的《外交部》撰文称其为“全球联盟改革”。许多非政府组织现在已经站稳了脚跟，成为联合国或其他国际组织的附属机构，它们接受大量的西方援助资金，对国际事务进行调控。比如说，有 2/3 的欧盟援助资金要经过非政府组织进行运转。截至 2003 年，他们支出的货币资金数额比联合国的相关机构或某些成员国都要多很多：像绿色和平组织和世界野生动物基金会这样的大型非政府组织，它们每年的预算都超过一亿美元。然而，基金可能会成为合作的一种形式，许多非政府组织现在都在烦恼怎样才能杜绝投资人的过度独裁，以此来保护非政府组织的合法地位。在过去的 30 年里，世界朝夕万变，非政府组织自己的责任制和透明度都要经过严格的审核。政治学家克利福德 · 鲍勃（Clifford Bob）一直在探索已经初见端倪和还未显现的事，他曾写道，全球公民社会基本就是一个关系复杂的“达尔文式社会”，多数的西方组织处于金字塔的顶端，而多数的非西方组织运动正在努力吸引他们的注意力。这并不是说非政府组织的缓慢崛起是件坏事，只是它们为国际生活带来的能量必定与他们相对的不透明性相符，事实是，它们的日常工作事项很少以公共理论及真理为据。非政府组织的游说带有特殊目的，它们只能作为公益事业的辅助部分而不能有全面的公益行为，它们提供的方案只会被相关的管理机构有计划地采纳。

大型慈善基金会作为国际生活民主化的工具更无法令人信服，它也是所谓的公民社会革命的一部分，在过去的 30 年里，它在监督巨额个人资产流动方面做出了贡献，包括私人、网络公司以及金融公司的巨额资金流动。大型慈善基金会的出现不仅仅代表着个人慈善捐助的激增，也代表着慈善本身的转型。新型“慈善资本家”通常十分不满旧有的全球机构，他们希望能起到积极的表率作用，采用未雨绸缪的方式预先募集基金以应对可能出现的社会问题，他们想要尽力说服世界各地的首富巨富，让他们慷慨地捐出他们所宣传的巨额财富以回馈社会，这体现的是一种个人观点和偏好。过去，他们通常会用自己的实例影响世界各地的青年“社会企业家”，以此作为回馈社会的一种手段。当然，他们的做法也不尽是优点。他们把自己的商业方法用在社会问题上是在夸大方法技术的作用，却忽略了社会的复杂性，也忘记了机构本身会束缚他们的行为。这些人也会经常误用善款，把这些钱投在不该投的地方，他们本可以再三考虑钱款的用处，但他们却任意地捐给了对其知之甚少的各地的组织机构。在过去，这类基金会也会为国际公共机构提供极其必要的援助，洛克菲勒基金会和国际联盟间的亲密关系就体现了这一点。然而，现如今，由于基金会可支配的资金总额不再能负担得起许多历史悠久的国际机构，所以它们不再给国际机构提供资金，而是取而代之，亲自负责组织各种各样的活动。因此，世界卫生组织的疟疾专家抱怨盖茨基金会垄断了疟疾的疾病研究，这会让疟疾科学家形成“垄断联盟”，使他们只为了互相的医学验证而进行研究，这样会阻碍真正的科学辩论。

由政府利用税收资助公共机构的此类科学研究已经有一个世纪的历史了。现在，私人财富终于能身先士卒地起到模范带头作用，为这些专业研究机构捐募财富来组织科研活动了。新机构不再像过去的政府公共组织那样明目张胆地浪费、贪污、傲慢自大，它们看上去晦涩难懂，莫名其妙地不透明。比如说 2009 年时，比尔·盖茨、沃伦·巴菲特和大卫·洛克菲勒发起了一场慈善聚会，他们邀请了志同道合的大慈善家，其中包括了乔治·索罗斯、奥普拉·温弗瑞、特德·特纳等人，他们聚在一起讨论他们能为社会做些什么，以应对这场全球性的金融危机和世界上由来已久的环境和健康问题。他们于 5 月 5 日悉数出现在纽约上东区的宅邸中，这场聚会是保密进行的。令人惊讶的是，聚会上的这些巨富的财产总额约有 1 250 亿美元，这还不算他们在前 12 年里已经花掉的十多亿美元。后来，联合国的多数成员国都享受到了这笔财富，这大大削减了他们本国的社会支出预算。不过，联合国可以通过联合国大会和经济社会委员会等多种手段为自己的政策和行动造势，但“慈善俱乐部”（媒体这样称呼他们）什么宣传工具都没有。他们只是聚在一起喝喝茶聊聊天吗？或者正如一些媒体推测的那样，他们是在决定他们要解决世界人口过剩对世界产生的威胁吗？可能这才是 21 世纪美国富人最为担心的全球性问题。答案究竟是什么，我们无从得知。但是通过了解私人财富的发展历史，我们就可以充分地了解到仅靠这些慈善家是不足以供给全球的公共物资的，运行良好的多边国际组织才能更加系统、更加开放地处理和解决问题。

有些新兴大慈善家对此就会质疑。eBay（易贝，美国在线购物网站）的亿万富翁杰夫·斯科尔（Jeff Skoll）曾说道，慈善的全部要点就是在于加速“慈善活动从机构向个人的转变”。对慈善的这一评价暗含亲企业、反政治的态度，现阶段面临的基本挑战很难被掩饰：西方的许多人（不仅仅是网络公司的亿万富翁）已经对政府的能力失去了信心，无论是对国内政府还是国外机构——国外甚至占有更大比率。国家公务人员遭到民众的唾弃，而企业家则受到民众的极端崇拜。即便不说企业家们的内置优势——他们过目不忘，认真负责，经验丰富，并有能力处理和调解国内社会及各国社会间的政治冲突，多数发达国家的民众已经对公共部门的下属机构颇有微词。50年前，有些评论家曾说道，国际上已经不再需要“关系社会”，取而代之的是“机构社会”，他们的意思是说国家间横向关系的旧观念（也就是19世纪外交关系的体现）正在被权力阶级所取代，而随后超国家组织又终结了权力阶级的关系。超国家组织本身高度自治，将强国聚集在一起以实现集中决策。现在来看，这样的趋势已经被逆转，许多曾经颇具权威的管理机构已经失去了自己的重要地位。

有些人可能会说这无关紧要。我们现在所处的世界瞬息万变，擅于创新，是一个渗透性强的网络型社会，而这些大型机构是不是真的具有重要意义呢？这些网状关系看上去平等又具有活力，它把各国势力密切地连接了起来。然而，这种国际网络有多种存在方式，其中许多模式对于集体机构来说都不透明且不具代表性。面对这种网状关系，有人欢喜有人忧，它并不是对所有事情都事半功倍，这一点马克思和列宁就有透彻的理解。网络评论员克莱·舍基（Clay Shirky）在他的著作《未来是湿的》（*Here Comes Everybody*）一书中谈到了“无组织的组织”，并赞扬了松散组织的时效性，但是它们鲜少有经久流传的政绩。正如19世纪90年代一样，无政府国际主义像流星般一闪即逝。

国际组织的内部运作可能并不怎么民主，这点已经为人熟知。毕竟，它们也主要是行政官僚机构，它们中的世界强国成员为人处事也都像它们一样。国际立法机构也不再寄希望于19世纪的国际主义者，正如欧洲议会和联合国大会一样，它们基本不可能在21世纪有什么大作为。

从历史的角度来看，公共机构重要地位的沦陷是以往不曾有过的，不过这重新赋予了国家主权重要的意义，还为国际政府机关和监管机构提供了攻击个体国家国内合法性、国家能力及国家凝聚力的机会。实际上，它们也并不是要消灭民主政治，重建专制政权，也不会有人再去信任专制统治了。尽管俄罗斯总统普京执政说明这样的转变也是可以实现的。他们当然是想要架空某些典型的机构，限制他们的行动能力。曾经旨在推进国家主权的机构也重新出现在国际舞台之上，协力遏制这些机构。这不仅是对自治权的限制，也暗指各国在决定加入国际组织并遵守组织的规定时，也必须接受本国自治权的受限。这一变化才是对自治国家最主要的影响。“统治世界的影响力和决策模式已经与国家主权的关系越来越疏远。”科斯肯涅米在最近发表的文章中这样评价道。

这种对国家主权的多方面侵蚀已经成了世界近些年来的一项重大变革，这也是因为在过去的30年里，世人对国家和官僚机构的激进态度发生了转变。毕竟，在19世纪风云莫测的政坛中，国际主义是一场杰出的国际运动，它为世界各民族和以自己名义进行统治的国家赢得了主权。国际主义对民族国家以及国际机构的影响基本上都是相当正面的。国际主义从1919年起源，当时的国际联盟的宗旨就是打造一个“安全民主”的世界，以帝国思维理解就是打造主权政体的国际社会。1945年后，联合国进一步推广了国家主权的信念，联合国的态度十分坚定，其推广的国家主权的含义也更加深刻。纳粹分子对弱小国家主权的侵犯被正式否决，世界各国对此毫不姑息，欧洲的民主政治也因此得到了保护。殖民主义对国家主权的否定也遭到了全世界的唾弃。世界各国开始提出，国家主权是神圣不可侵犯的。亚洲、非洲和欧洲的国际边界也受到了国际社会的认可。民主的含义也有所扩展：“推进社会进步，实现更大程度的自由，提高居民的生活水准。”（选自《联合国宪章》）国际机构让国家复兴和强盛成为可能，随着行政部门的迅速扩张，国家也赋予了它的子民更多权利。

在主权国家的体制建设过程中，美国无疑是世界各方势力中最为重要的一方。

当然，美国并没有完全掌握这一过程，并曾在其中的各个方面有所妥协。比如，1945 年后，福利国家迅速壮大，经济国有化开始风靡世界，这是美国的决策人士从未想到过的，而贸易自由化进程却发展得十分缓慢。不过这些反对意见和紧张关系都无大碍。巅峰时期的“美国世纪”就是第三世界和欧洲福利国家的国家计划中梦想的鼎盛时期。美国基金会资助过公路、医疗服务、图书馆、学校以及美国社会科学——从中世纪的宏观经济学到现代化理论，这也正是美国在全世界拥有巨大扩张能力的原因所在。国家逐渐地融入全球的贸易网络中，但同时，资本流动也受到了限制，大体上说，人们是在生产和交换货物的过程中获取利益的。直到 1971 年，人们才明白，即使国际货币基金组织再三要求，对国家主权的限制也不会奏效，因为它的附庸国不会允许任何人干涉其本国内政。

20 世纪 70~80 年代早期，非政府机构组织发生了翻天覆地的变化，一切都是因为美国不再支持国内强势机构的自由主义观念。美国面临着前所未有的挑战，它迫切地需要重塑国际秩序，优先满足发展中国家的需要，也就是建立第三世界的新国际经济秩序。为此，美国开始从多个方面采取行动，对中世纪时的赋权政府旧理念进行反驳：国际人权行动主义把赋权政府称为“暴君”，动员全球的民权社团对之进行抵制行动；世界银行和国际货币基金组织利用世界新金融化的危机倾向型特点对难以偿债的债务国重新划分了公共和私人债务的界限。随着治理对政府的取代，福利净值受损，收入和财富的不均现象也愈加明显。正式机构濒临解体，非正式的经济体——黑市、走私、贩毒网络越来越猖獗，许多国家都被冠以“分裂国家”之名，意在声明“国家”是十分重要的概念。反过来，国家分裂的危机为入侵、占领提供了可乘之机，非洲的大部分地区和巴尔干半岛的部分地区都在国际行政部门名正言顺的治理之下。这绝不是 19 世纪中叶国际主义解放思潮的复兴，而是全世界国家一个接一个变得“更加贫困、更加羸弱”的表现，它正在以个人主义之名解体人类社会，把国际组织当作仆从和新范式——高效市场假设及国家保护责任，别有用心的国家想要利用它们为自己的可耻目的提供学术理论依据。

如果说国家主权概念造成的破坏性影响还不足以惊扰到美国的主流观察员，

部分原因在于国家主权已经被赋予道德层面的内涵，成了“正直道德”的神圣概念，还有部分原因是美国并没有受到像其他国家那样的主权影响。美国一直保留着例外主义的特殊权力，在过去的50年里，它不断地为自己制造豁免机会，逃避国际上的捆绑责任和义务，其无拘无束的主权牢牢地把握在国会的手中，从未被撼动过。在美国普世主义的言谈举止和例外主义特权的共同保护下，美国在宣传价值观、扩大影响力的过程中鲜少受阻，几乎从未产生政策限制方面的内部成本。实际上，美国的自由一直有增无减，从充满正式条款义务约束的世界（美国国会对这样的世界并不满意）到非正式的规则和规范，美国处心积虑，一步步地为自己的肆无忌惮做好铺垫。对美国强权的畏惧中包括了对国家主权沦陷以及对世界政府的阴森恐怖特权的双重畏惧，在面对这些恐惧时，世界各国应该做好准备及时应对美国时代最终结束时可能出现的危机。

另一方面，除去美国的领土边界，国际机构和规则已经明显地成为阻碍国家主权发展的所在，而不再会促进主权发展。国际机构的发展趋势已经严重影响了它们在世界上的地位，许多国家也开始不屑于继续接受这些机构的赞助。而对于世人来说，世界真正面临的挑战是气候变化、金融动荡、贫穷、犯罪和疾病，这些问题都在不断升温。世界贸易组织的多哈回合逐渐瘫痪，国际货币基金组织也难以解决威胁世界经济的全球权力失衡，同时，没有任何一个机构能够有效地应对全球变暖的问题。综上，国际治理机构迫切需要改革和创新。然而，19世纪流传至今的国际主义仍具有十分深远的意义：有效的国际主义是基于有效的民族主义而实现的。全世界的选民仍然只效忠于自己的国家，而不是其他任何强权政体。这一事实说明，国际组织机构只能作为社会公益的主要承办商而存在，这也是这些机构所不愿承认的不争事实。

现在，人类马上就要迎来新的时期，随着西方强权走向终点，预言家们开始分析随后世界将会发生什么。一些美国评论员尤为担心的是，美国可能要丧失现在超级大国的影响力。但是从更为超然、更为客观的角度来讲，历史就是如此，有得必有失。对强国而言，它必须利用这些国际机构延长自己的强势统治期限，而这样一来它就会像它的前任强国一样，不再永远处于各国之巅。因此，认为全球平衡需求的转变标志着英美强权时代建立起的国际机构秩序的崩塌，这样的想法是毫无根据的。

事实上，从主权问题的角度出发，欧美金融和政治地位的下滑有利有弊。早在1995年，英国政治经济学家苏珊·斯特兰奇就评价道："要想实现更好地主宰世界，摆脱当今霸权统治，废除毫无作用的否决权，唯一的途径就是促成欧洲和日本双边合作，一步步地结成强势的反对派，同时还要与拉丁美洲、亚洲和非洲方面建立友好关系。"看上去，未来的大国关系可能与现在截然不同，但也是很有效的。日渐崛起的强国，主要就是中国，它们对国际货币基金组织并不怎么感兴趣，至少对它过去的所作所为并无好感。它们更加注重对国家主权的保护，并认为保护国内政治自由裁决权是必要的。如果这些新兴大国的影响力持续增长，美国创建的国际组织很可能会沿着新的方向，回到它们最初的设想轨道真正地发展起来。世界将会涌现更多的意见和观点，充实经济思想，改良自20世纪70年代以来一直起主导作用的刻板经济观念。

如何正确构建机构体制是众多意见书和改革提议中一个永无止境的课题。不过，有两个较为根本的改变是需要继续努力实现的。在当下的经济危机中，政治官员已经像担保人一样行动了起来，这是十分必要的，并且他们还要对金融市场制造商群体言听计从，即使这是他们一直想反驳的。更普遍的现象是，政客们也成了决策方，他们会首先考虑私人利益以及政治说客们的意见，并最终选定其中的某一项政策。他们必须经受得起时间的考验才能成为合格的治理者。如果他们不幸失败，他们将失去自己的领导地位，与他人共同承担统治责任。中世纪时期，国家和主权流行起来的原因之一就是它们二者都在极端的恶劣环境下证明了自己的意义。20世纪，所有战争的发起方都是几个国家，它们动员了共享福祸的整个周边社会共同战斗，利用业已树立的公平、团结、奉献的典型，操纵公众舆论导向一直到战争结束。人们对政府本质、国家的公益事业和形象的转型并没有特定的模型比照，人民大众也不能万众一心共同打造国家的未来，这样一来，政客们根本没有动力实现真正的改变。他们甚至都得不到本国选民的信任——民意调查显示民众对政客的信任度再创新低——然而，只要这种信任缺失没有演变成暴动、抵抗和对改革的持续施压，他们根本不需要太过在意。

19 世纪的国际主义者认为（本书正是从他们的观念开门见山的）人类的未来会进行新的大分配，他们期待并坚信于此，这是因为他们已经了解掌控了一系列的史实发展：也正是因为这个道理，边沁对法律体系的完美理念就是基于他全部有益知识的积累。卡尔·马克思对共产主义未来道路的坚定信念也是基于对资本主义的历史发展的了解。对于那些 20 世纪制度的建立者，从史末资到罗斯福，从罗伯特·杰克逊到沃尔特·罗斯托，他们的预言可以代表整个社会、国家甚至是全世界的预见，并且，他们一直认为只要有先见之明，未来是可以预言的，未来的任何问题都是可以解决的。如今，现实世界的首要地位受到了网络的威胁——最近有篇文章甚至为现实的“灭亡”而欢呼，未来因此显得比以往更具有重要意义，未来的世界必然会变得私人化、货币化，世界会源源不断地制造利润。整个企业界致力于商品化和仿商品化的建设，金融市场也将把未来作为当前值的决定因素，这在 100 年前是完全不可能的。没有人比股票经纪人和贸易商更能感受到来自未知未来的压力。然而，这样受金钱驱使的利己主义未来摒弃了公益事业的旧理念模板。

在这个个体意识日益增强的社会，改革的主力军不再是人民大众和各阶级，个人才是世界发展的主动力。还有物品和信息的消费者，这群人的特点就是，比起他们的政治代表和电视中的专家，他们更加信任网络。如今的治理机构已经不再注重根植于共和国集体价值观的政治原则，尽管他们还是坚持捍卫“资本主义文明”。至于国际生活中的惯例，如今被公认已经固定了下来。世界各国的国家元首每年都会在联合国大会聚首。他们会讨论改革及华而不实的全球目标，这些讨论多数都不会实现。政客、记者、银行家、商人经常朝圣般地赶往处于高山区并有重兵把守的达沃斯，在这个由企业赞助的成功论坛上，他们可以证实确有一个治理全球的精英人群，能够参与论坛也证明了他们也是这些精英中的一员。各国代表以高效主宰世界为名不断地分权给专家和利己主义的自我监管机构，对持怀疑态度的公众则采取疏离手段，使其只能旁观而无法发表意见。主宰世界的理念已经成了昨日旧梦。